U0127773

广视角·全方位·多品种

权威·前沿·原创

湖南蓝皮书

BLUE BOOK
OF HUNAN

2011年
湖南法治发展报告

主　编／梁志峰
副主编／唐宇文

ANNUAL REPORT ON HUNAN'S RULE OF LAW(2011)

社会科学文献出版社
SOCIAL SCIENCES ACADEMIC PRESS (CHINA)

法 律 声 明

　　"皮书系列"（含蓝皮书、绿皮书、黄皮书）为社会科学文献出版社按年份出版的品牌图书。社会科学文献出版社拥有该系列图书的专有出版权和网络传播权，其LOGO（▧）与"经济蓝皮书"、"社会蓝皮书"等皮书名称已在中华人民共和国工商行政管理总局商标局登记注册，社会科学文献出版社合法拥有其商标专用权，任何复制、模仿或以其他方式侵害（▧）和"经济蓝皮书"、"社会蓝皮书"等皮书名称商标专有权及其外观设计的行为均属于侵权行为，社会科学文献出版社将采取法律手段追究其法律责任，维护合法权益。

　　欢迎社会各界人士对侵犯社会科学文献出版社上述权利的违法行为进行举报。电话：010－59367121。

社会科学文献出版社

法律顾问：北京市大成律师事务所

湖南省人民政府经济研究信息中心
湖南蓝皮书编辑委员会

主要编撰者简介

梁志峰　湖南省人民政府经济研究信息中心主任，管理学博士。历任中共湖南省委办公厅秘书处秘书，中共湖南省委高校工委组织部长，湘潭县委副书记，湘潭市雨湖区委书记，湘潭市委常委、秘书长、组织部长。主要研究领域为资本市场和区域经济学，先后主持多项省部级研究课题，发表 CSSCI 论文 20 多篇，著有《资产证券化的风险管理》、《网络经济的理论与实践》等。

唐宇文　湖南省人民政府经济研究信息中心副主任，研究员。1984 年毕业于武汉大学数学系，获理学学士学位，1987 年毕业于武汉大学经济管理系，获经济学硕士学位。2001～2002 年在美国加州州立大学学习，2010 年在中共中央党校一年制中青班学习。主要研究领域为区域发展战略与产业经济。先后主持国家社科基金及省部级课题多项，近年出版著作有《打造经济强省》、《区域经济互动发展论》等。

摘　要

　　以 2008 年 10 月 1 日正式实施《湖南省行政程序规定》为起点，湖南开启了中国行政程序立法破冰之旅。随后，《湖南省规范性文件管理办法》、《湖南省规范行政裁量权办法》、《湖南省政府服务规定》陆续出台。这 4 部规章，形成了一条依法行政逻辑链条，湖南打造了法治政府建设、服务型政府建设的"湖南样本"。随着"法治湖南"实践的深入，其在全国的示范效应已逐步放大。正如省委书记周强所说："抓法治建设也是抓发展。"

　　本蓝皮书是湖南近年来法治建设的立体素描。其中，主题报告从加强法治建设、化解社会矛盾的角度，提出了深入推进依法治省、积极打造法治湖南的总体思路；总报告总结了湖南近年法治建设的发展现状，系统分析了存在的突出问题，并提出了进一步推进"法治湖南"建设的对策建议；部门篇则从加强地方立法、公正司法、严格执法、依法行政、强化监督、加强宣传等角度，结合劳动、国土、交通、农业、林业、审计、工商、质检、药监、信访、律协等职能部门和组织的具体实践，对如何推进法治湖南建设提出了具体对策；专题篇汇集省内相关专家、学者和省、市、县有关部门的重要研究成果，对湖南法治建设提出了有针对性的具体思路和对策建议。

总　序

　　刚刚走过的"十一五"，是湖南发展史上极不平凡的五年。在党中央、国务院坚强领导下，全省上下坚持以邓小平理论和"三个代表"重要思想为指导，深入贯彻落实科学发展观，抢抓国家实施中部崛起战略、设立长株潭城市群"两型社会"建设综合配套改革试验区、扩大内需等一系列重大历史性机遇，大力推进"一化三基"，全面推进"四化两型"建设，战胜特大低温雨雪冰冻灾害袭击、国际金融危机冲击等各种严重困难，始终保持了经济社会又好又快发展的良好态势，全面完成"十一五"发展的目标任务。全省综合经济实力显著增强，2010 年全省实现生产总值 15902 亿元，是 2005 年的 2.44 倍，年均增长 14%；财政总收入 1863 亿元，为 2005 年的 2.52 倍，年均增长 20%，其他主要经济指标均翻了一番或一番多。转方式调结构取得重要进展，工业主导地位显著提升，农业基础地位更加坚实，服务业加快发展，工业对经济增长的贡献率达到 56.1%，粮食产量稳定在 600 亿斤左右，全省培育形成了机械、有色、食品、石化、轻工、建材、冶金、文化、旅游、林业等十大千亿产业。自主创新能力大幅提高，五年累计获国家科技奖励数居全国第 5 位，科技进步对经济增长的贡献率达到 51%，涌现了一批国际国内领先的重大科技成果。发展后劲显著增强，五年全省累计完成固定资产投资 3.07 万亿元，年均增长 30.8%，新上了一批重大基础设施和产业项目，办成了一批多年想办的大事。人民生活持续改善，城乡居民人均收入分别达到 16566 元和 5622 元，年均增长 11.7% 和 12.5%。干部群众普遍认为，"十一五"时期是湖南经济发展最快、城乡面貌变化最大、人民群众得实惠最多的时期之一。

　　进入"十二五"，湖南的发展已站在一个新的历史起点上。立足新起点，顺应新形势，省委、省政府认真贯彻落实党中央、国务院关于坚持以科学发展为主题，以加快转变经济发展方式为主线的战略部署，紧密结合湖南实际，提出了全面推进"四化两型"建设的战略思路，这就是坚持以科学发展、富民强省为主题，以加快转变经济发展方式为主线，把建设"两型社会"作为加快经济发展方式转变的方向和目标，大力推进新型工业化、新型城镇化、农业现代化和信息化，着力建设绿色湖南、创新型湖南、数字湖南和法治湖南，力争率先建成资源节约型、环境友好型社会，争当科学发展排头兵。围绕这一总体思路，我们要牢牢扭住发展第一要务不动摇，把科学发展作为解决湖南一切问题的"总钥匙"，坚定不移地加快发展步伐，坚定不移地推进经济发展方式转变，实现在发展中转变、以转变促发展。要着力推动经济结构战略性调整，坚持以新型工业化为"第一推动力"，加快传统产业改造升级，大力培育发展战略性新兴产业，加快推进农业现代化和现代服务业发展，加快建设"数字湖南"，着力构建具有湖南特色、富有竞争力的现代产业体系。要着力提高自主创新能力，加强创新平台建设，组织实施重大科技专项，大力推进产学研结合，建设"创新型湖南"。要以长株潭试验区建设为龙头带动，加快全省"两型社会"建设，强化节能减排和环境保护，提高生态文明水平，着力建设"绿色湖南"。要深入推进改革开放，加快构建有利于科学发展的体制机制，全面提升对外开放与合作水平，大力发展开放型经济，不断增强发展的动力和活力。要着力推进环长株潭城市群、湘南地区、大湘西地区建设发展，加快新型城镇化步伐，加大新农村建设力度，推进城乡区域统筹协调发展。要全面落实依法治省方略，加强社会主义民主法制建设，以依法执政为核心，以依法行政和公正司法为重点，大力推进法治湖南建设。要切实保障和改善民生，加强和创新社会管理，深入实施《保障和改善民生实施纲要（2011~2015）》，着力建设八大重点民生工程，让人民群众共享改革发展成果。

发展为了人民，发展依靠人民。湖南未来发展的历史由全省7000万人民共同书写，需要最大限度地凝聚各方面的智慧和力量。值此"十二五"开局之际，由省政府经济研究信息中心组织编纂的《湖南蓝皮书》系列丛书即将付梓，这是一项很有意义的工作。丛书从经济、产业、两型社会、法治等角度，真实记录了湖南经济社会发展的闪亮足迹，广泛汇聚了省内各级各界的成果与共识，提出了许多富有真知灼见的对策与建议，集科学性、前瞻性、应用性及可读性于一体，既是宣传推介湖南的有效载体，也为各级各部门科学决策提供了重要参考。

当前，湖南正在经历由总体小康向全面小康、由农业大省向工业强省和经济强省的历史性跨越。实现全面小康社会的宏伟蓝图，需要全省干部群众以时不我待、只争朝夕的精神去拼搏、去奋斗。让我们紧密地团结在以胡锦涛同志为总书记的党中央周围，高举中国特色社会主义伟大旗帜，坚持以邓小平理论和"三个代表"重要思想为指导，深入贯彻落实科学发展观，全面推进"四化两型"建设，同心同德，扎实工作，为开创科学发展、富民强省新局面，谱写人民美好生活新篇章而努力奋斗！

中共湖南省委书记
省人大常委会主任　周强

二〇一一年五月

目录

⬚Ⅰ　主题报告

Ⓑ.1　全面加强政法工作　促进社会和谐发展 …………………… 李　江 / 001
Ⓑ.2　加强普法教育　夯实法治根基 …………………………… 刘力伟 / 010
Ⓑ.3　化解社会矛盾　着力推进湖南法治建设 ………………… 龚佳禾 / 016

⬚Ⅱ　总报告

Ⓑ.4　加快推进法治湖南建设的对策建议
………………… 湖南省人民政府经济研究信息中心课题组 / 020

⬚Ⅲ　部门篇

Ⓑ.5　改革开放以来湖南人大地方立法综述 ……… 陈兰新　游克湘 / 038
Ⓑ.6　宽严相济　司法为民 …………………… 湖南省高级人民法院 / 047
Ⓑ.7　改进检察工作　履行法定职责 ………… 湖南省人民检察院 / 055
Ⓑ.8　创建平安湖南的经验与展望 ………………… 湖南省公安厅 / 063
Ⓑ.9　加强司法行政　维护社会稳定 ……………… 湖南省司法厅 / 070
Ⓑ.10　推进依法行政　建设法治政府 …………… 郑礼华　甘　乐 / 078
Ⓑ.11　强化人大监督的实践和思考 ………… 湖南省人大常委会研究室 / 087
Ⓑ.12　加强法制宣传教育　大力推进依法治省
………………… 湖南省依法治省领导小组办公室 / 093

B.13 化解社会矛盾　维护社会稳定

　　——2010 年湖南省社会治安综合治理情况及 2011 年展望

　　…………………………… 湖南省社会治安综合治理委员会办公室 / 100

B.14 调解矛盾纠纷　促进社会和谐

　　——"十一五"时期湖南法院调解工作回顾

　　………………………………………………… 湖南省高级人民法院 / 106

B.15 创新湖南信访工作思路的对策建议 ………………… 湖南省信访局 / 114

B.16 严格履行职责　促进律师事业健康发展 ………… 湖南省律师协会 / 120

B.17 湖南劳动法治建设进展及展望 ……………………………… 范莉丽 / 128

B.18 牢固树立法治意识　强化土地矿产资源管理 ……………… 向贤敏 / 136

B.19 加强湖南交通运输法治建设的对策思路 ……… 湖南省交通运输厅 / 142

B.20 2010 年湖南省农业法治建设进展及 2011 年展望

　　……………………………………… 严德荣　陈新登　聂建刚 / 148

B.21 加强林业法治建设　打造绿色湖南名片 ………… 湖南省林业厅 / 157

B.22 依法审计　有效监督 ……………………………… 湖南省审计厅 / 164

B.23 推进工商法治建设　提高依法行政水平

　　……………………………………… 湖南省工商行政管理局 / 172

B.24 加强质检法治建设　严格坚持依法行政

　　………………………… 湖南省质量技术监督局法规宣传处 / 179

B.25 湖南省药品安全监管状况及对策建议

　　……………………………… 湖南省食品药品监督管理局 / 185

B Ⅳ　专题篇

B.26 引发当前社会矛盾的制度分析 ……………………………… 梁志峰 / 195

B.27 建设法治湖南的调查与思考 ………………………………… 周平常 / 213

B.28 湖南省党政领导干部法律素质现状调查与分析研究报告

　　………………………… 中共湖南省委党校　湖南行政学院课题组 / 223

B.29 关于"十二五"湖南省法治建设思路的建议

　　………………………………… 中共湖南省委政法委员会 / 244

B.30 我国选举民主与协商民主的比较研究 ………… 湖南省政协研究室 / 252

B.31 关于进一步深化执法公开的研究报告
………… 中共湖南省委政法委员会执法监督室 / 263

B.32 建立并完善湖南重大事项社会稳定风险评估机制报告
………… 湖南省维护稳定工作领导小组办公室 / 271

B.33 湖南打击黑社会性质组织犯罪研究报告
………… 湖南省公安厅刑侦总队 / 279

B.34 湖南省涉毒问题研究 ………… 湖南省公安厅禁毒总队 / 287

B.35 法治湖南的基石：依法执政及其实施路径 ………… 蒋建湘 / 296

B.36 非标准劳动关系稳定性实证分析
——基于长株潭三地的调查 ………… 马跃如 欧阳靖怡 陈名波 / 303

B.37 湖南法学教育的现状与对策 ………… 蒋新苗 / 312

B.38 缠诉的解读：模式、逻辑与策略
——以涉诉信访主体的博弈为视角 ………… 邓志伟 江 华 / 321

B.39 知识即力量：审判权独立运行的知识维度
——从个体法官的审判实践出发 ………… 王建林 伍玉联 / 331

B.40 知识产权行政调解机制的发展与创新 ………… 何炼红 / 347

B.41 规范性文件审查实践的困境与出路
——以湖南省规范性文件审查制度为样本 ………… 吕 宁 / 355

B.42 社会转型背景下人民陪审员制度二元构造论
——兼谈司法大众化与职业化的冲突与融合 ………… 刘方勇 / 365

B.43 用智慧敲响法槌
——论行政诉讼中其他规范性文件的选择适用 ………… 周福元 / 380

B.44 依法行政 推进城市管理法治化 ………… 长沙市政府法制办 / 393

B.45 整体推进 创建"法治郴州" ………… 郴州市委政法委 / 401

B.46 深入开展法制宣传教育 扎实推进法治湘乡建设 ………… 李 望 / 407

B.47 在预防矛盾隐患上下工夫 在长效机制建设上见实效
………… 江华瑶族自治县委政法委员会 / 413

皮书数据库阅读**使用指南**

CONTENTS

B I   Keynote Reports

B.1   Improve Law Enforcement Work, Promote Harmonious
Development of the Society   *Li Jiang* / 001

B.2   Improve the Law Publicity and Education Program,
and Lay a Solid Foundation for Lawful Governance   *Liu Liwei* / 010

B.3   Resolve Social Contradictions, Promote the Construction of
Legal System in Hunan   *Gong Jiahe* / 016

B II   General Report

B.4   Suggestions and Measures to Promote the Construction of
Legal System in Hunan   *Project Group of ERIC of Hunan* / 020

B III   Department Reports

B.5   Review of Local Legislations by People's Congress of
Hunan since the Reform   *Chen Lanxin, You Kexiang* / 038

B.6   A Legal System that Serves People and
Combines Justice with Mercy   *The High Court of Hunan Province* / 047

B.7   Improve work in Public Prosecution, Perform the Statutory Duties
The Office of Public Prosecutor of Hunan Province / 055

B.8   Experience and Outlook of Creating Peaceful and Steady Societies
in Hunan   *The Department of Public Security of Hunan Province* / 063

B.9　Maintain Social Stability, Improve Judicial Administration

The Department of Justice of Hunan Province / 070

B.10　Promote Administration by Law,
and Build up a Government Ruled by Law　　*Zheng Lihua, Gan Yue* / 078

B.11　Practices and Thoughts on Strengthening the Supervisory Function
of People's Congress

Research Office, Standing Committee of Hunan People's Congress / 087

B.12　Improve Legal Education, Promote Ruling by Law in Hunan
Provincial Office of Leading Group of Ruling Hunan by Law / 093

B.13　Resolving Social Contradictions, Maintaining Social Stability:
Comprehensive Report on Social Security Situation
of Hunan Province in 2010 and the Outlook of 2011

Committee Office of Comprehensive Governance for Social Security, Hunan Province / 100

B.14　Mediating Disputes, Maintaining Social Harmony:
Review of Conciliation Work of Hunan Court during
the Period of "The Eleventh Five-Year Plan
on National Economic and Social Development"

The High Court of Hunan Province / 106

B.15　Measures and Suggestions on Innovative Methods of Dealing
with Letters and Visits in Hunan

Hunan Provincial Bureau of Letters and Visits / 114

B.16　Strictly Performing Duties, Promoting Healthy Development
of Legal Profession　　*Lawyers Association of Hunan Province* / 120

B.17　Progress and Outlook of Labor Legislation in Hunan　　*Fan Lili* / 128

B.18　Enhance Consciousness of Law, Strengthen Land and
Mineral Resources Administration　　*Xiang Xianmin* / 136

B.19　Measures to Improve Transportation Legislation in Hunan
The Department of Transportation of Hunan Province / 142

B.20　Progress of Hunan's Agriculture Legislation in 2010
and Outlook in 2011　　*Yan Derong, Chen Xindeng and Nie Jiangang* / 148

B.21　Improve Legislation on Forestry, Create the Brand
of Green Hunan　　*The Department of Forestry of Hunan Province* / 157

B.22　Lawful Audit, Effective Supervision

The Department of Audit of Hunan Province / 164

B.23 Promote Industrial and Commercial Legislation,
Enhance Administrative Capacity

The Administrative Bureau for Industry and Commerce of Hunan Province / 172

B.24 Improve Legislation on Quality Inspection,
Carry out Duties Strictly according to Law

The Legal and Regulational Publicity Division,

The Quality and Technical Supervision Bureau of Hunan / 179

B.25 Current Situation of Drugs Safety Supervision and
Policy Recommendations in Hunan Province

The Food and Drug Administration of Hunan Province / 185

B IV   Specific Reports

B.26 Institutional Analysis of Social Conflicts in China   *Liang Zhifeng* / 195

B.27 Investigation and Consideration of Constructing
a Ruling-By-Law Government in Hunan   *Zhou Pingchang* / 213

B.28 A Report on the Survey of Party and
Government Leaders' Law Awareness

Project Team of Party School, CPC Hunan, and Hunan Administrative Institute / 223

B.29 Suggestions on Improving Legal System in Hunan during
"The Twelfth Five-Year Plan on National Economic
and Social Development"

The Political and Judiciary Commission, CPC Hunan Committee / 244

B.30 A Comparative Study on Democratic Election
and Consultative in China

The Research Department of People's Political Consultative Conference of Hunan / 252

B.31 A Report on Improving the Publicity of Law Enforcement
Department of Law-Enforcing Supervision,

The Political and Judiciary Commission, CPC Hunan Committee / 263

B.32 A Report on Establishing and Improving Social
Risk Assessment Mechanism on Major Events in Hunan

Office of Maintaining Stability in Hunan / 271

B.33 Research Report on Fighting Gangster Crime in Hunan
Criminal Investigation Team, The Department of Public Security of Hunan Province / 279

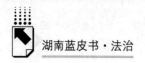

B.34　A Study on Drug Problems in Hunan
　　　　Anti-drug Team, The Department of Public Security of Hunan Province / 287

B.35　Foundation of Ruling by Law in Hunan: Governance by Law
　　　　and Its Implementation　　　　　　　　　　　*Jiang Jianxian* / 296

B.36　Empirical Analysis of the Stability of Non-standard
　　　　Employment Relationship: Based on a Survey in Changsha,
　　　　Zhuzhou and Xiangtan　　*Ma Yueru, Ou Yang Jingyi and Chen Mingbo* / 303

B.37　Legal Education in Hunan: Current Situation
　　　　and Suggestions　　　　　　　　　　　　　　　*Jiang Xinmiao* / 312

B.38　Interpreting Repeated Appeals: Modes, Logic and Strategies
　　　　—From the Perspective of the Game Theory with
　　　　Subjects Involving Appeal　　　　　　　　*Deng Zhiwei, Jiang Hua* / 321

B.39　Knowledge is of Power: the Knowledge Base of
　　　　Jurisdictional Independence
　　　　—Based on Judicial Practices of Individual Judgers　*Wang Jianlin, Wu Yulian* / 331

B.40　The Development and Innovation of the Administrative
　　　　Negotiation Mechanism on Intellectual Property Rights　*He Lianhong* / 347

B.41　The Dilemma and Solution to Inspect Normative Files'
　　　　—Inspection System for Normative Files in Hunan　　　*Lü Ning* / 355

B.42　The Binary Theory of People Assessor System in the Context
　　　　of Social Transformation
　　　　—A Discussion on Conflicts and Integrations between
　　　　Justice Popularization and Professionalization　　　*Liu Fangyong* / 365

B.43　Striking Law Hammer with Wisdom
　　　　—The Selective Application of Normative Files
　　　　in Administrative Litigation　　　　　　　　　　*Zhou Fuyuan* / 380

B.44　Advancing the Legalization of Urban Administration via
　　　　Implementing Governance by Law　　*Legislation Office of Changsha* / 393

B.45　Creating "Ruling by Law in Chenzhou" through
　　　　Comprehensive Measures　　*Political and Law Committee of Chengzhou* / 401

B.46　Launching Legal Education Program and Promoting Ruling
　　　　by Law in Xiangxiang　　　　　　　　　　　　　　*Li Wang* / 407

B.47　Work Hard to Prevent Potential Problems and Conflicts, and Benefit
　　　　from the Contruction of Long Term Mechanism
　　　　Political and Law Committee of Jianghua Yao Autonomous County / 413

主题报告

Keynote Reports

B.1

全面加强政法工作　促进社会和谐发展

李　江*

一　2010 年回顾

2010 年，全省政法机关在省委、省政府和各级党委、政府的正确领导下，认真贯彻落实科学发展观，深入推进社会矛盾化解、社会管理创新、公正廉洁执法三项重点工作，切实维护了社会和谐稳定，为推动经济社会又好又快发展、加快富民强省创造了良好的法治环境。民调显示，全省公众对社会治安和政法队伍的评价逐年上升，2010 年比 2009 年又提高了 5.43 分。

1. 采取强力措施，切实维护社会大局稳定

成功破获了一批危害国家安全和社会政治稳定的案件。在上海世博会、广州亚运会、十一届省运会等重大活动期间及重要敏感时期，圆满完成各项安保及处突任务，群体性事件数量下降、规模缩小、影响减轻，社会局面是多年来最好的

---

* 李江，湖南省人大常委会副主任、省委政法委书记。

一年。加强社会面防控，始终保持严打整治高压态势，严厉打击暴力恐怖犯罪，深化命案侦破、打黑除恶、打击"两抢一盗"、扫黄禁赌禁毒、打击电信诈骗等专项行动，深入开展社会治安重点地区排查整治，加强学校、幼儿园及周边安全保卫，打击整治效果显著。

2. 注重优化环境，服务经济社会发展

依法严厉打击非法集资、传销等涉众型经济犯罪以及制贩假发票、假币等各类经济犯罪；加强对职务犯罪的惩治，查办贪污贿赂、渎职侵权等职务犯罪1738人。进一步加大服务经济社会发展的力度，省法院制定了《关于为加快经济发展方式转变推进"四化两型"建设提供司法保障和法律服务的若干意见》，出台了20项具体举措，全省共审结民商事案件16.54万件，诉讼标的额达182.07亿元，执结各类案件5.62万件，执结率达89.6%；全省检察机关积极参与整顿和规范市场经济秩序工作，依法开展民事审判和行政诉讼监督，全年受理不服民事行政判决、裁定的申诉案1900件，和解息诉1400余件，提出抗诉296件，提出再审检察建议116件；全省公安机关严格落实《服务经济社会发展服务人民群众十五项措施》，推出网上办事、在线咨询、网上信访等一系列便民利民措施；全省司法行政系统积极组织律师、公证员、法律服务工作者等为经济科技园开发、重点工程项目推进、企业发展等提供法律服务，全省律师担任法律顾问3万余家，公证机构办理公证9万余起，法律援助机构办理各类法律援助案件2.4万余件。

3. 强化源头治理，积极预防排查化解社会矛盾

各级党委政府注重从源头上减少社会矛盾，避免决策失误引发不稳定问题，探索对重大决策出台、重大政策调整、重大项目建设进行社会稳定风险评估。加强矛盾纠纷排查调处，努力构建人民调解、行政调解、司法调解"三调联动"的调解工作机制，有80多个县市区建成了运行规范、效果明显的县级矛盾纠纷调处中心，形成了省、市、县、乡、村"五级三调"的工作模式，并将调解工作向医患纠纷、市场纠纷、城市建设等矛盾纠纷高发的领域延伸，共成功调处纠纷34万余起。

4. 坚持以人为本，加强和创新社会管理

省委、省政府高度重视社会管理创新工作，下发了《关于加强和创新社会管理的意见》（湘发〔2010〕18号），推出了一系列社会管理创新举措。加强了对流动人口的服务管理，继续完善"以证管人、以房管人、以业管人"的流动人口管理模式，在街道、乡镇和社区建立服务中心（站）2515 个，覆盖率达98.5%，加强协管员队伍建设，全面开展居住证发放工作，不少地方逐步使居住证成为进城务工经商的外来人员办理住房登记、子女入学、劳动就业以及各种证照等事务的权益型、服务型证件。加强了对特殊人群的帮教管理和服务，推动了社会组织党建、管理审批机制改革工作，加强了对虚拟社会的管理，严打涉网违法犯罪活动。

5. 加强队伍建设，促进公正廉洁执法

各级政法部门把队伍建设作为根本，加大教育、管理、监督力度，改进了执法作风、提高了执法水平、提升了执法公信力。深入开展创先争优活动和各类主题活动，加强基层党组织建设，充分发挥党员干警的先锋模范作用，组织"全省政法系统先进事迹报告团"赴各地进行巡回报告。加强了政法领导班子建设，配合省委巡视组对省直政法各部门领导班子进行巡视，各市州也积极开展对所辖县市区政法领导班子的巡视，在全面掌握情况的基础上，对一些不称职的领导干部进行调整，对优秀的予以提拔重用。广泛开展以岗前任前培训、业务技能培训、司法考试培训为重点的省、市、县三级教育培训。推进执法规范化建设，试行法院量刑规范化、检察院量刑建议制度，公安机关全面推行网上执法办案，制定了行政处罚裁量权基准；实行"阳光执法"，推进审务、检务、警务、狱务、所务公开，主动接受各方监督。深化精细化管理，政法部门普遍实行以"目标设定、责任分解、过程控制、严格考核、奖惩兑现"为主要内容的精细化管理，努力推进队伍正规化建设。坚持从严治警，深化"六个严禁"专项治理活动，集中整治违规使用警车和办案车辆、干警参与经营休闲娱乐场所等群众反映突出的问题。公安机关铁腕治警的工作经验得到周永康、孟建柱同志的高度肯定，公安部最近来电称赞湖南公安机关反腐倡廉建设取得突破性成果，在全国堪称一流。

回顾 2010 年乃至"十一五"期间的工作，全省政法机关在党中央和省委的坚强领导下，沉着应对前所未有的重大挑战和艰巨考验，坚持以科学发展观为指导，认真履职，锐意进取，维护社会稳定大局，实现了政法工作全面发展，也积累了许多宝贵经验。总结起来主要是做到了"五个始终坚持"：一是始终坚持正确的政治方向。我们始终牢记胡锦涛总书记提出的"坚持正确政治方向，关系政法工作的成败"的重要指示，要求广大政法干警始终忠于党、忠于祖国、忠于人民、忠于法律，坚持政法工作的政治方向。广泛深入开展社会主义法治理念教育活动，引导广大政法干警深刻理解和牢固树立以依法治国、执法为民、公平正义、服务大局、党的领导为主要内容的社会主义法治理念。在具体工作中不断深化对政法工作特点和规律的认识，努力转变观念，着力解决突出问题，自觉按照党中央和省委的大政方针来谋划和落实政法工作的各项举措。二是始终坚持把维护稳定作为首要任务。维护社会稳定，政法机关肩负重任。我们始终把维护稳定作为政法工作的首要任务，认真解决人民群众最关心、最直接、最现实的利益问题，从源头上预防和减少社会矛盾，及时排查化解矛盾纠纷，妥善处置重大突出问题和群体性事件。通过全省上下的共同努力，无论是抗击低温雨雪冰冻灾害、成功处置湘西非法集资事件、维护全省稳定，还是北京奥运会、上海世博会、广州亚运会期间的维稳保安，都向党和人民交上了一份满意答卷。三是始终坚持以人民群众满意为工作导向。一切为了群众、一切依靠群众，是我们工作的出发点和落脚点，更是政法工作永恒的宗旨和不竭的动力源泉。我们始终坚持把人民群众的安全感和满意度作为衡量、检验政法工作的根本标准，率先将民意调查机制引入社会治安综合治理考评，逐步加大民调分值的权重，把评价一个地方治安状况和队伍形象的话语权、决定权交给人民群众，广泛采取警务调查、大走访、回访等方式密切联系群众，倾听群众呼声，了解民情民意，以实际行动为人民服务，赢得人民群众的满意。四是始终坚持改革创新。五年来的实践证明，要解决政法工作中不断出现的新情况新问题，出路在于改革创新。我们以与时俱进的精神推动工作创新，着力破解长期以来制约政法事业发展的体制机制障碍。按照中央关于深化司法体制和工作机制改革的部署和要求，进一步优化了司法职权配置，落实了宽严相济的刑事政策，增强了政法工作的发展后劲。同时，积极探索，走出了一条符合湖南实际的政法工作发展新路子。从2004年起，提请省委将社会治安综合治理考核结果在全省经济工作会议上通报表彰讲评，实行"一票否决"制，强化了各级党政"一把手"作为政法综治维稳第一责任人的意识。各级各部门还通过夯实基础、重点指导、典型引路等一系列创新举措，加强了社会建设，提升社会管理水平。所有这些，为政法工作的科学发展奠定了坚实的基础。五是始终坚持从严治警。牢固树立"从严治警就是最大最根本的从优待警"理念，坚持从严教育、从严管理、严肃纪律。坚持治警先治长，通过专项巡视、考核考察、日常管理，加强对领导班子和领导干部的监督管理。全面推进教育培训工作，不断提升政法队伍整体素质。认真落实党风廉政教育、预防措施，严格落实领导干部问责制度，把行政首长的"意志追责"转变为"制度追责"。严格执行各项"禁令"、"禁规"，坚决查纠违法违纪行为和损害群众利益的不正之风。以上这些经验弥足珍贵，必须长期坚持，不断创新。

二　2011年展望

2011年是"十二五"的开局之年，做好开局之年的工作意义重大。各级各部门要以贯彻落实《关于加强和创新社会管理的意见》为契机，全面加强政法工作和队伍建设，确保各项工作落到实处。

1. 努力化解社会矛盾

一是从源头上防范不稳定问题。要按照科学发展观的要求治国理政，防止矛盾纠纷的产生。各级各部门要进一步畅通民意和诉求表达渠道，领导干部要带头接访、带案下访、亲自包案，解决群众合理诉求。对到政法机关办过事、上过访的人和案件当事人，主动电话回访，了解其对政法机关工作的意见，及时改进工作。加强法制宣传教育，科学编制"六五"普法规划，一方面始终抓住领导干部和公务员学法用法这个重点，另一方面着力抓好广大公民的普法教育，倡导普法进社区、进乡村、进课堂，在全社会形成尊崇法治、依法行事的氛围。在做好普法工作的同时，重视加强社会心理调适工作，引导群众依法理性表达诉求，对社会的"失意群体"，加强心理疏导和法律援助。政法机关要严格依法办事，规范行为，坚决防止因自身工作失误引发矛盾、激化矛盾。二是全面推行社会稳定风险评估机制。省委、省政府已经明确，要在全省全面推行社会稳定风险评估机制。各级党委、政府和各部门要把社会稳定风险评估作为重大事项决策的必经程序，在评估过程中不能只由提议者自身评估，必须采取科学的评估方式，广泛听取涉事群众、基层干部、专家学者、党代表、人大代表、政协委员和维稳、信访等部门的意见，客观公正、实事求是地提出评估报告。对未开展风险评估或评估后执行不到位、引发社会不稳定问题的，要依法依纪严格追究责任。三是积极采用调解手段化解矛盾纠纷。进一步健全"三调联动"工作机制。认真落实《人民调解法》，加强人民调解组织和队伍建设，促进人民调解工作的制度化、规范化，充分发挥人民调解组织排查化解矛盾的第一道防线作用。在此基础上进一步加强和规范政法机关的调解工作，建立和完善警调、检调、诉调对接机制，把调解贯穿于执法办案的各个环节，使矛盾纠纷更多地通过调解方式得以化解。

2. 进一步加强和创新社会管理

一是切实把社会管理创新项目纳入经济社会发展规划。各地要抓住正在制定"十二五"规划的契机，抓紧落实一批社会管理创新项目。二是务必在重点、难点问题上取得突破。在流动人口服务管理方面，继续推行流动人口居住证制度，增强居住证的服务管理功能；进一步完善省流动人口服务管理综合信息系统建设，实现信息资源共享；实行政府出资，因地制宜配备流动人口和出租房屋协管员。在刑释解教人员安置帮教方面，抓好出监出所培训。对刑释解教人员建立出监必接必送的衔接机制，并落实好市州和重点县市区的过渡性安置基地建设。在问题青少年管理方面，在两年内每个市州必须建成一所公办工读学校。在"两新组织"服务管理方面，抓紧建立健全登记机关、行业主管部门和职能部门的协调机制，努力实现党组织和工青妇组织的覆盖及积极发挥作用。强化社区功能，赋予社区对辖区内单位的奖惩建议权，把社区建成党委和政府进行社会管理的基层支撑点。三是抓好社会管理创新综合试点工作。综合试点不是单项经验的汇总，而是立足于建立与社会主义市场经济体制相适应的社会管理体系，探索社会管理的新思路新办法。要精心谋划布局，统筹考虑人、地、物、事、网络、组织，努力实现社会管理科学化、系统化、法制化。要加强对机制的整合，综合运用各种资源力量，形成党委领导、政府负责、社会协同、公众参与的社会管理新格局。要运用好信息化技术，提高社会管理现代化水平。

3. 进一步推进公正廉洁执法

公正廉洁执法是政法机关的生命线，是提升执法公信力和执法认可度的关键所在。省委政法委与省公、检、法、司等机关即将联合下发《关于进一步推进公正廉洁执法的若干意见》，全省政法机关要以贯彻落实这个意见为主线，着力抓好以下几项工作。一是以规范自由裁量权为重点，大力推进执法规范化建设。特别是要在规范自由裁量权的行使上取得实质性突破。省公、检、法、司机关要针对每个执法环节和岗位，分别制定指导意见，对自由裁量权的行使条件、原则和方法程序进行规范，压缩自由裁量的空间，克服执法的随意性。对刑事案件，全面推行量刑规范化改革和量刑建议制度，提高量刑精准度和透明度。对民商事案件，省法院要出台指导意见，制订工作方案，规范民商事案件自由裁量权。同时，建立统一的案例指导制度，用一批典型案例指导具体办案，预防和减少执法错误和瑕疵。此外，要以信息化促规范化，推广网上执法办案系统，全面实施讯问、庭审全程录音录像，对执法窗口、监管场所实行实况监控。2011年，公、检、法、司机关要基本实现信息化办案。二是以规范律师、中介组织人员与执法司法人员之间的行为为重点，大力推进执法监督。全省各级政法机关都要健全落实执法回避制度，切实构建廉洁执法的"隔离墙"。公、检、法、司机关都要建立健全执法、司法人员与律师的关系和交往情况的报告备案制度，自觉接受监督。三是以案结事了、群众满意为目标，深入开展清积评查活动。要采取联合接访、包案处访、救助息访、终结止访、依法治访等方法，化解涉法涉诉信访积案。要深入持久地开展案件评查活动。要进一步增强评查实效，实行"三个坚决追究"：对评查发现的错案、瑕疵案坚决追究；对案件自查、评查不认真负责、出具虚假和错误结论的坚决追究；对案件评查意见、建议不落实或落实不到位的坚决追究。

4. 进一步加强政法队伍建设

全部政法工作中，队伍建设是根本，也是保证。在新的形势下，我们必须坚持不懈地抓好政法队伍建设。一是加强和改进思想政治工作。要扎扎实实开展"发扬传统、坚定信念、执法为民"主题教育实践活动。利用湖南省红色资源丰富的优势，采取学习党史党章、学习党的理论、重读红色经典、重温入党誓词、瞻仰革命旧址、走访革命前辈、开展专题讲座等方式集中进行革命传统和理想信念教育，同时倡导政法干警看一些好的书籍和优秀的影视作品，如《复兴之路》、《苦难辉煌》、《解放战争》、《毛泽东传》、《毛岸英》、《二十世纪中国史纲》等。通过学习，使广大政法干警树立崇高的理想信念，进一步强化宗旨意识，切实把政治坚定、对党和人民忠诚铭刻在自己的灵魂深处，坚定不移地做中国特色社会主义事业的建设者和捍卫者。要把创先争优活动作为一项经常性工作坚持下去，以创先争优促进政法机关党的建设，重点要加强党的基层组织建设，按照井冈山斗争时期"支部建在连上"的做法，建好建强基层庭、科、所、队、室的党组织，建好建强法律服务机构的党组织，努力把每个基层党组织建设成坚强有力的战斗堡垒，发挥党员领导干部的表率作用，发挥党员干警的先锋模范作用。积极做好荐选先进基层党组织、优秀党务工作者、优秀党员干警的工作，充分发挥先进典型的示范引领作用。牢固树立群众工作观念，把服务群众贯穿于执法工作全过程，进一步发扬密切联系群众的优良传统，加强和改进新形势下的群众工作，广泛开展"大接访"、"大走访"、"大下访"、"大回访"等活动，动员政法干警、律师主动参与党委、政府组建的群众工作组，密切同人民群众的血肉联系，及时了解群众疾苦，千方百计为群众排忧解难，把政法工作建立在坚实的群众基础之上。二是科学管理政法队伍。当前，政法干警心理健康状况不容乐观，一些干警存在心理业健康问题。如何保证干警心理健康，调动干警的工作积极性，更加科学地管理队伍，是当前政法队伍管理中面临的新课题。因此，首先，要深化精细化管理，充分发挥好政治激励、经济奖励、荣誉鼓励的作用，将其与工作业绩挂钩，形成良好的激励机制，让政法干警的工作中既有压力又有动力，最大限度地挖掘自身的潜能，实现自身的价值；其次，要落实从优待警措施，积极解决干警职级待遇，科学合理使用警力，保证干警正常、规律的休息时间，落实津补贴发放，要特别注意了解干警工作上、生活上面临的困难，及时帮助他们疏导情绪、解决问题；最后，要坚持以文化育人，营造良好的机关文化，要确保选人用人风清气正，着力构建尊重人、关心人、理解人的人文环境，使政法干警在心态上保持健康，在岗位上快乐工作，在学习中陶冶情操。三是全面加强政法教育训练工作。要建立省级集中调训、市级轮训轮值、县级随岗训练三级政法教育培训体系，开展政法干警全员大轮训。积极适应形势任务的新要求，对队伍素质的薄弱环节进行有针对性的培训。要丰富教育训练的方式，既要"走出去"，选派干警到先进地区跟班学习，又要"请进来"，请知名专家能手传经送宝，还要借助信息化手段，大力开展在线学习、网络培训和远程教育。四是加强纪律作风建设。深入推进党风廉政建设，全面落实《关于实行党风廉政建设责任制的规定》，由领导班子对职责范围内的党风廉政建设负全面领导责任。进一步加大专项整治和源头治理力度，以"零容忍"的态度严肃查处违纪违规违法行为，把从严治警的纪律要求坚决落实到位，使各项法律、纪律、制度真正成为政法干警敬畏的"铁规"。要严格执行周永康同志在全国政法工作会议上提出的"四个一律"，即：接受当事人及其委托律师吃请、娱乐、财物的，一律停止执行职务；利用职权插手案件办理影响公正执法、滥用职权侵犯当事人合法权益的，一律调离执法岗位；徇私枉法、贪赃枉法的，一律清除出政法队伍；构成犯罪的，一律依法追究刑事责任。

各级党委、政府要进一步加强对政法工作的领导，大力支持政法机关依法履职，及时研究解决制约政法工作开展的问题，确保政法工作的顺利进行。各级党委政法委是党领导管理政法工作的职能部门，要加强对领导班子专项巡视结果的运用，及时发现使用优秀干部，及时调整不能胜任的领导干部，切实配齐配强各级政法领导班子。中政委、中组部、中编办、财政部即将出台《关于进一步加强县级党委政法委建设的若干意见》，文件下发后各地要抓紧落实。

B.2

加强普法教育　夯实法治根基

刘力伟 *

党的十七大报告明确指出，要"深入开展法制宣传教育，弘扬法治精神"，这意味着依法治国方略的全面落实进入新的阶段，确立和实施十年之久的依法治国方略，正在从法律制度的层面深入法治精神的内核，从法制体系的构建升华到法治文化的培育。这是党对新时期法制宣传教育提出的新要求、新任务、新目标，也是"五五"普法教育的重要指导思想和价值取向。如何以弘扬法治精神为主题，深化"五五"普法教育，促进依法治理，建设法治湖南，是全省各级各部门需要深入探索和实践的重要课题。

一　坚持普法宣传教育，夯实依法治理根基

2006 年以来，全省特别是省直机关各执法单位按照省委、省政府和省依法治省领导小组的部署，深入学习实践科学发展观，认真贯彻落实全国、全省"五五"普法规划、决议，充分发挥普法依法治理促进经济发展、维护社会和谐稳定的积极作用，坚持与时俱进、开拓创新，不断健全和完善工作机制，提高工作的针对性和实效性，取得了显著成效，为促进全省经济社会又好又快发展和"富民强省"战略的顺利实施创造了良好的法治环境。从"五五"普法检查验收的情况来看，"五五"普法依法治理主要有以下几个特点。

1. 领导重视

省直机关各执法单位均成立了由一把手任组长、分管领导任副组长，有关职能部门为成员的普法依法治理领导小组，明确了具体办事机构和人员，结合实际制定了本部门、行业的"五五"普法规划和年度计划，逐层召开了动员大会，基本

---

* 刘力伟，湖南省人民政府副省长。

做到了有计划、有机制、有检查、有落实。五年来，仅省地税局机关就投入了600多万元普法经费。省食品药品监督管理局还将学法、用法纳入目标考核，做到将其与业务工作同部署、同考核，有效推动了普法依法治理工作任务的落实。

2. 措施有力

围绕宪法、物权法、《政府信息公开条例》、《湖南省行政程序规定》等重点法律法规和社会主义法治理念的宣传教育，省直机关各执法单位基本做到了每年人手一册《湖南省"五五"普法读本》。2006年以来，省依法治省办、省直机关工委组织普法讲师团为省直机关各单位举办法制讲座200余场次。省检察院、省环保厅、省国税局、省工商局等部门主要领导带头学法，为干部职工作出了表率。省文化厅等单位探索实行法律准入制度，反响较好。省直机关工委积极改进干部学法考试方式，对处级以上干部进行抽考。2009年，省直机关1000多名厅级领导干部参加了全省学法考试，起到了良好的示范表率作用。

3. 形式多样

省直机关各执法单位积极利用互联网、手机短信、视频等现代技术开展法制宣传教育。省依法治省办、省直机关工委利用法治手机报短信平台联合举办法律知识大赛并组织开展优秀法治文艺汇演，省烟草局、省地税局开发了网上法律考试平台，省国土资源厅等部门组织本系统法律知识大赛，省环保厅编排了法律音乐剧《守井》并到各地巡演，省人力资源和社会保障厅在网上发布法律信息600余万字，极大地扩大了普法依法治理工作的社会影响。

4. 效果明显

公安、国税、地税、质监、工商、环保、交通、农业、林业、药监、旅游、卫生、安监、烟草、物价、人力资源和社会保障、人口和计生等26个主要行政执法部门按照《湖南省行政程序规定》和《湖南省规范行政裁量权办法》的要求，以"依法办事规范窗口单位"创建活动为载体，明确"权力清单"，加强规范性文件管理，建立健全依法管理各项事业的规章制度，规范权力运行和办事程序，完善内部监督和社会监督，认真做好政务公开，及时解决社会和群众反映强烈的执法管理问题，推进执法管理活动的制度化、规范化，得到了社会的广泛认可。长沙海关等单位严格执法质量考评，加强行政执法过错责任追究，收到良好成效。省出版集团、省电信公司、省移动公司等单位大力推进依法依规办事、防范法律风险，为科学发展营造了良好的法治环境。

二 围绕依法治省总体战略，推进普法依法治理工作

围绕中心，服务大局是普法依法治理工作不断取得进步和良好成效的重要经验。我们要继续坚持把握大局、服务大局，围绕依法治省总体战略，努力推动普法依法治理工作不断取得新的发展和更大成绩。

1. 围绕全面落实依法治国基本方略，建设法治湖南，努力推进普法依法治理工作

党的十七大提出，全面实施依法治国基本方略，加快建设社会主义法治国家。十七届五中全会再次强调，坚持党的领导、人们当家作主和依法治国的有机统一，发展社会主义民主政治，加快建设社会主义法治国家。依法治省是依法治国在全省的具体贯彻和生动实践，建设法治湖南是推进依法治省的重要载体和目标追求。2010 年以来，省委、省政府更加重视依法治省和法治湖南建设工作。4月 25 日，周强书记在履新讲话中突出强调"推进依法治省迈出新步伐"。8月 12日，省委、省政府作出《关于加快经济发展方式转变，推进"两型社会"建设的决定》，明确提出"建设法治湖南"的目标，并要求"加强法制宣传教育，树立社会主义法治理念，提高公民的法律素质"。普法依法治理作为全面落实依法治国基本方略、推进依法治省的重要基础性、先导性工作，虽然已连续实施了五个五年规划，也取得了较大的成效，但是离建设法治湖南的要求还有很大差距，省直各部门必须继续加强普法依法治理工作职能，振奋精神，常抓不懈，为建设法治湖南谱写新的篇章。

2. 围绕服务"四化两型"建设，保持全省经济社会又好又快发展，努力推进普法依法治理工作

当今世界无论是经济的健康发展，还是社会的全面进步，都离不开法治的保障，离不开良好的法治环境。当前全省正处于加快发展的关键时期，特别是后金融危机时代以来，全省经济继续向好的方向发展，社会总体安定和谐。但是我们必须清醒地认识到，我国经济社会发展方式还不完全符合科学发展观的要求，经济发展的深层次矛盾不断显现，经济结构调整的难度将进一步加大，人民内部矛盾凸显、刑事犯罪高发、各种利益斗争引发社会问题不断显露。在这种情况下，省委、省政府从落实科学发展观、加快经济发展方式转变的全局出发，站在新的历史起点上作出了推进"四化两型"建设的重大战略决策。这既是湖南经济社会发展的必要选择，也是省委、省政府抢抓机遇，抢占新一轮发展制高点，提升湖南长远竞争力的重大战略部署。普法依法治理工作要适应"四化两型"建设的需要，充分发挥职能，坚持以人为本，努力提高公民和法人的法律素质，依法规范经济行为、维护经济秩序，为促进湖南的科学发展和富民强省创造良好的法治环境。

3. 围绕圆满完成"五五"普法规划，全面实施"六五"普法规划，努力推进普法依法治理工作

2010 年是"十一五"规划的最后一年和"五五"普法的总结验收年，也是为"十二五"规划和"六五"普法规划全面实施奠定良好基础的关键一年。对普法依法治理工作来说，2010～2011 年是承前启后、继往开来的关键年份。目前，全国、全省"五五"普法总结验收工作尚未结束，省直机关各执法单位要进一步查漏补缺，认真总结工作经验，确保将全省"五五"普法规划、决议确定的各项任务落到实处。同时，各部门要及时启动"六五"普法规划的研究起草工作，为 2011 年"六五"普法全面启动和贯彻落实做好准备，谋划好新的发展蓝图，使"六五"普法一开始就在高水平和高起点上运行。

4. 抓住发展机遇，突出重点、统筹兼顾，努力推进普法依法治理工作

从当前的大局和新的形势来看，普法依法治理工作面临难得的发展机遇，只能加强不能削弱。省直机关各执法单位要强化抢抓机遇的意识，积极有为，推动本部门普法依法治理和法治建设工作取得新发展。当前和今后一个时期，省直机关各执法单位要深入推进社会矛盾化解、社会管理创新、公正廉洁执法三项重点工作，着力健全和落实公职人员特别是领导干部学法用法各项制度，重点提高各级领导干部依法执政、依法行政、依法办事、公正执法的能力和水平；继续广泛开展群众性法制宣传教育活动，进一步营造浓厚的法制宣传教育氛围，增强公民的法治意识和依法维权意识；不断深化以"依法办事示范窗口单位"创建活动为载体的行业依法治理，提高全社会法治化管理水平；认真组织实施重点领域和社会热点、难点问题的专项依法治理，坚持以人为本，关注民生，促进社会和谐稳定，实现普法依法治理工作的广度发展和深度发展。

三　开拓创新，确保普法依法治理工作取得实效

"五五"普法以来，省直机关各单位普法依法治理工作取得了较大的成绩，

但也存在一些问题和不足：少数单位领导对普法依法治理工作重视不够，工作开展不平衡；有的单位工作作风不实、创新不够，存在形式主义现象；有的部门法制宣传与法治实践结合得不够紧密，学用脱节、"普治两张皮"的问题依然存在等。这些问题在不同程度上影响了普法依法治理工作的成效，需要我们今后努力改进。

1. 进一步转变工作作风，真抓实干

省直机关各执法单位要在转变工作作风上下工夫，坚持和发扬求真务实精神，克服形式主义倾向，不做表面文章，努力提高工作的针对性和实效性。各执法单位要结合自身实际，认真履行自身职责，扎实做好本部门、本单位内部的普法依法治理工作，把它融入日常管理和服务的各个环节，并积极开展面向社会的普法依法治理活动。深入基层、深入群众，加强调查研究，探寻行之有效的措施方法，推动普法依法治理的改革与发展。按照贴近实际、贴近生活、贴近群众的要求，根据不同部门、行业、单位的特点，开展有针对性的普法依法治理活动。省依法治省办、省机关工委要充分发挥组织、协调、指导和检查的职能，充分调动各单位的积极性，部门联动，形成工作合力，切实把普法依法治理工作落到实处。在坚持全省一盘棋的大前提下，赋予各部门、各单位一定的工作自主权和弹性空间，尽量避免"一刀切"、"齐步走"。

2. 进一步解放思想，开拓创新

普法依法治理要取得实效，必须不断创新工作理念，坚持以人为本的科学发展观，把提高人的素质、促进人的全面发展、保障人权、改善民生作为普法依法治理工作的出发点和最终落脚点。创新工作形式，改进干部学法用法的方法，善于运用正反两方面的典型进行教育，以案说法；善于发挥大众传媒和法制文艺的作用，充分利用广播、电视、报刊、网络等各类媒体开展公益性法制宣传教育，使新闻媒体成为广大干部群众学习法律知识、获得法律帮助的重要渠道。结合实际，创造性地开展多姿多彩的主题法制宣传教育活动和法治活动，不断创新和丰富工作载体，推动省直机关普法依法治理工作不断开创新局面。

3. 进一步健全工作机制，狠抓落实

健全领导和保障机制，把普法依法治理工作摆上重要议事日程，与全局工作同部署、同检查、同考核。将普法依法治理专项经费列入省直机关经费预算，保证工作正常有效开展。健全考核奖惩机制，推动普法依法治理工作的健康发展。

2010 年 4 月 29 日，省依法治省领导小组会议已明确将普法依法治理工作纳入全省综治考核、文明建设考核、绩效考核的内容。省直机关各执法部门要认真贯彻落实省依法治省领导小组会议的精神，切实将普法依法治理工作纳入本部门、本单位相关考核内容，并兑现奖惩。健全督促检查机制，根据各个时期普法依法治理工作任务和上级的要求，定期不定期地开展督察活动。同时要积极争取人大、政协的支持，通过组织开展调查、检查、视察、评议等活动，推动本部门普法依法治理工作的贯彻落实。

ℬ.3
化解社会矛盾　着力推进湖南法治建设

龚佳禾[*]

当前，我国正处在经济体制深刻变革、社会结构深刻变动、利益格局深刻调整、思想观念深刻变化和各种社会矛盾凸显的历史时期，社会矛盾主体日趋多元化，矛盾表现形式不断变化，群体性、突发性、对抗性增强，对此必须理性看待和正确处理。和谐社会首先是一个法治社会。当前，全力建设法治湖南，建立和完善法治化机制，妥善化解人民内部矛盾，理性化解利益冲突，是非常必要和紧迫的事情。作为国家的法律监督机关，检察机关要忠实履行法律监督职能，认真完成社会矛盾化解这个重大课题和重大政治任务，举全系统之力有效促进依法行政、公正司法，为"四化两型"和"法治湖南"建设，为全省"十二五"规划的良好开局提供强有力的司法保障。

一　坚持依法公正处理案件，从源头防范矛盾

依法公正处理案件，是党和人民对司法工作的基本要求，是司法工作的永恒主题。一是要着力强化公正执法理念。马不伏枥，不可以趋道；士不素养，不可以重国。培养公正执法素养，要从领导抓起。"言传不如身教，己正才能正人。"各级检察院的领导干部，一定要不断加强理论学习，坚持秉公执法、廉洁办事，用自己的言行去影响和带动广大干警。培养公正执法素养，要注重职业道德教育。深入学习实践科学发展观，紧紧围绕检察官客观义务的践行，把忠诚、公正、清廉、严明作为每个检察官必须具备的基本素质和品格着力加以培育。培养公正执法素养，要端正执法理念。进一步深化社会主义法治理念教育，牢固树立权利平等、程序公正的执法观念，始终坚持"三个至上"，切实做到"四个在心

---

* 龚佳禾，湖南省人民检察院党组书记、检察长。

中"。二是要努力提高公正执法能力。高超的职业技能是实现公正执法的基础和保证。从事检察职业的人员必须具备与其职业相匹配的学识和才能。如果空有公正执法之心，而无公正执法、准确办案之能，维护法律尊严、维护人民群众的合法权益就不可能实现。"法律是一门艺术，在一个人能够获得对它的认识之前，需要长期的学习和实践。"要以大规模教育培训为契机，扎实推进"建设学习型党组织、争创学习型检察院"活动，根据不同执法岗位的职责和特点，有针对性地加强专门培训和实践锻炼。三是要切实强化执法监督制约。权力不受监督，必然导致腐败。要制定统一、明确、具体、可操作性强的执法工作规范，建立案例指导制度，健全案件集中管理机制、执法办案风险预警机制，推行网上办案和"阳光执法"，积极营造有利于公正执法的考评导向和责任追究机制、检务保障机制，进一步加大对证据收集、不捕不诉等执法环节的监督制约力度，推动形成权责明确、行为规范、监督有效的长效工作机制，做到既惩治犯罪，实现违法当罚、罚当其罪，同时又保障人权，切实维护当事人的诉讼权利，使无辜的人不受法律追究，确保办理的每一起案件都经得起法律和历史的检验。

二　注重改进办案方式方法，避免引发矛盾

改进办案方式方法是加强和改进检察工作的重要着力点。执法办案要充分考虑人民群众的合理期待，坚决摒弃机械执法、简单办案的观念和陋习，按照新形势下理性、平和、文明、规范执法的要求，把办案的"三个效果"有机统一放在更加突出的位置，紧紧围绕人民群众最关心、最直接、最现实的利益问题，着力通过理解、尊重、关爱和帮助等一系列人性关怀措施，最大限度兼顾各方面利益诉求，最大限度兼顾法、理、情，最大限度满足人民群众的合理需求，使群众通过案件的办理、事情的处理，既感受到法律的权威、尊严，又感受到检察机关的关爱、温暖。特别是当前查办涉企职务犯罪案件时，要按照"五个更加注重"的要求，坚持"一要坚决，二要慎重，务必搞准"的方针，切实做到"三个考虑到"（办案前要考虑到运用何种方式才不至于影响经济发展环境；办案中要考虑到使用何种手段才能保证生产发展正常运行；办案后要考虑到如何尽可能挽回损失，恢复发展）、"四个必须"（不利于经济发展和社会稳定的案件，必须慎重，该迟办缓办的要迟办缓办，绝不能因案件查办造成经营困难和群众不满；初

查必须秘密进行，在调查取证时，不开警车，不穿警服，不轻易公开到办公地点传人，不发表有损形象和声誉的言论；对发案单位的财产进行查封、冻结必须经过严格审批，不能影响正常生产经营活动；追缴贪污、挪用等赃款赃物应该返还的必须返还)、"四个避免"(避免影响资金流动；避免影响生产经营的连续性；避免影响招商引资和经营业务关系；避免影响声誉和产品信誉，做到该保护的要坚决依法保护)。

三 贯彻宽严相济刑事政策，有效消除矛盾

贯彻宽严相济刑事政策是彰显法律惩治预防、教育引导功能的重要抓手。从总体上看，当前宽严相济强调严的多，适用宽的少，刑事和解修复社会关系的机制尚不顺畅，宽严相济刑事政策消除社会矛盾的作用并不明显，还有很大一部分案件完全可以通过刑事和解等从宽处理形式来消除对抗，达到最大程度减少不和谐因素，最大程度增加和谐因素的目的。要推动形成贯彻宽严相济刑事政策的强大合力与长效工作机制，在深入开展打黑除恶等专项斗争，依法严厉打击黑恶势力犯罪、严重暴力犯罪、多发性侵财犯罪、毒品犯罪、经济犯罪特别是涉众型犯罪，维护市场经济秩序和群众切身利益的同时，着眼于消除矛盾、促进和谐，深入探索和规范刑事和解、量刑建议、附条件不捕不诉等办案新方式，健全完善轻微刑事案件快速办理机制、未成年人犯罪案件办案机制和执法考评机制，坚决克服下达追捕追诉指标等错误做法，把从宽处理的每一件案件作为有效消除社会矛盾的具体实践。

四 重视抓好延伸办案服务，积极调处矛盾

抓延伸办案服务是彰显法律人文关怀和检察工作人民属性的根本要求。要始终坚持把人民群众是否满意作为检验检察工作的根本标准，自觉践行执法为民理念，在以执法办案为中心、确保案件质量的前提下，把抓延伸办案服务作为检察机关满足人民群众合理期盼、服务经济社会科学发展的有效形式，对办案中发现的个体性矛盾和当事人面临的实际困难不回避、不敷衍，通过进一步完善刑事案件被害人救助机制，健全检调对接机制，加强联系协商、释法说理、心理疏导等

工作，积极引导和帮助当事人特别是困难群体、弱势群体应对困境，化解积怨，消除深层次隐患，真正实现"案结事了"；对办案中发现的普遍性、倾向性问题，有针对性地提出消除隐患、强化管理、预防犯罪的检察建议，切实促进社会管理水平的提高。尽管很多遗留问题是小事，但小事连全局，小事连民心。一些小事、小情，对检察机关、检察官来说，也许是司空见惯、微不足道的，但对于普通群众来说，那可能就是一辈子的大事、难事。各级检察机关要教育引导广大检察官从人民群众最关心的小事做起，积极主动开展延伸办案服务，为群众做好事、办实事、解难事，以实际行动向群众传送党和政府的温暖，真正把工作做到老百姓的心坎上，努力构建和谐检民关系。

五　妥善处理涉检信访案件，切实解决矛盾

妥善处理好涉检信访案件，是检察机关维护社会和谐稳定、践行执法为民理念、提升执法公信力的重要举措。当前，社会矛盾具有的敏感性、关联性、对抗性、破坏性加大的新特点，涉检信访中同样存在。要根据涉检信访面临的新形势，把解决问题放在首位，认真贯彻执行中央政法委《关于进一步加强和改进涉法涉诉信访工作的意见》，将涉检信访工作作为整个系统的全局性工作，举检察机关各部门之合力，切实抓出成效。要加强涉检信访长效机制建设，健全落实首办责任制和领导接访、下访、巡访、督察专员等制度，推动领导干部接访制度化、规范化、常态化，积极探索建立涉检信访定期排查机制，综合采取依法处理、教育疏导、救助救济等措施，切实把涉检信访的苗头和隐患消除在萌芽和初始阶段。对于涉及问题复杂、息诉罢访难度高的涉检信访案件，检察长要亲力亲为，带头研究和落实息诉罢访对策，积极做好各项稳控工作，防止问题堆积蔓延，坚决避免因涉检信访引发重大群体性事件。要紧紧抓住群体性事件发生初始阶段这一最佳处置时机，研究完善工作预案、处置程序和处置原则，领导要靠前指挥，信息要及时畅通，对媒体要认真稳妥处理，不断提高检察机关应急处置的能力，最大限度减少群体性事件对社会造成的危害。

总 报 告

General Report

B.4

加快推进法治湖南建设的
对策建议

湖南省人民政府经济研究信息中心课题组*

加快推进法治进程，建设"法治湖南"，是全省贯彻落实科学发展观，全面实施依法治国方略，建设社会主义民主政治，实现党的领导方式、执政方式根本转变的重大举措，也是全省加快推进转方式、建"两型"，促进优化发展、创新发展、绿色发展、人本发展的有力保障。当前，湖南正处在新的历史起点及谋求跨越式发展的关键时期，加快推进科学发展、富民强省，迫切需要把建设"法治湖南"放到全省经济社会发展全局的高度来谋划和推进。为此，我们组织全省各法律实务部门、行政机关和法学理论研究专家学者，对湖南近年深入推进依法治省的情况作出客观全面的总结，并对湖南法治建设中存在的问题进行深入探讨，为进一步推进湖南法治建设提供有益的思路和建议。

---

* 课题组组长：梁志峰；课题组成员：唐文玉、屈莉萍、管冲、王颖、袁建四。

一 近年湖南法治建设的主要进展

近年来，湖南各法律实务部门和行政机关在省委省政府的领导下，坚持以邓小平理论和"三个代表"重要思想为指导，深入贯彻落实科学发展观，坚持依法行政，不断完善法律法规体系，全面推进依法行政和公正司法，强化法律检察监督，加强普法宣传和法学研究工作，法治湖南建设取得了新进展。

（一）加强地方立法，法律体系不断完善

2010 年，省人大常委会共通过地方性法规 74 件，其中省本级制定、修改和废止 49 件，批准长沙市和民族自治地方制定、修改和废止法规 25 件，地方立法工作成绩斐然。

1. 认真做好法规清理工作

制定湖南开展地方性法规清理工作方案，对 253 件地方性法规进行清理，提请省人大常委会废止 17 件、修改 25 件省本级地方性法规。加强对长沙、湘西土家族苗族自治州和 7 个民族自治县的法规清理指导和协调，批准长沙废止 5 件、修改 13 件地方性法规，修订湘西自治州和芷江、江华等县 7 件自治条例、单行条例。

2. 突出立法重点

围绕全省"转方式、调结构、抓改革、强基础、惠民生"的经济社会发展大局，加强经济立法。适应湖南民航事业的发展需要，制定民用运输机场管理条例，明确规范机场规划建设、安全运营、应急救援等；立足全省农田水利发展的实际，制定小型农田水利条例，明确各级政府责任，使农民真正成为小型农田水利工程建设、管理和收益的主体；为保护和鼓励台湾同胞来湖南投资，在台湾同胞投资保护实施办法中明确了台胞的权利和保障措施。切实保障公民权益，注重社会立法。根据十一届全国人大三次会议新修订的选举法，修改湖南县级以下人民代表大会代表直接选举细则，落实城乡按相同人口比例选举人大代表，进一步完善了选举制度，扩大人民民主。在义务教育法实施办法中规定资金投入，加强教育基础设施建设，合理配置教育资源，对于促进全省义务教育均衡发展、实现教育公平，提供了法律保障。

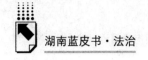

3. 不断健全立法机制

进一步完善工作机制，多渠道征集立法建议项目，坚持提前介入，严把起草关，严格审议程序，注重维护国家法制统一，注重一切从实际出发，注重民生民利，努力防止和克服部门利益法制化倾向。加强立法调研，广泛听取社会各方面的意见和建议，为立法决策提供重要依据。加强对法规草案内容的研究论证，力求制定的法规严谨周密、切实可行。充分发挥人大代表在立法中的作用，坚持走群众路线，采取各种形式扩大公民有序参与，不断增强立法工作的透明度和民主性。

（二）深入推进依法行政，法治政府建设有新突破

近年来，湖南省委、省政府高度重视依法治省工作，制定了《湖南省全面推进依法行政五年规划》（2005～2009）。2008 年出台了全国首部系统规范行政程序的地方性规章《湖南行政程序规定》，不断完善相关配套规章和制度，全面推进政府依法行政工作，创造了令人关注的法治政府建设"湖南模式"。2010年，湖南在依法行政的基础上，进一步推进依法治省，打造法治政府，"法治湖南"建设实践不断深入。

1. 制度建设有新进展

全面实施全国第一部系统规范行政裁量权的省级政府规章——《湖南省规范行政裁量权办法》，在全国第一个建立了行政裁量权的"综合控制模式"。出台施行了《湖南省规范性文件管理办法》，建立并推行了全国第一个规范性文件登记制度和有效期制度。出台施行了《湖南省行政执法案例指导办法》，建立了全国第一个行政执法案例指导制度。大力推进行政执法责任制，组织梳理和公布了全国第一份省直部门"权力清单"。为应对国际金融危机冲击，出台施行了全国第一份关于放松经济管制的专门文件——《中共湖南省委湖南省人民政府关于改进和完善对经济工作的管理的若干意见》。起草了全国第一部关于建设服务型政府的省级政府规章——《湖南省政府服务规定（草案）》，并面向社会征求意见，第一个从制度上搭建起了服务型政府的基本框架。

2. 体制机制有重大创新

创新行政决策机制，规范重大行政决策程序。推行重大行政决策听证会制度，建立了听证会年度计划制度和听证会案例指导制度。坚持民主立法、科学立

法，实行大规模"开门立法"和"公推公选"立法项目，召开立法计划编制听证会，建立健全了公众参与、专家论证与政府决定相结合的政府立法工作新机制，创新了政府立法工作机制。建立了规范性文件统一登记、统一编号、统一公布的登记制度，以及有效期制度、合法性审查制度、申请审查制度、定期清理制度等，创新了规范性文件管理机制。2008 年以来，两次组织开展了全省规范性文件"大清理"，先后清理规范性文件 76609 件、39860 件，先后废止和宣布失效的文件占 46.5%、26.5%。以规范行政裁量权、推行行政执法责任制、改革行政执法体制、加强行政执法人员培训为重点，行政执法监督工作取得重大进展。以复议为民为宗旨，以案结事了为目标，综合运用书面审查、实地调查、和解、调解、听证等手段处理行政争议，创新了行政复议工作机制。建立健全了依法行政考核制度，将依法行政考核纳入了全省政府绩效考核内容，并不断提高其分值所占比重，创新了依法行政推进机制。积极搭建全国性学术交流平台，积极承担国家重要科研课题，积极开展国际学术交流，创新了政府法制研究机制。

3. 影响力不断扩大

"十一五"以来，湖南省推进依法行政、建设法治政府攀上了一个新的高峰，获得了一系列的荣誉，产生了广泛而深远的影响。2007 年，梳理"权力清单"得到国务院法制办的充分肯定，中央电视台、新华社、《人民日报》等八大中央媒体对此进行了集中报道，并被新华网评为"2006 年度中国法治建设的十个足印之一"。2008 年，《湖南省行政程序规定》的出台施行，先后入选年度中国十大法治新闻、中国十大地方创新试验、湖南省十大法治事件，被誉为"在中国民主与法制史上具有重要里程碑意义"。2009 年，省政府法制办被中国经济体制改革杂志社、中国改革理事会评选为"2009 中国改革十大年度机构"，全国政协副主席李金华为湖南省政府法制办颁发了获奖证书。2010 年 4 月，《湖南省规范行政裁量权办法》的出台和施行，在人民网当月的"十大地方新政"评选中列第一位，得票 27 万张。2010 年 11 月 8 日，国务院出台的《国务院关于加强法治政府建设的意见》，吸收了《湖南省行政程序规定》中的行政决策程序和规范性文件"三统一"制度、行政执法证据制度、规范裁量权制度、行政调解制度等多项内容。2011 年 1 月 15 日，湖南省因出台施行《湖南省行政程序规定》而荣膺我国第一个由学术机构发起设立、由专家和社会公众共同评选出的首届"中国法治政府奖"第一名。

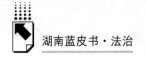

（三）司法审判践行"司法为民"，公平正义得到保障

2010 年，湖南省高级法院深入贯彻落实科学发展观，坚持中国特色社会主义司法制度，扎实推进三项重点工作，认真履行宪法和法律赋予的职责，各项工作取得了新的进展。全省法院全年共受理各类案件 33.53 万件，审结、执结 30.35 万件，同比分别增长 8.8% 和 12%。

1. 开展刑事审判工作，全力维护社会稳定大局

2010 年，全省法院共审结各类刑事案件 3.34 万件，判处罪犯 4.14 万人。依法严惩危害国家安全犯罪和杀人、绑架、抢劫、爆炸等严重暴力犯罪及盗窃、抢夺等多发性侵财犯罪，严惩贪污、贿赂、渎职犯罪，开展打黑除恶专项斗争，严厉打击毒品犯罪。省法院制定《〈人民法院量刑指导意见（试行）〉实施细则》，在全省法院开展量刑规范化培训。有关部门联合出台《关于加强社区矫正衔接配合工作的若干规定》等规范性文件，协同社区矫正工作机构做好社区服刑罪犯的法制教育、监管矫治工作。进一步规范减刑、假释案件裁判程序，推行公开听证。认真贯彻《反洗钱法》，与省公安厅、中国人民银行长沙中心支行建立了三家联动的反洗钱综合分析检测机制，加大预防和打击洗钱违法犯罪力度。

2. 开展民商事审判工作，积极服务于经济社会发展

2010 年，全省法院共审结各类民商事案件 17.99 万件，诉讼标的额 206.23 亿元。坚持保障劳动者权益和促进企业发展并重，依法审结劳动争议类案件 6474 件，诉讼标的额 9603.43 万元；大力维护失地农民和被拆迁人的合法权益，审结房屋拆迁民事案件 1060 件，诉讼标的额 5191.42 万元；积极服务于环境友好型社会建设，审结环境污染损害赔偿案件 302 件，诉讼标的额 1206.1 万元。依法审结在调结构、转方式过程中发生的金融、投资、物流、公司、破产等各类商事案件 6.07 万件，同比上升 16.8%，促进了国家宏观调控政策的落实。依法审结各类知识产权民商事案件，促进企业提高自主创新能力，推进创新型湖南建设。依法审结涉外、涉港澳台民商事案件，平等保护中外当事人的合法权益，积极营造良好的外商投资环境。

3. 开展行政审判工作，依法调节涉诉行政法律关系

2010 年，全省法院共审结行政诉讼案件 6637 件，着力维护行政相对人的合法权益。制定《关于进一步严格规范非诉行政执行案件若干问题的意见》，积极履行司法审查职责，依法办结各类非诉行政执行案件 1.31 万件。积极参与地方行政立法审查工作，预防和减少制度性行政违法，共同防范和化解行政争议。省法院促进司法与行政良性互动的做法被最高人民法院在全国推介，并得到省委、省政府主要领导的充分肯定。贯彻执行新修订的《国家赔偿法》，依法审结国家赔偿案件，决定赔偿金额 25.08 万元，确保符合法定条件的被侵害人得到国家赔偿。

（四）夯实基础，维护国家安全和社会稳定

近年来，全省公安机关以"三基一化"建设为平台，在实践中形成和深化了"坚持民意导向，坚持从严治警，全面推进队伍正规化、管理精细化、工作信息化"的工作思路，取得了全省社会政治和治安大局持续稳定、人民群众安全感和满意度不断提升、公安业务工作和队伍建设协调发展的可喜成绩，得到周永康、孟建柱等中央领导同志的充分肯定，省公安厅规范执法、从严治警、教育训练、警务调查等经验被中央政法委、公安部和湖南省推介。

1. 有力维护了国家安全和社会稳定

近 5 年来，全省刑事案件、八类案件发案总量比重逐年下降，现行命案破案率、犯罪集团打击处理数和采取强制措施数逐年上升，全省共侦破各类刑事案件 70 余万起。治安、交通、消防事故起数、死亡数、伤人数和直接损失均有不同程度的下降。坚持打防结合，严密防范、严厉打击黑恶犯罪、暴力犯罪、盗抢犯罪、电信诈骗、网络赌博、黄赌毒等群众反映突出的违法犯罪活动，侦破了湘西非法集资案、2010 年长沙"7·30"爆炸案、"8·10"两岸特大网络诈骗案等一批具有广泛社会影响的案件，有力维护了社会治安大局的平稳。民调结果显示，群众对社会治安状况的评价逐年提升，2010 年比 2009 年提高 6.4 分。

2. 大力夯实了基层基础工作

近 5 年来，全省新增公安编制近 2 万名，省财政增加转移支付资金 13.87 亿元。全省公安"一化三基"工程建设共投入资金 100 多亿元，解决无房、危房"三所三队" 1208 个；全省看守所"四个一"建设全面完成，为基层配备警用车辆 1875 台，为基层民警一次性配备单警装备 3.5 万余套；全省 123 个县级刑事技术室全部达到三级以上标准，14 个市州的 DNA 实验室年内将全面建成并投入使用；110、119、122"三台合一"全面完成。扎实推进城乡警务工作，一线警

力达全省总警力的 89.9%。全省共建社区警务室 2295 个、农村警务室 4001 个、配备社区民警 4609 名、驻村民警 4427 名。连续 3 年将城市治安电子防控系统建设纳入省政府为民办实事项目，共新建电子探头 3 万余个。深入推进司法保障体制改革，全省市、县两级公安机关公用经费全部纳入年初财政预算，财政拨款比例增加 40%，并根据各地经济发展状况明确了逐年递增比例。

3. 强力推进了信息化建设与应用

全省公安机关科技强警战略取得跨越式发展。全省白名民警计算机拥有率达 103.8%、数字证书拥有率达 100%；县级公安机关 350 兆集群通信系统全面建成，"动中通"卫星通信系统日益完善；全省共建成候问室 591 个、信息采集室 700 余个、市、县两级指纹工作站全部建成。省公安厅在全国率先研发了省级警综平台，并以此为依托，将 30 余个省级业务系统资源全部整合进省公安厅警综平台数据资源库，共录入信息 395 万余条，归集公安内部业务信息资源和社会信息数据 5.3 亿多条；省市两级情报平台基本建成，并顺利通过公安部联动测试。目前，湖南省公安民警数字证书使用率、主要应用系统访问量、请求服务量等信息化指标位于全国前列，其中电子签章全国第一。2008 年以来，全省公安机关共通过警综平台抓获逃犯 4700 多名，利用平台破案 31 万多起。

（五）切实强化职能，司法行政工作取得较好成效

近年来，湖南司法行政系统紧紧围绕服务于富民强省战略这个中心，切实强化和发挥职能作用，维护社会稳定，强化法治保障，巩固基层基础，提高队伍素质，加快自身发展，为全省经济社会发展作出了积极贡献。

1. 紧紧围绕维护稳定这个工作大局，为维护湖南社会政治稳定发挥了重要的法律保障作用

一是保持监狱劳教场所的持续安全稳定。各监所单位以提高罪犯、劳教人员教育改造质量为重点，不断深化改革，坚持依法、严格、文明、科学管理，监狱工作法制化、科学化、社会化建设稳步推进，形成了完备的收监工作体系，初步探索建立了罪犯的医疗体系、罪犯改造质量评估体系；劳教（戒毒）系统以创办特色为重点，综合多种教育手段，邪教类劳教人员教育转化和劳教戒毒工作水平一直位居全国前列，开放、半开放、封闭三种管理模式改革不断深化。监管改造秩序保持持续稳定，"十一五"期间，监狱系统脱逃报警事故（逃跑后 24 小

时内追回）同比下降81%，脱逃人数同比下降77%。罪犯和劳教人员的改好率保持在90%以上，绝大多数刑释解教人员回归社会后成为自食其力的守法公民。2010年，监狱劳教系统没有跑掉一名罪犯、劳教人员，监管改造质量处于历史最佳水平。二是积极发挥维护社会稳定的"第一道防线"作用。全省司法行政机关积极开展了"两节"、"两会"、"清明"、"防汛"等重要时期、政治敏感期和季节性矛盾纠纷的专题预防调处，并拓宽工作领域，创新人民调解、行政调解、司法调解的对接联动机制，积极介入下岗失业人员再就业、土地征收补偿、房屋拆迁安置、土地承包流转、拖欠农民工工资等社会热点、难点矛盾纠纷的调处。目前，全省已初步形成了"党政牵头、分级负责、部门联动、全民参与"的调解工作新格局，全省人民调解组织发展到5万多个，调解人员近30万人，每年调处民间纠纷30万件左右，营造了安定有序的社会环境。三是认真做好帮教安置和社区矫正工作。进一步加强了机构建设与制度建设，不断健全衔接帮教制度，司法所（安帮办）干警、基层组织（村、社区、企事业单位）、亲属"三帮一"的工作模式在全省推广，帮教率达90%左右。同时，积极引导鼓励刑释解教人员自谋职业、自主创业、承包责任田土（山林、水面），落实"低保"和社会救济等多形式、多途径安置办法。社区矫正工作自2008年9月启动试点以来，工作步伐明显加快，2010年年底已拓展到全省48个区县，累计接收社区矫正对象3391人，无一例重新犯罪现象。

2. 法律服务领域不断拓展，服务质效明显提高

"十一五"期间，全省法律服务事业步入发展快车道，业务领域不断拓展，方式不断创新，在招商引资、国企改制、房地产市场、民营经济发展、金融证券市场、劳务市场、金融信贷等方面都出现了法律服务的身影。特别是近年来，省司法厅组织律师、公证员在"湘洽会"、"欧洽会"、"湖南（上海）投资洽谈活动周"等大型招商引资洽谈会上提供全程法律服务，受到省委、省政府和广大客商的一致好评。针对农民工合法权益屡受侵害的社会问题，湖南率先组建了农民工法律援助律师志愿团。同时，积极稳妥地推进公司律师、公职律师改革，公证体制改革，司法鉴定管理体制改革，不断完善行政管理和行业管理"两结合"的管理体制改革，特别是通过开展合伙律师事务所规范建设年、公证队伍教育规范树形象、基层法律服务市场集中教育整顿等活动，推动律师及公证、基层法律服务和司法鉴定的主体的执业行为更加规范，服务市场更加有序，法律服务的质效上了新的台阶。法律援助的办案数量和质量也逐年提升，承办了一大批颇受社会关注的典型维权案件，切实维护了弱势群体的合法权益。

3. 不断夯实司法行政基层基础，有力地促进了基层民主与法治建设

"十一五"期间，全省司法系统以基层司法硬件建设为突破口，基层司法行政工作进一步规范和活跃。目前，大部分县区都制订了经费保障标准，把人民调解、安置帮教、法律援助、普法依法治理等专项业务经费和司法所公用经费、人员经费等列入了财政预算。全省监狱体制改革经费逐年增加，布局调整稳步推进，监狱劳教民警的工作条件、福利待遇有了不同程度的改善和提高。2006年以来，理顺了司法所管理体制，明确了司法所是县（市、区）司法局在乡镇（街道）的派出机构，实行县（市、区）司法局与乡镇人民政府（街道办事处）双重领导，以县（市、区）司法局为主的管理体制。所有乡镇（街道）都设立了司法所，建所率为100%。全省80%以上的司法所实现了收编直管，有近500名司法所长享受副科级待遇，湘西土家族苗族自治州、湘潭市还将司法所定为副科级机构。

（六）强化法律监督，服务法律工作全局

2010年，全省检察机关以深入推进社会矛盾化解、社会管理创新、公正廉洁执法三项重点工作为载体，按照强化法律监督、强化自身监督、强化高素质队伍建设的要求，努力加强和改进检察工作。

1. 全面贯彻严宽相济的刑事政策，维护社会和谐稳定

严厉打击黑恶势力犯罪、严重暴力犯罪、多发性侵财犯罪等影响人民群众安全感的严重刑事犯罪，依法打击集资诈骗、非法传销等涉众型犯罪，积极参与对治安重点地区和重点治安问题的专项整治。对无逮捕必要的决定不批准逮捕，对情节轻微的决定不起诉，运用刑事和解办理轻微刑事案件。

2. 深化侦防一体化机制，加大查办和预防职务犯罪力度

贯彻省委和最高人民检察院关于反腐败工作的部署，坚持省市两级检察院带头办案，坚持查办重点领域和关键环节的职务犯罪，坚持集中力量查办大案要案。对危害新农村建设、破坏环境、能源资源和直接损害群众切身利益的职务犯罪加大侦办力度。注重结合办案开展职务犯罪预防，开展预防调查、警示教育，注重完成个案预防、重点预防、预防建议。注重研究惠农政策实施进程中的职务

犯罪，一发现倾向性问题即向党委和政府作专题报告，引起了相关地区和部门领导的重视。

3. 认真履行监督职责，诉讼监督工作成效显著

依法开展刑事诉讼监督。对不构成犯罪的决定不批准逮捕，对法定不究的、证据不足的决定不起诉。监督侦查机关是否有不应当立案而立案或应当立案而不立案的情况。对应当提请逮捕、移送起诉而未提请逮捕、移送起诉的案件进行复核。对认为确有错误的刑事判决、裁定提出抗诉，促使法院改判或发回重审。依法开展民事审判和行政诉讼监督。依法开展刑罚执行和监管活动监督。根据最高人民检察院的统一部署，开展清理监狱事故隐患、促进安全监管、看守所监管安全大检查、清理纠正久押不决案件等专项活动，对发现的违法情况提出了纠正意见。对社区矫正工作进行监督，督促纠正监外执行罪犯脱管漏管。

（七）全面落实"五五"普法规划，普法工作深入开展

2010 年，省依法治省领导小组办公室紧紧围绕深入推进三项重点工作，贯彻落实省委提出的"建设法治湖南"战略部署，广泛开展法制宣传教育，大力推进依法治理，全面落实"五五"普法规划，不断提高民众法律素质和社会法治化水平，努力推进依法治省进程，取得了一定的成绩。

1. 着力加强干部学法用法工作，进一步增强公职人员特别是领导干部依法执政、依法行政的意识和能力

围绕 2010 年新制定、新修订的法律法规，特别是《湖南省规范行政裁量权办法》，部署在省直机关和中央驻长单位举办领导干部法制讲座。通过开展专题法制讲座，领导干部和公职人员的法律知识得以更新，法律意识和法治观念得到增强。同时，精心编写普法教育读本，并顺利组织全省百万公职人员参加学法用法考试。

2. 以农民和青少年为重点，广泛开展群众性法制宣传教育活动

以"加强农村法制宣传，促进社会矛盾化解"为主题，部署开展为期一个月的全省农村法制宣传教育月活动。各地通过举办乡镇和"村支"两委干部培训，开设广播、电视、报纸、网站法制新闻栏目，举办法制讲座等形式，围绕党和政府、群众关心的难点问题，围绕征地拆迁、环境污染等矛盾纠纷，开展有针对性的法制教育和专项治理活动，提高了宣传月活动的实效。开展"预防未成

年人犯罪警示教育图片宣传巡回展"，通过组织市区、乡镇（街道）广大青少年特别是中小学校学生，分期分批观看警示教育图片展，提高其对违法犯罪危害性的认识，增强其遵纪守法的自觉性。组织开展"12·4"全国法制宣传日暨全省社区法制宣传日活动，城市社区居民充分运用专题座谈会、法制讲座、知识竞赛、广场活动等途径，大力开展了形式多样、内容丰富的法制宣传教育。

3. 结合湖南实际，推动各部门、各行业的普法依法治理

推行司法、行政执法质量考核评议，推进相对集中行政处罚权工作，分部门、分层次组织开展执法人员岗位学法活动，开展基层民主政治建设试点，全省司法、行政执法部门将此四项工作作为依法治省工作的重点，不少单位探索总结了一些行之有效的加强和改进执法工作的措施制度，各市州加快推进相对集中行政处罚权工作，执法人员岗位学法活动扎实开展，基层民主政治建设试点工作进展顺利，各级司法（执法）机关和公职人员依法决策、依法行政、依法管理的能力和水平不断提高。在依法治省四项工作的带动下，依法治林、治水、治税、治路、治电等行业依法治理活动开展得有声有色，以基层依法治理为基础、行业依法治理为支柱、各层次纵横结合的依法治理网络初步形成。"普法合格证"制度、"民主法治示范村（社区）"创建、"依法办事示范窗口单位"创建等刚性机制的逐步建立完善，进一步推动了全省普法依法治理工作。

（八）法学研究和法学教育事业稳步发展

法学教育和法学研究是法治建设的重要组成部分。2010年，湖南的法学研究和法学教育事业继续稳步发展，在服务于依法治省、开展法学研究、培育法律人才等方面，取得了新的成就。

1. 法学研究体系不断完善

不断加强新兴学科专业研究会的建设，研究会组织体系建设取得了突破性进展。2010年推动成立了检察学研究会、环境资源法学研究会、经济法学研究会、程序法研究会等4个研究会，省法学会已有13个各学科和专业研究会。研究会集聚了全省一大批既有精湛和深厚的法学理论知识，又有丰富实践经验的法学学者、专家和法律实践方面的优秀人才，为繁荣全省法学研究、推进依法治国作出了重要贡献。

2. 法学研究工作稳步推进

2010 年省法学会 8 个研究会分别召开了学术年会，先后举办了检察理论研究、"两型社会"建设与环境资源法治论坛、预防腐败高峰论坛、社会矛盾的法律化解机制、程序法学研究的主要领域及其形势等一系列专题研讨会和学术讲座活动。各研究会在自身研究领域内，以经济建设、政治建设、文化建设、环境建设及社会建设中的热点、难点问题为题组织开展研究，反响很好，取得了一批优秀研究成果。

3. 法学教育事业不断繁荣

近年来，湖南的法学教育的发展速度和规模都位居全国前列，基本上形成了湖南师大法学院、湘潭大学法学院、湖南大学法学院与中南大学法学院四足鼎立，以一部分后起的理工科院校及师范院校的法学院（系）为补充的局面。

二 当前湖南法治建设中存在的突出问题

湖南法治建设虽取得了显著的成绩，但也存在一些问题，需要引起重视。

1. 社会法治基础薄弱，法治信仰缺失

湖南开展依法治理工作以来，全民法律意识不断增强，社会主义法治理念不断深入人心，但仍存在不少思想认识上的障碍，法治信仰基础依然薄弱。一是对法治存在思想认识上的错误。部分领导干部、公职人员的法律观念、法律素养不高，存在着诸如法治过程漫长，不能一蹴而就，早抓晚抓无所谓的"遥远论"；重发展轻法治的"无用论"；法治就是治老百姓的"治民论"等错误认识。二是人治、权治冲击法治。我国儒家思想文化底蕴深厚，而儒家思想的负面内容是重人治轻法治。由此形成的人治惯性导致部分当权领导和职能部门特权思想根深蒂固，以权代法、以情代法、权大于法、权否定法的现象时有发生，严重阻碍了法治建设。三是公民法治信仰薄弱。以司法为例，不少当事人坚持认为"打官司就是打关系"，热衷于拉关系、找权贵、送钱财，以为不这样就无法保障自己的合法权益，而维权意识、证据意识却十分淡薄，甚至出现"信访不信法"的现象。四是诚信缺失。由于少数地方行政、司法机关不能严格依法行政、公正司法，损害了人民群众的利益，人民群众对国家机关的信任度下降。一些公民的道德观、诚信观错位，导致人与人、人与社会之间缺乏信任感、安全感。

2. 存在部门利益法制化现象，立法机制仍不健全

长期以来，行政立法以行政部门为主起草，地方性法规和自治法规的大部分由行政部门负责起草，人大及其常委会主要是按程序进行审议。此时，由于草案的基本思路、框架结构、主要内容都已基本定型，审议起来较为被动。地方部门在规章起草过程中，侧重于思考如何在相关行政管理领域内加强对行政相对人的管理，偏向于如何方便行政部门的管理，而忽略了保护行政相对人的正当权益。行政立法过程中的利益协调中也仍然倾向于以相关部门的利益为主。这种现象必然导致法规草案带有浓厚的政府部门利益色彩。

3. 依法行政观念还不牢固，行政决策透明度有待进一步提高

一是依法行政观念的牢固树立还有待进一步提高。当前部分领导、权力部门依法行政观念还比较薄弱，这客观上导致湖南行政诉讼案件数量比较多。二是行政决策透明度有待进一步提高。在湖南2009年行政机关败诉率较高的案件中，违反规定程序的接近40%，这充分说明了不少地方政府和行政部门在行政决策中，忽视程序公正，该告知的不告知，该听证的不听证，决策机制的法治化、规范化水平还有待提升。三是对行政自由裁量权的有效规范还不足。尽管湖南出台和施行了《湖南省规范行政裁量权办法》，要求各级政府和部门细化行政裁量权，但各地滥用自由裁量权的现象屡禁难止。此外，自由裁量权规范目前主要倾向于合法性程序保障，对合理权益保护不够。

4. 司法干扰现象时有发生，司法权威性无法保障

审判权是相对于立法权、行政权等国家权力的一种特殊权力，我国宪法和法律明确规定人民法院依法行使审判权，不受行政机关的非法干预。但现行体制中，法院在人、财、物方面由行政机关支配，这种制度设计使司法干扰现象时有发生，也难以充分保障司法审判在行政诉讼案件中确保公平公正。湖南各级司法部门反映，当前权力对司法活动的干预不时发生，一些案件一旦进入司法程序，说情者接踵而至，打电话、写条子，影响司法公正。

5. 法律监督仍较薄弱，体制机制还不完善

一是法律监督职能履行还不到位。在刑事案件、民事案件中，法律监督机制仍较薄弱，对诉讼活动中执法不严、司法不公的问题，个别地方还存在着不敢监督、不善监督、监督不到位的现象，对渎职侵权犯罪的查办和诉讼监督工作有待进一步加强。二是按照司法规律来引导检察执法的机制还不完善、不健全，一些误导执法价值选择的体制、机制性障碍尚未完全消除。三是队伍管理机制还不完善。执法中的利益驱动、简单粗暴、违规办案等人民群众十分关注的问题仍然不同程度地存在，甚至一些低级的执法错误时有发生。少数检察人员的执法观念、执法能力和执法作风还不适应法治文明的新要求。个别检察人员的执法犯法、贪赃枉法，严重损害了检察机关公信力。

6. 普法宣传内容形式单一老套，针对性、实效性还有待进一步增强

尽管湖南在普法宣传中采取了"送法律政策下乡"、开展活动月等方式，但在宣传形式上，仍然侧重于授课、讲座、干部培训及开设广播、电视、报纸、网站法制新闻栏目等传统形式，创新不足。同时，侧重法律条文的单向灌输，忽视法律素质的养成。在信息飞速发展的今天，信息网络急剧扩容，平面媒体、广播媒体、电视媒体、网络媒体等"四大媒体"的立体式传播方式，使人们接收信息的兴奋点发生了转移，信息受体已经具备自由选择信息获取通道的主动权，纯粹的灌输教育效果不大。作为法制宣传教育的主管部门，要积极引导广大人民群众主动学习，帮助他们在纷繁复杂的信息海洋中辨别是非，提升法律素养。此外，现在法律、法条多，修改也多，普法宣传部门若疏于梳理、不分主次、不分重点，对于与老百姓实际生活关系密切的法律法规的宣传缺乏针对性，会导致普法宣传的实效性不强。

7. 法学研究和法学教育缺乏规划，水平有待提高

一是法学研究规模较小。研究成果方面，数量有空前提高，但是高质量、高水平的法学研究成果不多，在国内外有影响的更是屈指可数。由于经费缺乏，法学交流规模偏小，也带有较强的随机性，缺乏计划性，外向度也不高。二是法学教育水平参差不齐。湖南法学教育中，普遍存在硬件薄弱、师资队伍不足、教材老化的问题。少数学校把法学这一热门专业当做"摇钱树"，在不具备开设法学专业的情况下，仓促上马，影响了湖南法学教育的整体质量和外在形象。

三　进一步推进"法治湖南"建设的对策建议

目前，深入建设法治湖南的条件已经成熟，展望"十二五"，湖南应不断提高党的依法执政能力，大力发展社会主义民主政治，保障人民当家作主，以"四化两型"建设为契机，进一步创新路径，彰显湖南地方特色，全面实现经济、政治、文化、社会和生态建设的法治化，完善法治建设的"湖南模式"。

1. 牢固树立法治理念，坚持依法执政

充分发挥党的领导核心作用。要自觉把党的政治领导和执法活动纳入法治轨道，实行科学执政、民主执政、依法执政，同时把依法执政的理念转化为依法办事的实际行动，在作决策、抓工作时严格遵守宪法和法律，按照法治的要求和规律办事。严格按照宪法和法律规定的范围、程序、时限和手段行使执政权力，健全党的领导制度和工作制度。认真贯彻党的路线方针政策，善于通过法定程序将党的主张变成国家意志，并通过发挥党组织和党员的积极作用来推动落实。建立和完善党内通报制度、情况反映制度、重大决策征求意见制度，深入推进党务公开，使党员更好地了解和参与党内事务。建立健全党委常委会向全委会负责、报告工作和接受监督的制度。加强基层党组织建设，调整组织设置，改进工作方式，创新活动内容，扩大覆盖面，使基层党组织紧密联系群众、充分发挥作用，扩大执政的群众基础。

2. 创新机制，健全地方法律制度

坚持从全省实际情况出发，以促进全省经济、政治、文化、社会建设协调发展为抓手，开展立法工作。增强政府立法计划的科学性、针对性和可行性，以完善地方立法、推进依法行政、确保公正司法为重点，着力解决人民群众反映强烈的突出问题，带动湖南法治建设的全面进步。进一步完善公众参与立法机制，健全政府立法公开征求意见和听证制度，通过深入基层、深入群众，拓宽征求意见的渠道。注重创新机制建设，改进政府立法工作机制，通过制定年度立法计划，统筹安排立法工作，建立和完善法规的立项论证制度，推行开展立法后评估，建立科学的立法质量反馈机制，努力探索政府立法之"立、改、废"相结合的新做法。

3. 坚持执法为民，深入推进政府行为法治化

坚持权为民所用、情为民所系、利为民所谋，是实践执法为民思想的本质要求。在实际行动中，应切实将尊重和保障公民的合法权益置于更加突出的位置，树立正确的权力观、地位观、利益观。进一步完善行政决策机制，注重行政决策调查研究，建立健全行政决策专家咨询、听证、向社会征求意见等制度，积极推行决策实施效果评估，着力打造"责任政府"。认真贯彻落实中央全面推行政务公开的精神，以"合法、全面、真实、及时、便民"为原则，建立和完善政务公开责任制度，积极创新公开载体，进一步扩大政务公开的覆盖面，增强政务公开的实效性。理顺行政管理执法体制，积极推动综合执法改革，完善行政执法协调配合机制。全面落实行政执法责任制，认真研究完善行政执法主体和人员资格制度。健全行政执法机制，推行行政裁量基准制度。完善行政执法程序，研究建立行政执法监督检查制度。

4. 完善司法审判工作机制，提升司法公信力

认真贯彻落实"公正司法，一心为民"的指导思想，把加强党的领导与人民法院依法独立行使审判职权有机统一起来，维护司法权威，切实做好审判执行工作。依法保障和改善民生，建立健全案件裁判与社会稳定风险评估机制，清理涉诉信访积案，健全"大调节"工作体系，促进化解社会矛盾。深化司法改革，规范执法办案行为，以加强执法监督为重点，建立内部监督制约制度，创新审判管理机制。落实公开审判制度，推进公开形式多样化，加强外部监督。大力加强数字法庭建设，积极推行数字化庭审。继续推行法官接访制度，扩大听证质证，落实依法纠错，促进法院工作科学发展。加强基层法院建设，重视对下级法院审判的监督指导，夯实法院审判工作基础。切实加强队伍建设，巩固法官培训和交流制度，积极开展"发扬传统，坚定信念，执法为民"主题教育实践活动，坚决贯彻落实中央政法委提出的"四个一律"，确保司法公正廉洁。

5. 努力化解社会矛盾，进一步完善和创新社会管理机制

一是从源头上防范不稳定问题。要按照科学发展观的要求治国理政，防止矛盾纠纷的产生。各级各部门要进一步畅通民意和诉求表达渠道，领导干部要带头接访、带案下访、亲自包案，解决群众的合理诉求。对到政法机关办过事、上过访的人和案件当事人，主动回访，了解其对政法机关工作的意见，及时改进工作。重视加强社会心理调适工作，引导群众依法理性表达诉求，对社会的"失意群体"，加强心理疏导和法律援助。政法机关要严格依法办事，规范行为，坚决防止因自身工作失误引发矛盾、激化矛盾。二是积极采用调解手段化解矛盾纠纷。进一步健全"三调联动"工作机制。认真落实《人民调解法》，加强人民调解组织和队伍建设，促进人民调解工作的制度化、规范化，充分发挥人民调解组织排查化解矛盾的第一道防线作用。在此基础上进一步加强和规范政法机关的调解工作，建立和完善警调、检调、诉调对接机制，把调解贯穿于执法办案的各个环节，使矛盾纠纷更多地通过调解方式化解。三是务必在重点、难点问题上取得突破。在流动人口服务管理方面，继续推广流动人口居住证制度，增强居住证的服务管理功能；进一步完善省流动人口服务管理综合信息系统建设，实现信息资源共享；由政府出资，因地制宜配备流动人口和出租房屋协管员。在刑释解教人员安置帮教方面，抓好出监出所培训。针对刑释解教人员建立出监必接必送的衔接机制，并落实好市州和重点县市区的过渡性安置基地建设。在问题青少年管理方面，在两年内每个市州建成一所公办工读学校。在"两新组织"服务管理方面，抓紧建立健全登记机关、行业主管部门和职能部门的协调机制，努力实现党组织和工青妇组织的全覆盖，并积极发挥作用。强化社区功能，赋予社区对辖区内单位的奖惩建议权，把社区建成党委和政府进行社会管理的基层支撑点。四是抓好社会管理创新综合试点工作。要精心谋划布局，统筹考虑人、地、物、事、网络、组织，努力实现社会管理科学化、系统化、法制化。要加强对机制的整合，综合运用各种资源力量，形成党委领导、政府负责、社会协同、公众参与的社会管理新格局。要发挥好信息化技术的作用，提高社会管理现代化水平。

6. 强化责任考核，完善法律监督机制

建立健全行政责任机制，明确行政职责，完善行政责任追究制度。建立行政机关及其工作人员依法接受行政考核的制度，落实考核细则，把依法行政情况作为目标考核的重要内容。加强政府内部层级监督，健全和落实重大行政处罚、行政许可、行政强制等备案和行政执法监督督办制度，强化上级行政机关对下级行政机关具体行政行为的监督，同时积极探索层级监督的新方式、新机制。注重法律监督的科学性，强化检察机关的法律监督作用。检察机关必须坚持"依法独立行使检察权"，努力改变不敢监督、不善监督、监督不到位等现象。加大查办和预防职务犯罪的工作力度，促进反腐倡廉建设。加大诉讼监督力度，促进司法公正，全面履行各项法律监督职责。以职务犯罪审查逮捕程序、抗诉工作与职务犯罪侦查内部监督制约机制、规范检察建议、检察委员会制度改革为重点，着力推进强化法律监督、强化自身监督制约等方面的改革。认真开展"恪守检察职业道德"主题教育活动，弘扬以"忠诚、公正、清廉、文明"为核心的检察职业道德，增强群众对检察工作的理解和支持。

7. 注重实效，建立健全普法宣传机制

为进一步建立健全法制宣传教育长效机制，确保宣传教育工作的经常化、制度化、规范化，需要从以下几个方面入手：一是加强法制宣传教育工作制度建设。建立健全领导干部、公务员、司法人员、行政执法人员学法用法制度，推进国家机关工作人员学法用法制度化、规范化。立足于营造湖南良好的社会法治环境，切实做好重点单位、重点区域、重点人群法制宣传教育活动常态化，拓宽全民普法教育的有效途径。二是完善普法的保障机制。全省可以参照其他省份，出台普法方面的地方性法规或政府规章规范普法工作，对普法的基本原则、主要对象、普法内容、方式、经费、对违法的惩罚等事项予以法制化。三是加强法制宣传阵地建设。充分利用各种宣传媒体传播法治理念，为群众提供学法场所和便捷的公益性法律信息服务。加强对宣传载体的培育，扩大覆盖面，利用先进典型事例，增强宣传渗透力，增强公民的法治意识。

8. 增加投入和交流，繁荣法学研究和法学教育

要加快湖南法治建设步伐，必须加大对法学教育的投入力度，不断提高师资水平，改善办学条件，实现法学教育办学层次的提升。稳健推行法学教育改革，着力培育法学专业实力较强的院校，对不具备法学专业培养能力的院校实行"关、停、并、转"。建立健全全省统一的法学研究生导师遴选机制，提高研究生导师评聘门槛。选聘优秀的法律实务工作者担任兼职教授，定期组织法学教师和法律实务部门进行互动，加强法学学术界与法律实务界的沟通与交流。大力鼓励学术科研，通过改善科研条件、设立法学基金等方式，培育有一定科研素质和科研发展潜力的教师。积极鼓励创新教学方式，构建以职业性与实践性为核心的课程体系，加强实训基地的建设和管理，切实抓好教学研究和应用研究。建立省内法学学术资源共享机制，加强省内法学院校间以及省内与省外法学院校间的学术交流、互动，探索与国内重点法学院建立专业联动机制。

部 门 篇
Department Reports

B.5
改革开放以来湖南人大地方立法综述

陈兰新　游克湘*

1979 年，《中华人民共和国地方各级人民代表大会和地方各级人民政府组织法》第一次以法律形式明确授权省级人大及其常委会可以制定和颁布地方性法规。从 1980 年 3 月湖南省五届人大常委会第二次会议通过本省第一件地方性法规以来，湖南省的地方立法已走过 30 年的历程。30 年来，省人大及其常委会认真履行立法职权，共制定、修改、批准地方性法规和自治条例、单行条例 473 件，现行有效法规共 239 件（截至 2009 年 4 月）。30 年来的立法实践，为湖南省深化改革、扩大开放、全面建设小康社会、促进社会和谐发展提供了良好法制环境和有力的法制保障。

一　改革开放以来湖南人大地方立法四大阶段

这 30 年的历程，大致可以分为四个阶段。

---

* 陈兰新、游克湘，湖南省人大法制委员会。

1. 起步探索阶段（1980～1984年）

30年前，省级人大权力机关被赋予地方立法职权，地方立法随之进入了起步和探索阶段。

1980年3月25日，省五届人大常委会第二次会议原则通过了《湖南省县级直接选举人民代表实施细则试行草案》，标志着本省地方立法的开始。省人大常委会成立之初没有专门负责立法的工作机构，也没有法定程序。在这样的情况下，立法工作也只能"摸着石头过河"。当时立法的指导思想是，立法是一件非常严肃的事情，必须慎重行事，必须进行广泛的调查研究，成熟一个，通过一个。虽然1980年12月31日省五届人大常委会第七次会议决定设立省人大常委会法制委员会，但这个机构只是一个非常设机构，实际作用有限。同时，从其主要职责看，不仅负责起草、修改并初步审议地方性法规草案，还承担了检查法制教育和法律执行情况等职责。到1984年10月省六届人大常委会第九次会议前的三年半时间里，省人大常委会共制定了14件地方性法规，虽然这些法规都是按照一定的程序制定的，但这几年间的立法程序没有制度化和法定化。由于缺乏经验和有效的机制，加之立法的方向和重点还不明确，湖南省人大及其常委会行使职权还不够大胆，对地方立法更是缺乏充分认识，因此这一阶段不但立法数量很少，在立法质量上也存在较多问题。这一阶段，省人大常委会制定的法规都是一次审议通过的，甚至采取了"原则通过"的形式，制定的法规"暂行条例"较多，甚至还有"试行草案"，施行的时间大多不长，修改较为频繁。

2. 规范加强阶段（1984～1992年）

1982年12月4日，新宪法颁布施行，民主法制建设进入了新的发展阶段。1984年10月20日，党的十二届三中全会通过了《中共中央关于经济体制改革的决定》，指出要按照建设有中国特色的社会主义的总要求，进一步贯彻对内搞活经济、对外实行开放的方针，加快以城市为重点的整个经济体制改革的步伐。从此，法制建设被摆到了日益重要的位置上，加强地方立法的问题也被提上了重要议事日程。为了适应社会主义现代化建设以及经济体制改革和对外开放的需要，自六届全国人大二次会议以来，全国人大及其常委会逐步加快了立法步伐，并坚持把制定有关经济方面的法律作为立法工作的重点。加强地方立法，促进和保障湖南省经济和各项事业的发展，也成为湖南省制定地方性法规的总的指导思想。在这一阶段，经济立法逐渐成为湖南省地方立法的重点。

随着民主法制建设进程的推进，湖南省地方立法的机构队伍建设和制度建设也逐渐得到加强。1983年5月4日，省六届人大一次会议决定设立民族、法律、财政经济、教育科学文化卫生4个专门委员会，其中法律委员会的一项重要职权是在专门委员会提出审议意见的基础上，负责向省人大常委会提出对地方性法规草案的初步审议意见。为了总结前几年探索的经验，使湖南省地方立法工作有序进行，1984年10月28日，省六届人大常委会第九次会议制定了《湖南省人民代表大会常务委员会制定地方性法规程序（试行）》。该法规共十四条，对提案程序、审议程序、表决程序和公布程序分别作出了规定，其制定和颁布施行，标志着本省地方立法程序开始步入法制化轨道。随着立法工作任务的日益繁重，在1986年省人大常委会主任会议决定组建一个专门工作班子负责修改地方性法规试运行两年的基础上，1988年5月，省七届人大常委会第二次会议正式决定设立省人大常委会法规工作委员会，专门负责地方性法规草案修改的具体工作。1988年6月27日省七届人大常委会第三次会议审议通过的《湖南省人民代表大会常务委员会工作条例》，在宣布废止《湖南省人民代表大会常务委员会制定地方性法规程序（试行）》的同时，重新对省人大常委会的立法程序进行了规定。该条例在肯定前几年试行的立法程序中有益的经验和做法的基础上，对本省地方立法程序作了较大的改革和发展，一是扩大了法规案的提案主体范围，规定常务委员会组成人员五人以上联名可以提出地方性法规案；二是根据1986年12月2日六届全国人大五次会议修改的地方组织法关于赋予省、自治区人民政府所在地的市和经国务院批准的较大的市人民代表大会及其常务委员会地方立法职权的规定，增加了批准长沙市人民代表大会及其常委会制定地方性法规的程序；三是改革了专门委员会审议制度，将过去实行的由有关专门委员会向法律委员会提出审议意见、法律委员会向常委会提出审议报告的程序，改为由有关专门委员会向省人大常委会提出审议意见、在常委会审议后由法规工作委员会向常委会提出修改报告；四是为了加强立法工作、提高立法质量，规定了法规草案修改制度以及为常委会立法服务的专门办事机构即法规工作委员会的职责。

这一阶段是本省地方立法发展的一个重要历史阶段。通过这一阶段的努力，本省立法机制形成，立法质量稳步提高。但由于受客观条件的限制，地方立法工作仍处于一个逐步提高的阶段，还存在一些不足，主要是立法还缺乏必要的规划，立法数量仍然较少，重点也不够突出。

3. 快速发展阶段（1993～2001年）

党的十四大作出关于建立社会主义市场经济体制的伟大决策，1993年3月29日八届全国人大一次会议将实行社会主义市场经济体制写进了宪法。为了保障、规范和促进社会主义市场经济的发展，实现党的十四大提出的目标，八届全国人大及其常委会把立法工作提上了重要议事日程，提出要以规范市场主体、维护市场秩序、加强宏观调控和完善社会保障等方面的经济立法为重点，提出了在本届任期内建立适应社会主义市场经济体制的法律体系框架的目标，国家立法步伐大大加快。与此相适应，本省人大常委会也把地方立法工作摆到了首要位置。这一阶段，本省地方立法的步伐也明显加快，立法所涉及的领域不断拓宽。

为了保证地方立法工作的顺利进行，省人大常委会对本省地方立法程序作了进一步完善。1994年1月17日省八届人大常委会第六次会议审议通过了《湖南省人民代表大会常务委员会制定地方性法规程序的规定》。该法规包括总则，地方性法规议案的提出，地方性法规议案的审议，地方性法规的通过、公布和备案，长沙市地方性法规和自治州、自治县自治条例、单行条例的批准，地方性法规的解释、修改和废止，附则等七章共三十三条，对省人大常委会的立法程序作了较为全面系统的规定。这些规定既总结了十几年来本省在地方立法程序方面积累的经验，又在以下几个方面作了较大补充和完善：一是对审次制度作了规定，省人大常委会审议地方性法规草案，一般经过两次会议审议通过，根据会议审议意见，也可以经一次或者两次以上会议审议通过；二是对表决方式进行了改革，由举手表决改为无记名投票；三是细化了批准程序，设专章就报批法规的提出、审议、修改、表决、公布以及上报备案作了原则规定；四是增加了关于地方性法规解释的规定，明确了解释的机关、内容范围和具体程序。该法规的颁布实施，标志着省人大常委会的立法程序已基本成熟。但是，至此时为止，对省人民代表大会的立法程序还没有具体明确的规范。为了弥补这一不足，1994年3月4日省八届人大二次会议审议通过的《湖南省人民代表大会议事规则》对省人民代表大会的立法程序作出了原则规定。此后，1998年5月30日省九届人大常委会第二次会议制定了《湖南省人大专门委员会提出地方性法规议案程序的规定》、《湖南省人民代表大会常务委员会批准长沙市地方性法规和民族自治地方自治条例、单行条例程序的规定》，使得本省的地方立法程序更加完善。

省八届人大常委会任期的第二年，即1994年，本省地方立法迎来了一个立法数量年平均超过 20 件的高峰时期。在制定和批准的法规中，经济方面的法规占 60% 以上，经济立法成为当时地方立法的重点。这一阶段是本省地方立法发展较快的阶段，立法对本省的经济建设和各项事业的发展起到了很大的促进作用。但是，本省地方立法也存在一些不足，如对立法规划缺乏充分调研论证、部门利益倾向不同程度地存在等。

4. 完善优化阶段（2001 年至今）

党的十五大对立法工作提出了新的更高的要求，强调加强立法工作，提高立法质量，到 2010 年形成有中国特色的社会主义法律体系。九届全国人大把提高立法质量放在了突出位置，立法速度较上届有所放缓，立法计划比上届减少了 42%。省九届人大常委会以来，本省的立法工作也进入了质量优先、全面提高质量的新阶段。

2000 年 3 月，全国人大常委会通过了《中华人民共和国立法法》。立法法总结了改革开放以来的立法工作经验，对立法活动进行了全面规范。其中统一审议和三审制的确定，对于保证立法质量尤其具有重要意义。2001 年 1 月，省九届人大四次会议根据立法法的要求决定设立省人大法制委员会，以负责对地方性法规案的统一审议。同时，会议通过了《湖南省地方立法条例》，按照立法法的精神，对本省地方立法工作作了进一步完善，将统一审议和三审制以地方立法的形式予以确定。条例还规定了一系列扩大公民参与立法的制度，对地方性法规案应当采取座谈会、论证会、听证会等形式听取各方面意见；根据需要，还可将法规草案在《湖南日报》等媒体上公布，广泛征求意见；常委会审议法规案时，经主任会议同意，公民可以到会旁听。《湖南省地方立法条例》的颁布施行，标志着本省地方立法程序的正式完善。

2002 年 11 月，党的十六大把"三个代表"重要思想确立为指导思想。2003年 10 月，十六届三中全会提出科学发展观。2006 年 10 月，十六届六中全会作出构建社会主义和谐社会的决定。省九届人大以来，省人大及其常委会认真落实党的十六大和十七大精神，坚持以邓小平理论和"三个代表"重要思想为指导，深入贯彻落实科学发展观，紧紧围绕省委确定的富民强省目标和工作大局，加强立法工作。一是围绕发展这一第一要务，注重促进经济发展。继续把经济立法放在突出位置，加强经济立法，为加强本省宏观调控、培育市场主体、规范行政管理和市场秩序，推进社会主义新农村建设等发挥了重要作用。二是关注民生，注重维护公民、法人和其他组织的合法权益。坚持以人为本，注重把实现好、维护好、发展好最广大人民的根本利益作为立法工作的出发点和落脚点，通过立法解决涉及群众利益的突出问题。三是坚持可持续发展，为构建"两型社会"提供法律保障。围绕建设生态湖南，发展循环经济，建设资源节约型、环境友好型社会，统筹人与自然的和谐发展，制定、批准了一系列法规。

二　地方立法工作的主要经验

1. 坚持党的领导，牢牢把握地方立法的政治方向

立法是国家一项重要的政治活动，必须坚持党的领导，以保证正确的政治方向。坚持党的领导，是我国法制建设的重要政治原则，是做好地方立法工作的根本保障。省人大及其常委会在立法工作中，自觉接受党的领导，把党的领导、人民当家作主和依法治国有机统一起来，牢固树立党的观念、政治观念、大局观念、群众观念和法治观念，自觉地把省委的重大决策通过法定程序上升为法律规范，从制度上和法律上保证党的路线方针政策的贯彻实施。

2. 坚持围绕中心任务开展立法活动，以适应本省改革发展的需要

省人大及其常委会在立法工作中，从本省实际出发，紧紧围绕全面建设小康社会的奋斗目标，紧紧围绕经济建设这个中心任务，紧紧围绕促进经济建设、政治建设、文化建设、社会建设协调发展，开展立法工作。全面部署和统筹安排立法计划，抓紧制定本省经济建设和改革开放迫切需要、立法条件比较成熟的法规，及时修改与经济社会发展不相适应的法规，以改善民生为重点逐步加强社会领域的立法工作，为本省经济、社会建设提供全面的法制保障。

3. 坚持以人为本，把实现好、维护好、发展好最广大人民群众的切身利益作为出发点

历届省人大及其常委会，尤其是近几届省人大及其常委会，始终把坚持以人为本、立法为民，把实现好、维护好、发展好最广大人民群众的根本利益作为立法工作的出发点和落脚点。在立法中坚持统筹兼顾，正确协调不同阶层、不同群体、不同方面的利益诉求。妥善处理个人利益与社会公共利益、目前利益与长远利益、局部利益与整体利益、不同社会阶层的特殊利益与人民群众的共同利益之间的关系。注意加强社会保障等方面的立法，力争通过立法解决人民群众最关心、最现实的切身利益问题。充分发挥法律规范在调整社会利益关系、构建和谐社会方面的重要作用。同时，通过立法推动政府职能转变，强化政府服务职能，强化对行政管理相对人合法权益的保护。正确处理好权力与权利、权力与责任的关系，注意防止部门利益法制化倾向。

4. 坚持法制统一，努力突出地方特色

维护国家法制统一，是地方立法必须坚持的基本原则。省人大及其常委会坚持把这一原则贯彻于法规制定、修改和废止的全过程，不突破地方立法权限，不与宪法、法律和行政法规相抵触，严格执行行政处罚法和行政许可法。为保证法制统一，先后按照行政处罚法、WTO 协定和我国对外承诺、行政许可法以及监督法的要求，对本省地方性法规进行了四次大规模的全面集中清理，修改废止了一批法规。同时，正确处理好坚持法制统一与突出地方特色的关系，在维护国家法制统一的前提下，从本省经济社会发展的实际需要出发，以解决实际问题为目的，力求使制定的法规具有鲜明的地方特色。

5. 坚持科学立法、民主立法，努力提高地方立法质量

省人大及其常委会把不断提高立法质量放在十分突出的位置，积极推进科学立法、民主立法，扩大公民对立法的有序参与，妥善处理数量与质量、前瞻性与可操作性、稳定性与变动性的关系，不断提高立法质量。一是加强调查研究。在法规案的审议修改中，通过组织常委会组成人员召开论证会、协调会、座谈会或通过书面征求意见等多种形式，广泛听取意见，全面掌握省情民意。二是不断拓宽民主立法渠道。九届人大以来，在制定常委会立法计划时，公开向社会征集立法建议项目；为了让不同利益代表充分表达利益诉求，选择《湖南省禁毒条例》、《湖南省消费者权益保护条例》、《湖南省中小学校学生人身伤害事故预防与处理条例》、《湖南省实施〈中华人民共和国道路交通安全法〉办法》、《湖南省市政公用事业特许经营条例》等五个法规草案举行了立法听证会；为了总结立法经验，改进立法工作，对《湖南省非税收入管理条例》、《湖南省安全生产条例》、《湖南省消费者权益保护条例》等法规进行了立法后评估。为进一步推进民主立法、科学立法，省十一届人大常委会明确，今后凡是常委会审议的法规草案，原则上都在湖南省人大信息网上公布，重要法规草案还要在《湖南日报》等主要新闻媒体上公布，广泛征求意见。

地方性法规是国家法律体系不可缺少的重要组成部分，在社会主义法制建设进程中，尤其是在中国特色社会主义法律体系的形成过程中，已经并将继续发挥重要作用。30 年来，本省的地方立法取得了很大成绩，在保证国家法律的实施、管理地方性事务、促进本省各项事业全面协调可持续发展方面发挥着重要作用。长期以来，省委高度重视和关心地方立法工作。2008 年 5 月和 2009 年 2 月，省委常委会两次听取省人大常委会党组关于地方立法工作的汇报，对地方立法给予了高度评价和充分肯定，并对进一步做好地方立法作出了重要指示。今后，省人大及其常委会将在省委的领导下，全面贯彻落实党的十七大精神，坚持科学发展观，进一步加强立法工作，不断推进科学立法、民主立法，为富民强省、科学跨越提供法制保障。

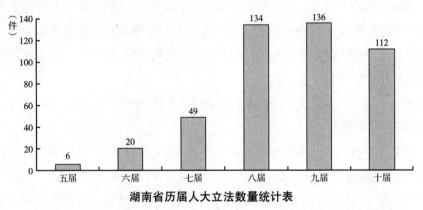

湖南省历届人大立法数量统计表

资料来源：据《湖南省地方立法二十年 1980 – 1999》（湖南省人大常委会法规工作委员会编，湖南人民出版社，2000）及《湖南省人大常委会公报》统计。

湖南地方立法三十年大事记

1979 年 12 月，省五届人大二次会议设立湖南省人民代表大会常务委员会。

1980 年 3 月，省五届人大常委会第二次会议原则通过《湖南省县级直接选举人民代表实施细则试行草案》，标志着本省地方立法的开始。

1980 年 12 月，省五届人大常委会第七次会议决定设立省人大常委会法制委员会（非常设机构）。

1983 年 5 月，省六届人大一次会议决定设立法律委员会。

1984 年 10 月，省六届人大常委会第九次会议通过《湖南省人民代表大会常

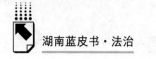

务委员会制定地方性法规程序（试行）》。

1988年5月，省七届人大常委会第二次会议决定设立省人大常委会法规工作委员会。

1988年6月，省七届人大常委会第三次会议通过《湖南省人民代表大会常务委员会工作条例》，重新对省人大常委会的立法程序进行了规定。

1994年1月，省八届人大常委会第六次会议通过《湖南省人民代表大会常务委员会制定地方性法规程序的规定》。

1994年3月，省八届人大二次会议通过《湖南省人民代表大会议事规则》，对省人民代表大会的立法程序作了原则规定。

1998年5月，省九届人大常委会第二次会议通过《湖南省人大专门委员会提出地方性法规议案程序的规定》、《湖南省人民代表大会常务委员会批准长沙市地方性法规和民族自治地方自治条例、单行条例程序的规定》，从而使本省地方立法程序更加完善。

2001年1月，省九届人大四次会议通过《湖南省地方立法条例》，设立省人民代表大会法制委员会。

2002年9月，公民旁听制度首次实行，20名公民旁听了省九届人大常委会第三十一次会议。

2003年10月，省人大常委会选择《湖南省禁毒条例》草案首次举行立法听证会。

2006年11月，省人大常委会对《湖南省非税收入管理条例》等法规进行立法后评估。

2008年5月，省委常委会听取省人大常委会关于省十届人大常委会立法工作情况和2008年立法计划的汇报。

2009年2月，省委常委会听取省人大常委会关于2008年立法计划实施情况和2009年立法计划情况的汇报。

宽严相济 司法为民

湖南省高级人民法院

2010 年，湖南省高级人民法院在省委的领导、人大的监督和省政府、政协及社会各界的关心支持下，认真贯彻党的十七大和十七届三中、四中、五中全会精神，深入贯彻落实科学发展观，坚持中国特色社会主义司法制度，坚持"为大局服务、为人民司法"工作主题，扎实推进三项重点工作，认真履行宪法和法律赋予的职责，不断加强法院建设，各项工作取得了新的进展。全省法院全年共受理各类案件 33.53 万件，审结、执结 30.35 万件，同比分别增长 8.8% 和 12%；其中，省法院受理各类案件 8821 件，审结、执结 8436 件，同比分别增长 28.3% 和 33.7%。

一 开展刑事审判工作，全力维护社会稳定

2010 年，全省法院共审结各类刑事案件 3.34 万件，判处罪犯 4.14 万人；其中，省法院审结 684 件。

1. 认真贯彻宽严相济刑事政策

依法严惩危害国家安全犯罪和杀人、绑架、抢劫、爆炸等严重暴力犯罪及盗窃、抢夺等多发性侵财犯罪，从严从快审结"7·21"长沙机场大巴纵火案等一批社会影响极其恶劣的刑事案件，全年共判处五年以上有期徒刑、无期徒刑和死刑 5803 人。严惩贪污、贿赂、渎职犯罪，全省法院共审结该类案件 664 件，判处县处级以上国家工作人员 70 人，曾锦春被核准并依法执行死刑。严格执行"两个证据规定"，会同省委政法委、省检察院、公安厅出台《关于规范部分死刑案件证据工作的意见（试行）》，严把刑事案件尤其是死刑案件事实证据关，确保每一起案件都经得起法律和历史的检验。对罪行较轻，确有悔罪表现的初犯、偶犯、未成年犯、老年犯等 1.23 万人依法判处非监禁刑。

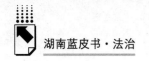

2. 深入开展专项审判活动

开展打黑除恶专项斗争，全省法院依法审结涉黑案件22件，判处罪犯265名，周祖刚、王芝虎、阮应良等罪大恶极的黑社会性质组织犯罪的首要分子被依法判处死刑。严厉打击毒品犯罪，全省法院依法审结毒品犯罪案件2692件，判处罪犯3686人，省法院被评为"湖南省禁毒工作先进单位"。与省检察院、公安厅等单位联合开展"集中整治网络赌博违法犯罪活动专项行动"，审结了一批社会影响较大的网络赌博案件。

3. 努力推进量刑规范化改革

省法院制定《〈人民法院量刑指导意见（试行）〉实施细则》，在全省法院开展量刑规范化培训，刑事审判工作逐渐呈现"服判率提高、上诉率下降，二审维持率提高、改判发回率下降"的良好态势。益阳市赫山区法院量刑规范化试点得到中央领导周永康同志的肯定。

4. 积极参与社会治安综合治理

会同有关部门联合出台《关于加强社区矫正衔接配合工作的若干规定》等规范性文件，协同社区矫正工作机构做好社区服刑罪犯的法制教育、监管矫治工作。进一步规范减刑、假释案件裁判程序，推行公开听证。认真贯彻《反洗钱法》，与省公安厅、中国人民银行长沙中心支行建立了三家联动的反洗钱综合分析检测机制，加大预防和打击洗钱违法犯罪力度。

二　开展民商事审判工作，积极服务于经济社会发展

2010年，全省法院共审结各类民商事案件17.99万件，诉讼标的额206.23亿元；其中，省法院审结514件，诉讼标的额5.21亿元。及时制定《关于为加快经济发展方式转变、推进"四化两型"建设提供司法保障和法律服务的若干意见》，采取二十项具体举措，积极服务于湖南经济社会发展。

1. 依法审理涉及民生的各类案件

坚持保障劳动者权益和促进企业发展并重，全省法院依法审结劳动争议类案件6474件，诉讼标的额9603.43万元；大力维护失地农民和被拆迁人合法权益，审结房屋拆迁民事案件1060件，诉讼标的额5191.42万元；积极服务于环境友好型社会建设，审结环境污染损害赔偿案件302件，诉讼标的额1206.1万元。

2. 妥善处理各类商事纠纷

全省法院依法审结在调结构、转方式过程中发生的金融、投资、物流、公司、破产等各类商事案件 6.07 万件，同比上升 16.8%，促进了国家宏观调控政策的落实。省法院与中国人民银行长沙中心支行、省银监局共同构建维护金融安全机制，切实维护了金融秩序。建立健全破产案件收结案审查备案制度，依法审慎受理企业破产案件，帮助和支持资金周转困难企业恢复生机。

3. 加强知识产权案件和涉外、涉港澳台案件审理工作

全省法院依法审结各类知识产权民商事案件 593 件，促进企业提高自主创新能力，推进创新型湖南建设。省法院审理的"宝马股份公司诉深圳市世纪宝马服饰有限公司等侵犯注册商标专用权及不正当竞争纠纷"一案入选中国知识产权司法保护年度十大案例。全省法院依法审结涉外、涉港澳台民商事案件 134 件，平等保护中外当事人的合法权益，积极营造良好的外商投资环境。不断加强涉外和涉港澳台司法协助，共办理涉外和涉港澳台司法调查取证及文书送达 555 件。

三 开展行政审判工作，依法调节涉诉行政法律关系

2010 年，全省法院行政审判工作呈现"收案数多、结案率高、发改率低"的良好态势，在全国法院行政审判绩效考核中位居前列。

1. 着力维护行政相对人的合法权益

全省法院依法审理各类行政诉讼案件，作出有利于行政相对人裁判的案件占结案总数的 65.2%。制定《关于进一步严格规范非诉行政执行案件若干问题的意见》，积极履行司法审查职责，依法办结各类非诉行政执行案件 1.31 万件。

2. 积极促进司法与行政良性互动

认真落实与省政府法制办之间的联席会议议事制度，发布"行政审判白皮书"，围绕提高依法行政水平提出司法建议；积极参与地方行政立法审查工作，预防和减少制度性行政违法，共同防范和化解行政争议。省法院促进司法与行政良性互动的做法被最高人民法院在全国推介，并得到省委、省政府主要领导的充分肯定。

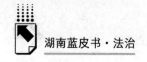

3. 依法审理国家赔偿案件

贯彻执行新修订的《国家赔偿法》，积极开展宣传月活动，全省法院依法审结国家赔偿案件 50 件，决定赔偿 12 件，决定赔偿金额 25.08 万元，确保符合法定条件的被侵害人得到国家赔偿。

四 开展执行工作，努力破解执行难问题

2010 年，全省法院共执结各类案件 6.08 万件，执行到位金额 173.11 亿元；其中，省法院办结各类执行案件 4018 件。

1. 加大执行工作力度

采取在媒体上公布不履行义务信息、将不良记录纳入征信系统、限制出境、强制审计及提级、交叉、指令执行等措施，完善执行威慑机制。部署开展"限制被执行人高消费"专项行动，9 个市州法院召开了新闻发布会，公布了一批"限制高消费令"和"拒执人"名单。充分发挥党委领导下的涉执信访终结机制的作用，积极探索建立执行申诉信访责任倒查机制，"执行难"问题得到有效缓解。

2. 推进执行规范化建设

针对群众反映的少数法院在执行工作中乱收费、乱罚款、乱变更和乱追加被执行人等问题，认真开展整治活动，较好解决了"执行乱"问题。制定《湖南省法院执行案件流程管理办法》，对执行案件进行动态监管，全省法院执行案件信息管理系统录入率达 100%。制定《湖南省法院系统执行工作考评办法》，对各级法院执行工作进行量化评分，促进执行工作科学发展。

3. 积极开展专项执行工作

部署开展"创建无执行积案先进法院"活动，明确创建目标和考核内容，进一步加大清理执行积案工作力度。积极开展委托执行案件专项清理活动，全省法院清理出受委托执行案件 2224 件，结案率 100%。

五 加强立案信访和审判监督工作，
依法保障当事人的合法权益

2010 年，全省法院共接待来访群众 1.99 万人次，审结申诉和申请再审案件

2454 件，按审判监督程序审结案件 1178 件；其中，省法院接待来访群众 3749 人次，审结申诉和申请再审案件 1129 件，按审判监督程序审结案件 291 件。

1. 规范立案信访窗口建设

切实加强诉讼引导、查询咨询、判后答疑等工作，完善"一站式"服务，立案文明窗口建设取得明显成效。全省法院立案信访窗口用房面积基本达到最高人民法院规定的二类标准，立案信访场所面积严重不足的状况已得到根本性改变。

2. 积极清理信访积案

全面核查积案底数，积极疏导信访人的积怨，促进矛盾化解。全省法院纳入清积范围的案件共 5567 件，已化解息访 3729 件，占积案总数的 67%，清积工作取得阶段性成效。

3. 狠抓民事申请再审案件审查工作

为积极应对《民事诉讼法》修订后民事申请再审案件激增的新形势，省法院设立立案信访局，抽调了一批经验丰富、善做群众工作的办案骨干到立案信访一线。严格执行《民事申请再审案件审查流程细则》，不断强化和规范再审审查工作。加大民事再审审查案件调解力度，2010 年省法院审结的民事再审审查案件中调解和撤诉 171 件，调撤率达 15.1%。

4. 加强审判监督工作

积极回应人民群众对审判监督工作的新要求，建立健全再审改判与发回重审案件定期通报、原因分析、责任追究制度。坚持事了案结的原则，狠抓再审案件息诉息访工作。坚持依法纠错，2010 年全省法院审结的再审案件中，因原判确有错误或其他法定事由改判的案件为 364 件，占生效裁判的 0.18%。

六 加强制度建设，不断完善法院体制机制

严格按照中央、省委的统一部署和人民法院"三五"改革纲要的要求，强化各项工作机制和制度建设，规范权力运行。

1. 完善调判结合工作机制

坚持"调解优先、调判结合"原则，健全"三调联动"工作机制，大力推行"全程全员全面"调解，积极化解各类纠纷。加强民商事案件调解工作，全

省法院民商事案件调撤率达 63.7%，同比上升 2.6%；做好刑事自诉案件调解工作，全省法院刑事自诉案件调撤率达 70.7%；加大行政案件协调力度，全省法院行政案件协调与和解率达 51%。

2. 创新审判管理工作机制

进一步完善《湖南省法院系统司法状况考评办法》，实现了由被动管理向主动管理转变、经验型管理向科学型管理转变、考评对象一元化向多元化转变。大力开展中央政法委部署的"百万案件评查"活动，全省法院共自查各类案件 3333 件，调查走访案件 1800 余件，积极邀请人大代表、政协委员、律师和基层群众 500 多人参与调查走访，在走访过程中息诉息访各类案件 400 多件，实现了评查与考核、整改、息访相结合。

3. 完善司法公开机制

制定《关于贯彻落实〈最高人民法院关于司法公开的六项规定〉的实施意见》，部署开展"司法公开活动月"及"法院开放日"活动，大力推行裁判文书上网和大要案庭审网络直播，长沙中院、常德中院、汝城县法院被最高人民法院确定为全国司法公开示范法院。加强人民陪审员工作，全省法院 3906 名人民陪审员共参审案件 4.47 万件，参审案件数同比上升 38%。加大司法宣传力度，与《法制周报》合作推出《法院周刊》，全省 140 个法院已全部建成对外网站，建站数量排名全国第二。

4. 健全司法便民利民机制

在边远和边界地区恢复和新建了一批人民法庭，设立了张家界景区旅游速裁法庭，方便了交界地区、边远地区、民族地区和旅游景点群众参与诉讼。积极倡导"法官多走访、群众少跑路"的理念，大力推广巡回审判。会同司法厅联合出台《关于完善法律援助工作协调机制的意见》，为 329 名符合法律援助条件的被告人指定了辩护人。切实加大司法救助力度，对经济确有困难的当事人依法减免诉讼费 175.35 万元，依法缓交诉讼费 2580.21 万元。

5. 完善基层工作机制

以中央督查《关于进一步加强人民法院、人民检察院工作的决定》贯彻落实情况为契机，努力帮助基层法院解决案多人少、法官断层、经费保障不足等问题。进一步加大"两庭"建设力度，全年共争取"两庭"建设国债投资 1.39 亿元，在省财政厅、发改委的支持下，安排 1600 万元用于"两庭"建设。加强对下指导，省法院班子成员确定了基层联系点，积极下基层调研。制定《湖南法院系统 2011~2013 年信息化建设规划》，认真落实科技强院工作方针，推进信息化建设。

七　加强队伍建设，确保公正廉洁

2010 年，全省法院有 104 个集体和 242 名个人受到省级以上表彰，省法院再次被确认为省直文明单位。在全省政法队伍建设民意调查中，法院队伍的公众满意度排位逐步前移，2010 年上半年排名第二，下半年排名第一。

1. 强化思想政治建设

坚持"以党建带队建，以队建促审判"的工作原则，加强社会主义法治理念教育，认真开展创先争优活动和"人民法官为人民"主题实践活动，牢固树立"公正、廉洁、为民"之司法核心价值观。积极开展"法院文化建设年"活动，丰富干警业余文化生活，全面提升其职业素养和职业形象，岳阳中院、浏阳市法院被授予"全国法院文化建设示范单位"荣誉称号。

2. 重视领导班子建设

坚持讲党性、重品行、作表率，不断增强领导班子的战斗力和凝聚力。接受省委巡视组对省法院领导班子的巡视，结合 2010 年初最高人民法院司法巡查组的反馈意见，认真制定整改方案，狠抓整改落实。

3. 加强司法能力建设

省法院全年举办预备法官培训班、人民法庭庭长培训班及执行干警专项培训班等各类业务培训班 18 期，共培训 8200 余人次。坚持凡进必考，严把进人关，全省法院公开招录工作人员 438 名。坚持德才兼备、以德为先的选人用人标准，着力营造风清气正、干事创业的工作氛围。

4. 狠抓司法作风建设和党风廉政建设

以《人民法院工作人员处分条例》的颁布实施为契机，集中开展党风廉政教育，狠抓党风廉政建设责任制的落实，积极推进惩治和预防腐败体系建设。大力开展作风整顿活动，机关工作效率明显提高。进一步健全明察暗访工作机制，严厉查处各类违纪违法案件。全省法院共立案查处违纪违法干警 72 人，已作处理 61 人；其中，给予党纪政纪处分 52 人，进入司法程序 8 人，给予其他处理 1 人。

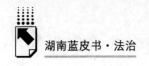
八　诚恳接受监督，促进法院工作全面发展

坚持党的领导，进一步增强接受监督意识，及时向人大代表、政协委员通报法院工作情况，始终把接受监督作为正确履行职责、实现司法公正的有力保障。

1. 自觉接受人大的监督

省法院向省人大常委会报告了全省法院民商事审判工作情况，认真听取常委会委员们提出的意见，正在研究整改方案。2010 年 11 月，省法院邀请省人大领导、部分全国人大代表、省人大代表视察了法院工作。召开人大代表建议办理工作督查会，出台人大交办案件优先办理"十项措施"，努力提高人大代表建议办理质效。省法院全年共收到省人大代表建议 61 件，已办结 56 件，尚未到期的 5 件正在抓紧办理；此外，全年共办理省人大交、转办案件 49 件。

2. 主动接受政协的民主监督

及时向政协通报人民法院工作情况，完善与各民主党派、工商联、无党派人士的沟通协调机制。2010 年 10 月，省法院邀请省政协领导、部分政协委员视察了法院工作。高度重视办理政协委员提案，省法院收到的 5 件省政协委员提案已全部办结。

3. 依法接受检察机关的法律监督和社会各界的监督

支持、配合检察机关依法履行法律监督职责，邀请检察长列席法院审判委员会。全省法院全年共受理检察机关抗诉案件 443 件，审结 384 件。加强与社团组织、专家学者、律师、基层群众等各方面的联系，重视舆论监督，认真听取媒体和网民意见。

改进检察工作　履行法定职责

湖南省人民检察院

2010 年，省人民检察院按照中共湖南省委和最高人民检察院的工作部署以及省十一届人大三次会议决议，领导全省检察机关深入贯彻落实科学发展观，围绕全省工作大局，以深入推进社会矛盾化解、社会管理创新、公正廉洁执法三项重点工作为载体，按照强化法律监督、强化自身监督、强化高素质队伍建设的要求，努力加强和改进检察工作。

一　致力于服务全省经济社会又好又快发展，依法全面履行法定职责

1. 坚决依法打击严重刑事犯罪

严厉打击黑恶势力犯罪、严重暴力犯罪、多发性侵财犯罪等影响人民群众安全的严重刑事犯罪，依法打击集资诈骗、非法传销等涉众型犯罪，积极参与对治安重点地区和重点治安问题的专项整治。共批准逮捕各类刑事犯罪嫌疑人 39942 人，其中职务犯罪嫌疑人 800 人；提起公诉 44433 人，其中职务犯罪被告人 1284 人（大要案 804 人，厅级 10 人）。及时批捕、起诉了湘西涉枪涉毒案、黄花机场高速大巴放火案、长沙"7·30"爆炸案、"8·10"电信诈骗案等一批严重危害社会秩序的刑事犯罪案件。

2. 对轻微犯罪落实依法从宽处理的刑事政策

对无逮捕必要的 3634 人决定不批准逮捕（其中职务犯罪嫌疑人 68 人），对情节轻微的 4154 人决定不起诉。通过刑事和解办理轻微刑事案件 1820 件 2249 人。安化县滔溪镇村民李某失火烧毁他人承包的林地 4.93 公顷，办案检察官实地复核，了解到被告人有自首情节、认罪态度好，愿意尽力赔偿并承担被毁林地植树造林的责任。县检察院配合当地基层组织引导双方达成和解，依法决定不起

诉。这既促进了林地的恢复，又化解了当事人之间的紧张关系，得到了当地群众的普遍赞同。

3. 加大查办和预防职务犯罪力度

贯彻省委和最高人民检察院关于反腐败工作的部署，坚持省市两级检察院带头办案，坚持查办重点领域和关键环节的职务犯罪，坚持集中力量查办大案要案，共立案侦查职务犯罪嫌疑人 1812 人，其中贪污贿赂犯罪 1256 人，渎职侵权犯罪 556 人，大案 911 人，要案 102 人（厅级 10 人）。对危害新农村建设，破坏环境、能源资源和直接损害群众切身利益的职务犯罪加大侦办力度。如桑植县检察院查办的县新农合医疗管理办公室会计杨小琼等二人贪污新农合医疗资金 267 万余元案中，杨小琼被判处无期徒刑。把查处司法腐败案件作为侦办工作的重点，立案侦查司法人员职务犯罪 118 人，已起诉 106 人，法院已判决 103 人。

深化侦防一体化机制，更加注重结合办案开展职务犯罪预防。开展预防调查 696 件、警示教育 1750 次，完成个案预防、重点预防、预防建议 1361 件。注重惠农政策实施进程中的职务犯罪研究，发现倾向性的问题向党委和政府专题报告，引起了相关地区和部门领导的重视。

4. 依法开展刑事诉讼监督

对不构成犯罪的 1330 人决定不批准逮捕，对法定不究的 184 人、证据不足的 318 人决定不起诉。监督侦查机关不应当立案而立案案件 345 件，应当立案而不立案案件 604 件。对应当提请逮捕、移送起诉而未提请逮捕、移送起诉的案件，追加逮捕 1632 人，追加起诉 1118 人。对认为确有错误的刑事判决、裁定抗诉 174 件，法院已改判 55 件 84 人、发回重审 55 件。

5. 依法开展民事审判和行政诉讼监督

受理不服民事行政判决、裁定的申诉 2054 件，和解息诉 1400 件，提出抗诉 299 件，提出再审检察建议 125 件。法院已改判、发回重审、调解结案 206 件。针对执行等环节提出检察建议 312 件。

6. 依法开展刑罚执行和监管活动监督

发现减刑、假释、暂予监外执行不当 1852 人，已督促纠正 1837 人。根据最高人民检察院的统一部署，开展清理监狱事故隐患、促进安全监管、看守所监管安全大检查、清理纠正久押不决案件等专项活动，对发现的违法情况提出了纠正意见。对社区矫正工作进行监督，督促纠正监外执行罪犯脱管漏管 529 人。

二　致力于落实三项重点工作，切实加强和改进检察工作

深入推进社会矛盾化解、社会管理创新、公正廉洁执法三项重点工作是党中央对政法工作的重大部署。把三项重点工作的要求落实到检察执法的各个具体环节是全年检察工作的重中之重，是加强和改进检察工作的方向。为此，检察部门作了如下努力。

1. 改进执法办案的引导和评价机制

"两会"后，吸收人大代表、政协委员的建议和意见，围绕落实三项重点工作，制定了加强和改进检察工作的二十四条指导意见，为全年工作奠定了较好的基础。以三项重点工作为价值引导，完善《执法质量考评办法》，把执法办案化解矛盾、规范执法防范矛盾、解决涉检诉求消除矛盾作为执法考核的硬指标，将100多个执法环节的规范化要求列入考评范围，用三个效果有机统一来衡量执法状况。根据基层院的客观差异实行分类考核，防止盲目攀比带来执法躁动。开展优秀案件评选，在评选的过程中培养正确的业绩观。总结推介宁乡县检察院"双查双建"等十个推进三项重点工作的典型，形成示范效应。

2. 改进法律监督的方式方法

把解决人民群众反映强烈的问题作为强化法律监督的切入点。通过开展专项工作，加大查办职务犯罪和诉讼监督工作力度，积极回应人民群众对公平正义的关切。加强对社会治安和反腐败形势的分析研判，对苗头性、倾向性问题深入调研，把决策建立在对情况准确把握的基础上。把改进监督方式作为提高法律监督效果的着力点。注意法律监督与有关执法司法工作的衔接，营造共识，寓监督于支持、维护之中，形成工作合力。注意发挥检察建议的作用，对执法办案中发现的工作瑕疵、矛盾隐患、管理漏洞，分析原因，提出对策建议，促使有关部门启动内部纠错机制，消除隐患、加强管理。对复杂敏感案件，多向党委、人大请示报告，加强与有关部门的协调、沟通，稳妥处理。在执法办案的过程中注重化解案中案外的矛盾，着力解决"案结事不了"的问题。着眼于最大限度化解消极因素，通过刑事和解、检调对接、不批捕说理、不起诉答疑、被害人救助等方式，使当事人消除疑惑、化解积怨。

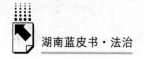

3. 加强内部监督管理

加大检察改革的推进力度，完善工作机制。对职务犯罪案件审查逮捕权上提一级和讯问职务犯罪嫌疑人时全程同步录音录像等改革项目，加强督促检查，防止执行不力。对问题多发的扣押、冻结、追缴涉案款物等执法环节，制订操作细则，加强内部制约和检务督察。完善机关科学化管理与考核，将推进三项重点工作的任务分解到各职能部门，明确干警的岗位责任；建立部门工作月讲评制度，使各项工作日清、月结；建立干警执法档案，把个人执法状况作为考核考评的重要依据；依托检察专网，实行网上办案、动态管理。加强调研指导，省检察院班子成员带着课题下基层调研，与一线的同志共同探索提高执法水平的途径和方法，帮助下级院研究和解决问题；省检察院各职能部门跟踪指导市、县两级院办理重大、疑难复杂案件661件。

4. 加强执法技能培训

坚持把干警的教育培训作为最重要的基础性工作来抓，省检察院举办各类培训班15期3047人，受训人数接近全员的1/3。组织不具有检察官资格的498名检察人员参加全国统一司法考试，通过率为45.4%。广泛开展岗位练兵和业务竞赛活动，重视培养专家型人才和业务标兵，本省又有两人被评为全国检察业务专家，四人被评为全国优秀公诉人、业务能手。开展了全省首届检察业务专家评选活动，授予五名检察官全省检察业务专家称号。依托"一体化"办案机制，对下级院办案人员在实战中进行"传帮带"。加强检察理论研讨，完成本省理论调研课题40余项，承担国家、省重点课题9项，在核心、知名期刊发表研究成果135篇。

5. 加强执法作风建设

开展"恪守检察职业道德，促进公正廉洁执法"、"反特权思想，反霸道作风"和创先争优三项活动，举办反腐倡廉教育展览，着力解决执法中存在的突出问题，着力提升职业道德素养。开展"百万案件评查"活动，共评查案件2333件，其中省检察院自查20件，抽查下级院评查的案件200件，对案件中的瑕疵和问题逐件进行面对面讲评，在评查中纠正错误、改进作风。办结涉检信访案件427件，息诉401件。清理排查积案142件，办结息诉130件。立案复查刑事申诉案件200件，改变原决定39件。办结刑事赔偿案件43件，给予赔偿37件，支付赔偿金70.38万元。加大对突出问题的调研督察力度，省检察院直接督察案件 33 件，发现和纠正违法问题 15 起，依法返还当事人财物 315 万余元。查处违法违纪检察人员 18 人。

三　致力于确保依法行使检察权，不断强化接受监督意识

1. 自觉接受人民代表大会及其常委会的监督

本届以来，我院在"两会"后都举办"两会"精神学习班，强化宪法意识和根本政治制度意识教育，促进牢固树立依法履职意识。在"两会"精神学习班上，全面学习"两会"文件，吸纳人大代表的建议、批评和意见，将改进的责任明确到各职能部门。依靠人大的监督支持推动检察工作，遵照省人大常委会听取查办和预防职务犯罪工作专题报告的审议意见，落实了整改措施；积极配合人大内务司法委员会开展专题调研和执法检查；向省人大常委会专题报告了诉讼监督工作情况，省人大常委会第十九次会议作出了《关于加强人民检察院对诉讼活动法律监督工作的决议》。重视人大代表的意见，加强与人大代表的经常性联系，在门户网站开设征询代表意见专栏，省检察院领导到基层调研都要走访人大代表。邀请部分全国、省人大代表视察反渎职侵权工作。办理省人大交办、转办件 3 件，办理人大代表建议、批评和意见 5 件。

2. 加大司法民主推进力度

自觉接受政协的民主监督，认真听取政协委员的建议、批评和意见，邀请部分全国、省政协委员视察反渎职侵权工作，与有关部门共同办理政协提案 1 件，及时报告了办理情况。坚持向民主党派、工商联和无党派人士定期通报情况。深化人民监督员制度，改进选任方式，落实监督权力，共启动人民监督员程序监督职务犯罪案件 336 件。将人民监督员监督的范围向刑事和解、社会敏感案件、涉检信访处理等方面拓展。听取特约检察员、专家咨询委员对检察决策事项的意见，邀请他们列席检察委员会讨论重大疑难复杂案件。

3. 探索深化检务公开和接受公众监督的新途径

从执法信息查询、门户网站建设、新闻发言人制度和加强检察宣传四个方面深入推进检务公开；在邵阳市检察院、湘潭市岳塘区检察院、长沙县检察院等单位试点，探索执法状态和执法过程公开的路子，取得了一些值得推广的经验。开通

12309举报专线电话，在门户网站设置检察长邮箱和举报投诉专栏，接受群众举报、投诉，听取建议、批评和意见。建立涉检舆情回应处理机制，重视网络舆情，省检察院领导共批示办理涉检舆情152件，使一些问题在萌芽阶段就得到查处和纠正。运用民调机制测评检察工作，把公众评价作为加强和改进检察工作的重要依据。

一年来检察工作取得了一些进步，但必须清醒地认识到，检察工作中仍然存在一些突出的问题，少数检察人员执法观念、执法能力和执法作风还不适应法治文明进步的新要求；法律监督职能履行得还不够全面，查办渎职侵权犯罪和诉讼监督工作有待进一步加强；按照司法规律来引导检察执法的机制还不完善、不健全，一些误导执法价值选择的体制性、机制性、保障性障碍尚未完全消除；基层基础工作仍然薄弱；执法中的利益驱动、简单粗暴、违规办案等人民群众十分关注的问题仍然不同程度存在，甚至一些低级的执法错误还在发生；个别检察人员执法犯法、贪赃枉法，严重损害检察机关公信力。这些问题值得警示，必须坚持不懈地狠抓队伍建设，持之以恒地从严治检，努力提高队伍整体素质，以适应新的执法形势和执法要求。

四　加强和改进检察工作，不断强化司法保障

2011年是中国共产党成立90周年，也是实施"十二五"规划的开局之年，本省的"四化两型"建设正处于重要的战略机遇期。如何为经济社会又好又快发展营造良好的治安环境和公平正义的法治环境，是检察工作面临的现实课题和新的考验。全省检察院将认真贯彻全国检察长会议、全省经济工作会议和政法工作会议精神，进一步加强和改进检察工作，为"四化两型"和"法治湖南"建设，为全省"十二五"规划的良好开局提供强有力的司法保障。

1. 以深化三项重点工作为着力点，切实强化法律监督

认真落实省人大常委会《关于加强人民检察院对诉讼活动法律监督工作的决议》，把维护社会和谐稳定作为法律监督的首要任务，在检察执法各环节深化三项重点工作。紧紧抓住影响人民群众生命财产安全和其他切身利益的犯罪问题，加大对黑恶势力、涉枪涉爆、"两抢一盗"、拐卖妇女儿童、非法集资、制售假冒伪劣商品尤其是食品药品、侵犯知识产权等犯罪的打击力度；加大对破坏市场秩序、危害市场主体平等竞争的经济犯罪的打击力度；加大对侵害农民权

益、危害农业发展、影响农村稳定等犯罪的打击力度。紧紧抓住人民群众反映集中的易发多发腐败犯罪的重点领域和关键环节，严肃查办发生在领导机关和领导干部、基层政权组织和重点岗位中的职务犯罪，包括危害能源资源和生态环境特别是生态修复工程、防灾减灾体系建设背后的职务犯罪，重大责任事故和群体性事件涉及的职务犯罪案件及地方换届选举中的破坏选举、买官卖官等犯罪案件；坚持惩防并举，继续推进治理商业贿赂专项工作，深化对工程建设、国土资源等领域突出问题的专项治理。紧紧抓住检察环节深化三项重点工作的切入点和结合点，建立健全贯彻落实宽严相济刑事政策的工作机制，不断完善轻微犯罪案件快速办理机制及刑事和解机制，建立健全检调对接工作机制，提高运用法律政策化解社会矛盾、促进社会和谐的水平；建立健全群众诉求表达机制，尤其要高度关注民生领域特别是弱势群体的诉求，高度重视对民营企业和民营经济的平等保护，建立健全检察机关参与社会管理创新的机制，针对执法办案中发现的管理问题提出检察建议，协同有关方面共同推进社会管理创新。紧紧抓住影响司法公正的突出问题，强化诉讼监督和内部制约，加大监督力度，特别要加强对民事审判、行政诉讼活动和监管场所执法情况的监督，改进监督方式，注重监督实效，切实纠正执法不作为、执法乱作为、执法不规范、执法不公正等群众反映强烈的问题，坚决查办司法腐败案件，促进公正廉洁执法。

2. 以落实检察改革为动力，切实完善工作机制

检察改革已经取得重大进展。经中央批准，人民监督员制度全面推行，林业检察、铁路检察体制回归司法建制正在进行。最高人民检察院牵头或协办的改革项目已经出台了48个文件。落实检察改革要求，是加强和改进检察工作的重要途径。对已经出台的检察改革项目，要强化责任，加强调研指导和督促检查，加大推进和执行力度。进一步建立健全执法引导评价、强化诉讼监督、防范执法风险、职务犯罪侦查与预防、涉检信访处理、涉检舆情处置、基层检务保障、队伍教育管理等一系列工作机制，破解影响三项重点工作深入推进的机制性障碍。

3. 以加强检察机关党的建设和队伍建设为保证，切实提高公正廉洁执法水平

深入开展创先争优活动和"建设学习型党组织、创建学习型检察院"活动，加强检察机关党的建设，特别是领导班子和基层党组织建设，确保党的路线方针政策在检察机关的全面落实。认真开展"发扬传统、坚定信念、执法为民"主题教育实践活动，着力解决在理想信念、宗旨意识、执法办案等方面存在的突出问题。认真落实最高人民检察院关于加强检察机关内部监督工作的意见，以领导干部为重点，以执法监督为核心，以制度建设为关键，加强对检察权运行的内部监督制约。加强应知应会基本执法技能培训，特别要加强新时期群众工作方法专门训练。大力培养"类案"专家和业务能手，努力提高开放、透明、信息化条件下的执法能力和水平。

4. 坚持检察工作的人民性，切实增强接受监督的自觉性

强化宪法意识，深入贯彻落实监督法，认真执行人大及其常委会的决议，及时报告决议执行情况；加强与人大代表的联系，认真听取代表建议、批评和意见；依法办理人大及其常委会交办的事项。自觉接受政协的民主监督。完善人民监督员、专家咨询委员、特约检察员制度。深入推进执法过程公开。牢固树立群众观念，结合检察职能，做好新形势下的群众工作，把满足群众的司法需求作为首要任务；依法保障民生民利，把维护群众合法权益作为第一选择；自觉接受群众的监督，把群众的批评意见作为改进工作的基本依据；提高群众工作能力，把服务群众、化解矛盾作为必备的执法技能。

5. 切实提高省检察院领导、指导、示范水平，引领全省检察机关依法履职

进一步完善省检察院党组和检察委员会的决策机制，坚持科学民主决策，努力践行正确的政绩观、执法观、权力观。进一步强化机关科学化管理，切实改进机关作风。协助党委加强对下级检察院领导班子的管理监督。重视基层基础工作，加大支持和指导力度，进一步改进引导和评价机制，发挥基层检察院在深化三项重点工作中的基础作用。

B.8
创建平安湖南的经验与展望

湖南省公安厅

一 湖南公安工作概况

湖南公安系统现有 14 个市州公安局，129 个县级公安机关，1980 个派出所。全省现有在编在职民警 59214 名。厅机关现有内设机构 17 个（即警令部、政治部、后勤装备部、纪委等"四部委"，国保、经侦、治安、禁毒、刑侦、交警、网技、监管总队等"八总队"，警务督察处、法制处、信访处、人口与出入境管理局、机场公安局等"五处局"），1 所直属警察学院（湖南警察学院），3 个现役正师级单位（边防总队、消防总队、警卫局），5 个业务指导单位（长铁公安处、衡铁公安处、怀铁公安处、森林公安局、海关缉私局）。

2006 年以来，全省公安机关在省委、省政府和公安部的坚强领导下，按照省公安厅党委"'三基一化'一抓五年"的总体部署，以"三基一化"建设为平台，切实加强各项工作，并在实践中形成和深化了"两个坚持、三项推进"（坚持民意导向，坚持从严治警，全面推进队伍正规化、管理精细化、工作信息化）的工作思路，取得了全省社会政治和治安大局持续稳定、人民群众安全感和满意度不断提升、公安业务工作和队伍建设协调发展的可喜成绩，得到周永康、孟建柱等中央领导同志的充分肯定，省公安厅规范执法、从严治警、教育训练、警务调查等经验被中央政法委、公安部和全省推介。2010 年 11 月 8 日，省公安厅隆重举行全省公安"三基一化"工程建设成果汇报展演，省委书记周强亲自阅警，省长徐守盛作重要讲话，充分肯定了五年来全省公安"三基一化"工程建设取得的巨大成果和公安机关维稳保安、服务经济社会发展作出的突出贡献。

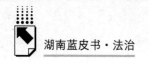

二 "十一五"期间湖南公安工作基本情况

1. 有力维护了国家安全和社会稳定

全省公安机关加强情报信息搜集研判,注重"网来网去"斗争,积极应对重大敏感事件给社会政治稳定带来的挑战,严厉打击了境内外敌对势力、"法轮功"等邪教组织、"民运"分子、民族分裂势力和暴力恐怖势力的捣乱破坏活动。全警动员、全力以赴,出色完成了国庆60周年、北京奥运会、上海世博会、广州亚运会、第五届"两岸经贸文化论坛"等大型安保和抗冰、抗震、抗洪抢险、援疆维稳等急难险重任务。积极排查化解社会矛盾,加强预警防范,稳妥处置了涉日维稳、企业改制、征地拆迁、环境污染等一大批群体性事件。坚持打防结合,严密防范、严厉打击黑恶犯罪、暴力犯罪、盗抢犯罪、电信诈骗、网络赌博、黄赌毒等群众反映突出的违法犯罪活动,侦破了湘西非法集资案、2010年长沙"7·30"爆炸案、"8·10"两岸特大网络诈骗案等一批具有广泛社会影响的案件,有力维护了社会治安大局的平稳。近5年来,全省刑事案件、八类案件发案总量比重逐年下降,现行命案破案率、犯罪集团打击处理数和采取强制措施数逐年上升,全省共侦破各类刑事案件70余万起,查处公安行政案件690余万起,抓获各类违法犯罪嫌疑人690余万人。治安、交通、消防事故起数、死亡数、伤人数和直接损失均有不同程度下降。民调结果显示,群众对社会治安状况的评价逐年提升,2010年比2009年提高了6.4分。

2. 大力夯实了基层基础工作

全省公安机关抢抓"三基一化"工程建设历史机遇,积极争取党政重视和有关部门的支持,攻坚克难抓基层、打基础。5年来,全省新增公安编制近2万名,省财政增加转移支付资金13.87亿元。全省公安"三基一化"工程建设共投入资金100亿多元,解决无房、危房"三所三队"1208个;全省看守所"四个一"建设全面完成;全省123个县级刑事技术室全部达到三级以上标准,14个市州DNA实验室年内将全面建成并投入使用;110、119、122"三台合一"全面完成。扎实推进城乡警务,一线警力达全省总警力的89.9%。全省共建社区警务室2295个、农村警务室4001个。连续3年将城市治安电子防控系统建设纳入省政府为民办实事项目,共新建电子探头3万余个。深入推进司法保障体制改革，全省市、县两级公安机关公用经费全部纳入年初财政预算，同级财政拨款增加到46.51亿元，同比增加40%，并根据各地经济发展状况明确了逐年递增的比例。省委、省政府"两办"下发了《关于加强政法经费保障工作的意见》，省财政厅出台了《政法经费分类保障办法》，建立了"明确责任、分类负担、收支脱钩、全额保障"的公安经费保障长效机制，公安经费保障步入了制度化、规范化轨道。

3. 强力推进了信息化建设与应用

全省公安机关叫响"不懂信息化的领导丧失指挥权、不懂信息化的民警丧失执法权"口号，科技强警战略取得跨越式发展。全省百名民警计算机拥有率达103.8%、数字证书拥有率达100%，二、三、四级网分别达155M、100M、2M以上；县级公安机关350兆集群通信系统全面建成，"动中通"卫星通信系统日益完善；全省共建成候问室591个、信息采集室700余个，市、县两级指纹工作站全部建成。省公安厅在全国率先研发了省级警综平台，并以此为依托，将30余个省级业务系统资源全部整合进省公安厅警综平台数据资源库，共录入信息395万余条，归集公安内部业务信息资源和社会信息数据5.3亿多条；省市两级情报平台基本建成，并顺利通过公安部联动测试。目前，湖南省公安民警数字证书使用率、主要应用系统访问量、请求服务量等信息化指标位于全国前列，其中电子签章全国第一。2008年以来，全省公安机关共通过警综平台抓获逃犯4700多名，利用平台破案31万多起。

4. 全面加强了正规化建设

全省公安机关以正规化总揽"三基"工程建设，在全国率先同步实现了省、市、县三级公安机关内设机构调整，省厅将原有的27个机构整合为17个机构，市州公安局内设机构不超过16个，县市区公安局内设机构不超过11个，形成了"精简、统一、效能"的公安组织体系。深入推进执法规范化建设，制定《湖南省公安行政处罚裁量权基准实施办法（试行）》和《湖南省公安行政处罚裁量权基准（试行）》，对常见的189种违法行为行政处罚进行规范；推进公安机关规范权力运行制度建设，确保公安执法行为在阳光下运行；狠抓省、市、县三级公安机关和派出所《警务工作正规化指南》学训考赛用工作，全面提升民警执法执勤规范化水平；组织开展省、市、县三级"千案督察"行动，坚决兑现错案责任追究制；全面推行网上执法办案系统，除涉密案件外，做到了执法信息网上录入、执法流程网上管理、执法活动网上监督、执法质量网上考核，运用科技手段最大限度杜绝人为干扰、提升公安执法公信力。以"目标设定、责任分解、过程控制、严格考核、奖惩兑现"为核心，深入推进精细化管理考核，有效解决了"干多干少一个样、干好干坏一个样、干到哪里算哪里"的问题。省厅警官培训中心正式启用，湖南省公安专科学校顺利升格为湖南警察学院。充分发挥三级教育训练体系的作用，轮训轮值全面推开，全省5年来累计投入教育培训经费2.4亿元，共举办各类轮训轮值培训班400余期，轮训民警近5万人，全省公安派出所长已全部轮训一遍。"每月一讲"远程视频教学、网上训练中心、网上"学习园地"受到了广大民警的普遍欢迎。警务调查显示，群众对警务工作的满意率逐年上升，2010年达96%，比2009年提高13个百分点。

5. 努力提升了公安队伍形象

深入推进人民警察核心价值观教育，开展"湖南公安精神"大讨论和创先争优活动，总结提炼了"忠贞智勇，奉献为民"的"湖南公安精神"，涌现了"矮寨交警"和"宋文博"等一大批先进集体和爱民模范。进一步强化公安工作的民意导向，在全省公安机关综合考评中加入群众安全感和满意度测评指标，委托省民调中心开展民意调查，并逐年提高其分值权重，由开始占总分的5%逐步提高到50%；引入并逐步完善警务调查机制，对到公安机关报过警、办过事、上过访的群众以及案件受害人等特定对象进行回访调查；拓展湘警网"网上民声"功能，受理群众涉警实名信访、投诉案件。坚持从严治警，出台了公安机关领导干部问责办法、公安机关巡视监督暂行规定，逐步由权力问责走向了制度问责；重拳整治非法使用违规车辆、公安民警及其家属参与经营娱乐休闲场所、涉案人员非正常死亡以及驾考腐败等群众反映强烈的突出问题，严查民警违法违纪案件。2010年，省公安厅先后在全省政法工作会议、全省作风建设会议、全省机关效能建设大会和全国公安机关社会管理创新工作座谈会上，就从严治警作典型发言，公安部还专门派出调查组总结经验向全警发文推介。建立大走访长效机制，出台20条全省公安机关爱民实践活动长效举措，制定下发《全省公安机关服务经济社会发展服务人民群众十五条措施》，2008年以来，全省公安机关共走访单位6万余家、群众500万余人，征求意见和建议4万余条，为民办好事实事80万余件，送去钱物合计近6000万元，化解矛盾纠纷2万余起。民调结果显示，群众对公安队伍的满意度连年上升，2010 年比 2009 年提高 4.6 分，是全省政法队伍中得分最高、提高最快的。

三　进一步搞好公安工作的建议

当前，我国经济平稳较快发展、社会大局持续稳定。但也应该清醒地看到，我国处于并将长期处于社会主义初级阶段的基本国情没有变，人民日益增长的物质文化需要同落后的社会生产力之间的基本矛盾没有变，社会稳定领域的"三期"态势和"四个相互交织"的特点没有变，今后一个时期，湖南公安机关面临的维稳保安形势将更为复杂严峻：一是境内外敌对势力渗透破坏手法翻新多变，对敌斗争日益尖锐复杂。二是以民生问题为主的社会矛盾叠加碰头，由此引发的群体性事件多样高发。三是"虚拟社会"的规模和影响不断扩大，网上斗争形势严峻。四是刑事犯罪高位运行、重大安全事故时有发生，公安机关社会管理工作压力巨大。五是公安队伍建设还存在诸多问题，影响公安队伍的形象和战斗力。面对挑战，在新的一年，全省公安机关将按照省委、省政府建设"四化两型"社会的新目标、新要求，紧紧围绕实战需要，加强和创新社会管理，努力提高防管控打和服务保障能力，为全省经济平稳较快发展创造安全稳定的社会环境、公平正义的法治环境和优质高效的服务环境。

1. 创新源头治理和预警防范机制

推进公正廉洁执法，在市县两级公安机关和派出所全面推进执法办案功能区建设，努力从源头上防止执法问题发生。健全防范预警机制，推动走访联系群众、排查矛盾纠纷常态化、制度化，当好党委、政府的参谋，及时预警防范。加强社会心态动态分析和调适引导工作。进一步深化警务调查，对到公安机关报过警、办过事、上过访、受过处罚和受过不法侵害的群众不间断地开展电话回访，及时了解群众呼声、回应群众期待、整改群众不满意的突出问题。深化新型城乡警务战略，全面落实社区民警"五大"工作职责，努力将城市社区和农村警务室建设成为情报信息的第一渠道、服务群众的第一平台、防范化解矛盾的第一防线。建立柔性调处机制，调处矛盾纠纷、治安案件、轻微刑事案件以及交通事故等，尽量"多调少裁"、"多调少罚"。在派出所、交警队等基层所队设立调解室，加强其与法院、司法等部门的协作配合，吸收人民调解员、司法干部、律师和中介组织、行业协会等社会力量参与调处工作。主动适应民众"网络问政"的新形势，积极开辟网上民意诉求表达渠道，积极回应民众的关切。大力推行公开听证制度，凡出台事关民生的管理措施，必须采取听证会等形式进行广泛论证，防止因决策失当引发社会矛盾。

2. 创新公安行政管理服务机制

加强实有人口动态管控，依靠党政领导、部门联动，大力推行居住证制度，将其与流动人口租赁购房、子女入学、劳动就业、社会保障等社会事务有效关联起来，实现流动人口服务管理"一证通"，以此建立"以证管人、以房管人、以业管人"的流动人口服务管理新模式。加强社会组织监管，坚持培育发展与监督管理并重，引导其规范行业自律；推进公安机关与保安公司"管办分离"，将单位、社区和商业性文体节庆活动保安业务交由具备资质的保安公司承担。推进安全管理社会化，健全完善道路交通安全社会化管理体系，积极构筑社会消防安全"防火墙"工程，认真落实危爆物品产运销用责任机制，最大限度预防和减少道路交通、火灾、爆炸等事故发生。探索网上服务管理模式。推进政务、警务公开，实现省市县三级公安门户网站联网运行，将不涉密的公安工作信息、行政管理信息上网公布。加快网上警务室、网上报警亭、虚拟警察、网上警务QQ群等建设步伐，按照"外网统一受理、内网归口办理"的原则，积极开设人口、出入境、治安、交警、消防等"网上服务大厅"，推出治安管理一网批、证照申请一网办、车辆号牌一网选、收费缴费一网通等便民服务。

3. 创新现实社会和虚拟社会动态管控机制

严密对重点特殊人员的管控，加快推进"湖南安康医院"建设，逐步达到集中收治1000名肇事肇祸精神病人以及违法犯罪重症病人的规模。创新公安监管场所与医院间的联动机制，建立医务人员上门服务制度和在押人员治疗"绿色通道"，在定点医院设立特殊监护病室，保证患有严重疾病的关押人员得到及时治疗。按照政府强制收治大部分、社区戒毒和社区康复一部分、医院戒毒一部分的要求，全面落实对吸毒人员的教育、治疗、管控措施。健全完善视频监控网络，进一步完善城市治安、道路电子监控系统，督促小区、内部单位、娱乐场所、医院、银行、商店、车站等加强电子监控设施建设。加强联勤联防机制建设，在城区建立平安志愿者队伍，在营运车辆司机、邮递员、环卫工人、营业场所服务员、保安人员和特种行业从业人员中物色治安信息员和平安志愿者。完善虚拟社会动态监控机制，全面推行网上社区属地管理，实现人、房、网的有效关联。

4. 创新情报信息主导打击犯罪机制

强化情报主导警务，把警种部门的信息资源无条件整合进来，并依托社会治安综治维稳机制，建立外网信息归集平台，有效整合信访、民政、民航、电信、银行、工商、税务、计生、社保、物流等社会信息。加快侦察技术手段建设，努力提高打击犯罪的效能。建立扁平化合成指挥作战机制，以指挥中心为龙头，依托科技手段和街面网格化巡逻机制，实现指挥中心到派出所、街面巡逻车、巡逻民警、巡防力量的直接指挥，不断提高应急处突能力。创新警务协作模式，加强县际、市际、省际的警务交流合作，探索互助互补的联勤警务模式，形成一处报警、多点响应支援的协同作战体系。

B.9
加强司法行政　维护社会稳定

湖南省司法厅

"十一五"期间，湖南司法行政系统在省委、省政府和司法部的正确领导下，坚持以邓小平理论、"三个代表"重要思想为指导，深入学习实践科学发展观，紧紧围绕服务富民强省战略这个中心，切实强化和发挥职能作用，维护社会稳定、强化法治保障、巩固基层基础、提高队伍素质、加快自身发展，为湖南经济社会发展作出了积极贡献。

一　坚持服务大局，维护社会稳定

1. 强化责任意识，保持监狱劳教场所持续安全稳定

"十一五"期间，湖南监狱劳教系统切实强化安全稳定意识，全面落实监管安全的领导责任制，不断完善人防、物防、技防相结合的监管安全长效机制，保持了监所的持续安全稳定。各监所单位以提高罪犯、劳教人员教育改造质量为重点，不断深化改革，坚持依法、严格、文明、科学管理，监狱工作法制化、科学化、社会化建设稳步推进，形成了完备的收监工作体系，初步探索建立了罪犯的医疗体系、罪犯改造质量评估体系；劳教（戒毒）系统以创办特色为重点，综合多种教育手段，邪教类劳教人员教育转化和劳教戒毒工作一直位居全国前列，开放、半开放、封闭三种管理模式改革不断深化、完善。监狱体制改革和布局调整进展顺利。监管改造秩序保持了持续稳定，监狱系统脱逃报警事故（逃跑后 24 小时内追回）同比下降 81％；脱逃人数同比下降 77％。劳教（戒毒）系统在 2007 年、2008 年连续 2 年实现全系统"四无"（无逃跑、无所内刑事案件、无重大安全生产事故、无非正常死亡）。罪犯和劳教人员的改好率保持在 90％以上，绝大多数刑释解教人员回归社会后成为自食其力的守法公民。2010 年，监狱劳教系统没有跑掉一名罪犯、劳教人员，监管改造质量处于历史最佳

水平。

2. 坚持服务大局，积极发挥维护社会稳定"第一道防线"的作用

"十一五"期间，湖南司法行政机关积极开展了"两节"、"两会"、"清明"、"防汛"等重要时期、政治敏感期和季节性矛盾纠纷的专题预防调处，并拓宽工作领域，创新人民调解、行政调解、司法调解的对接联动机制，积极介入下岗失业人员再就业、土地征收补偿、房屋拆迁安置、土地承包流转、拖欠农民工工资等社会热点、难点矛盾纠纷的调处。目前，全省已初步形成了"党政牵头、分级负责、部门联动、全民参与"的调解工作新格局，人民调解组织发展到 5 万多个，调解人员近 30 万人，每年调处民间纠纷 30 万件左右，营造了安定有序的社会环境。

特别是 2007 年 4 月至 2008 年年底，按照贯彻落实科学发展观、构建社会主义和谐社会的要求，新一届司法厅党组在深入调研的基础上，确定了"立足本职服务大局、找准主题服务大局、形成合力服务大局、讲求实效服务大局"的工作思路，在全系统部署开展了为期两年的"司法行政大动员，化解矛盾促和谐"专项维稳活动。2007 年 4 月至 2008 年年底，各级司法行政机关、人民调解员共排查各类矛盾纠纷 319517 起，成功调处 347744 起（含累积数）；预防化解经济类纠纷 56413 起，挽回各类经济损失 15 亿余元；预防化解一般性民间纠纷 253694 起、重大群体性纠纷 17254 起，把纠纷化解到位、把群众反映的问题解决到位，有力地维护了社会平安稳定。湖南司法行政卓有成效的作为赢得了各级党委、政府的充分肯定和人民群众的广泛赞誉，《人民日报》、《法制日报》等媒体对此进行了专门报道。中央政法委《政法动态》2008 年第 14 期以较大的篇幅专门介绍了湖南开展专项维稳活动的情况。2008 年 9 月 10 日，时任省委副书记、省长的周强同志第二次作出专门批示："全省司法行政系统开展的'司法行政大动员，化解矛盾促和谐'专项维稳活动成效十分明显。实践充分证明，人民调解在构建和谐湖南、实现富民强省的历史进程中，具有独特的优势，大有作为。"

3. 减少社会乱源，认真做好帮教安置和社区矫正工作

2006 年以来，针对刑释解教人员衔接过程中出现的脱管、漏管问题，各级安置帮教组织扎实开展了"奔新生、奔富裕、促和谐"主题帮教活动，进一步加强了机构建设与制度建设，不断健全衔接帮教制度，司法所（安帮办）干警、基层组织（村、社区、企事业单位）、亲属"三帮一"的工作模式在全省推广，帮教率达到90%左右。同时，积极引导鼓励刑释解教人员自谋职业、自主创业，承包责任田土（山林、水面），通过"低保"和社会救济等多形式、多途径进行安置。社区矫正工作自2008年9月启动试点以来，工作步伐明显加快，2010年底已拓展到全省48个区县，累计接收社区矫正对象3391人，无一重新犯罪现象。

二 坚持普法教育与法治实践相结合，逐步推进依法治理工作

2003年以来，省委常委多次召开专题会议，专门听取关于普法和依法治理工作的汇报，研究依法治省工作。依法治省办事机构的组织建设不断加强。在省依法治省领导小组办公室设立了普法、行业依法治理、地方基层依法治理三个指导处，并由省委常委、政法委书记担任省依法治省领导小组办公室主任。各市州县区均成立了由党政一把手挂帅的依法治市州县区领导小组，90%以上的乡、村全面开展了依法治理工作。各地以宪法宣传月、农村法制宣传教育月、青少年法制宣传教育周和"12·4"全国法制宣传日活动为载体，认真抓了对领导干部、青少年、企业管理人员、公务员等为重点普法对象的法制宣传，营造了浓厚的法治氛围。公职人员特别是领导干部和执法人员的学法用法工作得到加强，年度干部学法用法考试得以进一步规范。

特别是2006年以来，结合湖南的实际，将推行司法、行政执法质量考核评议，推进相对集中行政处罚权工作，分部门、分层次组织开展执法人员岗位学法活动和开展基层民主政治建设试点四项工作，并以此为依法治省的重点，不少司法、行政执法单位探索总结了一些行之有效的加强和改进执法工作的措施和制度，各市州加快推进了相对集中行政处罚权工作，执法人员岗位学法活动扎实开展，基层民主政治建设试点工作进展顺利，各级司法（执法）机关和公职人员依法决策、依法行政、依法管理的能力和水平不断提高。在依法治省四项工作的带动下，依法治林、治水、治税、治路、治电等行业依法治理活动开展得有声有色，以基层依法治理为基础、行业依法治理为支柱、各层次纵横结合的依法治理网络初步形成。"普法合格证"制度、"民主法治示范村（社区）"创建、"依法办事示范窗口单位"创建等刚性机制的逐步建立完善，进一步推动了各部门、各行业的普法依法治理。

三　服务领域不断拓展，服务质效明显提高

法律服务工作以拓展业务领域、提高队伍素质、规范管理秩序为主线，服务经济和社会发展的质效有了新的提高。"十一五"期间，法律服务事业步入发展的快车道，业务领域不断拓展，方式不断创新，在招商引资、国企改制、房地产市场、民营经济发展、金融证券市场、劳务市场、金融信贷等方面都出现了法律服务的身影。特别是近年来，省厅组织律师、公证员在"湘交会"、"欧洽会"、"湖南（上海）投资洽谈活动周"等大型招商引资洽谈会上提供全程法律服务，受到省委、省政府和广大客商的一致好评。针对农民工合法权益屡受侵害的社会问题，湖南率先组建了农民工法律援助律师志愿团，参与的律师达到510人。2006年以来，志愿团共办理拖欠工资、工伤赔偿及其他侵害农民工权益的案件3000余起，先后为农民工讨回拖欠工资和工伤赔偿金1.6亿多元，产生了很好的社会反响。

"十一五"期间，湖南积极稳妥地推进公司律师、公职律师改革，公证体制改革，司法鉴定管理体制改革，不断推进行政管理和行业管理"两结合"的管理体制改革，特别是通过开展合伙律师事务所规范建设年、公证队伍教育规范树形象、基层法律服务市场集中教育整顿等活动，使律师、公证、基层法律服务和司法鉴定主体的执业行为更加规范，服务市场更加有序，法律服务的质效上了新的台阶。据不完全统计，2006年以来，法律服务机构共办理各类案件200余万件，挽回经济损失近100亿元，为推进湖南改革开放、促进经济发展、维护社会稳定发挥了重要作用。法律援助的办案数量和质量也逐年提升，承办了一大批颇受社会关注的典型维权案件，切实维护了弱势群体的合法权益。截至2010年年底，湖南近2000个乡镇建立了法律援助工作站，占湖南所有乡镇的92%，45%的村建立了法律援助联系点，注册法律援助志愿者达2500余人。

四　夯实基础，促进基层民主与法治建设

"十一五"期间，全系统以基层司法所硬件建设为突破口，基层司法行政工作进一步规范和活跃。特别是各级司法行政机关抓住中央国债资金投资中西部地

区司法所建设的契机，努力争取，积极协调，大力推进司法所办公用房建设，基层司法行政的职能得到进一步稳固和加强。据统计，截至 2010 年年底，湖南纳入国债投资的 2533 个司法所办公用房建设计划已经全部下达，累计投入国债资金 1.68 亿元，现在已完成总投资 1.3 亿元，完成司法所办公用房建设项目 2044 个，在建 489 个。新建的司法所"硬件"基本达到了"六有"：有办公用房，有办公桌椅，有档案资料柜，有程控电话，有办案用的交通工具，有一台计算机，基层司法所履行职能、发挥作用的硬件环境得到很大改善。通过积极协调争取，从 2008 年开始，省财政专门划拨市州县区司法局房屋维修补助款 700 万元。大部分县区都制订了经费保障标准，把人民调解、安置帮教、法律援助、普法依法治理等专项业务经费和司法所公用经费、人员经费等列入了财政预算。全省监狱体制改革经费保持逐年增加，布局调整稳步推进，监狱劳教民警的工作条件、福利待遇有了不同程度的改善和提高。

2006 年，在省司法厅的积极争取下，省委办公厅、省政府办公厅转发了省委组织部等七部门出台的《关于进一步加强湖南基层司法所建设的意见》，从政策层面明确规定了基层司法所的机构设置、人员编制、管理体制、财政保障等问题，极大地促进了湖南司法所的规范化建设。在"两办"政策的直接推动下，在新一轮乡镇机构改革中，司法行政的前沿阵地司法所不但没有被撤并，而且得到了巩固加强。许多市州从乡镇在职行政干部中挑选 1～2 名符合条件的干部连人带编充实到司法所，共充实地方行政编和事业编司法助理员 1300 余人。司法所管理体制得以理顺，明确了司法所是县（市、区）司法局在乡镇（街道）的派出机构，实行县（市、区）司法局与乡镇人民政府（街道办事处）双重领导，以县（市、区）司法局为主的管理体制。所有乡镇（街道）都设立了司法所，建所率为 100%。全省 80% 以上的司法所实现了收编直管，有近 500 名司法所长解决了副科级待遇，湘西自治州、湘潭市还将司法所定为副科级机构。

五 干警素质不断提高，形象地位逐步提升

近年来，湖南司法行政系统紧紧围绕建设一支"政治坚定、业务精通、作风优良、执法公正"司法行政队伍的目标，坚持四个重点（以班子为"龙头"、以基层为重心、以教育为根本、以机制为保障），突出四个建设（班子执政能力

建设、干部职业道德建设、队伍整体素质建设、党风廉政建设），注重三个贴近（贴近工作职能、贴近基层实际、贴近干部需求），切实加强和创新队伍教育管理工作，为湖南司法行政工作又好又快地发展提供了坚实的组织保障和人才支持。全系统先后开展了"公正文明执法树形象"、"立党为公、执政为民"、社会主义法治理念教育、"规范执法行为、促进执法公正"、监狱劳教人民警察岗位练兵等不同形式的主题教育活动，司法行政队伍的知识结构、业务素质和执法水平都上了一个新的台阶，较好地适应了形势发展的需要。2007年以来，全系统加大了队伍建设和思想政治工作的力度，开展了以警示教育为重点，筑牢思想防线的"强素质，抗腐蚀，讲奉献"主题教育活动和广泛集中民智、促进科学发展的"爱我司法讲作为，兴我司法谋发展"主题教育活动。对全系统2000年以来新进大学生、2005年以来新提拔的科级以上干部进行了集中专题培训，共办700多期，参训人员近6000名。编写发放正反两面典型教育资料17类2万余册，到警示教育基地接受警示教育近1.8万人次。

着眼于优化结构、提高整体效能，加强对厅机关中层领导、省直监狱劳教单位领导班子的管理和建设，一大批想干事、能干事的优秀干部脱颖而出，系统上下形成了风清气正的用人环境和良好的用人导向。深入开展反腐败斗争，认真坚持领导干部廉洁自律、纠正部门和行业不正之风、查处大案要案，严惩了少数腐败分子，队伍的凝聚力、战斗力进一步增强。2007年以来，围绕监狱劳教执法不公、法律服务业诚信缺失等群众关心的热点问题，及时开展了以明察暗访、内部审计、专项督查、信访调查、廉政述职、诫勉谈话等为主要手段的执法执纪监督工作，并确立了省直监狱劳教单位一把手"四个不直接分管"的规定（不直接分管干部、财务、工程建设、物资采购），强化了"三重一大"集体决策原则（凡涉及重大决策、重要干部任免、重要项目安排和大额资金的使用，必须由集体讨论决定）。

六　开拓创新，积累经验

多年来，全体司法行政干警努力实践，积极探索，总结积累了许多宝贵经验。这些经验，集中了群众的智慧，经历了实践的检验，为今后开创司法行政工作新局面提供了有益的借鉴。概括起来主要有以下这么几条。

1. 以作为促发展

始终树立围绕中心、服务大局的理念，坚持迎难而上讲作为，以作为促发展，以作为赢地位，争取各级党委政府、社会各界的重视支持。司法行政部门只有服从和服务于党委、政府的工作中心，各项工作都围绕这个"中心"做文章，才能做到门类多而不散，职能广而不软，摊子大而不乱，才能充分履行职能，发挥综合优势，争取到党委、政府和人民群众的关心、重视、支持，这是确保司法行政工作有所作为的必然要求。2007年，全省司法行政系统启动了以服务大局、化解纠纷为主线的"司法行政大动员，化解矛盾促和谐"专项维稳活动。由于主题找得准、工作成效比较明显，赢得了党委、政府和群众的普遍认同和广泛赞誉。10余位省部领导先后17次作出批示或视察指导。时任省委副书记、省长的周强同志对司法行政系统的专项维稳活动作出4次重要批示，充分肯定活动取得的成效。专项维稳活动在基层更是引起了强烈反响，"乡镇稳定工作，司法行政系于一半"，"有纠纷，找司法"，已成为基层党政领导和人民群众的共识。司法行政一些多年未解决的问题如办公经费、人员编制、司法所长的副科实职、人民调解工作经费、司法所建设等问题，在各市州均不同程度地有所突破，各地财政还为专项维稳活动拨付专门经费累计达500多万元，为活动的深入开展提供了有力保障。

2. 始终把深化改革作为推动司法行政工作发展的动力

司法行政工作的发展，从根本上讲在于改革。因此，在工作中必须解放思想、转变观念、锐意改革、勇于创新，同时也要结合实际，善于发现、总结并推广新鲜经验，逐步摸索出发展司法行政工作的新路子。近年来，湖南监狱劳教系统通过改革监所经济体制，推进工人分流、减员增效、监（所）企分离、企业改制，进一步提高了适应市场经济的能力，监管秩序也更加稳定。律师工作通过深化各项内部改革，建立和完善行政管理和行业自律管理的新管理机制，大力发展合作、合伙制等不同组织形式的律师工作机构，社会效益与经济效益明显提高。人民调解工作在强化人民调解职能的基础上，创新人民调解、行政调解、司法调解衔接联动的模式，通过采取人民调解驻法院、公安派出所人民调解室、设立社会矛盾纠纷调处中心等多种联动模式，人民调解化解矛盾纠纷的职能得到大大加强，维护社会稳定的作用得到充分展现。以理顺管理体制、优化结构布局、拓宽服务领域、提高服务质量为主要内容的公证体制改革、司法鉴定工作改革、基层法律服务工作改革等各项工作的改革力度不断加大，有效地提高了司法行政工作的整体效能。实践证明，适应形势需要，不断深化改革，是司法行政事业永葆生机与活力的动力和源泉。

3. 始终加强队伍建设以确保各项工作任务圆满完成

队伍建设始终是确保工作取得实效的有力保障。近年来，湖南司法行政系统始终坚持狠抓队伍建设特别是各级领导班子建设，以加强精神文明建设为重点，以"形象工程"为载体，广泛开展了争先创优、立功创模、树"红旗"、创"十佳"以及创群众满意的单位等活动，在全系统形成了奋发向上、积极作为的良好氛围。同时，注重岗位培训，以厅、局、基层单位为依托的岗位培训已形成网络，每年都坚持举办各种形式的各级各类培训班。进一步落实反腐败工作领导责任制，加强党风廉政建设和反腐败斗争，加大执法监察力度，严肃查处顶风违纪者。通过一手抓教育、一手抓查处，全面加强干警队伍的思想、作风、纪律和业务素质建设，有效地增强了湖南司法行政干警胜任本职工作和拒腐防变的能力，为确保司法行政工作的顺利进行提供了有力的组织保障。"十一五"期间，湖南司法行政系统有 15 名个人获省部级以上"先进工作者"、"劳动模范"称号，有400 多个（次）单位、2000 余名干警受到表彰。

B.10

推进依法行政　建设法治政府

郑礼华　甘乐*

一　"十一五"湖南法治政府建设情况

"十一五"期间，湖南省坚持以邓小平理论和"三个代表"重要思想为指导，深入贯彻落实科学发展观，以全面推进依法行政为主线，以加快法治政府建设为目标，以行政程序法治化和政府服务法治化为重点，着力提升政府工作的法治化水平，在推进依法行政、建设法治政府方面，实现了重大突破，取得了重要成就，产生了广泛影响，走到了全国前列，形成了推进依法行政、建设法治政府的"湖南样本"，谱写了推进依法行政、建设法治政府的新篇章。

1. 实现了推进依法行政、建设法治政府的新突破

五年来，坚持以改革创新的精神推进各项工作，在事关依法行政全局的制度建设方面取得了重大突破。一是出台施行了全国第一部系统规范行政程序的省级政府规章——《湖南省行政程序规定》，开了我国行政程序法典化的先河，填补了我国行政程序立法的空白。二是出台施行了全国第一部系统规范行政裁量权的省级政府规章——《湖南省规范行政裁量权办法》，在全国第一个建立了行政裁量权的"综合控制模式"。三是出台施行了《湖南省规范性文件管理办法》，建立并推行了全国第一个规范性文件登记制度和有效期制度。四是出台施行了《湖南省行政执法案例指导办法》，建立了全国第一个行政执法案例指导制度。五是大力推进行政执法责任制，组织梳理和公布了全国第一份省直部门"权力清单"。六是为应对国际金融危机冲击，出台施行了全国第一份关于放松经济管制的专门文件——《中共湖南省委湖南省人民政府关于改进和完善对经济工作的管理的若干意见》。七是组织创办了全国第一个专门的法治政府论坛——"法

---

* 郑礼华、甘乐，湖南省人民政府法制办公室依法行政指导处。

治政府·南岳论坛"。八是起草了全国第一部关于建设服务型政府的省级政府规章——《湖南省政府服务规定（草案）》，第一个从制度上搭建起了服务型政府的基本框架。此外，湖南省还有一些其他工作走在了全国前列。

2. 构建了推进依法行政、建设法治政府的新机制

五年来，坚持紧密结合工作实际，不断推进政府法制工作领域的体制机制创新。一是创新了行政决策机制。积极完善重大行政决策的必经程序，即调查研究、专家论证、公众参与、合法性审查和集体讨论等五个环节。为推行重大行政决策听证会制度，建立了听证会年度计划制度和听证会案例指导制度，组织开展重大行政决策"大听证"，2008 年以来，全省共召开重大行政决策听证会近 500余次。二是创新了政府立法工作机制。坚持民主立法、科学立法，实行大规模"开门立法"和"公推公选"立法项目，召开立法计划编制听证会，建立健全了公众参与、专家论证与政府决定相结合的政府立法工作新机制，地方性法规、规章草案都在网上公开征求了意见。三是创新了规范性文件管理机制。建立了规范性文件统一登记、统一编号、统一公布的登记制度，以及有效期制度、合法性审查制度、申请审查制度、定期清理制度等。2008 年以来，两次组织开展了全省规范性文件"大清理"，先后清理规范性文件 76609 件、39860 件，先后废止和宣布失效 46.5%、26.5%。四是创新了行政执法监督机制。以规范行政裁量权、推行行政执法责任制、改革行政执法体制、加强行政执法人员培训为重点，行政执法监督工作取得重大进展。创建和实施行政裁量权基准制度和行政执法案例指导制度。积极稳妥推进行政执法体制改革，全省在城市管理领域开展相对集中行政处罚权工作的市、县（市区）达 61 个。开展行政执法人员培训，全面完成了第三轮全省行政执法人员培训工作。五是创新了行政复议工作机制。以复议为民为宗旨，以案结事了为目标，综合运用书面审查、实地调查、和解、调解、听证等手段处理行政争议，五年来，全省共受理行政复议案件 10481 件，有效消除和化解了行政争议和社会矛盾。六是创新了依法行政推进机制。建立健全了依法行政考核制度，将依法行政考核纳入了全省政府绩效考核内容，并不断提高其分值所占的比重。逐步建立健全了依法行政档案，加大了依法行政考核力度。坚持不懈抓好政府法制工作的组织保障，全省各级各部门政府法制机构建设普遍得到加强。省政府法制办成为省政府直属机构，县级政府法制机构建设也得到了加强。七是创新了政府法制研究机制。坚持"请进来"、"走出去"开展政府法制研究工作。积极搭建全国性学术交流平台，成功举办了第一届、第二届"法治政府·南岳论坛"。积极承担国家重要科研课题，完成了国务院法制办、国家发改委等两项国家重大科研课题。积极开展国际学术交流，召开了"提高行政决策科学化水平"、"开放式政府建设"等中美专家研讨会，先后与美国、英国、日本、新加坡、荷兰、墨西哥等国的50多名学者进行了广泛交流。

3. 开辟了推进依法行政、建设法治政府的新路径

五年来，坚持以行政程序法治化为抓手，以政府服务法治化为重点，开辟了一条推进依法行政、建设法治政府的新路径，形成了推进依法行政、建设法治政府的"湖南样本"。一是让政府"正确地做事"。"正确地做事"，就是要加强行政程序建设，认真贯彻实施好《湖南省行政程序规定》，让政府按程序办事。二是让政府"做正确的事"。"做正确的事"，就是要建设服务型政府，制定实施好《湖南省政府服务规定》，政府要加强服务工作。从静态意义上讲，"湖南样本"以实现了依法行政工作的程序化、法典化、系统化，统筹了法治政府和服务型政府建设为显著特征；从动态意义上讲，"湖南样本"以"政府自身主导、公众有序参与、学界智力支撑、媒体积极推动、社会广泛关切"为显著特征。"湖南样本"突出表现为"五个结合"：勇于创新与总结经验相结合，程序法治与实体法治相结合，政府主导与公众参与相结合，重点突破与全面推进相结合，实务操作与理论指导相结合。

4. 开创了推进依法行政、建设法治政府的新局面

五年来，全省推进依法行政、建设法治政府攀上了一个新的高峰，初步实现了"五个进入"，即进入了"决策圈"、"司法圈"、"媒体圈"、"学术圈"和"改革圈"，获得了一系列的荣誉，产生了广泛而深远的影响。2007年，清理"权力清单"得到国务院法制办的充分肯定，中央电视台、新华社、《人民日报》等八大中央媒体对此进行了集中报道，并被新华网评为"2006年度中国法治建设的十个足印之一"。2008年，《湖南省行政程序规定》的出台施行，先后入选年度中国十大法治新闻、中国改革十大新闻、中国十大改革探索案例、中国十大地方创新试验、湖南省十大新闻、湖南省十大法治事件，被誉为"在中国民主与法制史上具有重要里程碑意义"。2009年，省政府法制办被中国经济体制改革杂志社、中国改革理事会评选为"2009中国改革十大年度机构"，全国政协副主席李金华为省政府法制办颁发了获奖证书。2010年2月26日，时任省长的周强书记在省政府法制办呈报的《2009 年工作总结和 2010 年工作安排》上批示："2009 年全省政府法制工作开拓创新，为促进转变政府职能、优化经济发展环境作出了重要贡献，产生了广泛而深远的影响。"2010 年 4 月，《湖南省规范行政裁量权办法》的出台和施行，在人民网当月的"十大地方新政"评选中名列第一位，得票 27 万张。2010 年 8 月 27 日，在国务院召开的全国依法行政工作会议上，徐守盛省长作为三个省市发言单位代表之一，作了题为《大力推进行政程序法治化　切实加强政府自身改革和建设》的典型经验介绍。2010 年 9 月 27 日，《人民日报》头版头条刊发了题为《建设法治政府的"湖南样本"》的采访文章，详细推介湖南推进依法行政的典型经验。2010 年 11 月 8 日，国务院出台的《国务院关于加强法治政府建设的意见》，吸收了《湖南省行政程序规定》中的行政决策程序、规范性文件"三统一"制度、行政执法证据制度、规范裁量权制度、行政调解制度等多项内容。2011 年 1 月 15 日，湖南省出台施行的《湖南省行政程序规定》荣膺我国第一个由学术机构发起设立、由专家和社会公众共同评选的首届"中国法治政府奖"第一名。

5. 形成了推进依法行政、建设法治政府的新共识

五年来，全省上下形成了"抓依法行政也是抓发展"、"推进依法行政就是推进科学发展"、"转变发展方式重在转变行政方式"等重大共识，营造了"运用法治思维和法律手段推动科学发展"的良好氛围，形成了"敬畏人民、敬畏法律、敬畏历史"的良好风尚。与此同时，依法行政工作本身也积累了宝贵的经验。一是坚持围绕中心、服务大局，切实把服务科学发展和经济发展方式转变、促进经济平稳较快发展贯穿于工作始终。二是坚持解放思想、开拓创新，切实把推进行政程序和政府服务法治化、创新政府法制工作机制贯穿于工作始终。三是坚持把握规律、注重实效，切实把实现法律效果、社会效果、政治效果相统一贯穿于工作始终。四是坚持抓好队伍、提升素质，切实把加强机构和队伍建设、提高组织保障能力贯穿于工作始终。五是坚持攻坚克难、锐意进取，切实把提振精神状态、改进工作作风贯穿于工作始终。六是坚持团结协作、形成合力，切实把做大做强依法行政的推动力量贯穿于工作始终。这些重要共识，是五年来推进全省依法行政、建设法治政府的重要思想武器，也是在推进依法行政、建设法治政府实践中形成的重要思想成果，有力推动了全省政府法制工作的大突破、大发展、大提升。这些新共识和新经验，是现代法治精神与湖湘文化中"敢为人先"精神的有机结合，是政府法制工作中形成的宝贵精神财富。五年来的成绩来之不易，积累的经验弥足珍贵，创造的精神财富影响深远。

二 未来湖南法治政府建设展望

近年来，湖南省以《湖南省行政程序规定》的颁布实施为标志，推进依法行政、建设法治政府谱写了新的历史篇章。就这部新篇章而言，2007 年是启动之年，2008 年是开篇之年，2009 年是攻坚之年，2010 年是巩固之年，2011 年则是提升之年。2011 年，全省依法行政工作要在提升上出实招、在提升上办实事、在提升上见实效。

2011 年湖南省法治政府建设工作的总体思路是：以邓小平理论和"三个代表"重要思想为指导，深入贯彻落实科学发展观，紧紧围绕建设"法治湖南"这个主题，以建设法治政府为目标，以推进依法行政为主线，以行政程序法治化为抓手，以政府服务法治化为重点，坚持科学规划、统筹安排、重点突破、整体推进，进一步提升政府工作的法治化水平，推动法治政府建设不断取得新成效，为推进"四化两型"建设、加快富民强省步伐提供有力的法治保障。

1. 以完善重大行政决策听证制度为重点，着力提升依法科学民主决策水平

一是落实重大行政决策程序。按照《国务院关于加强法治政府建设的意见》和《湖南省行政程序规定》的要求，把公众参与、专家论证、风险评估、合法性审查和集体讨论作为重大行政决策的必经程序。二是完善重大行政决策听证制度。凡是符合规定条件的重大行政决策事项，都要举行听证会。每个市州政府至少要举行 5 次以上听证会，省直部门至少要举行 1 次以上听证会。严格执行公开产生听证代表、如实记录听证笔录、向社会公布听证意见采纳情况等关键程序，确保听证会的公信力和听证质量。三是做好重大行政决策的合法性审查。重大行政决策方案在提交政府常务会议或者部门领导班子会议前必须交由法制机构进行合法性审查。法制机构要对重大行政决策方案从主体、权限、内容、程序和形式等方面进行严格把关，以确保合法性审查的质量。

2. 以推进政府职能转变为重点，着力提升政府服务的法治化水平

一是尽快出台《湖南省政府服务规定》（以下简称《规定》）。以政府立法的形式，明确政府服务原则、界定政府服务范围、创新政府服务机制、搭建政府服务平台、实行政府服务公开、强化政府服务监督，推进政府服务的系统化、规范化、标准化，切实提升政府服务法治化水平。二是认真做好《规定》的贯彻实施。《规定》出台后，要通过多种形式进行广泛宣传。及时下发通知，明确贯彻实施工作的具体要求、方式步骤、部门分工和年度任务。做好培训教材的编写和出版工作，采取举办讲座、专题研讨班等形式，开展对《规定》的学习培训工作。有计划、有步骤地开展好《规定》的贯彻实施工作。

3. 以确保立法质量为重点，着力提升政府立法工作水平

一是落实 2011 年省政府立法计划。把推进"四化两型"和"四个湖南"建设，作为政府立法工作的重点。重点抓好湘江管理条例、政府投资项目管理条例、农村公路条例、植物园保护条例、法制宣传教育条例、实施《中华人民共和国节约能源法》办法、科学技术进步条例、专利条例（修订）、信息化条例、食品生产加工小作坊和食品摊贩管理办法、实施《中华人民共和国军事设施保护法》办法、韶山风景名胜区条例等地方性法规草案、规章的制定和修改工作。二是进一步健全立法机制。严格遵守法定权限和程序，坚持"开门立法"，完善公众参与政府立法机制。建立健全专家咨询论证制度，充分发挥专家学者在政府立法中的作用。对符合规定的立法项目，起草部门要召开听证会。三是着力提高立法质量。严格控制行政审批、行政处罚、行政事业性收费、行政检查等刚性行政管理手段的设定，坚决克服政府立法过程中的部门利益和地方保护倾向。把制度的廉洁性和社会风险问题作为立法审查的重要内容之一。坚决克服立法中的形式主义倾向。采取组织培训、提前介入、调查研究、强化考核等措施，加强对部门起草工作的指导、服务和监督，切实提高地方性法规规章草案的起草质量。

4. 以巩固规范性文件登记制度为重点，着力提升规范性文件管理水平

一是做好规范性文件草案的合法性审查工作，做到"有件必审"。每件规范性文件草案都必须由法制机构作合法性审查。对提交法制机构进行合法性审查的规范性文件草案，要从主体、权限、内容、程序方面进行严格审查，确保合法性审查工作的"零失误"和"零差错"。二是全面落实"三统一"制度，做到"有件必登"。所有规范性文件必须统一登记、统一编号、统一在政府门户网站和政府公报上发布。加强对各级各部门执行"三统一"制度情况的督促检查，依法纠正未经"三统一"程序发布的规范性文件。加强全省规范性文件数据库和网上检索系统建设，完善省政府规范性文件登记、备案和检索系统，提高全省规范性文件管理的信息化水平。三是做好规章规范性文件备案工作，做到"有件必备"。继续做好规章和规范性文件备案工作，定期向社会公布通过备案审查的规章和规范性文件目录。四是落实规范性文件申请审查制度，做到"有错必纠"。认真处理公民、法人和其他组织提出的规范性文件审查申请。对违法的规范性文件，要责令制定机关限期纠正；逾期不纠正的，要依法予以撤销并通报。

5. 以规范行政裁量权为重点，着力提升行政执法监督水平

一是全面落实行政执法指导案例制度。落实《湖南省规范行政裁量权办法》和《湖南省行政执法案例指导办法》，通过健全行政执法指导案例制度，认真落实证据制度、规范裁量权基准制度、说明理由制度、告知权利制度等重要行政执法程序制度。严格按照标准格式制定并发布行政执法指导案例，省政府在2011年6月前发布首批行政执法指导案例，市州政府在2011年9月前发布首批行政执法指导案例，县级政府在2011年12月前发布首批行政执法指导案例。上级人民政府切实做好对下级人民政府制定发布行政执法指导案例的指导监督工作。二是完善行政裁量权基准。按照"自上而下、逐级推进"的原则，全面开展省市县三级裁量权基准的"回头看"工作。凡是未制定裁量权基准的，要按照制定标准和要求认真完成裁量权基准制定工作；凡是裁量权基准制定质量有问题的，要进行修改和完善，确保裁量权基准的可行性和可操作性。重点加强对县市区政府工作部门裁量权基准制定工作的监督检查，确保裁量权基准制定工作全面到位。三是继续推进行政执法体制改革。按照"一手抓规范、一手抓推广"的原则，积极稳妥地推进相对集中行政处罚权工作，加强对已开展相对集中处罚权工作的地方的监督检查和指导，继续推进综合执法工作。着力解决当前行政执法体制改革中存在的权力集中不到位、职责配置不统一、工作机制不完善等问题。四是继续推行行政执法责任制。及时修订完善"权力清单"，实现梳理行政执法依据的制度化、经常化。结合规范权力运行制度建设工作，全面落实行政执法职权分解任务。加大行政执法责任追究力度。

6. 以加强规范化建设为重点，着力提升行政复议工作水平

一是加强行政复议规范化建设。进一步规范行政执法文书，落实行政复议权利告知制度。规范行政复议案件受理、审理标准，统一办案尺度，努力做到对同类案件裁决结果基本一致和对同一法律法规适用意见基本一致。二是畅通行政复议申请渠道。简化申请手续，为行政复议申请人提供便利条件，积极受理行政复议申请。加大对不予受理的督查力度。三是丰富行政复议审理方式。加大案件的和解、调解力度，有效化解行政争议，实现"定分止争，案结事了"。对事实清楚、证据确凿的案件，可以采取书面审理方式；对案情简单、争议不大的案件，可以适用简易程序审理；对重大、复杂案件，可以采取听证的方式审理。四是做好行政复议应诉相关工作。抓好行政复议应诉的宣传和培训工作。继续规范行政复议应诉案件统计分析工作，保证统计工作的准确性和时效性。进一步完善行政应诉制度，积极配合人民法院的行政审判活动，规范行政应诉行为，提倡行政机关负责人出庭应诉。

7. 以强化依法行政考核为重点，着力提升依法行政工作的组织推动水平

一是要健全依法行政考核制度。把依法行政的组织领导、重大行政决策听证、政府立法质量、规范性文件管理、行政执法案例指导制度、完善行政裁量权基准、受理办理行政复议案件等作为考核的重点。加强对全省2011年度各级依法行政考核工作的指导、协调和监督。二是统筹规划和推进依法行政工作。制定出台法治政府建设规划。加强对省市县三级行政程序建设示范单位的督促和指导，及时总结推广经验，确保示范单位在推进依法行政上有新的实质性进展。三是完善推进依法行政的领导体制。建立由主要负责人牵头的依法行政领导协调机制。行政首长要对本地区、本部门依法行政工作负总责，制定年度依法行政工作安排，将依法行政任务与改革发展稳定任务一起部署、一起落实、一起考核。四是完善各级行政机关领导干部学法制度。通过政府常务会议会前学法、法制讲座等形式，组织学习宪法、通用法律知识和与履行职责相关的专门法律知识。县级以上地方各级人民政府每年至少要举办2期领导干部依法行政专题研讨班。

8. 以加大信息公开力度为重点，着力提升政务公开工作水平

一是加大政府信息公开力度。继续贯彻落实《中华人民共和国政府信息公开条例》（简称《政府信息公开条例》）和《湖南省实施〈中华人民共和国政府信息公开条例〉办法》。重点推进财政预算、公共资源配置、重大建设项目批准和实施、社会公益事业建设等领域的信息公开。加大政府投资、政府采购、工程招投标、土地招拍挂、教育医疗收费、社保基金、住房公积金、涉农资金管理等方面的公开力度。二是深入推进办事公开。所有面向社会服务的政府部门以及医院、学校、公交、公用等公共事业领域，都要全面推进办事公开制度，提供高效便民服务。编制和公布服务项目目录和办事指南，依法公开办事的依据、流程和结果，利用公共媒体、互联网、公告栏、电话咨询等各种方式，实现办事项目有关信息的充分告知。三是创新政务公开方式。继续加强各级政府门户网站建设，推进网站资源整合；完成湖南网上政务服务和电子监察系统的开发和应用；开展网上电子审批，规范和发展各类行政服务中心，推进湖南公共资源交易电子网络平台建设。

9. 以加强行政监督为重点，着力提升行政监督工作水平

一是要更加重视人民群众和舆论监督。完善群众举报投诉制度，拓宽群众监督渠道，依法保障人民群众监督政府的权利。对人民群众检举、新闻媒体反映的问题，要认真调查、核实，及时依法处理，并将结果向社会公布。二是要进一步加强审计监察工作。着力加强财政专项资金和预算执行审计、重大投资项目审计、金融审计、国有企业领导人员经济责任审计等工作，加强对社会保障基金、住房公积金、扶贫救灾等公共资金的审计工作。进一步加强执法监察，积极推进行政问责和绩效管理监察，严肃查处有令不行、有禁不止和失职渎职等行为。三是要严格行政问责。认真落实《湖南省行政程序规定》确定的行政问责制度。对由有令不行、有禁不止、行政不作为、失职渎职、违法行政等行为，导致一个地区、一个部门发生重大责任事故或严重违法行政案件的，要严肃追究有关领导直至行政首长的责任，督促和约束政府机关和工作人员依法行使职权、履行职责。

强化人大监督的实践和思考

湖南省人大常委会研究室

2010 年，省人大常委会在中共湖南省委的正确领导下，认真贯彻落实党的十七大和十七届三中、四中、五中全会精神，以邓小平理论和"三个代表"重要思想为指导，深入贯彻落实科学发展观，认真落实依法治国基本方略，贯彻落实监督法，努力加强对"一府两院"的法律监督和工作监督，保障了宪法和法律的正确实施，促进了依法行政和公正司法，为推动中央和省委重大决策部署的贯彻落实，加强社会主义民主法制建设，维护社会公平正义，加快科学发展、富民强省，作出了积极贡献。

一 精心组织执法检查，加强对法律法规贯彻实施情况的监督

1. 深入开展科技进步"一法一条例"执法检查

科技进步是转变经济发展方式的重要保障。常委会着力于用法治手段促进和保障科技进步，加快转变经济发展方式，在全省范围内对科学技术进步法、科学技术进步条例贯彻实施情况进行了执法检查。常委会党组和主任会议切实加强对执法检查工作的领导，多次听取汇报，研究执法检查工作，做到精心部署、精心组织。省市县三级人大常委会上下联动，各级政府密切配合。执法检查细致深入。执法检查组专题听取了省人民政府及 9 个相关部门自查情况汇报；常委会领导分别带队，赴长沙、株洲、湘潭、益阳、永州、湘西自治州等 6 个市州及所属的 6 个县市区开展重点抽查，实地考察了 5 个高新技术产业园区和产业基地、20家高新企业。常委会第十八次会议审议了执法检查报告，针对科技创新意识和法制观念需要强化、科技投入总量偏少、科技发展环境需要优化、科技人才队伍建设亟须加强等问题，提出进一步强化组织领导、依法加大投入、完善体制机制和

优化自主创新环境等意见。省委对执法检查高度重视，两次召开常委会议听取汇报，将执法检查报告以省委通报形式发至全省，要求各级政府用好执法检查成果，大力推进"创新型湖南"建设。为确保执法检查成效，常委会召开了审议意见交办会，向省人民政府及有关部门提出了整改建议，并制定了跟踪督办方案。这次执法检查成效显著，进一步加大了对科技进步法律法规的宣传力度，增强了各级政府的科技法制观念和科技创新意识，促进了有关职能部门法定责任的落实，明确了推动科技进步和自主创新的思路和主攻方向，为更好地发挥科技对发展的支撑作用，加快本省经济发展方式转变，起到了积极的推动作用。

2. 加强对专业法律法规的执法检查

常委会配合全国人大开展了农业技术推广法、种子法、妇女权益保障法实施情况的执法检查，向全国人大常委会、省人民政府及有关部门提出了意见和建议，取得明显成效。同时，继续开展对人口与计划生育法、体育法、宗教事务条例、民事诉讼法、预防职务犯罪工作决议等执法检查整改情况的跟踪监督；开展对统计法和统计管理条例、烟草专卖法及实施条例、酒类管理条例、新型墙体材料推广应用条例、归侨侨眷权益保护法及实施办法、散居少数民族工作条例等的执法调研，促进了法律法规的有效实施。常委会在人口与计划生育法执法调研中了解到，因计划生育后遗症致病致残致贫的现象在一些地方比较严重，常委会要求省人民政府及有关部门高度重视，迅速摸清情况并妥善处理。省计生委及时调整了1000万元的预算支出，用于补贴有计划生育后遗症患者的家庭。

二 认真听取和审议工作报告，加强对 "一府两院"工作的监督

常委会围绕全省经济社会发展中的重大问题，全年听取和审议"一府两院"专项工作报告13项。常委会注重会前调查研究，注重组成人员履职能力建设，会议质量和议事水平不断提升；认真交办审议意见，跟踪督办热点难点问题，支持、帮助、促进"一府两院"工作。

1. 着眼于推动科学决策，加强宏观经济管理

听取和审议全省国民经济和社会发展计划执行情况、2010～2020年主体功能区规划草案等报告，提前介入"十二五"规划编制审查，统筹规划经济社会

各项事业的发展。常委会在听取计划执行情况报告后，针对全省面临的结构调整任务繁重、农业基础脆弱、就业形势仍然严峻、发展环境有待优化等问题，形成了审议意见。省人民政府及有关部门认真研究落实审议意见，狠抓项目建设，扩大有效投资；加强自主创新和人才培养，推进科技兴湘；积极承接产业转移，发展外向型经济；大力发展现代金融和物流业，促进了全省经济社会又好又快发展。常委会在审议全省主体功能区规划草案报告时指出，主体功能区规划要体现"两型社会"特色，统筹考虑现有区域发展政策，制定差异化配套政策，要合理划分主体功能区，增强规划的科学性。省人民政府及有关部门对照审议意见，对规划草案作了认真的修改完善，使之更加符合全省实际，以适应"两型社会"的建设需要。

2. 着眼于理顺财政管理体制，增强地方财政活力

听取和审议完善省以下财政体制和推行"省直管县"改革情况的报告。财政"省直管县"改革，是本省继 1994 年分税制改革后的又一次体制重建，是本省经济工作中的一件大事。常委会及时听取和审议了有关报告，充分肯定改革的必要性和可行性，督促和支持省人民政府及有关部门精心组织、精细工作、稳步推进，确保改革取得圆满成功，确保新体制协调、高效运转。

3. 着眼于推进城乡协调发展

听取和审议城镇污水和生活垃圾无害化处理设施建设、农业产业化经营、农村水利基础设施建设、医药卫生体制改革和县乡卫生基础设施建设、义务教育基础设施建设、高速公路建设等工作情况的报告，推动基础产业、基础设施建设和农村基本条件的改善。加强城镇污水和生活垃圾无害化处理设施建设，是推进"两型社会"建设的重要举措，是完成本省"十一五"节能减排约束性指标的客观需要。常委会在审议专项工作报告中，要求省人民政府加大宣传教育和政策扶持力度；完善配套管网建设，逐步实现雨污分流的排水体制；加强质量和安全管理，严格防范污水和垃圾处理中的二次污染风险；推行标准化运营和管理，全面提高运营管理水平。高速公路是重要的现代化基础设施，为促进"强基础"，常委会听取和审议了全省高速公路建设情况的报告，充分肯定本省高速公路建设这几年的跨越式发展，要求省人民政府及其有关部门及时掌握国家宏观政策走向，根据本省经济社会发展需要和湖南区位条件，以科学务实的态度，继续推进湖南高速公路建设。

4. 着眼于推动司法监督工作

听取和审议民商事审判、诉讼法律监督等工作情况报告，维护社会公平正义。针对当前少数司法人员执法不严、司法不公等问题，常委会第十九次会议作出了关于加强人民检察院对诉讼活动法律监督工作的决议。决议要求人民检察院依法运用各种监督手段，加强对司法工作人员渎职违法犯罪行为的监督，加强对诉讼程序严重违法，侵害公民、法人合法权益和社会公共利益行为的监督，加强对认定事实、适用法律严重错误案件的监督。决议要求人民法院、公安机关、国家安全机关、刑罚执行和监管机关要认真依法履行职责，自觉接受并积极配合人民检察院的法律监督，制定和完善相关工作措施和制度，不断提高执法司法水平。决议的出台，适应了人民群众对司法工作的新期待、新要求，对于切实维护人民群众的合法权益，实现社会公平正义，推进法治湖南建设，为本省经济社会又好又快发展营造良好的法治环境，将产生积极影响。

三 严格审查财政预决算，加强对财政收支管理的监督

1. 加强预算审查监督

围绕完善公共财政体制，督促政府深化预算制度改革，改进预算编制工作，调整财政支出结构，提高公共支出保障水平，促进科学和依法编制预算。代表大会批准预算后，常委会依法督促省人民政府及时批复各部门预算，并对批复的部门预算进行了备案审查，提出了意见和建议。2010 年，财政部代理湖南省发行地方政府债券 89 亿元。常委会及时听取省人民政府的专项工作报告，作出了关于批准省级预算调整方案的决定，支持省人民政府将债券资金重点用于中央投资公益性项目地方配套和省重大公益性项目。常委会听取了 2010 年上半年预算执行情况报告，提出了不断创新财税扶持机制，依法推进财政收支科学化、精细化管理，切实帮助基层财政缓解运行和发展困难，努力加强财政预算信息公开工作的审议意见；对 2009 年决算草案进行了审查，重点就加强收入征管、强化预算支出管理、规范预算编制、深化财政体制改革、严格政府性债务管理等提出意见和建议，省人民政府及有关部门认真办理审议意见，有力地促进了依法理财和科学理财。

2. 发挥审计监督作用

加强与审计部门的衔接与沟通，形成人大监督和审计监督的良性互动。听取和审议省级预算执行和其他财政收支审计情况的报告，督促省人民政府及其有关部门抓好审计报告所反映问题的整改，审计工作报告和审计整改报告要依法向社会公开，有效提高财政资金使用效益和透明度。

四 深入了解社情民意，加强对人民群众
反映强烈的问题的监督

1. 认真组织专题调研

常委会和有关专门委员会紧紧围绕全省经济社会发展中的突出问题和人民群众普遍关注、反映强烈的热点难点问题，组织组成人员和部分省人大代表，走乡下村、进厂入户，开展专题调研，了解社情民意，既加强了组成人员履职能力建设和作风建设，又为常委会审议提供了大量的第一手资料。全年开展了农民增收、粮食安全、转变农业发展方式、外来物种入侵、湘江流域水污染综合治理、矿山地质灾害防治、住房保障、征地拆迁、人民防空和建筑业发展、民族地区高寒山区扶贫开发、义务教育绩效工资落实和学前教育等专题调研，形成了一批主题突出、资料翔实、质量较高的调研报告，向省人民政府及有关部门提出有针对性的意见和建议，促进了有关民生问题的解决。

2. 深入开展"四行"活动

常委会将人大监督与舆论监督、群众监督有机结合，在全省继续开展"三湘环保世纪行"等"四行"活动，督促解决了一批热点难点问题，深受全省人民欢迎。"三湘环保世纪行"以"推进减排、保护湘江"为主题，组织10家中央和省直新闻媒体的记者，分赴岳阳、娄底、益阳、株洲、邵阳等市，围绕湘江流域水污染综合整治、城镇生活污水无害化处理设施建设和运营、减排工作等情况，进行了2次集中采访报道，营造了浓厚的舆论氛围，对相关工作的开展起到了积极的推动作用。"三湘农产品质量安全行"将活动延伸到林产品质量安全领域，深入长沙、岳阳两市及其部分县区，开展人造板甲醛释放量专项检查，了解林产品质量安全状况，报道正反两方面典型，收到了良好的社会反响，推动了全省各级相关执法部门加强林产品质量检查检测工作。"三湘农民健康行"在全国

率先开展"农民健康教育周"活动，举办了长株潭县乡医院院长论坛、全省乡村医生代表座谈会，向全省2300多个乡镇卫生院捐赠价值60万元的农民健康教育资料，促进了农民健康观念的增强和基层卫生事业发展。"民族团结进步行动"以"启聪扶贫计划"为主题，帮助全省民族地区贫困家庭耳聋儿童恢复听力，得到人民群众的好评。"四行"活动是省人大常委会在实践中探索总结出的有效监督形式，是地方国家权力机关依法履职和工作创新的成功尝试。

3. 加强和改进信访工作

建立信访联动机制，强化督办机制，促进妥善解决人民内部矛盾。全年共处理来信来访13763件（次），召开信访协调会62次，发函交办案件56件，直接督促解决涉法涉诉、城镇房屋拆迁、农村土地征用等信访案件120件。如台资企业清蓝实业有限公司诉王某拒不履行生效判决案，经省人大内司委向省高级人民法院发函进行监督，已执行和解；岳阳县某村村委会与湖南某公司的林业承包合同纠纷案中，判决已发生法律效力，但该公司以正在申请再审为由拒不执行，省人大内司委向岳阳市人大内司委发函交办，经省、市两级人大督办，赔偿村民的70多万元款项已执行到位，维护了当事人的合法权益，促进了社会的和谐稳定。

4. 依法做好规范性文件备案审查工作

不断完善备案审查工作程序和工作机制，对报送的86件规范性文件，及时按照监督法和规范性文件备案审查条例作出处理，同时，认真研究处理公民、法人和其他社会组织对规范性文件提出的审查建议，从源头上规范了政府抽象行政行为。

$\mathbb{B}$. 12

加强法制宣传教育　大力推进依法治省

湖南省依法治省领导小组办公室

2010 年，省依法治省领导小组办公室紧紧围绕深入推进社会矛盾化解、社会管理创新、公正廉洁执法三项重点工作，贯彻落实省委提出"建设法治湖南"的战略部署，广泛开展法制宣传教育，大力推进依法治理，全面落实"五五"普法规划，不断提高民众法律素质和社会法治化水平，努力推进依法治省工作，取得了一定的成绩。

一　加强干部学法用法工作，提高干部依法行政的意识和能力

1. 召开依法治省领导小组会议，加强普法依法治理工作的组织领导

2010 年 4 月 29 日，全省召开依法治省领导小组会议，会议由副省长刘力伟主持，省委常委、政法委书记李江，省委常委、省委宣传部长路建平，省政协副主席谭仲池及领导小组各成员单位的主要负责人参加了会议。会议专题听取了湖南省"五五"普法工作汇报和全省普法依法治理工作中亟须研究解决的一些问题。会议同意增加全省人均普法经费，并原则同意在省级电视台创办法制节目专栏。

2. 完善党委（组）中心组学法制度，为领导干部及公职人员举办法制讲座

2010 年 5 月，为坚持和完善领导干部法制讲座制度，省依法治省办和省直机关工委联合下发通知，围绕 2010 年新制定、新修订的法律法规，特别是《湖南省规范行政裁量权办法》，部署在省直机关和中央驻长单位举办领导干部法制讲座。先后有 60 家机关单位报名参加，省普法讲师团专家、教授已完成 14 个市州及省委办公厅、省农业厅、省国税局等 42 家单位的讲课任务。通过开展专题法制讲座，领导干部和公职人员的法律知识得以更新，法律意识和法治观念得到增强。

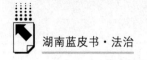

3. 精心编写普法教育读本，顺利组织全省百万公职人员学法用法考试

省依法治省办面向中南大学、湖南师范大学、省委党校等高校的法学院系公开招标，最终确定湖南师大法学院成为 2010 年普法教育读本的编写单位。2010年普法教育读本在秉承以往编写经验的基础上，结合广大公职人员对法治建设的新期盼，融知识性、趣味性和科学性于一体，受到了公职人员的广泛认可和喜爱。根据《关于组织全省 2010 年度干部学法考试和普法教育抽考的通知》的要求，以 2010 年普法读本为考试内容，采取统一命题、分级考试、集中开卷的方式，于 2010 年 11 月 13 日至 28 日组织了全省干部学法用法考试，全省逾百万干部参加了本次考试。在 2010 年的处级干部考试中，众多县委书记、县长以身作则，带头参考，认真答卷，积极推动了当地学法考试工作的顺利开展。

二 组织"五五"普法检查验收，全面总结经验教训

省依法治省办牵头组织了 15 个检查验收组，由在职省领导和依法治省督查团省级老领导带队，于 2010 年 8 月 24 日至 9 月 17 日赴各市州和省直单位系统（含高校和国有企业）检查贯彻执行全国、全省"五五"普法规划和有关决议的各项工作情况。本次检查验收组织严密、进展顺利，取得了圆满成功，主要有以下几个特点。

1. 规格高

省委常委、省委政法委书记李江自始至终对检查验收工作予以高度关注，亲自带队参加了对省直系统的检查验收。省委常委、省委宣传部长路建平，省人大常委会副主任谢勇，省政府副省长刘力伟，省政协副主席谭仲池等四名省依法治省领导小组副组长以及省依法治省督查团董志文、朱东阳等 9 位省级老领导亲自带队赴市州参加了检查验收。

2. 规模大

本次参加验收工作的共有 15 个组，每组有一名省级领导任组长，有两名厅级领导为副组长，配有联络员和工作人员 4~5 人。省委组织部、宣传部、政法委、省纪委、省直工委、省委教育工委、省文明办，省人大内司委、法工委，省人社厅、财政厅、国资委，省政协社会和法制委等单位派出十多名厅级领导干部担任各检查验收组副组长，全程参与检查验收工作。

3. 方法新

每个市州邀请包括人大代表、政协委员在内的各行业各阶层的25名同志接受问卷调查，其中10名同志接受个别访谈。较为真实地掌握了各地"五五"普法依法治理工作的情况，这种倾听民声、畅达民意的方式，为科学制订全省"六五"普法规划打下了民生基础。

4. 影响广

"五五"普法检查验收得到了各地各部门、单位乃至社会各界的广泛重视和关注。各市州县区"四大家"主要领导亲自参加汇报、接待或陪同检查，体现出对本次检查验收工作的高度重视和支持；省级和各地方电视、报纸、网络等媒体全程跟进，实时报道，为整个验收工作营造了浓厚的舆论氛围。

三　开展群众性法制宣传教育活动，营造浓厚的学习氛围

1. 积极参与春节"五下乡"活动

组织"法律政策下乡"服务队参加了2010年1月17日在韶山毛泽东广场举行的全省"五下乡"启动仪式，现场捐赠了2万元资金和3万元实用物资。1月19日至2月1日，服务队先后深入永州祁阳县白水镇、邵阳武冈市邓元泰镇、衡阳衡山县长江镇、株洲荷塘区龙洲村、娄底娄星区双江乡等地开展了"五下乡"服务活动。

2. 广泛开展农村法制宣传月活动

2010年5月，省依法治省办联合省委宣传部、省农业厅等6个部门下发通知，以"加强农村法制宣传，促进社会矛盾化解"为主题，部署开展为期一个月的全省农村法制宣传教育月活动。2010年宣传月活动的重点是开展主题宣讲活动，各地通过举办乡镇和"村支"两委干部培训，开设广播、电视、报纸、网站法制新闻栏目，举办法制讲座等形式，围绕党和政府、群众关心的难点问题，围绕征地拆迁、环境污染等矛盾纠纷开展有针对性的法制教育和专项治理活动，进一步提高宣传月的活动实效。

3. 以组织"预防未成年人犯罪警示教育图片宣传巡回展"活动为重点开展青少年法制教育

该活动由省司法厅、省教育厅、团省委、省依法治省领导小组办公室、省综治委预防青少年违法犯罪工作领导小组办公室主办，省监狱管理局、省法制新闻

协会承办，安排在 9 ~ 12 月进行。这是 2010 年全省青少年法制宣传教育工作中的一项重点内容，活动旨在通过组织市区、乡镇（街道）广大青少年特别是中小学校学生，分期分批观看警示教育图片展，提高其对违法犯罪危害性的认识，增强其遵纪守法的自觉性。

4. 组织开展"12·4"全国法制宣传日暨全省社区法制宣传日活动

2010 年"12·4"全国法制宣传日暨全省社区法制宣传日宣传活动的主题是"弘扬法治精神，促进社会和谐"和"加强民主法治，构建和谐社区"。在活动期间，城市社区居民充分通过专题座谈会、法制讲座、知识竞赛、广场活动等途径，大力开展了形式多样、内容丰富的法制宣传教育。省依法治省办在《湖南日报》上配发了"12·4"专刊，在全省城乡机关、企事业单位、街道、社区等单位及各种公共场所广为张贴的一万多张"12·4"全国法制宣传日宣传画，为宣传活动营造了良好的社会氛围。

四　坚持普治并举，创建法治城市

1. 以"依法办事示范窗口单位"考核为抓手，深入推进行业依法治理

根据《2010 年全省普法依法治理工作要点》和《湖南省"依法办事示范窗口单位"动态管理办法》，5 月 24 日至 28 日，省依法治省办组织调研、考核组，到株洲、郴州、常德、益阳等 4 市及其 8 个县（市、区）和国土、国税、地税、人口和计生等 17 个部门（行业），对"依法办事示范窗口单位"创建工作进行调研、考核。本次调研、考核达到了预期目的。一是进一步引起了各地方、各部门（行业）领导对"窗口单位"创建工作的重视与支持，加强了对创建工作的组织领导。二是进一步增强了各地方、各部门（行业）完善创建工作机制和措施的意识，推动了创建工作的科学发展。三是各地方、各部门（行业）通过加大对创建工作及"窗口单位"的宣传力度，激发了基层创建热情，发挥了示范引路作用。四是各地方、各部门（行业）提出了许多好的意见和建议，有利于进一步推进全省"窗口单位"创建和行业依法治理工作的深入发展。

2. 以评选第五批全省"民主法治示范村（社区）"和法治城市创建活动为推手，深入推进基层和地方依法治理工作

认真贯彻《湖南省"民主法治示范村（社区）"动态管理办法》，加强对全省民主法治示范村（社区）的动态管理。11月，省司法厅、省民政厅联合下发《关于做好第五批"全省民主法治示范村（社区）"评选表彰工作的通知》，目前正在组织评审表彰 100 个民主法治示范村和 50 个民主法治示范社区的相关工作。认真开展全国首批法治县（市、区）创建先进单位评选工作。根据《关于开展"全国法治县（市、区）创建活动先进单位"评比表彰的通知》，在全省组织开展了"全国法治县（市、区）创建活动先进单位"评选申报工作。经过自愿申报和各市（州）考核推荐，全省共呈报 23 个单位。在此基础上，对市（州）呈报的各县（市、区）进行了重点考察，并报请省纪委、省综治办进行了审查。根据考核和审查情况，已经向全国普法办呈报茶陵县、隆回县、资兴市、中方县、长沙市天心区、张家界市武陵源区、株洲市天元区、长沙市雨花区等 8 个县（市、区）首批"全国法治县（市、区）创建活动先进单位"。总体来看，全省已经组织 87 个县市区开展法治县（市、区）创建工作，其中株洲、湘潭、衡阳、邵阳、张家界、郴州、怀化等 7 个市州所有县（市、区）均开展了创建工作，长沙、常德、益阳、娄底、湘西等 5 个市州大部分县（市、区）开展了创建工作，目前尚未开展法治县（市、区）创建工作的岳阳、永州两个市也正在积极筹备前期工作。

五　加大对外宣传力度，提升法制宣传教育水平

1. 组织评选 2009 年度湖南最具影响力的法治事件和法治人物

2010 年 12 月 15 日，在全省范围内组织开展了 2009 年度湖南省最具影响力的法治人物暨法治事件评选活动。3 月 23 日，在省委政法委副书记林勇的主持下，由法学专家、政府官员、新闻媒体等 15 人组成评审委员会，对入围的 18 名候选人和 20 起候选事件进行了热烈讨论和慎重投票，最终评定"永州市零陵区检察院普通检查员蒋东林"等 7 人和"耒阳市委工作组赴深圳为百名农民工集体维权"等 9 起事件为 2009 年度湖南最具影响力的法治人物和法治事件。

2. 向领导干部赠阅《法制手机报》，拓展新的普法领域

2009 年，省依法治省办联合法制周报社和省移动公司向各市州、县市区主要领导、普法依法治理工作相关领导和普法骨干免费赠阅了《法制手机报》两千份。作为一种新的尝试，这得到了大家的认可和好评。为进一步扩大覆盖范

围，2010 年加赠了两千份，将阅读对象扩大到厅级领导干部、国有大型企业和高校领导班子成员，以增强法制宣传的影响力和吸引力，为各级领导学法打开了另一扇新的普法窗口。

3. 加强湖南法治网站、《法治湖南》专刊、《湖南依法治省》杂志建设，大力宣传湖南法治成果

为了提高湖南法治网的点击率，扩大法制宣传的社会影响力，省依法治省办在 2010 年招聘了 3 名网络编辑和技术管理人员，网页设置全新改版，网页内容及时更新，信息发布权威迅捷，为普法专业队伍及全省公民学法提供了一个优化高效的平台。省依法治省办公室联合湖南日报社创办的《法治湖南》专刊，继续发挥《湖南日报》这一省级党报的宣传优势，2010 年组稿 14 期，成为了全面展现全省立法、司法、执法、普法依法治理等工作风采与业绩的重要窗口。《湖南依法治省》杂志在往年的基础上进行了更新和改革，在注重发布市州普法依法治理工作动态的同时，加强了与省直单位的横向联系，为推介宣传省直单位在普治工作中的亮点和经验摇旗呐喊、营造声势。

4. 大力开展"法治湖南"建设相关调研论证工作

2010 年，省依法治省办主动联系省委政研室，配合省委、省政府做好国民经济和社会发展"十二五"规划的起草论证工作。结合"五五"普法总结验收和"六五"普法规划调研论证，在广泛征求意见的基础上，起草了《关于"十二五"湖南法治建设基本思路的建议》，为省委、省政府提供决策参考。为落实周强书记关于"推进依法治省迈出新步伐"的指示精神，省依法治省办在调研和借鉴外省经验的基础上起草了《关于法治湖南建设的基本思路》，得到了省委的重视和肯定。在 8 月 17 日省委召开的加快经济发展方式转变、推进"两型社会"建设工作会议上，"建设法治湖南"口号被正式提出，这标志着全省区域法治建设进入一个新的发展阶段。12 月 6 日，省依法治省办组织召开了"法治湖南"建设研讨会，来自省委政研室、省政府法制办的领导和湖南大学法学院、湖南师大法学院、中南大学法学院的专家学者共 20 余人，专题研讨《法治湖南建设纲领》（草案），其主要内容包括建设法治湖南的指导思想和基本原则、总体目标和行动步骤等，与会者就这个草案展开热烈讨论，提出了许多建设性意见和建议。

5.《湖南省法制宣传教育条例》立法工作稳步推进

近三年来，省人大、省政府有关部门均将《湖南省法制宣传教育条例》纳入了立法调研计划。在此基础上，省依法治省办结合"五五"普法总结验收和"六五"普法规划调研论证，广泛听取法律专家学者、法律实务人员和社会各界人士的意见，对该条例（草案）作了进一步的修改完善。9～10月，省依法治省办多次向省政府法制办汇报，积极争取将《湖南省法制宣传教育条例》列入2011年立法出台项目。12月17日，省政府法制办副主任张建华带队来省依法治省办就该条例（草案）专程进行了调研，对草案提出了修改意见，并对后续立法进程作了指导。

2010年全省普法依法治理工作虽然取得了一些新成绩，但离实现工作目标还有一定的差距，普治工作机制还有待进一步健全完善，宣传教育的形式手段还有待进一步突破创新，普治活动的针对性、实效性还有待进一步增强。必须正视问题，迎难而上，改进完善，力争超越。

B . 13

化解社会矛盾　维护社会稳定

——2010 年湖南省社会治安综合治理情况及 2011 年展望

湖南省社会治安综合治理委员会办公室

2010 年，全省社会治安综合治理工作在各级党委、政府的高度重视和切实领导下，坚持一手抓经济发展，一手抓社会稳定，不断加强社会治安综合治理，全力开展"平安创建"工作，确保了全省社会大局持续稳定，有力促进了全省经济社会又好又快发展，人民群众的安全感明显增强。民调显示，全省公众对社会治安和政法队伍的评价逐年上升，2010 年比 2009 年提高了 43 分，周永康同志在湘视察期间对全省的政法综治工作给予了充分肯定。

一　2010 年全省社会治安综合治理情况回顾

1. 各级党委、政府高度重视综治工作，认真落实"第一责任"

省委、省政府始终坚持把综治工作与经济工作同部署、同检查、同考核，及时分析研究解决影响社会和谐稳定的源头性、根本性、基础性问题。省委书记周强，省委副书记、省长徐守盛高度重视综治工作，先后 5 次主持召开省委常委会、省政府常务会专题研究政法综治工作。并以省委的名义先后出台了《关于进一步加强中小学幼儿园及其周边治安工作的通知》、《关于加强和创新社会管理的意见》等系列文件，对政法综治工作提出了更加明确的要求，给予了更有力的保障。同时，省委、省政府注重狠抓各级各部门的责任落实，年初层层落实综治工作责任，年中全省综治工作会议对市州、县市区的社会治安状况和政法队伍形象进行面对面讲评，年底省综治委组织对 14 个市州、128 个县市区（含开发区、管理区）、281 个省直和中央驻湘单位进行综治考评，并严格实行综治工作责任追究，对被"黄牌警告"或"一票否决"单位的党政主要负责人由省领导集中进行诫勉谈话。在省委、省政府的强力带动下，各级党委、政府主要领导都把政法综治工作置于突出位置来抓，既从宏观上把握政法综治工作的发展方向，又切实解决制约政法综治工作全面发展的突出问题和实际困难，全省普遍形成了党政一把手负总责、分管领导具体抓、专门班子集中抓、有关部门配合抓的真抓实干、齐抓共管的综治工作局面。

2. 构建大调解工作格局，推进化解社会矛盾

在规范和加强乡镇（街道）综治维稳中心建设的同时，全省进一步完善大调解工作体系，充分发挥村（社区）综治工作站、乡镇（街道）综治维稳中心、县级矛盾纠纷调处中心三级平台的作用，更进一步推进"三调联动"，对县域范围内的矛盾纠纷进行"一站式"化解，做到"小事不出村（社区）、大事不出乡镇（街道）、矛盾不上交"，将大量矛盾纠纷化解在基层。目前，14 个市州和80％的县市区都建立了社会稳定风险评估机制，对企业改制、征地拆迁、教育医疗、环境保护、安全生产、食品药品安全、价格调整等涉及民生的重大问题进行决策前风险评估，从源头上减少了社会矛盾。同时，省、市、县三级均成立了涉法涉诉联合接访中心，并普遍开通了"人民来信绿色通道"和"网上信访"渠道。

3. 深入推进社会管理创新，促进社会和谐

全省推进社会管理创新工作力度进一步加大，省委常委会先后两次专题听取社会治安综合治理和创新社会管理工作汇报，并以省委、省政府的名义下发文件。14 个市州党委、政府都对社会管理创新工作进行了专门部署，长沙、株洲、岳阳等地的党政一把手亲自调研社会管理创新工作，亲自解决工作中存在的困难和问题。省综治委部署了社会管理创新试点工作，已确定选择长沙市和韶山、资兴、凤凰、鼎城等 4 个县（市、区）作为社会管理创新的综合试点市县区。创新并确立了一批社会管理工作机制：一是创新重点人群服务管理机制。加强了流动人口服务与管理，全面推进居住证的发放工作，逐步实现流动人口服务管理"一证通"，全省已建立流动人口服务中心（站）2515 个，覆盖率达 98.5％；加大了集中收治肇事肇祸精神病人、违法犯罪的艾滋病患者、涉毒重症人员等高危人群的力度，省委常委会已研究同意具体的建设规划；加强了对刑释解教人员的安置帮教工作，普遍对服刑在教人员开展了职业技能培训，省星城监狱对服刑人员在出监前实施职业技能培训，这些受到周永康同志的高度肯定；社区矫正工作进一步推进，省公、检、法、司已经联合印发了《关于在全省试行社区矫正工作的方案》，目前全省开展社区矫正工作的区县达到 40 个；加大了对闲散青少年、流浪未成年人、农村留守儿童、服刑在教人员未成年子女的教育、管理和服务工作，对重点青少年群体的摸底、建档和帮教工作已全面铺开。二是创新"两新组织"常态监管机制。坚持培育与监管并重的原则，落实了民政部门和业务主管部门共同负责的新社会组织双重管理制度，由民政部门统一登记、统一审批、统一年检。组织部门加强了"两新组织"的党建工作，全省规模以上非公有制企业党组织的覆盖率达 98.8%，符合建立党组织条件的新社会组织中，党组织覆盖率达 99%。三是创新虚拟社会综合管控机制。加强了对互联网的依法公开管理，加强"虚拟警察"网上巡查，全面掌握网站、上网场所、联网单位和互联网服务单位等的基本信息，成功侦破了一批有影响的网络案件，严厉打击了网上诈骗、网上赌博、网络色情等网络违法犯罪活动。四是创新社会治安打防管控长效机制。搭建了情报研判与指挥调度一体化工作平台，市县公安机关实现了对从指挥中心到派出所、街面巡逻车、执勤巡警的直接指挥。城市治安电子监控系统建设进一步推进，已覆盖全省所有县城及部分重点建制镇，并将城区中小学和幼儿园周边视频监控系统纳入重点建设范围。

4. 运用挂牌警示机制，推动重点治安问题的解决

2010 年，全省对社会治安重点地区和部位进行滚动式排查，对治安混乱地区进行警示和挂牌督办。通过挂牌整治，推动地方党政主要领导对综治工作的重视，有力地促进了社会治安状况明显好转。针对全国连续发生涉校事故案件的情况，全省对学校及其周边安全进行了全面部署，将学校、幼儿园安全工作纳入全省社会治安重点地区排查整治工作范围，排查了一大批内部隐患和重点人员，整改了一大批校园内部及周边治安乱点。

5. 加强基层基础建设，提升综治工作整体水平

全省上下注重抓基层、打基础。目前，全省 2405 个乡镇（街道）均建立了"综治维稳中心"，建设率达 100%，全省的乡镇（街道）"综治维稳中心"均实现了矛盾纠纷联调、社会治安联防、重点工作联动、突出问题联治、平安建设联创；省、市、县三级综治办主任均由党委政法委副书记兼任，全省 2405 个乡镇（街道）综治办主任均由党委副书记担任，全部配备 1 名以上专职副主任、配备 2 名以上综治干部，省、市、县三级综治机构健全，综治机构建设率达 100%，人员配备率达到100%；省综治委40多个成员单位除抓好本系统的综治工作外，还积极参加平安建设的联创工作，推动了全省综治工作的平衡发展。

二　2011年搞好综治工作的政策建议和设想

2011年，全省社会治安综合治理工作将紧紧围绕科学发展这个主题和加快转变经济发展方式这条主线，全面贯彻落实全国、全省政法工作会议精神，深入开展社会矛盾化解，狠抓社会管理创新，大力加强社会治安防控体系建设，进一步加强社会治安综合治理基层基础工作，不断深化平安建设，为推进全省"四化两型"建设创造和谐稳定的社会环境。

1. 开展矛盾纠纷排查调处工作

一是加强源头治理。进一步建立健全社会稳定风险评估机制，健全评估程序和办法，利用综治网络充分听取群众意见。建立健全矛盾纠纷预警机制，经常性、全方位、多层面、滚动式开展摸排工作，掌握化解矛盾的主动权。二是进一步健全"党政主导、综治协调、各方参与"的大调解工作体系。进一步完善"三调联动"工作机制，充分发挥县级矛盾纠纷调处中心、乡镇（街道）综治维稳中心、村（社区）综治工作站在排查化解矛盾纠纷、处置突发事件中的主导作用。加强行政调解和行业调解，加强医患纠纷、劳动争议等领域的调解工作，加大交通事故、环境污染等重点领域调解工作的推进力度。全面贯彻落实《中华人民共和国人民调解法》，规范和深化人民调解活动。三是充分发挥政法部门执法办案在化解矛盾纠纷中的基础作用。把调解优先原则落实到执法活动中，及时化解矛盾，努力实现案结事了人和。

2. 扎实推进社会管理创新重点工作

一是加强社会管理创新工作。加强社会管理创新工作的组织领导，通过项目带动、试点先行，推进社会管理创新工作。二是加强流动人口管理。积极推行"以证管人、以房管人、以业管人"的流动人口服务管理新模式，继续抓好流动人口的排查、登录，全面掌握、及时更新流动人口底数；大力推行流动人口居住证制度，努力实现流动人口服务管理"一证通"，使居住证成为进城务工经商的外来人员办理住房登记、子女入学、劳动就业、社会保障、医疗卫生、妇幼保健、计划生育以及各种证照等事务的权益型、服务型证件；进一步完善流动人口服务管理综合信息系统，实现信息资源共享；实行政府出资，按人口比例配备流动人口和出租房屋协管员；做好省外特别是新疆、西藏少数民族来湘务工经商、求学人员的服务管理工作。三是进一步加强重点人员管理。做好刑释解教人员的安置帮教工作，抓好出狱（所）培训，扩大省星城监狱的出监培训规模；建立监（所）对所有出监（所）人员的风险评估机制，对重点人员做到必送必接；抓好过渡性安置，每一个市州和重点县市区要建立过渡性安置基地；落实帮教责任，确保刑释解教人员不脱管漏管。加强对问题青少年的服务管理工作，各市州要学习借鉴长沙市的做法，由政府出资，在两年之内建成一所公办工读学校。四是推进社会治安综合治理的创新。推动综治工作向新经济组织和社会组织延伸，落实新经济组织内部安全稳定法定代表人的责任，维护企业稳定和职工的合法权益。加强对新社会组织的培育发展和监督管理，建立非法社会组织联合查处机制，完善登记审批和监督管理办法。五是推进虚拟社会建设管理创新。加强对互联网这一"虚拟社会"的管理和网上舆论的引导，推进网络警察、网评队伍和网络安全信息员队伍建设，完善网上舆情监测研判和快速反应机制。

3. 排查整治社会治安重点地区和突出问题

一是开展社会治安重点地区和突出问题排查整治活动。加强社会治安形势分析研判，继续开展社会治安重点地区和突出问题排查整治活动，加大暗访督查力度，落实工作责任，对治安混乱地区实行警示和挂牌督办，限期改变面貌，建立完善长效工作机制。二是重点打击抢劫、抢夺、盗窃等多发性侵财犯罪、严重暴力犯罪，继续深化"打黑除恶"专项斗争。加强"扫黄打非"和禁娼、禁赌、禁毒等工作，深化对非法制贩枪支弹药、爆炸等危险物品，盗窃破坏电力、电信、广播电视设施和油气田及输油气管道等突出问题的重点整治。继续依法严厉打击非法集资、制假贩假、电信诈骗、走私、传销等经济领域的违法犯罪活动。加大网吧和音像、游艺娱乐场所整治力度，依法查处"黑网吧"等违法违规的互联网站和经营场所。三是加强重点区段的治安整治工作。狠抓铁路重点区段和站点的治安整治工作，研究探索适应高速铁路、客运专线的护路联防工作模式。重点加强学校、幼儿园、医院、敬老院、福利院、长途客运汽车站等场所及周边治安秩序整治工作。

4. 加强治安防范，深化平安建设

一是进一步加强社会治安防控体系建设。应对刑事犯罪高发的态势，建立健全街面防控网、社区防控网、单位防控网、视频监控网、区域警务协作网、虚拟社会防控网等"六张网"。继续抓好治安电子防控系统建设，做到省市县乡四级联动，城市向农村延伸，实现各行业、各单位、各地段、各场所的电子防控设施与公安机关联网，形成一张"天网"；依托单位、学校和企业传达室建立城区巡防站，整合专职巡防队伍、专业保安队伍、群防群治队伍，形成一张"地网"。二是加强安全生产综合监管。加强和改进涉及公共安全的交通运输、消防安全管理和产品质量、食品、药品、特种设备安全及安全生产综合监管；加强对枪支弹药及易燃易爆、剧毒和放射性等危险物品的管理，消除安全隐患。三是创建多种形式的平安活动。深化平安乡村、平安社区、平安市场、平安医院、平安营院、平安企业、平安边界、平安景区、平安家庭等各种形式的创建活动，推动有关部门研究制定深化行业、系统平安建设标准。

5. 加强基层基础建设，完善综治工作制度

一是进一步加强基层基础工作。继续抓好三级平台建设，80%以上的县市区要建成县级矛盾纠纷调处中心，实现较大的矛盾纠纷在县域内得到化解。继续强化社区功能，加大政府对社区工作的投入，赋予社区对辖区内单位的奖惩建议权，做到有人管事、有钱办事、有处议事、有章理事，实现"小庙"管"大神"，把社区建成党委和政府进行社会管理的支撑点和落脚点。二是进一步完善综治考评体系。继续坚持以考效果为主，不考过程，使综治考评成为综治工作指挥棒；继续坚持把评判权交给人民群众，社会治安好与坏由群众说了算；充分运用民调结果，推动综治工作深入开展和干部作风的转变。三是加强统筹协调，明确职责。强化综治委成员单位的社会管理职能作用，健全目标管理责任制，做好对综治委成员单位的考评工作。完善综治委成员单位联系点以及述职、情况通报等制度。加强综治委专门工作领导小组及办公室制度建设。

B.14
调解矛盾纠纷　促进社会和谐
——"十一五"时期湖南法院调解工作回顾

湖南省高级人民法院

《最高人民法院关于人民法院民事调解工作若干问题的规定》实施以来，湖南法院深入实践"能调则调，当判则判，调判结合，案结事了"以及"调判结合，以调为先"的指导方针，充分发挥调解在化解纠纷、减少矛盾、促进和谐中的重要作用，不断强化调解意识，创新调解机制，探索调解方法，走出了一条有湖南特色的调解之路。

2006～2010年，全省法院审结一、二、再审民商事案件中调解案件的绝对数均逐年增加（见表1、表2）。其中，调解结案的一审民商事案件自2006年至2008年，每年保持6000件左右的增幅，自2008年起，每年增加的调解案件数量超过10000件。调解结案率在2006年跃升至30%以上并在2007年、2008年保持35%以上，2009年、2010年更是达41.7%、47%。2010年与2006年相比，一审民商事案件的年调解结案数增加了40482件，增幅为111.3%；调解率上升了13.7个百分点。二审民商事案件的年调解结案数增加了3856件，增幅为344.3%；调解率上升了19.8个百分点。在民事再审领域，从2008年4月1日民事诉讼法修正案实施至今，省法院共审结民事申请再审案件2137件，其中调撤结案438件，调撤结案率达20.5%。

为提高调解工作成效，各级法院均将调解工作纳入重要议事日程，从认识、机制、人员、后勤保障、对外联动等各方面予以加强和提升。

表1　2006～2010年湖南省法院系统一审民商事案件调解情况

年份	审结一审案件数	调解结案数	调解率（%）	年份	审结一审案件数	调解结案数	调解率（%）
2006	109361	36372	33.3	2009	144559	60231	41.7
2007	116915	42668	36.5	2010	163478	76854	47
2008	136941	48599	35.5				

表2　2006～2010年湖南省法院系统二审民商事案件调解情况

年份	审结二审案件数	调解结案数	调解率(%)	年份	审结二审案件数	调解结案数	调解率(%)
2006	8968	1120	12.5	2009	13656	4044	29.6
2007	10611	2128	20.0	2010	15415	4976	32.3
2008	11531	2468	21.4				

一　提高认识，不断强化以调为先的审判理念

近年来，全省法院一直将诉讼调解摆在审判工作的重要位置。最高法院提出"调解优先、调判结合"的工作原则后，全省各级法院均组织了相关学习活动，及时转变工作思路，将法官的认识统一到最高法院新的工作要求上来。通过一系列的学习活动，全省各级法院均能自觉主动地将调解作为化解矛盾纠纷的首选方式。省高级法院研究出台了《关于加强诉讼调解工作的意见》，加大司法绩效考评中鼓励调解的指标权重，对加强诉讼调解起到了积极的导向作用。省高级法院建立了院、庭领导参与调解制度，2009年上半年省法院立案庭调解结案的41件申诉及申请再审案件中，院、庭领导全程参与了其中28件案件的调解工作。郴州中院2005年、2006年连续两年开展了"司法调解年"活动，并下发了《开展"司法调解年"活动的决定》和《继续开展"司法调解年"活动的决定》，先后召开了全市法院院长会议和专门工作会议，专题研究部署调解工作。邵阳、常德两个中院成立了全市法院民事调解工作指导小组，由分管民事审判工作的副院长任组长，负责对全市法院调解工作的组织指导。株洲中院在全院干警中广泛开展"两个效果"统一的大讨论，举办院长、庭长论坛并召开调解工作会。怀化中院通过在全院范围内组织干警开展诉讼调解专题调研活动、邀请专家授课、举行民事调解工作理论研讨会等形式，不断加深全院干警对调解重要性的认识。

二　建立机制，保障调解工作高效有序运行

全省各级法院着眼于制度创新，建立提高调解率的长效机制，使调解工作制度化、规范化。

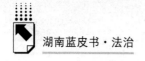

1. 建立规范机制

一是 2006 年，省法院下发了《关于加强诉讼调解工作的意见》和《关于立案阶段调解工作的规定》，规范和指导全省法院的诉讼调解工作。全省 14 个中院中有 11 个制定了关于民事调解工作的指导意见或规定，就调解的适用范围、参与人员、调解方式、调解程序及调解协议的送达、确认和执行等作了明确规定。

2. 建立考核机制

全省绝大多数法院都将案件的调解结案率作为绩效考核的重要指标，纳入业务庭和办案人员的年度岗位目标责任制和年度综合考评范围。一半以上法院规定了具体的调解结案率指标，实行了调解结案数、调解结案率季度排序通报等。

3. 建立监督机制

郴州、岳阳等中院在全市法院推广当事人廉政监督卡制度，随案给案件当事人发放监督卡，检举法院工作人员在调解工作中是否存在违法乱纪行为，以确保调解权不被滥用。

4. 建立激励机制

据统计，全省 95% 以上的法院都建立了鼓励调解的灵活机制。张家界中院规定，对调解结案的案件按每件 100 元的标准进行奖励，同时对需要就地调解的案件，优先安排车辆和经费。邵阳中院规定，对于调解结案的案件，如无违法情形，在案件质量评查时一律被评定为优秀，并在下发办案补助时，调解结案的案件 1 件抵判决案件 2 件。

5. 建立竞争机制

近年来，全省各级法院积极开展形式多样的调解能手评比活动。2006 年，省法院组织评选了 120 名"全省调解能手"，各中级法院评选出近 140 名"全市调解能手"，各基层法院共评选出逾 300 名调解能手，营造了浓厚的调解氛围和良性的竞争氛围，激发了广大办案人员的调解热情。

三　多方联动，形成社会各界调解合力

全省各级法院积极探索多元化矛盾纠纷解决机制，以构建诉讼调解与人民调解、行政调解的衔接联动机制为中心，不断拓宽调解辐射面，使各种调解机制互相补充、相得益彰。2007 年 3 月省高院与省综治委、司法厅等单位联合下发了

《关于进一步加强人民调解、司法调解、行政调解衔接联动工作的实施意见》，明确了各成员单位在指导人民调解工作中的职责。省法院正式下文成立了由主管副院长任组长、民一庭负责同志任成员的司法调解协调指导办公室，专门制作了法院系统委托人民调解的文书格式下发给全省法院统一适用。各中级、基层法院也加强了对指导人民调解工作的组织领导力度，并在多种调解方式的对接联动上作出了有益探索。各基层法院普遍建立了人民调解指导员制度，指派业务素质高、调解水平高的法官在辖区内分片包干、担任指导员，定期深入对口的人民调解委员会了解情况，一旦发现问题及时指导解决。各基层法院还普遍开展了邀请人民调解员旁听庭审，或者聘请人民调解员担任人民陪审员、参与案件审理工作。长沙市雨花区法院充分发挥法院在多元化纠纷解决机制中的专业主导作用，建立了规范化的联动机制。区委在法院设立了"社会矛盾调处中心"，负责对全区"三调联动"工作进行协调；街道人民调解委员会在法院设立常驻办公室，在立案前台设立专门的人民调解接待窗口；立案庭建立了值班法官与立案法官的导诉制度，明确推介调解的案件标准，将符合标准的案件主动引导进入人民调解程序，形成了以司法调解为依托，以人民调解为基础，行政调解积极参与的社会矛盾调解工作体系。2008年，该院立案前台引导374件一般性纠纷选择非诉讼纠纷解决机制，驻法院人民调解室成功调解纠纷247件，并通过宣讲法律疏导纠纷314件。针对医疗损害赔偿纠纷、道路交通事故损害赔偿纠纷多发的情况，株洲市法院系统主动与当地医疗卫生行政部门、交警部门进行工作对接。在医患纠纷较多的医院设立了司法调解联系点，直接与卫生行政部门的行政调解对接；设立了醴陵市道路交通事故巡回法庭和长潭高速公路大队巡回法庭，与交警部门的行政调解对接，均取得了较好的成效。邵阳市隆回县金石桥法庭创新调解思路，构建了三级司法为民协助调解网络。该法庭管辖8个乡镇203个行政村，辖区内最边远的村距离法庭50多公里，有80多个村不通公路。地域广、案件多与法官少的矛盾相当突出。为此，该法庭把辖区内各乡镇、村的地理位置分布情况绘制成地图，将各乡镇分管领导、村支书、治保主任的联系电话标明在地图相应位置，形成"三级司法为民协助调解网络图"，并按比例放大张贴在办公室，方便法官第一时间与当地基层组织取得联系，了解具体案情和矛盾情况，掌握当事人的动态信息。该法庭调解率逐年上升，自2006年起调解率达到70%以上。湘西自治州泸溪县在2005年就率先成立了"三调联动办"，对全县的"三调联动"

进行调度、分流和督办，对受理的纠纷，或由该办设立的重大疑难纠纷调处中心直接调处，或指派分流到相关部门、单位处理，对跨区域、跨部门、跨行业的重大、疑难矛盾由领导小组负责牵头组织有关部门共同解决并督办。2008 年，有 126 件重大矛盾纠纷由"三调联动办"进行调度，其中有 124 件得以成功调解，转入诉讼程序的仅有 2 件，成功调解率达到 98.4%。

四　讲求方法，确保调解工作取得实效

全省各级法院在调解过程中努力探求调解艺术和调解方法，不断提高调解水平，确保调解工作取得实效。

1. 依靠党委政府作调解

全省各级法院在调解过程中十分注重争取当地党委政府的支持，共同做好调解工作。就湘潭市岳塘区岳塘村 300 余名村民与八达建筑公司、李某、岳塘区审计局工程款纠纷一案，省法院在二审过程中，首先畅通信息渠道，加强与当地党政领导、维稳部门、基层组织的沟通联系，互相通报反馈情况，及时掌握纠纷的发展态势。其次是充分听取意见（当地党政领导是案件当事人的直接管理者），了解纠纷形成原因及当事人心态，对当事人产生直接影响，听取他们的意见，有利于制订合理的裁判方案，促使服判息诉。最后落实裁判内容，宣判前赶赴湘潭向湘潭市、区、乡三级党委、政府的负责同志详细阐明裁判的事实和理由，争取他们的理解与认同，利用其权威和行政影响力，督促当事人自觉履行裁判内容。同时，邀请当地党政领导、基层组织参与现场宣判与说理，使当事人对判决心服口服。二审宣判后，各方面都很满意，社会效果很好，为当地消除了危及社会稳定的一大隐患。

2. 常怀真情爱心作调解

全省广大民事法官牢记司法为民，怀着对人民群众和人民法院事业的深厚感情开展调解工作。衡阳市常宁人民法院松柏法庭副庭长方春英同志，扎根法庭工作 17 年，坚持用真情和爱心化解每一起纠纷，被当地群众誉为"调解法官"。原告郝某诉被告刘某离婚一案，到法庭起诉时，吵闹很凶，夫妻情绪对立，离婚态度坚决，当了解得知他们的大儿子只有 8 岁，而且身体残疾，小儿子才几个月时，方春英在立案当晚就买了水果来到郝某家，一进屋就抱起他们的小儿子，再

问候他们的大儿子，郝某、刘某为此举深受感动。方春英趁机做他们的思想工作，从伦理道德、儿女成长等方面入手，劝说他们要顾全儿女，通过爱心感化、耐心说服，终于使夫妻双方冰释前嫌，消除旧怨，重归于好。

3. 围绕重点案件作调解

岳阳中院在对全市人民法庭民事诉讼调解工作进行调研时发现，2006 年 1 月至 2007 年 6 月，全市人民法庭共受理婚姻家庭、人身损害、民间借贷等三类民事案件 4381 件，占总受案数的 70% 以上。该院据此提出，各人民法庭在调解时，尤其要注重对婚姻家庭、人身损害、民间借贷、建设工程纠纷，诉讼标的额较小的纠纷，群体性和矛盾易激发案件，以及难以形成优势证据或法律规定不明确的案件，做好调解工作。经过努力，原先调解率在 30% 左右徘徊的法庭，调解率上升至 2010 年的 60% 左右；以前调解率已达 70% 的法庭，调解率突破了80%，甚至接近 90%。

4. 发挥领导优势作调解

各级法院在调解过程中，要积极向庭长、专职委员、院长汇报，争取利用领导的身份优势、地位优势、权威优势，为调解营造良好氛围，提高调解的公信度。省法院二审审理的龙三保、龙顺得等 5 人与花垣县民乐镇下椿木寨村民合伙采矿纠纷一案中，当事人为争夺下椿木锰矿经营权，频频聚众械斗。省法院领导带领民一庭庭长和合议庭成员赴湘西土家族苗族自治州，向州、县通报情况，统一认识，明确要求。州政法委为此专门下发了《花垣县下椿木锰矿股权纠纷案协调会议纪要》。花垣县按照"一个问题、一名领导、一套班子、一个方案、一抓到底"的精神，组织强有力的工作组进驻下椿木寨，开展综合治理，为该案的最终成功调解创造了条件。据不完全统计，2006 年以来，省法院专职委员以上领导共参与协调重大案件 40 余起，调解成功率达 60%。

5. 尊重民俗习惯作调解

湖南是一个少数民族较多的省，有回、土家、苗、壮、满、侗、瑶、蒙古、维吾尔、彝、藏、朝鲜等 26 个少数民族，现行行政区划中设有 1 个自治州和 7 个自治县。江华瑶族自治县法院在调解过程中，充分尊重民风民俗和民族习惯，既维护了法律权威，又维护了民族团结和社会稳定。该院在审理王某诉奉某彩礼纠纷一案中，奉某为达到和王某订亲的目的，将王某骗到奉某家中，放了鞭炮，并送了彩礼。按照瑶族习俗，只要女方进了男方家的门并放了鞭炮，不管双方愿不愿意结婚，女方即永远是男方的媳妇。王某进门后才发现奉某是个又聋又哑的残疾人，遂坚决不同意结婚并要求退还奉家的彩礼，而奉某家则坚持按照瑶族习俗办，不同意退亲。案件承办法官上奉某家做工作，告知奉家按当地民族习惯确定的婚姻不受法律保护，并做通了族中长辈的工作，最终说服了奉家解除婚约。

6. 巧借乡间俗语作调解

邵阳市人祥区法院在调解中允分发挥乡间俗语的引导作用，促使当事人达成和解。该院审判法官根据不同的案件类型，在调解时引用不同的民间俗语。在婚姻家庭案件中，引用"家和万事兴"、"家和万事成"、"夫妻同心，其利断金"、"荞麦开花白对头，夫妻吵架不记仇"、"百年修得同船渡，千年修得共枕眠"等俗语；在损害赔偿案件中，引用"不打不相识"、"冤家宜解不宜结"、"和为贵"、"得饶人处且饶人"等俗语；在邻里纠纷案件中，引用"邻里好，赛金宝"、"远亲不如近邻"、"退一步海阔天空"、"低头不见抬头见"、"忍得一时之气，免得百日之忧"等俗语；在经济纠纷案件中，引用"和气生财"、"多一个朋友多一条路，多一个冤家多一道岔"、"诚信贵于金钱"、"人无信不立"、"一言九鼎"、"一诺千金"等俗语。这些俗语在审理过程中的运用，极大地缓解了当事人的对立情绪，为案件的顺利调解营造了良好的气氛。

五 提升素质，不断增强调解能力

全省各级法院不断提升广大民事法官的司法素质和调解能力，同时加强对人民调解组织和人民调解员的指导，为调解工作的顺利开展奠定了扎实的基础。省法院在每年的培训计划中，均将诉讼调解作为专题内容，并将培训的重点放在办案骨干和人民法庭庭长身上，邀请有关方面的知名专家专题讲授调解技巧。2006年以来，省法院共组织诉讼调解专题培训 8 次，培训业务骨干 600 余人。全省各中级法院每年也将诉讼调解作为专题列入培训范围，每年至少开展 2 次培训。张家界中院通过广泛调研，提出了法官进行调解所必须具备的八项能力：学习认知能力、主持协调能力、洞察辨析能力、沟通疏导能力、掌控度势能力、释明促调能力、衡平决断能力和文书制作能力，并在日常调解工作和培训过程中，突出强化这八项能力。

另外，全省各级法院还不断加大对人民调解组织的指导力度，帮助增强其调

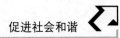

解能力。长沙中院先后实行了人民调解员制度和情况通报制度，并将婚姻、家庭、债务等方面的常用法律法规和司法解释汇编成册，下发到各调解员手中，同时开展了 60 余次专题法律讲座。郴州全市两级法院 2006 年以来共为人民调解员举办法律讲座（培训）23 场次，培训人员达 1500 人次，指导人民调解员组织排查调处民间隐患纠纷 198 起，成功率达 89%。

B.15
创新湖南信访工作思路的对策建议

湖南省信访局

2010 年，在省委、省政府的正确领导下，全省信访工作坚持以科学发展观为指导，大胆创新，开拓进取，着力维护群众权益，努力化解信访积案，致力于体制机制创新，为促进全省社会的和谐稳定作出了积极贡献。

一　2010 年湖南信访工作现状

1. 积极畅通民意诉求表达渠道，依法规范信访秩序

一方面，在坚持做好传统接访办信工作的同时，继续开通"人民来信绿色通道"，免收群众来信邮资，加大公开办理力度，引导群众写信表达诉求。在省、市、县、乡建立了领导干部定期接待群众来访制度，面对面听取群众意见和诉求。全省 14 个市州全部建成信访信息系统，基本实现了省、市、县三级互联互通。在省政府门户网站上设立"省长信箱"，全面推行网上信访，极大地便利了群众就地反映信访诉求。另一方面，按照国务院和湖南省信访条例的规定，出台了《湖南省信访事项复查复核办法》、《协调处理重大信访事项议事规则》、《接访工作规定》、《办信工作规定》等基础性工作制度，推进了信访工作的制度化、规范化。对"拦截堵卡"上访者的错误行为进行了有效纠正，加大了对缠访闹访、无理上访行为的认定和依法处理力度，促进了信访工作行为和群众信访行为的"双向规范"。

2. 锲而不舍推动"事要解决"，切实维护群众的合法权益

全省各级信访部门认真落实首办责任制，综合运用政策、法律、经济、行政等手段和教育、协商、调解、疏导、听证等办法，切实把问题解决在首办环节、化解在基层和属地，有效防止了信访问题的积累。对重信重访问题，在全省开展了"信访积案化解年"活动，各市州、县市区党政领导分别按各自分工明确信

访工作联系点，分片分线包干负责信访工作，并对联系点的重点积案负责包调查、包处理、包稳定。省信访局充分发挥组织指挥、综合协调、督促指导作用，加大交办督办、协调指导和通报考核的力度，将信访积案化解的责任逐一落实，使一大批疑难复杂积案得到化解。对"三跨三分离"的重点案件，各级信访部门主动牵头协调，采取集中会诊、联合会办、信访听证、帮扶救助、法制教育等方式，有效化解了一批"无头案"、"骨头案"和"钉子案"。

3. 全面加强分析研判，有效推动源头上预防和减少信访问题

各级信访部门通过加强对群众来信来访情况的汇集和综合分析，及时反映信访工作动态和信访形势，报告突发重大信访信息，提出处理重大信访问题的意见和建议，较好地发挥了"第二研究室"的作用。省信访局紧紧围绕省委省政府的中心工作和群众反映的热点难点问题进行调研，为省委省政府科学决策、完善政策和推动工作提供参考。通过信访问题综合分析看政策效应，及时发现政策不完善、落实不到位的问题。针对农村土地征用、城镇房屋拆迁、高速公路建设等群众反映突出的热点问题，先后组织进行深入调研，形成了有情况、有分析、有建议的报告，从落实和完善政策层面提出相关建议和措施，得到了省委、省政府领导的高度重视和肯定。在全国全省"两会"、北京奥运会、上海世博会等前夕，及时对信访形势进行研判，超前排查和化解不稳定因素。为了防止矛盾纠纷升级为信访问题和群体性事件，各级党委政府将矛盾纠纷排查化解工作纳入重要议事日程，建立了从市到县、乡、村的四级工作网络，坚持经常性排查和集中性排查相结合，重点问题分类排、面上矛盾全面排，做到了"早发现、早化解、早控制"。2010 年以来，全省已排查出各类矛盾纠纷 5.03 万件，化解 3.95 万件，化解率为 78.7%。

4. 大力推进接访中心建设和群众工作部试点

在市、县两级全力推广"沈阳模式"，建立人民来访接待中心，确保群众诉求在基层及时就地得到解决。目前，全省县（市、区）中，已建成人民来访接待中心 78 个。在运行模式上，由信访部门牵头，实行信访局、涉法涉诉办和司法调解中心合署办公，从相关职能部门抽调实职领导和新提拔的领导及后备干部脱产进驻中心，变多头候访为集中处访，集中用权直接调处群众诉求。同时，赋予人民来访接待中心责任派权、督查督办权、查办纠错权、问责查究权，提升中心处置群众诉求的权威和效率。在工作机制上，普遍实行"一站式"接待、

"一条龙"服务、"一体化"办理，按照职能部门分头处理、多个部门联合处理、接待中心负责人牵头处理、提交联席会议或党委政府重点研究处理的流程，确保及时就地解决问题。同时，强力推进在县一级建立党委群众工作部的试点，在深入调研和总结的基础上，大力推介衡阳市和邵阳洞口县的经验，目前，衡阳市已初步形成以县级群众工作部为龙头、乡镇群众工作站为纽带、村级群众工作室为基础、社区（村民小组）群众工作信息员为前哨，上下联动、左右协调的群众工作网络；洞口县在村一级全部建立群众工作站的基础上，成立了县委群众工作部，部长高配为副县级，同时兼任组织部副部长和信访局长。为推广衡阳、洞口的做法，在衡阳市召开了全省用群众工作统揽信访工作经验交流会，用典型经验来统一认识，推动了信访工作的体制机制创新。

5. 加强信访干部队伍能力建设，努力提高做好群众工作的水平

全省信访系统坚持以创先争优活动为动力，始终把干部能力建设作为提高信访工作整体水平的重中之重。在加强作风建设方面，坚持把群众满意作为衡量工作的重要标准，组织在全省信访系统开展了以"四有四不"（群众来访有茶水相待、有人员接谈、有明确告知、有结果反馈；接待群众不盛气凌人、不敷衍塞责、不擅离职守、不索拿卡要）为主题的专项活动。在增强业务素质方面，以业务能力培训为主要载体，致力于提升干部队伍把握大局、做好群众工作、处理复杂问题、化解矛盾纠纷和协调落实的五种能力，着力推动信访工作实现"三个转变"（由过去对办信接访情况的简单反映向综合分析并提出决策建议转变、由对信访事项的转办交办向督导检查并促进问题解决转变、由被动受理群众来信来访向预测防范并及时协调化解转变）。在提升实战水平方面，结合岗位实践，广泛开展规范接谈评比、优秀案例评比、优秀调研报告评比三项业务竞赛活动，激励广大信访干部热情负责做好群众来信来访的接待工作，真正落实把群众来信当家信，把群众来访当家访，把群众诉求当家事。

二　当前存在的信访突出问题

从当前群众来信来访的内容看，反映的问题相对集中，涉及的群体性矛盾突出，利益诉求强烈。目前信访工作中存在的突出问题如下。

1. 城镇房屋拆迁问题

该问题是到省进京集体上访最突出的问题，且有从地级市向中小城镇蔓延的趋势。主要反映：一些地方违法拆迁，以"公共利益"为由开发商业性项目，强制拆迁过多过滥；在旧城改造中，绝大多数只提供货币补偿方式，没有按国家要求提供产权调换方式供群众选择；有的地方拆迁标准过低，评估方法不合理，与群众协商沟通不够。值得注意的是，凡由当地政府主导的拆迁项目，一旦群众认为权益得不到保障，往往越级到省进京集体上访。

2. 农村土地征用问题

此类问题的信访总量从 2008 年开始一直呈上升态势，2009 年人次同比上升 35.3%，2010 年同比上升 14.2%。主要反映：一是征地补偿标准偏低，与政府出让价格差额过大；二是征地补偿"同地不同价"；三是对安置方案有意见，或安置用地没有及时落实；四是征地补偿和安置政策前后不一致引发攀比等。此外，征地程序违法违规、补偿款分配不合理及使用管理混乱、失地农民社会保障等问题，也引发不少上访。

3. 特殊敏感群体的政策诉求问题

主要有三类：一是部分军队退役人员。二是原民办教师、农村幼师、代课教师群体，要求转为公办教师或享受相应待遇。三是四大国有商业银行和电力、电信系统的协解人员，要求恢复工作、提高补助等。此外，原人民公社电影放映员、在企业退休的高级工程师、原国营农场退休干部等群体也不断串联上访。

4. 涉法涉诉问题

该类问题中老户缠访闹访突出，在进京非正常上访中，人次占总量的 37%。主要反映：法院不立案，判决不公，判决执行不到位；公安追逃力度不够，破案率不高；政法系统执法人员滥用职权，不作为、乱作为等。

5. 国有企业改制方面的问题

该问题引发的到省集体访和规模访比较突出，集体访批次、人次分别占省集访总量的 10.2% 和 12.1%。主要反映：企业改制、重组、破产过程中国有资产流失严重；职工安置补偿标准低，再就业困难；职工养老保险、医疗保险、失业保险以及拖欠的工资、集资款等问题，得不到妥善解决。同时，随着国有企业在职人员收入的增长，原一次性安置人员心理不平衡，要求重新恢复劳动关系、提高补偿标准，此类上访越来越多。

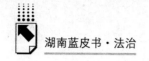
6. 部分涉众型经济犯罪利益受损者的上访问题

与往年相比，2010 年因非法集资、非法传销和合同诈骗等经济犯罪引发的集体上访呈多发态势。如全国"世界通"传销案、湖南欣高彩投资顾问有限公司涉嫌网络传销案等。这类问题涉及人员多、地域广，当事人追偿心情迫切，对抗性强、重访率高，处理不好容易引发事端。

从信访问题的源头看，如下四个问题值得特别重视。

——突出的是"平衡"问题。群众信访集中在利益诉求，很多诉求是因利益分配不均、政策失衡引起的，如部分军队退役人员、原民办教师、农村幼师、代课教师、四大国有商业银行和电力电信系统的协解人员等几大群体，他们中的大部分人不是生活过不下去，而是心里过不去；不是自己过得不好，而是别人过得太好；不是没有政策，而是要求更好的政策。

——主要的是"统筹"问题。作为人民内部矛盾，信访问题与社会发展的阶段性特征和阶段性工作重点关系紧密。前几年，与国企改革相关的信访问题较多，这两年涉及城镇化和大规模项目建设的城镇房屋拆迁、农村土地征用、客运市场管理等信访问题增加。

——重要的是"治官"问题。因决策不当、考虑不周、执法不公、工作不细等因素引发的信访问题比较突出，有的是与民争利，有的是与民争气，种种情况表明，权力容易与资本联姻，但不容易与民本联系。"治官"与"治民"，矛盾的主要方面是"治官"。

——关键的是"基层"问题。在信访总量下降的同时，到省赴京的越级访增加，矛盾有向上集聚的趋势，这反映基层群众工作比较薄弱，不能及时反映和回应群众利益诉求。

三 创新湖南信访工作的思路

2011 年，全省信访工作将认真贯彻胡锦涛总书记在党的十七届五中全会上关于做好新形势下群众工作的重要讲话精神，坚持以群众工作统揽信访工作，进一步强化以人为本、执政为民的理念，紧紧抓住领导干部接访、信访积案化解、体制机制创新这三个重点，带动整体工作再上新水平，切实把群众诉求解决好，把群众权益维护好，把群众情绪疏导好，把群众意愿反映好。具体要抓好以下五个方面的工作。

1. 以领导干部接访和包案为抓手，进一步形成信访工作强大合力

认真执行好中发 2009 年 3 号文件，严格执行公示、接访、包案、落实等要求，使之成为强化领导责任、密切干群关系、维护群众权益的有力抓手；同时，把解决和化解问题作为落脚点，推动领导包案，通过领导亲自调查研究、亲自协调推动，着力扭转一些地方信访问题突出、工作被动的局面。

2. 集中力量化解积案，全力推动"事要解决"

在进行全面深入排查后，将现有的信访积案全部纳入全国信访信息系统，建立"全省信访积案数据库"，按照"谁主管、谁负责"的原则逐级进行交办，严格按"五个一"（一个案件、一名领导、一套班子、一个方案、一抓到底）的要求，明确责任主体和化解措施，限期办结到位。进一步完善信访事项三级终结机制，对实体和程序上已经依法终结的信访事项，加大对非正常上访行为的处置力度，维护正常的信访秩序。

3. 坚持用群众工作统揽信访工作，夯实基层基础

根据衡阳现场经验交流会议的精神，在全省推广衡阳和洞口经验，在市、县两级成立党委群众工作部，在乡（镇）一级建立群众工作站，在村（社区）一级建立群众工作组（室），用群众工作的理念和方法来做信访工作，形成信访工作主动做、超前做、大家做、全过程做的工作格局。

4. 市、县两级推广联合接访，就地及时解决信访问题

继续推进市县两级人民来访接待中心建设，原则上年内均要建成投入使用；进一步整合资源，完善联合接访机制，组织与群众切身利益相关的职能部门入驻中心，强化有权处理信访问题部门的主体责任，形成信访部门综合协调、接访单位动态调整、工作流程规范完整、服务群众便捷高效的运行机制，方便群众在基层反映和解决问题。

5. 以创先争优活动为载体，建设"工作一流、群众满意"的信访部门

省信访局作为创先争优活动的窗口示范单位，将紧密联系实际，把工作目标定位在为党分忧和为民解难上，切实把能力建设作为创先争优的重要任务，致力于提升干部队伍的能力水平，进一步正风气、强素质，为促进社会的和谐稳定、推动湖南的"四化两型"建设作出新的更大贡献。

B.16

严格履行职责　促进律师事业健康发展

湖南省律师协会

2010 年，在司法部、湖南省委省政府的正确领导下，全省律师工作坚持科学发展、解放思想、开拓创新，取得了显著的成绩。队伍快速发展，素质全面提升、服务职能不断延伸。2010 年，全省共有律师事务所 529 家，执业律师 6753 人，法援律师 401 人，公司律师 20 人，公职律师 35 人；全省律师共代理各类刑事诉讼（或担任辩护律师）33000 余件，民事诉讼 38000 余件，行政诉讼 907 件，非诉讼法律事务 26000 余件，为全面建设小康社会，建设法治湖南，助推湖南"四化两型"建设，营造安全稳定的社会环境和公开、公平、公正的法治环境作出了积极贡献。

一　服务经济建设，为经济发展提供优质服务

1. 围绕服务经济发展方式转变，深化专项法律服务活动

在 2009 年省司法厅开展"应对金融风险，服务富民强省"专项法律服务活动的基础上，2010 年，围绕服务于转变经济发展方式，继续组织、引导全省律师开展"法律服务牵手重点工程"活动，为涉及环境保护、知识产权和培育战略性新兴产业的重点工程、重点企业提供法律服务活动。株洲、湘潭、益阳等地加强长效机制建设，出台律师服务重点工程、重点企业工作方案，对律师服务重点工程、重点企业业务的受理、报备、集体研究、跟踪指导、总结提高等各个环节的工作进行规范，提高了服务质量和水平，将律师工作服务于经济发展方式转变落到实处。2010 年，全省律师为 2600 多家涉及环境保护、知识产权和培育战略性新兴产业的重点工程、重点企业担任法律顾问，办理环境保护、知识产权等非诉讼法律事务 12000 多件。此外，还协调、指导湖南启天、裕邦等律师事务所进一步加强"湖南省直私营企业协会维权中心"和"长沙市中小企业法律服务

平台工作站"建设，推出了企业法律服务电子化、智能化等新成果，受到了私营企业、中小企业的欢迎，得到了有关部门领导的肯定。

2. 充分发挥湖南省境外企业法律事务咨询服务中心的作用，为全省"走出去"战略服务

为帮助全省企业拓展国际市场、帮助企业依法解决跨国贸易纷争、保护企业在对外贸易中的合法权益，根据甘霖、刘力伟副省长的指示，2009 年 10 月，省司法厅和省律协成立了省境外企业法律事务咨询服务中心。中心组建了由 35 名专业律师组成的咨询服务律师团，并在省律协设办公室，配备专职人员，制定了有关工作制度。2010 年，省律协就中心的运作、职能的发挥进行了专题讨论研究，制定了 2010～2011 年工作计划，对涉外企业的法律服务进行了律师工作分组，并积极与商务厅等有关部门进行问题衔接，促进职能的发挥。5 月，中心派出 4 名律师参加了商务厅在湘潭开展的企业境外投资情况调研活动。8 月初，会同商务厅召开工作座谈会，各律师团根据商务厅和企业的需求对服务的项目进行了分工安排。8 月中旬，湘潭宏信公司在乌克兰、瑞典等地的投资项目遭遇一系列难题，律师团成员就其境外并购的结构安排、外汇等事宜作出答复，并免费为其就并购需办理的境内审批事宜出具了书面法律意见。

二 化解矛盾纠纷，促进社会和谐稳定

1. 为党委政府分忧，指导律师参与涉法涉诉信访接待工作

组织引导律师积极参与涉法信访接待工作，充分发挥法律咨询、法制宣传、调解和代理诉讼等服务优势，积极将社会矛盾的解决纳入法制化的轨道，有效避免正常信访转化为不稳定事件。2010 年，全省律师共参与涉法信访接待 3216 人次，有效化解矛盾纠纷 2900 余件，避免了 286 起群体性事件的发生；通过值班律师解答法律咨询，有 30% 以上的上访群众当即表示不再上访。

2. 引导律师改进办案方式，充分发挥律师的调解作用

引导律师将调解手段运用到代理诉讼和非诉讼案件的各个环节，尽力做到案结事了，防止矛盾激化、转化。2010 年，全省律师代理民事、行政诉讼和仲裁

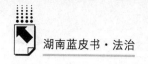

案件 41700 余件，其中运用调解手段促成结案 12000 余件。

3. 引导律师服务和保障社会民生，维护社会公平正义

积极引导广大律师关注民生、服务民生，围绕人民群众特别是弱势群体最关心、最切身、最现实的利益问题，提供法律服务，着力服务和保障民生，推动和谐社会建设，例如，全年全省律师为农民工提供法律援助 4647 次，接待农民工来信来访、解答法律咨询 21000 多人次，追回拖欠劳动报酬、工伤赔偿款 8000 余万元，依法维护了农民的合法权益，促进了实现社会公平正义与和谐稳定。

三 发挥职能优势，促进法治建设

1. 推进政府法律顾问工作，促进各级政府及其部门提高依法行政水平

2010 年下半年，在广泛调研的基础上，草拟了《国内外律师担任政府法律顾问工作调查报告》，向省委省政府领导呈报了《关于进一步加强选聘优秀律师担任各级人民政府及其部门法律顾问工作的意见》，拟由省委办公厅和省人民政府办公厅转发全省，省委书记周强、副省长刘力伟对此高度重视，提出了具体要求。在省厅的推动下，2010 年全省各市州县区进一步建立健全选聘优秀律师担任政府法律顾问制度，全省有 485 家律师事务所担任县级以上人民政府及其部门法律顾问，其中，长沙市、岳阳市和郴州市成立或加强了市政府法律顾问团，益阳市内 21 个律师事务所分别与政府职能部门签订法律顾问合同 85 份，参与"大接访"活动 328 人次，充分发挥法律专业机构的"智囊"作用，积极服务于政府依法科学决策。

2. 发挥职能优势，为法律法规的修改建言献策

积极组织律师参与各类法律法规的修改工作，2010 年，通过召开座谈会、书面征集意见等形式，就《关于适用刑事和解办理轻微刑事案件若干意见（试行）》、《刑法修正案（八）》（草案）、《法律援助程序规定》（草案）、《湖南省人民代表大会常务委员会关于加强人民检察院对诉讼活动法律监督工作的决议》（草案）、《湖南省高级人民法院有关九种侵犯财产犯罪案件相关数额起点标准的意见》（草案）等法律法规的起草与修改，律师提出各类建议百余条。

四　加强律师队伍建设，确保行业发展正确方向

1. 加强律师行业党的建设

为认真贯彻落实中组部、司法部党组的《关于进一步加强和改进律师行业党的建设工作的通知》和全国律师行业党建工作会议以及全省新社会组织党建工作会议精神，2010 年，以加强律师行业基层党组织建设为突破口，采取了一系列有力措施，全省律师行业党建工作登上了一个新台阶。省司法厅按照"律师事务所建在哪里，党组织就覆盖到哪里，党的工作就开展到哪里"的要求，对有 3 名以上正式党员、具备建立党支部条件的律师事务所，都要求单独建立党支部；对城区内党员人数少、暂不具备建立党组织条件的，在综合考虑办公地点、业务类别等情况的基础上，依托工作基础较好的律师事务所党支部组建联合党支部；对各县内不具备单独建立党支部的，依托县司法局机关党组织对党员进行管理；对没有党员的律师事务所，通过选派党建工作联络员等方式，做好党员发展和党支部建立工作。截至 2010 年 12 月，全省 14 个市州律师协会全部成立了党委（党总支）；432 家有一名以上党员的律师事务所已单独建立党支部 148 个，271 个律师事务所建立联合支部 89 个；87 家无党员的律师事务所已全部指定党建联络员或政治联络员。

2. 深入学习实践科学发展观

组织全省律师积极开展第三批深入学习实践科学发展观活动，对这次学习实践活动，厅党组非常重视，先后两次召开厅党组会，专题研究部署全省律师行业学习实践活动，成立了省律师行业学习实践活动领导小组，组建了专门工作班子，制定下发了《湖南省律师行业开展深入学习实践科学发展观活动的指导意见》，对全省律师行业如何开展学习实践活动进行了全面部署。通过认真抓好全省律师行业学习实践活动，解决影响和制约律师行业科学发展的突出问题，有力地促进了全省律师行业的科学发展。

3. 深入开展创先争优活动

制定下发了《关于在全省律师行业党组织和党员中深入开展创先争优活动的实施意见》，对创先争优活动的总体要求、主要内容、活动载体、推进方式、组织领导等作了全面安排，结合行业特点提出了"三零"目标、"三个一"实事

和"五不准"执业纪律的创争目标，并着重在公开承诺、领导点评、群众评议、评选表彰等四个环节上丰富活动内容和形式，强化活动的针对性、系统性、可操作性和实效性。抓公开承诺，突出"满意度"；抓典型引路，突出"亮度"；抓组织保障，突出"力度"。在律师行业创先争优活动中，涌现了一大批先进集体和先进个人，其中，秦希燕律师被评为全国先进工作者；湖南天地人律师事务所被评为湖南省直"模范单位"，该所主任翟玉华律师被推荐为全国维护职工权益杰出律师候选人，并作为新社会组织的代表被推荐参加湖南省委"七一"纪念活动座谈会；湖南天地人、君见和金州律师事务所党支部被省委创先争优办确定为律师行业创先争优活动集中宣传报道对象。2010 年 7 月，吴爱英部长来湖南视察，深入湖南天地人、秦希燕等律师事务所调研、指导，充分肯定了全省律师行业创先争优活动的成绩，省委常委、组织部长黄建国对全省律师行业党建工作作出批示，充分肯定已取得的成效。

4. 组织开展全省律师队伍警示教育活动

认真贯彻落实司法部的工作部署，下发了《湖南省律师队伍警示教育实施意见》。从加强组织领导、制订活动方案、搞好宣传发动、加强指导检查、加强信息反馈等五个方面，认真、扎实组织开展全省律师队伍警示教育活动。

五 规范律师工作管理，促进行业科学发展

1. 加强和完善制度建设

针对目前全省律师队伍建设中存在的问题，起草制定了《关于加强律师文化建设的意见》、《关于加强律师诚信制度建设的意见》、《关于加强青年律师培养的意见》、《律师流动管理办法》、《律师执业档案管理办法》、《律师投诉处理办法》。为加强律师事务所管理，先后制定了《个人律师事务所管理办法》、《关于严格执行律师业务风险代理收费的若干规定》、《律师和律师事务所年度考核办法》、《律师工作重大事项报告制度》、《律师事务所主任问责制度》、《关于进一步加强律师事务所内部管理的指导意见》。规范行政许可工作，完善行业规则。特别是律师事务所和律师执业行政许可事项关系律师切身利益，工作量大，要求高，时效性强，做得不好会因执法不当而被提起行政复议或行政诉讼，2010年，湖南省进一步完善了律师管理行政许可办事指南，完成了涵盖 8 项行政审批

工作的《省司法厅律管处规范权力运行制度汇编》，在网络上和办公地点公布了办理律师和律师事务所执业许可工作规则、办事流程和每个环节的办理时限，既方便了办事的基层同志和律师，又有利于使行政权力在阳光下运行，促进廉政建设。省律协制定了《湖南省申请律师执业人员实习管理实施细则》、《惩戒程序规定》、《省律协直属会员律师事务所律师参加社会保险工作流程》等。

2. 规范和完善律师行业管理

完善律师协会的行业管理组织体系。优化了专门、专业委员会的设置，明确了专业委员会的职责、组成及产生办法、活动规则、活动经费，充分发挥专业委员会的作用；加强秘书处的机构建设；规范会费的收支、使用管理，会费的收取、使用严格按照取之于会员、用之于会员的原则，实行预、决算制度，并定期进行审计；完善行业制度建设，理顺民主议事规则。

六　加强律师培训和业务指导，提升行业整体素质

1. 加强对申请律师执业实习人员的管理，认真组织集中培训

省律协制定了《湖南省申请律师执业人员实习管理实施细则（试行）》，2006年，和湖南大学合作成立了湖南律师教育学院，2010年，在湖南律师教育学院举办了两期申请律师执业实习人员集中培训班，参训人员1128人。通过规范实习人员的实习活动和强化集中培训，提升了实习人员的整体素质，培养了律师队伍的后备人才。

2. 加强执业律师的业务培训，提升行业整体素质

建立健全经常性的律师培训工作机制，改进和创新培训模式，从单一大规模培训向菜单式培训模式过渡。结合律师业务领域举办形式多样、内容丰富的各类培训、讲座和论坛，拓宽教育培训渠道，使培训工作逐步形成多样化的体系。规范律师培训的形式和内容，有针对性地加强律师管理、法律服务技能和综合素养方面的培训，举办了全省律师事务所主任培训班、律师事务所党支部培训班、律师骨干培训班及律师事务所行政主管、内勤人员培训班和各类专题业务班等。

3. 加强律协专业委员会建设，充分发挥其业务指导作用

七届省律协下设13个专业委员会。2009年换届以来，各专业委员会积极开展活动，通过工作会议、业务研讨、业务论坛等形式，充分发挥了业务指导、业

务拓展作用，每年不定期举办各类业务活动。2010年，共举办了执业律师业务培训班和各类研讨会14期，参与律师4209人次。

4. 顺应新的法律要求，拓展新的业务领域

随着《物权法》、《企业破产法》及房地产法律法规等的陆续出台或修订，一方面，省律协要积极与有关司法机关、政府部门协调，出台一系列文件，推动律师拓展企业破产事务管理人、房地产合同律师见证等业务；另一方面要重视发挥律师协会及其专业委员会的职能作用，通过组织召开房地产法律事务、知识产权法律事务研讨会等活动，研究律师拓展业务的理论和实践问题，营造律师拓展业务的良好环境。

七　努力改善执业环境，维护律师权益

1. 开展律师工作调研

2010年8月，省政协、省司法厅、省律协组成联合调研组赴益阳、郴州、岳阳、长沙4市，就律师作用的发挥、律师社会地位的提升、律师执业"三难"及青年律师的培养等有关问题进行深入调研，向省政协提交了《加强律师工作，建设法治湖南——关于我省律师工作的调研报告》，就发挥律师作用、建设法治湖南提出了一系列建议。11月，省政协将报告提交省委省政府，省长徐守盛作出批示："加强党委对律师工作的领导，是加强律师队伍建设、改善律师执业环境、全面提升律师队伍素质的关键，希望司法厅认真吸纳政协调研报告的建议，切实加大全省律师队伍建设工作的力度，为建设法治湖南作出更大贡献。"

2. 加大律师维权工作力度

省司法厅和省律协就全省律师工作的开展情况、队伍建设情况及当前影响全省律师业发展的主要问题多次向省人大内司委进行了专题汇报；组织律师参加省检察院召开的律师座谈会，对检察机关执法规范化建设提出改进意见和建议；参加省人大内司委召开的座谈会，分别就法院系统贯彻民事诉讼法方面存在的问题，检察机关查办和预防职务犯罪方面存在的问题，提出了改进意见和建议；向省人大常委会提交了全省律师在办理刑事案件中存在"三难"情况的调查报告。针对"三难"问题，省司法厅和省律协多次召开讨论会，并在具体个案中，向省政法委和省检察院去函，要求协助维权，维护律师的正当合法权益。着手与省

公安厅、省人民检察院、省高级人民法院联合制定《关于保障律师在刑事诉讼中依法执业的若干规定》，较好地解决了律师参与刑事诉讼中存在的"三难"问题。

3. 服务律师办实事

针对律师办理社保难的问题，省律协与省人力资源和社会保障厅和长沙市劳动和社会保障局协商，经多方努力，长沙市社会保险费征缴管理中心作出了《关于长沙城区内执业律师参加社会保险有关事项的答复》，为律师事务所和执业律师参加社会保险提供了具体的政策依据，娄底等市州参照"长沙模式"，为所在地的律师解决了办理社保难的问题；开通了企业信息查询服务，解决律师企业信息查询难的问题；为扶持青年律师成长，从 2010 年开始，对新申请执业的律师和执业一年的律师实行会费减免；组织全省律师开展体检；组织策划各类文体活动等。

B.17
湖南劳动法治建设进展及展望

范莉丽 *

　　法治建设是湖南劳动保障事业实现又好又快发展的重要内容和根本保障。2010年，湖南劳动的地方立法、依法行政、法律法规落实、执法监督、普法宣传等方面的法制建设工作取得了新的进展，也面临着一些问题和考验。加强法治建设工作离不开系统合理的制度安排、科学的法律实施监督机制和有关各方持续有效的努力。在省委、省政府推进依法行政、建设法治政府进程的影响下，2011年湖南劳动法治建设工作面临着良好的发展机遇。

一　2010年湖南劳动法治建设的总体情况

　　一年来，根据省委、省政府全面推进依法行政、建设法治政府的目标，按照科学发展、和谐发展的要求，湖南劳动的地方立法、依法行政、法律法规落实、执法监督、普法宣传等方面的法制建设工作取得了新的进展。

（一）关于地方立法工作

　　2010年，湖南省清理了劳动保障地方法规3件、规章10件，湖南省人民政府决定废止关于集体合同、企业劳动争议处理、劳动就业服务企业管理、职业技能开发、劳动合同、农村社会养老保险等方面的6件政府规章，通过法规、规章的废、改，推进湖南劳动保障事业的发展，保证了法制的统一。

（二）关于依法行政工作

1. 加强依法行政工作的组织领导

　　及时调整、充实依法行政工作领导小组，各级人力资源和社会保障部门

---

* 范莉丽，湖南省人力资源和社会保障厅。

"一把手"均是推进依法行政工作的第一责任人，一级抓一级的领导责任得到落实，定期向本级人民政府和上级人力资源和社会保障部门报告推进依法行政工作情况的制度得到贯彻。

2. 认真执行重大行政决策程序

一是制定配套制度，推动工作落实。为切实做好《湖南省行政程序规定》、《湖南省规范行政自由裁量权办法》的贯彻落实工作，出台了关于劳动保障重大行政事项决策的规则、专家咨询论证和听证方面的规范性文件，还出台了劳动保障规范性文件制定和管理办法、湖南省劳动保障监察行政处罚自由裁量权适用办法、人力资源和社会保障行政处罚自由裁量实施标准、规范劳动保障行政复议等行政程序规定的重要配套制度。二是加强学术委员会建设，为决策提供理论支持。劳动保障事项政策性非常强，政策的制定和执行涉及千家万户的切身利益，而这一领域政策多，更新频率快，现实的热点难点问题多，2010 年共确立 9 项劳动保障科研课题，由本省劳动保障研究领域的权威专家领衔组成课题组，制订了课题活动计划并组织实施。对于指导劳动保障的立法和制定政策，发挥了重要作用。三是开展专家论证活动，确保科学决策。为进一步提高劳动保障行政决策的民主化、科学化程度，对决策中专业性强、情况复杂、影响深远的问题，依照《湖南省劳动保障厅重大行政决策事项专家咨询论证办法》（试行）组织专家进行论证。组织了"长株潭城市群两型社会建设人力资源社会保障专项方案"专家论证会，邀请人力资源和社会保障部、省发改委、高校专家学者进行讨论论证；为慎重处理无证驾驶是否可认定为工伤，针对一个具体案例专门召开了专家咨询会。四是加强本省人力资源和社会保障系统案卷评查工作，规范行政决策程序。为提高行政执法水平，推动全省建立统一和规范的案卷文本格式和归档规格。组成案卷评查组赴 14 个市州开展了人力资源和社会保障行政复议、社会保险费数额核定、工伤认定和劳动保障监察执法案卷评查工作。

3. 不断提高制度建设质量

一是认真组织开展规章和规范性文件定期清理工作。清理本省劳动地方性法规 3 件、政府规章 10 件；清理行政规范性文件 739 件，其中废止 40 件，宣布失效 13 件。二是建立规范性文件管理制度。严格规范性文件的合法性审查制度，通过加强规范性文件管理工作机构建设、实行定期清理与即时清理相结合的规范性文件清理制度、认真执行有效期制度等，对规范性文件加以规范和调整。2010

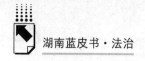

年，经省政府"三统一"出台的规范性文件9件。

4. 完成行政审批职能清理下放工作

经清理，省一级原34项行政许可和非行政许可审批事项，通过削减或下放管理层级，目前只剩16项。通过削减行政许可、非行政许可审批事项和年检事项，大大减少了对行政相对人的行政管制。普遍建成集中办理行政审批、一站式服务的行政服务中心。行政审批事项办理时限比法定时间平均缩短2/3，行政审批效率显著提高。

5. 行政复议化解行政纠纷的作用不断增大

通过以案说法与宣传复议知识相结合的方式开展了大量宣传培训工作，增强广大干部职工做好行政复议工作的自觉性和责任感，使广大群众不仅了解行政复议，而且信任了行政复议制度。探索实践行政复议和解、调解结案、简易程序、实地调查、公开听证、专家咨询等行政复议多种审案方式，公正作出行政复议决定。纠正违法或明显不当的行政行为，保护公民、法人和其他组织的合法权益。积极建立并积极落实行政复议联席会议制度，密切行政复议机关、信访部门、行政执法机构、法院之间的沟通联系和良性互动，形成合力，依法妥善化解行政纠纷，行政复议化解行政纠纷的作用得到较好发挥。

（三）关于法律法规贯彻落实工作

2010年，全省狠抓劳动保障法律法规落实工作，取得显著成效。

1. 就业政策更加完善

《湖南省实施〈中华人民共和国就业促进法〉办法》颁布实施后，本省就业工作走上法制化轨道，积极就业政策体系得到进一步完善。建立就业援助制度，率先在中部六省实现县以上城镇零就业家庭动态清零。全面推进以创业带动就业，突出抓好重点人群就业工作。农村富余劳动力转移就业规模不断扩大，统筹城乡就业试点迈出新步伐。2010年，全省实现城镇新增就业70.8万人，完成年度目标任务的118%；失业人员再就业34.7万人，完成年度目标任务的115.7%；就业困难人员就业11.9万人，完成年度目标任务的119%；新增农村劳动力转移就业110.3万人，完成年度目标任务的110.3%；城镇登记失业率控制在4.16%，低于4.5%的控制目标。

2. 社会保障体系建设取得突破性进展

一是基本养老保险和基本医疗保险从制度上实现了对全省城乡居民的全覆盖，城镇企业职工基本养老保险实现省级统筹，在14个县（市、区）启动了新型农村社会养老保险试点。开展了被征地农民社会保障工作。二是完善了城镇职工基本医疗保险政策。促进了灵活就业人员和农民工参加医疗保险，基本解决了国有关闭破产企业退休人员和困难企业职工基本医疗保障问题，较大幅度提高了基本医疗保险待遇水平。城镇居民医疗保险、新型农村合作医疗制度在全省普遍实施。失业保险市级统筹、省级调剂的制度得到进一步完善。三是工伤保险实现了市级统筹、省级调剂，工伤预防、补偿、康复"三位一体"的工伤保险体系基本建立。生育保险制度得到进一步完善。四是社会保险基金监督工作进一步加强，基金安全得到有效维护。到2010年底，全省参加企业职工基本养老保险、机关事业单位基本养老保险、失业保险、基本医疗保险、工伤保险、生育保险人数分别为510万人、209.2万人、395万人、1875万人、517万人、525万人，有108万60岁以上农村居民按月领取了基础养老金。2010年企业退休人员月人均养老金达到1140元，比"十五"期末增加576元。

3. 劳动关系调整机制基本形成

劳动合同法和劳动争议调解仲裁法得到有效贯彻落实。集体合同制度和劳动合同制度普遍建立。协调劳动关系三方机制进一步完善。劳动条件标准制度建设不断推进。劳动监察执法机制不断完善，依法及时查处重大违法案件，有力维护了劳动者合法权益和社会稳定，为建立和谐劳动关系打下了坚实的基础。2010年，全省各级劳动保障监察机构共对2.5万家各类用人单位进行了书面审查；对2.5万家用人单位开展了主动监察；共接到劳动者举报投诉案件16209件，其中依法立案15593件，依法结案15174件；督促用人单位与21.19万名劳动者签订了书面劳动合同；督促用人单位依法参加社会保险登记5964户；督促用人单位依法缴纳社会保险费3952.95万元，依法为劳动者追讨欠发的工资5650.45万元。全省各级劳动人事争议仲裁机构共处理劳动争议、人事争议案件63000余件，其中：立案受理14660件，涉及劳动者23000余人；集体争议806件，涉及劳动者9982人。到2010年底，劳动合同制度在全省各类企业、个体经济组织、民办非企业单位普遍建立，全省动态劳动合同签订率为99.1%。

（四）关于执法监督工作

健全行政执法责任制，着力推进行政执法监督。为全面推行行政执法责任制，制订了全省人力资源和社会保障行政执法责任制实施方案，对人力资源社会保障行政执法依据进行了梳理，对行政执法职权进行分解，对行政许可、行政处罚项目从受理岗位到审查、审核把关以及决定岗位都作出了明确规定，并责任到人。本省出台了人力资源和社会保障行政执法违法责任追究办法，完善了行政执法责任制度和措施；并实施执法案卷评查制度，制订了监察执法、行政许可、工伤认定、行政复议、社会保险基数核定案卷的评查标准，将执法文书是否规范、是否按照全省规定统一了执法文书，案卷记载的执法程序是否合法、调查的事实是否清楚、适用法律是否正确，有关监督检查记录、证据材料、执法文书是否按要求立卷归档等内容作为评查的重点。

（五）关于法制宣传教育工作

2010 年，全省人力资源和社会保障系统坚持"四个到位"，促进了劳动保障普法工作全面开展。一是认识到位。全省人力资源和社会保障系统站在实践"科学发展观"的高度，将劳动保障普法作为提高人力资源和社会保障干部素质、提升劳动者和用人单位法制意识的一件大事来抓。二是投入到位。本省加大了对劳动保障普法的投入力度。投入专项资金，加强了对人力资源和社会保障干部的培训。积极开展大型的人力资源和社会保障普法宣传活动。2010 年，全省开展大型宣传活动 90 余次，综合利用了各种宣传媒体，做到了广播有声音、电视有图像、报纸有评论。拨付资金，编写有关劳动保障的系列普法教材或者购买普法教材。三是学习到位。为贯彻落实《劳动合同法》、《就业促进法》、《劳动争议调解仲裁法》、《劳动合同法实施条例》、《湖南省行政程序规定》等法律法规规章，本省建立了人力资源社会保障系统干部学法制度，建立重大劳动保障监察和劳动争议仲裁案件分析会议制度，学习最新法律法规重点内容，提升干部依法办事意识。四是考试到位。本省结合劳动保障法律法规宣传，在全省劳动保障系统内组织了依法行政、学习最新劳动保障法律法规的闭卷考试，真正实现了"以考促学"。

二 存在的问题

1. 劳动保障法制机构建设面临的困难较多

劳动保障法制机构建设的现状与当前构建法治政府的目标任务不相适应,有的地方还没有成立专门的法制机构,工作人员力量不够,法制工作经费得不到保障。

2. 劳资矛盾仍然比较突出

一些用人单位侵害劳动者合法权益、不签劳动合同、不参加社保的现象还在一定程度上存在。劳动保障监察举报投诉案件仍在高位运行,2008 年 1~11 月全省共受理举报投诉案件 15435 件;2009 年 1~11 月为 15802 件,同比上升 2.4%,2010 年 1~11 月为 16209 件,同比上升 2.6%。

3. 普法的针对性和实效性有待进一步加强

劳动普法不仅是对本系统干部的普法,还包括对广大劳动者和用人单位的普法。因此,要针对不同的普法对象,开展不同需求层次的普法宣传。如对本系统干部,侧重加强依法行政、提升行政责任意识的宣传,而对广大劳动者则侧重宣传劳动权益和维权途径,对用人单位则侧重人力资源和社会保障法律法规义务和法律责任的宣传。

4. 依法行政意识有待进一步提高

《湖南省行政程序规定》、《湖南省规范行政裁量权办法》的施行,对行政机关履行职责的方式、步骤、顺序和时限进行了严格规定,对行政执法水平提出更高要求。部分干部和执法人员对学法用法的重要性认识不够,学法不深入,浅尝辄止,习惯于用传统的方式处理新问题或者缺乏用法律解决问题的能力,因此迫切需要加强对执法人员的业务培训,提高行政执法人员依法行政水平。

三 2011 年湖南劳动法治建设展望

在省委、省政府推进依法行政、建设法治政府进程的影响下,2011 年湖南劳动法治建设工作面临着良好的发展机遇。做好 2011 年劳动法治工作,对于"十二五"规划起好步、开好局至关重要。湖南省要重点做好以下五个方面的工作。

1. 加强劳动保障地方立法工作

一是加强立法调研，结合《社会保险法》，积极启动《湖南省工伤保险条例实施办法》的立法准备工作。二是配合省人大做好《劳动争议调解仲裁法》执法检查工作。三是做好《湖南省人才市场管理条例》和《湖南省劳动力市场条例》的合并修改和立法调研工作。探索实践多元化的立法起草机制，采取专职立法工作者、实际工作者和专家学者三结合的方法，提高立法质量。提高立法的公众参与程度，建立社会公众对劳动保障立法工作提出意见和建议的渠道，广泛听取公众意见和建议。

2. 以贯彻落实《社会保险法》为重点，完善社会保险政策

突出抓好《社会保险法》、新修订的《工伤保险条例》的宣传和实施，加快研究制定相关配套规章制度。制定出台集体企业职工参加养老保险政策。建立健全新农保经办管理机构、制度和流程，继续抓好新农保试点扩面，向重点移民县、革命老区县、民族自治地区倾斜。研究制定城镇老年居民养老保障制度。调整失地农民社会保障政策。积极探索整合城乡医保制度、统一机构的有效办法，加快推进基本医疗保障城乡统筹，稳步推进经办管理资源整合。积极推行工伤预防和工伤康复试点。研究制定养老保险政策之间的衔接办法。稳妥推进机关事业单位养老保险改革。完善医疗保险关系转移接续办法，出台省内医疗保险异地就医联网结算试行办法。制定工伤保险费率浮动办法，开展费率浮动试点。

3. 协调稳定劳动关系，切实维护劳动者的合法权益

一是依法规范劳动关系。全面推进劳动合同制度和集体合同制度建设。开展小企业劳动合同签订专项行动，进一步提高小企业和农民工的劳动合同签订率，从源头上规范劳动关系。实施"彩虹计划"，以非公有制企业为重点，稳步推进集体合同制度的实施，进一步扩大集体合同覆盖面。加强劳动关系三方协调机制建设，共同研究解决有关劳动关系的重大问题。二是加强争议调解仲裁工作。做好《湖南省实施〈中华人民共和国劳动争议调解仲裁法〉办法》草案的修改完善工作。加强仲裁办案指导力度，制定出台《关于劳动仲裁适用法律若干问题的指导意见》，加大案件审理力度，提高办案效率，使仲裁结案率达到90%以上。三是强化劳动监察执法。全面推进劳动保障监察"两网"化管理，扩大管理的覆盖范围。组织开展清理整顿人力资源市场秩序、农民工工资支付等专项执法行动，加大对拖欠工资、不签订劳动合同、不缴纳社会保险费、违法超时加班等突出违法行为的打击力度。建立劳动保障重大违法行为快速反应、快速查处、快速公布、跟踪回访制度，提高劳动保障监察执法的有效力和公信力。四是切实维护农民工权益。切实做好农民工工作，进一步完善培训、就业、维权三位一体的农民工工作模式，加强农民工劳动合同签订、技能培训、工资支付、职业安全、参加社会保险、依法维权等各项权益保护工作，确保农民工输得出、稳得住、有保障。高度重视新生代农民工问题。

4. 规范行政行为，完善行政监督制度和机制

一是全面规范行政执法、行政管理和服务行为。全面规范行政审批、行政许可、行政确认、行政处罚以及其他各项行政执法、行政管理和服务行为。二是认真贯彻行政复议法，加强行政复议工作。认真履行行政复议职责，公正作出行政复议决定；完善行政复议工作制度，积极采取网上申请行政复议等便民措施，探索建立行政复议审议简易程序，完善证据制度，切实提高办案质量；加强对行政复议活动的监督，建立健全行政复议责任追究制度。三是接受人民法院依照行政诉讼法的规定对行政机关实施的监督。对人民法院受理的行政案件，积极参加答辩和应诉。四是加强对规章和规范性文件的监督。严格按照《法规规章备案条例》和《湖南省规章规范性文件备案审查办法》的要求，及时、规范地做好向省政府法制办的报备工作，做到有件必备、有备必审、有错必纠。五是强化层级监督机制。健全和落实重大行政处罚备案、重大行政许可备案、重大行政复议决定备案和行政执法督办制度，强化上级行政机关对下级行政机关具体行政行为的监督。

5. 增强依法行政观念，提高依法行政能力

一是进一步落实岗位学法制度。制定岗位学法规划，加强对通用法律知识和与本职工作相关的专门法律知识的学习培训，健全和落实干部学法用法考核制度，严格奖惩。二是加强普法和法制宣传。结合"六五"普法规划，借助报刊、电视、网站等媒体的力量，深入、系统地开展劳动保障法律法规的宣传教育活动，全面提高用人单位和广大劳动者的法制观念以及守法、用法的自觉性，引导他们运用法律手段维护自身合法权益。三是加强对劳动保障法制工作的理论研究。研究建立适应社会主义市场经济体制要求的劳动保障法治监督调控体系的方法，以法治手段调节和监控劳动保障各项工作。

B.18

牢固树立法治意识
强化土地矿产资源管理

向贤敏*

2010 年是贯彻依法行政五年规划和"五五"普法的收官和验收之年,全省各级国土资源管理部门以此为契机,切实加强土地和矿产资源法治建设,在立法、普法、执法等方面都取得了新的进展,为国土资源事业健康发展提供了有力保障。

一 2010 年土地和矿产资源法治建设主要进展

1. 自主立法有新成果

湖南省国土资源管理部门历来注重土地和矿产资源管理的立法和制度创新,在全国率先出台了第一部关于土地开发整理的地方性法规——《湖南省土地开发整理条例》,第一部有关矿产资源违法行为追究的省级政府规章——《湖南省违反矿产资源管理规定责任追究办法》。为了规范本省矿产资源开采准入管理,合理开发和保护矿产资源,2010 年初,省国土资源厅按照省政府的立法计划安排,起草了《湖南省矿产资源开采准入管理办法(征求意见稿)》,对矿产资源开采的主体资格、资金、技术、规模和地质环境保护等相关条件作出了全面具体规定。目前该办法已经完成了起草、修改、征求意见和听证等立法前期工作,并已报送省政府法制办,如能顺利出台,也将成为我国首部全面规范矿产资源开采准入管理的省级政府规章,在全省的矿政管理工作中发挥重要的制度支撑作用。2010 年,省国土资源厅还先后制定了《关于推进节约集约利用土地的通知》等

---

* 向贤敏,湖南省国土资源厅。

政府规范性文件 4 件、《湖南省土地市场交易规则》等省厅规范性文件 7 件；各市州、县市区制定的涉及土地和矿产资源管理的规范性文件达 50 余件，有力地促进了国家土地和矿产资源管理法律法规的贯彻落实，为国土资源管理各项行为有法可依、有章可循奠定了基础。

2. 依法决策稳步推进

全省各级国土资源管理部门按照《湖南省行政程序规定》，不断建立健全并严格执行土地和矿产资源管理重大事项集体决策程序。建设用地预审、农用地转用和征收审批、矿业权许可、土地开发整理项目安排等重要行政审批事项，一律被纳入集体会审范围，实行民主决策。对土地利用总体规划编制审批、重大资金安排、国土资源重大资产处置等涉及经济社会发展全局、社会涉及面广的重大行政决策事项，严格遵循调查研究、公众参与、专家论证、合法性审查、集体讨论等法定程序进行决策。积极推行重大决策实施后评估制度，通过抽样检查、跟踪调查等方式对决策后的实施情况进行及时评估，发现并纠正行政决策中存在的问题，有效减少了因行政决策失误造成的损失。在起草《湖南省矿产资源开采准入管理办法（征求意见稿）》的过程中，由于该办法直接涉及广大矿业权人的切身利益，属于重大行政决策范畴，为了听取社会各界特别是矿业权人的意见和建议，提高立法的透明度和科学性，经省政府法制办同意，省国土资源厅于 2010 年 12 月 8 日举行了该办法的听证会。听证会严格按照《湖南省行政程序规定》组织实施，在《湖南日报》、《潇湘晨报》和省国土资源厅门户网站上发布了听证公告，通过随机选择方式从报名参加听证会的人员中确定了 16 名听证代表，涵盖了采矿权人、有关行业协会、市县国土资源部门、律师、矿政管理专家和社会公众等，同时还邀请了省人大法制委、省政府法制办等 7 家省直相关部门代表列席。湖南卫视、经视、《湖南日报》、《潇湘晨报》、红网等省内主要媒体对此进行了报道，听证会效果良好，达到了预期目标。据统计，全省各级国土资源部门 2010 年共组织涉及土地和矿产资源管理的听证会 130 余次，既得到了社会各界的高度好评，又进一步推进了决策的民主化和科学化，大大提高了决策水平。

3. 普法宣传成效显著

一是坚持领导干部带头学法。全省各级国土资源部门都建立了领导干部学法制度，省国土资源厅 2010 年的两次党组中心组（扩大）集中学习，都邀请了法律专家作专题法制讲座。全年省市县三级国土资源部门领导人均参加 3 次以上各类学法活动。二是认真组织法制集中宣传活动。以4·22世界地球日、6·25全国土地日、12·4全国法制宣传日等重大活动为契机，采取散放宣传册、张贴标语、悬挂横幅等方式，利用电视、网络、报刊等媒介，向社会各界广泛宣传土地和矿产资源法律法规。三是坚持抓好日常普法宣传。各地在政务大厅都设立了法律法规宣传栏和资料发放点，在省市县三级电台、电视台、报纸杂志、网络等媒体上经常开设土地和矿产资源法律法规专题，同时坚持送法进社区、进乡村、进企业、进学校，为推进土地和矿产资源行政管理营造良好氛围。四是坚持分类培训。2010年，全省各级国土资源部门组织本系统干部职工共举办各类普法培训班280余次，培训人员达2万多人次，做到系统所有干部职工每人至少接受1次以上的专门培训；尤其是行政审批、执法等岗位上的人员，人均接受培训均在2次以上。对国土资源行政管理相对人，重点是被征地农民、矿业权人、用地单位负责人等进行宣传。2010年，全省各级国土资源部门共计拨出专款近300万元，专门用于举办针对以上人员的培训班，并深入村组、厂矿、用地单位进行座谈、普法宣讲500多场，争取被征地农民、矿业权人、用地单位负责人等更多地了解和更自觉地遵守国土资源法律法规，理解和支持国土资源工作。

4. 执法监督继续强化

近年来，随着土地和矿产资源价格日益高涨，国土资源违法行为呈现高发、多发的趋势。为了维护正常的资源管理秩序，省国土资源厅2010年先后开展了土地卫片执法检查、全省整治矿山超深越界开采、查处未报即用违法用地、房地产闲置土地清理和新开工项目用地清理、行政区域交界地带矿业秩序治理整顿等多个重大专项行动，严肃查处土地和矿产资源违法行为，依法依规保障人民群众的合法权益。2010年，全省共立案土地违法案件2860件，结案2546件，罚没款6934.39万元，挽回经济损失28044.36万元；全省矿产违法立案645件，结案612件，矿产违法罚没款1858.69万元；对土地和矿产资源违法行为共追究党纪政纪处分21人，刑事处罚26人。在加大查办案件力度的同时，省国土资源厅积极创新执法机制，充分利用新开通的12336国土资源违法线索举报电话，扩大案件线索来源，出台了《湖南省国土资源巡查工作实施办法（试行）》，完善了执法巡查机制，正在建设的"湖南省国土资源土地利用全程监管系统"也将于近期上线运行。为了贯彻落实《湖南省规范行政裁量权办法》，切实规范全省国土资源行政处罚行为，2010年7月8日颁布了《湖南省国土资源厅规范行政处罚裁量权办法（试行）》和《湖南省国土资源行政处罚裁量权基准》。对国土资源执法实践中常用的、裁量幅度较大的 41 种行政处罚的处罚基准作了具体规定，为基层国土资源部门正确行使行政处罚权提供了明确的指引。从目前来看，基层执法人员普遍反映，上述办法和基准在压缩裁量权空间、规范执法部门自身行为的同时，也在一定程度上防止了执法过程中个别领导打招呼、批条子的现象，减少了办案的压力和阻力，进一步强化了执法力度。

二　土地和矿产资源法治建设的经验和特点

认真总结过去一年土地和矿产资源法治建设所取得的成果和经验，以典型引路，发扬成绩，开拓创新，增强紧迫感和责任感，对进一步推进土地和矿产资源法治建设工作具有重大意义。

1. 领导重视，机构健全，是做好法治建设工作的根本保障

只有领导重视才能从思想上、机制上、组织上和经费上形成强有力的保障。法治工作机构健全，才能更好地履行法治建设的规划、协调、指导和服务职责。省市县国土资源管理部门党政主要领导亲自抓法治建设工作，对法治建设工作负总责。全省各级国土资源管理部门法治工作机构健全，责任明确，经费保障到位，形成了一级抓一级、层层抓落实的工作机制。真正做到了总体有规划、年度有计划、中期有检查、末期有验收，保证了法治建设各项目标任务的全面完成。

2. 结合实际，大胆创新，是做好法治建设工作的重要方法

全省各级国土资源管理部门在大量调研的基础上，依法依规，结合实际，大胆创新，制定了一系列土地和矿产资源法规制度，这些法规制度的制定实施，都具有很强的针对性、实效性和创新性，对全省推进法治建设工作、提升国土资源管理水平、促进全省经济社会发展都具有重要意义。

3. 阳光行政，便民利民，是做好法治建设工作的直接动力

随着国家法治建设不断向前推进，行政相对人的法律素质和对行政机关的要求越来越高，适应新形势的要求，为行政相对人提供更好的服务，是做好法治工作的不竭动力。为此，全省各级国土资源管理部门将各项行政审批和办事项目标准化，编制了行政审批和办事项目流程图，将相关依据、条件、程序、要件、听证等逐一细化，增强了可操作性，规范了行政行为。同时在行政审批中，简化手续，优化程序，限时办结。坚持全面、真实、及时、便民的原则，不断扩大和丰富国土资源政务公开的对象、内容与形式，并建立健全政务公开制度，以保障政务公开规范运行。大力推进电子政务，扩大网上服务范围，降低行政成本，提高办事效率，为社会各界提供快捷、便利的服务。

4. 加强联系，强化监督，是做好法治建设工作的有效途径

按照内部监控与外部监督相结合、职能监控与社会监督相结合的工作思路，全省各级国土资源管理部门在不断加强内部监控的基础上，积极、主动接受人大的工作监督、政协的民主监督、检察机关的法律监督和新闻媒体的舆论监督，并建立工作联系制度、联合办案制度和案件移送制度，寻求对国土资源依法行政工作的具体指导和大力支持，推动国土资源管理各项目标任务顺利完成，并收到了良好的成效。

在国土资源部和省委、省政府的坚强领导下，通过全省国土资源系统广大干部职工的共同努力，全省土地和矿产资源法治建设工作取得了显著的成效，形成了鲜明的特点。主要体现在：一是以完善体系、提高质量为重点，土地和矿产资源立法和制度建设进一步加强；二是以转变职能、规范行为为主线，土地和矿产资源法律法规的执行能力进一步提高；三是以层级监督、落实责任为保障，土地和矿产资源执法监督进一步强化；四是以改革创新、高效便民为根本，土地和矿产资源管理的各项基础工作进一步夯实。

三 2011 年土地和矿产资源法治建设展望

2011 年，新修订的《土地管理法》和《矿产资源法》将出台，此两部法律是土地和矿产资源管理的根本法，此次大幅度的修改和调整，对土地和矿产资源管理的影响是广泛而深远的，土地和矿产资源管理工作将面临新的机遇和挑战，土地和矿产资源法治建设必将进入一个新的纪元。同时，2011 年也是"十二五"时期依法行政工作和"六五"普法的开端之年，如何将"十二五"时期依法行政和"六五"普法工作及新修订的《土地管理法》和《矿产资源法》的贯彻实施工作有机结合起来，共同推进，将是下一阶段土地和矿产资源法治建设的重中之重。

1. 做好各项规划

认真研究制定"十二五"时期依法行政、"六五"普法规划及新修订的《土地管理法》、《矿产资源法》的贯彻实施规划，将土地和矿产资源法治建设作为重要内容纳入该规划，一并进行安排部署，明确步骤、措施和要求。

2. 加强衔接配套

待新修订的《土地管理法》、《矿产资源法》出台后，配合省人大、省法制办，修订《湖南省实施〈土地管理法〉办法》、《湖南省矿产资源管理条例》及其他相关配套法规规章，使之与新法衔接。研究制定相关管理制度，对新的法律、法规和规章进行细化，增强其针对性和操作性。

3. 广泛宣传教育

以新法为重点，制定宣传教育方案；编制新法学习辅导读本，制作宣传资料；针对不同受众，举办形式多样的学习班、培训班；利用重要活动日集中进行宣传；坚持法律"六进"活动，把宣传教育的重心放在基层；充分利用各类媒介，加强合作，让新法走进千家万户，深入人心。

4. 深入调查研究

深入基层调查研究，寻求破解保障发展与保护资源两难命题的方法和途径。积极加强与各重点地区和各典型地区的联系沟通，及时收集、研究典型事例和问题；积极研究土地和矿产资源立法的重点、难点，重点加强对征地拆迁补偿争议、矿业权纠纷等社会热点问题的研究；积极探索土地和矿产资源法治制度建设，建立和完善法治建设长效机制；积极推进土地和矿产资源管理相关改革，切实提高土地和矿产资源管理水平。

5. 强化基础工作

进一步加强行政复议和征地拆迁补偿争议裁决工作，制定关于严格执行行政复议和裁决的相关规定，形成相应的制约管理机制；进一步加强规范性文件管理工作，建立规范性文件及时清理机制，完善规范性文件合法性审查制度，全面启动规范性文件后评估工作；进一步加强审批制度改革工作，继续清理和精简审批项目，压缩审批时限，减少审批环节，提高审批效率。

B.19

加强湖南交通运输法治建设的对策思路

湖南省交通运输厅

随着国家民主与法治建设进程的推进，湖南省交通运输行业在省委、省人大、省政府和交通运输部的正确领导下，紧紧围绕交通改革、发展、稳定这个中心，法制建设在立法、执法等领域取得了可喜的成果，成为加快湖南交通运输建设步伐、推进法治政府建设、推动全省国民经济持续发展的有力保障。近几年来，全省交通运输行业通过转变思想观念、完善法制机构、构建地方立法体系、建立健全管理制度、强化行政执法队伍建设、加大法制宣传力度等手段，进一步规范行政执法行为，促使本省交通运输法治建设走上了科学化、制度化、规范化发展的轨道。

一 交通运输法治建设进展

（一）逐步构建交通运输地方法规体系，建设法治交通

湖南交通运输地方立法工作的发展过程大致可分为三个阶段："七五"后期开始起步，"八五"、"九五"期迅速发展，"十五"、"十一五"期逐渐走向成熟。在省委、省人大和省政府的高度重视和支持下，自 1989 年以来，经省人大常委会和省人民政府先后审议通过了 8 部地方性法规、6 部省政府规章、2 部长沙市政府规章，构成了交通运输地方立法体系基本框架，为全省交通运输事业的发展提供了坚实的法律保障，对推动全省国民经济的协调发展发挥了积极作用。近五年来，在全省实施燃油税费改革和"大交通"建设的形势下，交通运输行业根据实际需求，制定了《湖南省实施〈中华人民共和国港口法〉办法》，修订了《湖南省道路运输条例》，废止了《湖南省高等级公路管理条例》、《湖南省交通规费征收管理条例》、《湖南省公路养路费征收管理办法》。目前，拟制定的

《湖南省高速公路条例（草案）》已进入省人大常委会的二审修改阶段。这些地方性法规、规章的出台和修订，进一步使全省交通运输行政管理做到了有法可依，为交通运输各项管理工作走上依法治理的轨道提供了法律保证。

（二）切实加强行政执法队伍建设，建设和谐交通

1. 加强对行政执法工作的组织领导，切实增强依法行政意识

一是统一思想，更新观念。全省交通运输行业高度重视交通运输依法行政和法制建设，牢固树立了"抓依法行政就是抓发展"，"推进依法行政就是推动科学发展"的观念，充分认识到依法行政的能力和水平直接代表着交通运输行业的整体社会形象，强调要依法行政，把依法行政作为确保交通运输事业又好又快发展的前提；强调要坚决贯彻《湖南省行政程序规定》，严格依法依规按程序办事，要正确地做事、做正确的事，从根本上转变那些不能适应依法治交、依法行政要求的观念、习惯和工作方法。二是健全机构、加强管理。全省交通运输行业各级交通运输主管部门均成立了专门的法制管理机构，配备有法制专干，并成立了以一把手为组长的"依法行政领导小组"。

2. 推进行政执法制度建设，全面加强了依法行政管理

一是全面实行责任制，务求目标明确、责任落实。各市州交通运输主管部门和厅直行业管理局主要负责人每两年向省交通运输厅厅长递交《行政执法责任状》，将行政执法责任落实到人。二是严格执行考核制，务求考核科学、注重实效。随着全省交通运输事业不断开拓创新、取得丰硕成果，交通运输法制建设也进一步推进。依法行政工作能做到有部署、有落实、有考核，细化了考核标准，量化了考核内容，完善了依法行政工作报告制度，建立了科学合理、切合实际、操作性强的交通运输依法行政工作考核体系。三是切实推行法定制，务求程序合法、行为规范。全省交通运输行业从程序和基准两方面着手规范行政执法行为。在执法程序方面，全面贯彻《湖南省行政程序规定》，在全行业明确规定了重大行政决策必经程序，包括调查研究、专家论证、公众参与、合法性审查和集体研究等五个环节，努力做到为行政决策立规，避免决策随意性。建立了行政决策的专家论证制度、重大行政决策的合法性审查制度、重大行政决策集体研究制度。对涉及公共利益和人民群众切身利益的决策事项做到了事先向社会公示，公开征求意见或者通过举行听证会、论证会等形式广泛听取意见。在行政裁量权基准方

面，认真落实《湖南省规范行政裁量权办法》，根据违法行为的性质、情节和社会危害程度，对行政裁量权作出了阶次划分和处罚幅度规定，在全行业发布了操作性较强的《湖南省交通运输厅行政处罚自由裁量权适用规定（试行）》。同时，省公路管理局、省公路运输管理局、省地方海事局、省高速公路管理局等厅直行业管理局也制定了行政处罚自由裁量权基准，解决了"同案不同罚"、"同事不同办"、"合法不合理"的问题。

3. 加强行政执法队伍建设，努力提高执法队伍素质

一是严把准入关，新进执法人员文化素质得到提高。全省各级交通运输行政执法单位的执法人员，必须参加统一的行政执法资格培训和考试，经考试合格，按照规定程序申领行政执法证后，方可上岗执法。2004 年，全省交通运输行业行政执法人员都要求具备大专以上学历；2011 年，交通运输部专门颁布《交通运输行政执法证件管理规定》（2011 年第 1 号令），规定交通运输行政执法人员要具有国民教育序列大专以上学历、品行良好、遵纪守法等。二是认真抓培训，执法人员执法水平有所提升。全省交通运输行业在执法队伍培训上采取多种形式、强化培训力度、狠抓培训成效，确保执法人员更新执法理念、熟悉各项新的法律法规知识，做到依法依规执法。三是创新机制，执法队伍整体素质不断提升。全行业大部分行政执法单位在用人机制上注重不断创新，积极运用考核机制、淘汰机制和激励机制等，进一步优化了队伍素质。

（三）严格实行政务公开制度，建设阳光交通

1. 推行政务公开，让"权力在阳光下运行"

政务公开是坚持和发展社会主义民主、建设社会主义政治文明、增强行政管理透明度、提高行政机关工作效率的有效途径，也是推进依法行政的基础性工作。政务公开要从与老百姓有密切关系的每一项行政许可事项、具体的行政管理和服务内容入手，把人民群众办事方不方便、人民群众满不满意作为政务公开的标准，按要求逐项公开。全省交通运输行业按照《政府信息公开条例》的要求，深入推进行政权力公开透明运行，突出抓好了载体建设。一是继续实行了办事公开、执法公示制度，提高行政管理透明度。采取新闻发布会、门户网站、电子触摸屏、电子显示屏、公开栏等形式，向社会公示了办事事项、办事程序、行政审批事项等项目和内容，基本形成了多层次、多角度的立体公开体系。二是进一步

补充完善了信息公开目录。在原有的《湖南省交通信息公开目录》的基础上，组织专门力量对其进行更正和补充，重新编制了《湖南省交通运输厅政府信息公开详细目录》，修订后的信息目录包括机构职能、政策法规及规范性文件、规划计划、人事信息、交通规费、应急管理、工作动态、通知公告、业务信息等主要内容。三是强化了厅门户网站建设，建立全省统一的交通信息发布平台。全面启动了政府信息公开处理系统、行政许可网上审批系统、公路公众出行交通运输信息服务系统、全省交通视频会议系统的建设。其中，"网上行政许可在线办理系统"已接入厅公众网"网上办事"窗口，23项交通行政许可和其他办事项目已经挂网运行，进一步做到了便民、利民。

2. 畅通复议渠道，让"申请在绿色通道受理"

全省交通运输行业始终把畅通行政复议渠道作为加强行政复议工作的着力点和突破口，制定并公开了行政复议工作制度，对符合法定条件的行政复议申请都依法受理，注重打造行政复议申请的绿色通道。近五年来，厅机关共办理了行政复议案件20件，维持原具体行政行为15件，撤销1件，确认违法1件，不予受理3件。同时还办理了劳动争议及行政诉讼案件5件。

近年来，在交通运输法治建设中全省交通运输行业虽做了大量的工作，但仍有一些方面亟待加强。一是地方交通运输立法有待进一步加强。多年来，全行业在交通运输立法上进行了有益的探索，地方交通运输方面的法规体系在进一步完善，但大部制改革和燃油税费改革的正式实施，使得现有的交通运输法制体系在一些方面还不适应现在的"大交通"局面，个别方面甚至出现了法律空缺。二是交通运输执法队伍建设有待进一步加强。由于交通运输部门长期以来运行体制较为封闭，交通运输执法人员基本都是从交通运输队伍内部抽调过来的，年龄结构偏大，文化水平较低，法律素养普遍有待提高，个别地方执法人员的素质参差不齐仍然是有效推进依法行政、文明执法的一大瓶颈。三是交通运输法制宣传有待进一步加强。由于交通运输法律法规较多，执法机构较为分散，导致宣传各自为政，轻重不一，缺乏有计划、协调统一、高效的交通法律法规宣传。如交通运输系统内的路政、运政、海事等部门与公安交警部门，往往各自单方面组织宣传，结果使得干部群众对交通法律法规缺乏全面系统的了解和认识，造成群众包括驾驶员乃至机关和企业往往对公安交警与交通路政、运政的各自分工与职责分辨不清，以致在对部门行风进行评议时，有些机关、

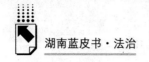

企业和群众常常混淆概念。对这些问题需要积极采取措施、切实有效地加以解决。

二 交通运输法治建设展望

1. 建立健全综合交通运输法律法规体系

加强交通运输法制建设，规范和完善综合交通运输法律、法规框架体系，是交通运输立法的重要内容，对于促进交通运输事业的健康发展至关重要。为此，在这一轮大部制改革的背景下，全行业将进一步加大和加快交通运输地方立法的步伐，加强交通运输前瞻性研究和立法调研工作，通过进一步清理当前的法规和规章，立足各地实际，按照科学发展观的要求，体现以人为本原则，修改、整合、完善现有的地方性交通运输法规，并针对当前的管理真空，力争尽快提请省人大和省人民政府出台新的法规和规章。如出台与农村公路、城市公共交通、出租车管理等相关的地方性法规。

2. 狠抓交通运输法制机构建设

交通运输法制机构是交通立法、执法、执法监督和法制宣传的重要部门，承担着交通运输各项政策法规的具体贯彻执行工作。全行业将以建立综合交通运输法制部门为目标，统筹兼顾，综合考虑，结合实际，在省交通运输主管部门，按照部里的建议，建立以法律、法规、政策制定为主的决策监督立法机构，在市县级建立以具体执法为主的执法机构。在法制机构设置上，要按照大部制的思路，遵循职能转变、理顺关系、优化机构、提高效能的原则，合理设置法律政策的决策、执行和监督机构。同时在机构"三定"上，要合理界定管理、执法、监督工作岗位，执法岗位原则上纳入公务员管理系统，不能纳入的应参照公务员管理，使得交通执法机构在体制与机制上形成科学的运行体系。

3. 强化交通运输法制队伍建设

交通运输执法队伍素质的高低直接关系到交通法律、法规的正确实施，是交通执法工作顺利开展的关键。全省交通运输行业将以落实交通运输部2009年1号令为抓手、以"创和谐新局面，登发展新台阶，上服务新水平，树交通新形象"为引领，狠抓队伍建设。首先要对现有的执法人员进行有效整合，把那些素质高、业务精、能力强的人员选调到执法岗位上来。其次，要针对当前各地的实际，通过公开招聘、广纳人才，选调一批文化高、素质高、业务精、有理想的人员充实到交通法制薄弱岗位上。最后，要开展多种形式的素质教育、岗位培训和文明执法活动，提高执法队伍素质、提升文明执法水平。

4. 健全交通运输执法的科学运行机制

在交通运输执法运行机制上，全行业将落实服务政府、法治政府、责任政府思想，树立全体交通运输执法人员立党为公、执法为民的意识。健全落实执法岗位资格制、执法工作评议制、执法人员末位淘汰制，丰富和完善执法监督形式和内容，通过信息公开、制度上墙、聘用执法义务监督员等多种形式，开展执法日常监督和群众监督，积极运用GPS、监控、网络等现代信息技术，以服务公众为核心，构建便捷、高效的行政审批和行政执法应用系统，提高法制管理水平、规范行政执法行为，促进执法工作能力和服务水平上一个新台阶。

5. 加强交通运输法制宣传，营造良好的交通运输执法环境

加强交通运输法制宣传，提高广大交通参与者遵章守纪的自觉性，对于维护好交通秩序，维护交通的畅通与安全，促进经济与社会的发展有着十分重要的作用。全行业将统筹兼顾、综合考虑、分步实施，打破部门之间条块分割状态，通过各种新闻媒体和宣传形式，实行"大交通"法律法规的综合宣传。同时加大对烈士王立国的先进典型事迹的宣传，发挥榜样的示范导向作用，树立交通执法为民的社会形象，营造更为和谐的交通运输行政执法环境。

法治政府和服务政府建设给湖南交通运输法治建设带来了机遇，同时也带来了挑战。全省交通运输行业将以此为契机，从组织领导、培训教育、监督检查、宣传引导等方面加强交通运输法治建设，服务于交通运输发展大局、服务于法治政府建设、服务于富民强省建设。

B.20
2010 年湖南省农业法治建设进展及
2011 年展望

严德荣　陈新登　聂建刚*

湖南农业法治建设富有成效，已颁布实施 19 部农业法规规章，立法确保农业可持续发展、农产品质量安全和农民合法权益，率先在全国出台《湖南省环境保护条例》和《湖南省耕地质量管理条例》等地方性法规，为全国立法奠定了基础。全省农业普法不断深入，对农业法律的宣传力度、干部职工的教育力度和对农民的法律普及力度逐步加大，干部职工的法律素质明显提高，全社会的农业法治意识明显增强。农业行政执法经历了从分散执法到综合执法的过程，执法制度由零散到不断完善，执法领域覆盖了农业投入品监管、农业资源与环境保护、农产品质量安全和农业知识产权保护执法四个方面。农业行政审批制度改革、规范性文件审查等农业依法行政工作逐步推进。"十二"期间，湖南农业法治建设将更上一个新台阶。

一　湖南省农业法治建设进展情况

改革开放以来，国家将加强民主法治建设提到了新的高度，农业法治建设逐步引起重视。以 1993 年《中华人民共和国农业法》和《中华人民共和国农业技术推广法》的实施为标志，农业法治建设进入了一个新时期。湖南是农业大省，其农业法治建设顺应了农业农村经济发展的要求，经历了从无到有、从逐步发展到不断完善的过程。特别是近年来，全省农业法治建设取得长足进展，农业立法、普法、行政执法及农业法律服务等成效显著。

---

* 严德荣、陈新登、聂建刚，湖南省农业厅政策法规处。

（一）地方农业立法富有成效

1995 年，省政府、省人大组织制定了全省地方农业立法长期规划，将农业宏观调控、农业可持续发展、规范农业市场主体和秩序、农业生产安全、农民权益保护、农村合作经济与产业化经营等列入长期规划，确定了构建湖南特色地方农业法规体系的框架。十多年来，湖南省紧密结合农业改革发展和稳定的大局，抓住农业和农村发展中的热点问题，积极开展立法工作。截至 2010 年底，全省已颁布 19 部地方性农业法规、规章，涉及全省农业经济发展的多个方面。其中，种植业方面制定有《湖南省实施〈中华人民共和国种子法〉办法》、《湖南省城镇蔬菜基地管理条例》；渔业方面制定有《湖南省渔业条例》、《湖南省水产苗种管理办法》；畜牧业方面制定有《湖南省实施〈中华人民共和国动物防疫法〉办法》、《湖南省饲料管理办法》；农机方面制定有《湖南省农业机械管理条例》；乡镇企业方面制定有《湖南省发展乡镇企业若干规定》；农业管理方面制定有《湖南省农产品质量安全管理办法》、《湖南省渔船渔港安全监督管理办法》、《湖南省农业机械安全监督管理办法》、《湖南省农业环境保护条例》、《湖南省耕地质量管理条例》、《湖南省植物保护条例》、《湖南省实施〈中华人民共和国农业技术推广法〉办法》、《湖南省农作物新品种有偿使用试行办法》、《湖南省农业投资条例》、《湖南省实施〈农民承担费用和劳务管理条例〉细则》等等。这些法规、规章的制定，突出了以下三个重点：

1. 突出确保农业可持续发展

针对农业环境与资源遭受破坏、耕地质量下降、综合生产能力受到制约等问题，湖南省从 2001 年起，在国家无上位法、省外无参考的情况下，开始对农业环境与资源保护、耕地质量管理立法进行调研，分别于 2002 年、2007 年出台了《湖南省农业环境保护条例》和《湖南省耕地质量管理条例》。特别是作为全国第一部有关耕地质量管理与建设的法规，《湖南省耕地质量管理条例》被农业部以文件形式向全国转发，要求各地借鉴湖南的做法，积极推进本地耕地质量管理制度建设。2008 年以来，针对湖南农业生产受外来物种入侵严重、因缺乏有效法律监管造成巨额经济损失的情况，省政府、省人大又在全国率先开展外来物种管理立法工作，《湖南省外来物种管理条例》将于 2011 年颁布实施，这将对遏制外来有害生物入侵、促进全省农业生产和农民增收提供有力的保障。

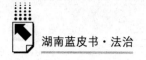

2. 突出保障农产品质量安全

为加强对农产品质量安全的有效监管，2003年湖南省着力开展农产品质量安全立法工作，2004年在全国率先出台了《湖南省农产品质量安全管理办法》。该办法对农产品生产、经营全过程及农产品包装、标识进行了系统规范，有力地促进了湖南农产品质量安全水平的提高，同时对《中华人民共和国农产品质量安全法》的出台提供了借鉴。

3. 突出保护农民合法权益

湖南省将加强农资监管、打击坑农害农行为作为重点，大力开展农资监管立法，力争使所有农业投入品的生产经营使用秩序得到规范。《湖南省实施〈中华人民共和国种子法〉办法》、《湖南省农业机械安全监督管理办法》、《湖南省水产苗种管理办法》、《湖南省农产品质量安全管理办法》等法规、规章，都详细规范了农资生产经营者的生产经营行为，要求其建立生产经营档案及质量可追溯机制，明确了其告知农民知情权及先行赔偿等义务。

（二）农业普法工作不断深入

20世纪80年代中期以来，农业法律宣传普及工作逐步受到重视。1986~1990年"一五"普法期间，以《中华人民共和国种子管理条例》、《中华人民共和国兽药管理条例》、《中华人民共和国家畜家禽防疫条例》、《湖南省禁止向农民乱收费乱派款的规定》等为重点，主要在全省农业系统内部对干部职工进行法制宣传教育，对依法加强农业管理发挥了较大作用。"二五"至"五五"普法期间，随着农业立法步伐的加快，农业法律法规逐步完善，农业普法工作不断深入、普法内容不断丰富、普法对象不断扩大。

1. 农业法律宣传力度逐步加大

1993年，为做好《中华人民共和国农业法》和《中华人民共和国农业技术推广法》的宣传工作，省农业厅召开了新闻发布会，省委、省人大、省政府、省政协有关领导到会讲话，省直有关厅局负责人、中央驻湘和省会新闻单位记者100余人参加。会后，时任副省长的郑培民带领省农业厅和省法制局等单位200多名机关干部，在长沙开设了6个宣传站，印发"两法"单行本6万份。1997年12月，《中华人民共和国动物防疫法》颁布实施，省兽医总站组织全省各地市兽医站，出动宣传车2040台次，到乡镇开展宣传。2002年，新修订的《中华人民共和国农业法》和《湖南省农业环境保护条例》颁布实施，省农业厅在宁乡召开了农业法制宣传动员大会，各方面的代表 1000 余人参加了会议，全省农业系统举办各类人员培训班 300 余期，培训 3 万余人次。2006 年，《中华人民共和国农产品质量安全法》颁布实施，省农业厅与省委宣传部、省人大农委联合下发了《关于做好〈中华人民共和国农产品质量安全法〉宣传工作的通知》，组织全省农业部门广泛宣传。2009 年，《中华人民共和国食品安全法》颁布实施后，召开了"湖南省学习贯彻《中华人民共和国食品安全法》、《中华人民共和国农产品质量安全法》大会"，全省各市州、县市区分管农业的秘书长、县市区长及农业局长等 400 余人参加会议，省委、省政府领导和厅领导都作了重要讲话，并邀请法学专家授课，编印发放《食品安全法律法规选编》2000 余册，湖南卫视、经视、《湖南日报》、红网等主要新闻媒体都作了报道。当年全省举办培训班 26 期，培训人员 4000 余人次，印发宣传资料 2 万余份，促进了全社会农产品质量安全和食品安全意识的增强。

2. 干部职工法律教育力度逐步加大

从"三五"普法开始，根据中宣部、司法部和省普法办的要求，省农业厅始终把厅系统干部职工的法制宣传教育作为重点，按照实现"两个转变"的目标，即实现由提高农业系统干部职工法律意识向提高法律素质转变、由注重依靠行政手段管理农业向注重运用法律手段管理农业转变。省农业厅完善了干部职工学法用法 4 项制度，每年开展法律讲座，组织干部职工参加法律知识考试，并在 2002 年、2005 年与 2007 年 3 次汇编《农业法律》一书，编印《农业法律基础》、《农村常用政策法律知识问题》、《农产品质量安全知识百问》、《农民守法与维权知识问答》、《农产品质量安全法律法规选编》等书籍，供干部学习用。通过抓法律教育，干部职工的法律素质明显提高，依法行政能力不断增强。

3. 农民法律普及力度逐步加大

全省从"四五"普法开始，把农民的法律教育放到了重要位置。每年 12 月省农业厅结合"五下乡"活动，开展送法下乡活动，将汇编的农业法规书籍及宣传资料免费发送给农民。2004～2010 年，全省各级农业部门每年开设农业法律咨询站 1000 余个，接受农民咨询 80 余万人次。"五五"普法期间，每年 2 月农业部统一部署在全国开展"放心农资下乡进村"宣传周活动，湖南省各级农业部门以此为契机，广泛开展农业法律法规宣传活动，为农民就农业政策法规问题解难答疑。同时，在抓好法律宣传的基础上，切实维护农民的合法权益。2006年以来，全省各级农业部门共接待农民的来信来访5386次，每次来信来访都指定由专人负责，认真落实。

（三）农业行政执法全面加强

改革开放以来，湖南省农业行政执法工作经历了由分散到综合、从薄弱到逐步增强的过程。特别是"十一五"以来，全省农业执法大力改革，勇于开拓。

1. 执法机构由分散到不断整合

十一届三中全会后，农业法治建设受到重视，在种子管理、植物检疫、动物防疫、渔政、兽药管理等方面建立了执法队伍。但是农业部门执法多头、力量分散，执法能力和水平低，许多法定职能难以履行到位。从20世纪90年代中期开始，湖南省按照《中华人民共和国农业法》的要求，积极推行农业综合执法，取得了明显成效。回顾这一历程，大致经历了三个阶段。

一是1996～1999年的试验探索阶段。1996年，省农业厅对加强农业行政执法体系建设进行部署，在浏阳市进行综合执法试点。这个时期以推行综合执法为目标，对机构建设的形式或组织方式未作具体要求，至1999年12月，全省有35个县市开展了综合执法。

二是2000～2003年的大力发展阶段。2001年，省农业厅在浏阳市召开现场会议总结推广经验，中方、衡南、冷水滩、石门、临湘、沅江、隆回、宁乡、新邵等地先后被列为全国农业综合执法试点地区。同年，农业执法体系建设项目被纳入省财政预算。至2002年底，全省14个市州成立了农业行政执法支队，112个农业县市区成立了农业行政执法大队，拥有专职执法人员1200多人，成为全国唯一全面实行农业综合执法的省。

三是2003年以来的规范化建设阶段。2003年，省农业厅在全国率先提出按"五有"标准推进农业执法规范化建设，即有编委正式批准的机构、有一支素质较高的执法队伍、有配套的办公设施和必要的执法装备、有完善的管理制度、有明显的执法效果。2007年，湖南成立了省农业行政执法总队，实现了从省到市到县逐级建立总队、支队、大队等综合执法机构的目标。2008年，湖南省进一步加大了对农业执法投入的力度，启动了农业执法体系规范化建设项目，省财政每年投入500万元，为30个综合执法机构配备必要的设施和装备，截至2010年12

月，全省 14 个市州和 88 个县市区农业行政执法机构的执法手段得以改进。

2. 执法制度由零散到完整

湖南省农业执法制度是随着农业法制建设特别是农业执法工作的开展逐步出台和完善的。1996 年开始，各级农业部门逐步出台了相关执法制度。1998 年省农业厅吸取各地农业执法经验，制定《湖南省农业行政执法责任制》、《湖南省农业行政执法人员守则》、《湖南省农业行政执法过错责任追究制度》等 15 项执法制度，对全省农业执法主体、行为规范、执法程序、执法队员资质、执法人员考核、日常工作制度、执法责任及责任追究等方面作了详细规定，基本适应了全省农业执法工作的需要。省政府充分肯定了这 15 项制度，并在省直机关推广。2008 年《湖南省行政程序规定》实施后，省农业厅发布了《湖南省农业行政处罚自由裁量权管理办法》，制定了行政处罚自由裁量权基准，规范行政处罚行为。2009 年根据新形势下农业执法工作的需要，补充制定了《农业行政执法六条禁令》和《农业行政执法案件回访制度》，对农业执法人员的执法廉洁、工作作风等方面和重大案件回访作了规定。2010 年又制定了《农业行政处罚重大案件集体讨论制度》。这些制度在规范农业执法行为、提高执法水平、树立良好执法形象等方面发挥了重要作用。

3. 执法力度由薄弱到增强

1996 年农业综合执法试点以后，全省农业执法力度逐步加大，所查处的违法案件数量逐年增多，但主要集中在种子、农药、肥料等农资打假方面。2000 年以后，农业环境保护执法、农产品质量安全执法被纳入农业执法范围。从 2005 年开始，全省农业执法领域已涵盖农业投入品监管执法、农业资源与环境保护执法、农产品质量安全执法和农业知识产权保护执法四大方面。"十一五"期间，全省共立案查处假劣农资案件 2 万余起，农业环境污染案件 500 余起，农产品质量安全案件 300 余起，耕地质量案件 100 余起，实施调运检疫 8.3 万余批次，为农民挽回经济损失 10.6 亿余元。特别是 2003 年国务院全面整治"毒鼠强"以来，全省强力收缴"毒鼠强"230.99 公斤，杜绝了"毒鼠强"的危害。2007 年国家有关高剧毒有机农药禁售令出台以来，全省收缴并销毁"甲胺磷"等 5 种高毒农药 307.89 吨，占全国收缴总量的 1/3 以上，为农产品质量安全提供了重要保障。

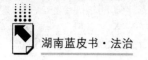
（四）农业依法行政工作逐步推进

省农业厅高度重视依法行政工作，特别是 2008 年《湖南省行政程序规定》出台以来，加大了推进农业依法行政的力度。

1. 努力深化行政审批制度改革

省农业厅将规范行政审批、提高行政效率作为推进依法治农的重要举措。首先，清理精简审批事项。2000 年，对各种立项审批，许可证、资质证、资格证的审批发放和农药、兽药、肥料检验登记以及由省农业厅负责前置审查签署意见的事项进行了全面清理。共清理审批事项 105 项，经规范后，拟保留 53 项。2003 年《中华人民共和国行政许可法》施行后，对地方性法规、政府规章和规范性文件有关行政许可的规定和行政许可的实施主体又进行一次全面清理，保留行政审批项目 33 项，取消《国有农垦企业自产粮食跨县（市）运销》等行政审批项目 19 项，下放行政审批项目 1 项，合并行政审批项目 3 项。2005 年，取消《蚕种生产许可证》等农业行政审批项目 7 项。2008 年 1 月，省政府办公厅下发了《关于进一步清理取消和调整行政审批项目的通知》（湘政办函［2008］6号），经清理规范拟保留行政许可项目 44 项，非行政许可项目 3 项，调整合并的行政许可项目 8 项，取消农业机械推广许可证核发等行政许可项目 8 项。2010 年，又先后 6 次对所有涉农行政审批项目进行清理，配合省直管县的要求，扩权强县，下放至县市级行政审批项目 5 项，取消市州审核项目 8 项，保留行政许可项目 31 项，列入办事服务项目 2 项，并将每个项目的办理时间按法定时间缩短了 1/3 左右。经过多次清理规范，全省农业行政审批事项大幅减少，为推进依法行政、建立服务型机关，奠定了基础。其次，改革审批方式。2004 年 9 月省农业厅成立厅行政许可受理中心，省畜牧水产局、省农机局设立分中心。中心与分中心主要负责职责范围内的行政许可的统一受理和送达、行政许可咨询服务等，2005 年 1 月受理中心正式启用运行。为了进一步规范行政审批行为，提高办事效率，增加透明度，省农业厅投资 40 万元，于 2008 年 12 月建成了省政府直属部门第一个启动运行的行政审批网络系统，所有行政许可项目实现网上受理。最后，规范审批行为。先后制订了省农业厅《行政许可目录管理制度》、《考核评议制度》、《过错责任追究制度》、《管理制度》、《举报工作制度》、《监督检查制度》，逐步规范行政审批。2010 年，省农业厅全年受理各类行政审批事项 489

项，办结率达 95% 以上，行政审批工作实现零投诉，得到省政府检查组的高度肯定。

2. 切实加强规范性文件审查

2008 年制定了《湖南省农业厅规范性文件备案内部审查程序规定》，统一了省农业厅规范性文件的内部审查程序和要求，并认真抓好规范性文件审查工作，2008 年以来审查规范性文件共 37 件，上报省政府法制办统一登记、统一编号、统一公布，没有违规发布规范性文件。

3. 坚持做好依法民主科学决策

2009 年省农业厅制定了《湖南省农业厅重大行政决策内部程序规定》和《湖南省农业厅行政听证制度》，将重大农业发展规划、重大资金安排、重大行政事项等列入重大行政决策范围，重大行政决策必须经过公开听证后才能实施。2009 年成功举行了《湖南省外来物种管理条例》立法听证会，2010 年举行了"十二五"湖南新农村体制机制建设与农村改革、"十二五"农业发展规划等重大行政决策听证会，全国 20 多名著名专家和农业部门代表、基层单位代表、农民代表参加会议，充分听取社会各界的意见，确保了民主科学决策。

二 湖南省农业法治建设展望

"十二五"期间，湖南省将基本建立与国家法律法规配套的地方农业法律法规体系，农业系统干部职工的法律素质和依法行政能力将全面提高，农业行政法体系规范化建设将跃上一个新台阶，农业部门的法定职责得到充分履行，农业执法力度进一步加大，农产品及农资市场秩序进一步规范，农民的合法权益得到切实维护，全省农业法治建设基本适应现代农业发展的要求。

1. 立法目标

在外来物种管理、农业产业化经营、农民职业教育、农民合作经济管理等方面实现新的突破，进一步完善地方农业法规体系。2011~2012 年计划制定颁布《湖南省外来物种管理条例》和《湖南省农民职业教育管理条例》。2013~2014 年制定颁布《湖南省实施〈中华人民共和国农产品质量安全法〉办法》和《湖南省休闲农业管理条例》。2015 年计划制定颁布《湖南省肥料管理条例》。

2. 普法目标

按照"六五"普法规划，举办农业系统干部职工法律培训30000人次，全面提高农业系统领导干部职工的法律素质和依法行政能力；抓好农村普法试点，新建新农村建设普法示范点30个，通过群众喜闻乐见、生动活泼的形式，广泛开展农村普法宣传，不断增强农民的法律意识和维权能力；大力开展"送法下乡"活动，提供农业法律咨询服务；编印农业普法资料10万份，以满足农村普法需要；举办农民普法骨干培训班，更新其法律知识，为农村普法打好基础；协调各方面的力量，采取各种形式，加大农业与农村普法工作力度，切实提高普法效果。

3. 执法目标

全面推进农业行政执法，扎实推进农业行政执法体系规范化建设，全面履行法定职责，探索构建农业执法长效机制，为现代农业的发展提供有力保障。一是以加强体系规范建设为重点，推动全省农业执法体系再上新台阶。全面提升"五有"水平，市州、县级农业执法机构全部实现参照公务员管理；全面提升执法队伍素质，执法人员全部具有大专以上文化程度，其中法律专业或农业类专业人员达到90%以上；明显改善办公场所和扩大经费来源，全省执法装备建设完全适应工作需要；进一步完善执法管理制度，规范执法行为；执法成效显著，违法案件得到及时查处。二是以开展农产品质量安全执法为重点，全面推进农业执法。全面净化农业投入品市场，继续保持全省"毒鼠强"零中毒事件的良好局面，继续开展"甲胺磷"等五种高毒农药的清查收缴行动及无害化处理，确保农产品质量安全。积极拓展执法领域，深入开展农业资源与环境保护执法，耕地质量保护执法、农业知识产权保护执法，不断加大执法力度，提高执法水平。三是以开展"放心农资下乡进村"为重点，探索构建农资打假长效机制。每年确定20个县市区开展"放心农资下乡进村"示范工程，建立放心农资店，构建适合湖南现状的农资销售网络，在示范区内实现放心农资入户率达95%以上，通过示范区建设带动全省放心农资下乡进村工作水平跃上一个新台阶，全省平均每个乡都建1个放心农资店，放心农资下乡进村入户率平均达到80%以上，农资质量明显提升。

4. 依法治理目标

全面实施国家、地方农业法律法规和相关法律法规，切实解决目前依法治理方面存在的农业投入未依法到位、农业技术推广体系未依法保障、农业资源和环境仍需进一步依法保护等问题，促进依法治农水平的提高。

加强林业法治建设　打造绿色湖南名片

湖南省林业厅

2010 年，在省委、省政府的正确领导和省人大的监督下，湖南省林业厅大力加强林业法治建设，通过狠抓林业立法及林业法律法规学习培训、执法检查、行政程序建设等，全省林业系统始终遵循合法性原则、合理性原则和效率原则等行政执法原则，真正做到林业系统"有法必依、执法必严、违法必究"，林业行政执法取得了较好成绩，良好的林业行政管理秩序逐步形成，执法权威进一步树立，林区更加和谐稳定，林业事业取得了令人瞩目的成绩，湖南林业成为将湖南推向全国的一张亮丽名片。但与此同时，湖南林业执法中仍存在一些不容忽视的问题，需要采取有效措施加以解决。

一　林业执法现状

2010 年，在省委、省政府的正确领导和省人大的监督下，全省林业系统紧紧围绕"实现科学跨越，加快富民强省"大局，以贯彻实施国务院《全面推进依法行政实施纲要》为主线，以贯彻实施《湖南省行政程序规定》及其配套制度为重点，按照"完成一项改革，守住两条底线，建设三大体系，做好四项工作"的全省林业工作总体思路，始终把全面推进依法行政作为事关林业事业发展的大事来抓，努力做好林业执法的各项工作，林业事业取得令人瞩目的成绩，湖南林业在全国的地位大幅提升。到 2010 年底，全省森林覆盖率从 56.4% 增至57%，增长 0.6 个百分点；森林蓄积量从 3.83 亿立方米增至 4.02 亿立方米，净增 1900 万立方米；全省林业产业总产值达 1150 亿元，增长 22%，成为全省八个超千亿元的产业之一，顺利实现了省政府"十一五"发展目标。

1. 抓立法配套，完善林业法规体系

有法可依是依法行政的基础。《湖南省植物园条例》被列入 2010 年调研计划后，省林业厅配合省人大农业委、法制委和省政府法制办进行了立法调研，召开专家论证、座谈会，并积极向省人大和省政府领导汇报，配合省人大对该条例的制定到新疆、福建、黑龙江等地进行了多次调研和论证，同时组织起草和修改了条例草案，为该条例纳入省人大 2011 年立法出台计划做好了较为充分的准备。近 5 年来，在省人大、省政府的高度重视和大力支持下，省林业厅先后制定了《湖南省湿地保护条例》、《湖南省林业有害生物防治检疫条例》、《湖南省林产品质量安全条例》和《湖南省森林资源流转办法》共 4 部地方性法规或地方政府规章。目前，湖南省由省人大常委会发布的林业地方性法规已达 9 部，由省人民政府发布的政府规章有 7 部。经过多年的努力，一个以森林法为龙头，配套以地方性法规、政府规章的林业法规体系基本形成，全省各项林业建设和保护管理活动，实现了有法可依、有章可循。

2. 林业执法学习培训

2010 年，全省共举办林业执法学习培训 4882 次，其中省级 5 次，市级 62 次，县级 384 次，参加学习和培训人数约 13 万人次。举办全省林业系统法律知识测试 1 次，参考率 98.8%，合格率 98.2%。举行全省林业行政执法检查 2 次，行政复议案件维持率和行政诉讼案件的胜诉率均在 80% 以上。执法案卷的填写、归档合格率达 96%。

3. 林业法律法规宣传

一年来，共编发《林业政策法规汇编》45000 多册，《湖南省林产品质量安全条例释义》、《集体林权制度改革文件汇编》、《集体林权制度改革问答》等林业政策法规辅导资料 30000 多本（份）；购买、发放"五五"普法读本等普法材料 4000 多本（份）；全省共出动宣传车 522 次；张贴标语横幅 2000 余幅；制作固定宣传牌 184 个。2010 年 8 月，国家林业局派出验收检查组对湖南省林业"五五"普法进行了检查验收，普法工作成绩得到了检查组的充分肯定，湖南省林业厅因此被国家林业局推荐为全国林业系统"五五"普法宣传教育工作先进单位。

4. 森林公安机关执法专项行动

2010 年，共开展全省性或区域性专项执法行动 4 次，分别是"火案二号"、"春季行动"、"打击破坏野生动物资源违法犯罪活动"和"保护候鸟"，有力打击了各类违法犯罪分子，促进了林区社会和谐稳定，保证了林权改革的有序进行。行动期间，全省共办理各类涉火案件 1658 起，其中刑事案件 238 起，刑事拘留 193 人、逮捕 118 人。其中，古丈县"2·22"、岳阳县"2·24"等特大森林失火案，平江县"12·1"杀人抛尸案，会同县梁高胜滥伐林木案，北湖区刘勇故意放火毁林案，宁远县欧阳俊涉嫌森林资源流转合同诈骗案等一系列重特大刑事案件得到迅速侦破。截至 11 月底，全省森林公安机关办理各类森林案件 14719 起，其中刑事案件 1498 起（重大案件 107 起，特大案件 13 起），打击处理各类违法犯罪人员 18925 人，挽回直接经济损失 2.34 亿元。

5. 林业综合行政执法

2010 年，向国家林业局推荐上报祁阳县林业局、祁东县林业局、沅江市林业局、澧县林业局、北湖区林业局作为本省林业综合行政执法示范点建设县（市、区）。配合全省集体林权制度改革的深入开展，目前，全省已有个 41 个县（市、区）经当地编委或者林业局行文，单独组建了综合执法队伍，为在全省范围内建立林业综合行政执法队伍，有效解决"多头执法"和"交叉执法"等问题奠定了基础。

6. 行政执法案例指导评查

2010 年，全省林业系统对典型林业行政案件进行收集、分类，对违法行为的事实、性质、情节、社会危害程度相同或者基本相同的进行整理、总结，形成指导性案例 286 个，作为林业系统今后一定时期内对同类违法行为进行行政处罚的参考。此项工作的开展，将进一步规范全省林业行政执法工作。

7. 案件查处

2010 年，全省共发生林业行政案件 30639 起，共查处 30372 起，案件查处率为 99.1%。共没收违法所得金额 1832.71 万元，没收木材 109592 立方米，没收苗木 12.15 万株，收缴野生动物 70788 只，处以罚款 3955.71 万元，责令赔偿损失 367.9 万元，补征林业规费 3024.23 万元，责令补种树木 4827313 株，林业行政处罚 31739 人次。

8. 行政程序建设

一是严格执行《湖南省规范行政裁量权办法》。省、市、县三级林业行政主管部门均制定了林业行政处罚自由裁量权基准，对各级林业行政机关的林业行政处罚自由裁量权进行了分解，全省林业系统严格按照裁量权基准实施行政处罚。二是严格执行各项规章制度，如《湖南省行政程序规定》和《湖南省规范性文件管理办法》等，自觉加强行政程序建设，推进政府管理创新。三是地方性林业法规、规章和规范性文件清理。共组织对《湖南省林业条例》、《湖南省湿地保护条例》、《湖南省森林公园管理条例》等8部地方性林业法规、《湖南省森林资源流转办法》、《湖南省林木林地权属争议处理办法》、《湖南省植物检疫实施办法》等7部政府规章进行了全面清理，并及时向省人大和省政府报送了清理结果。全省林业系统对各级林业行政机关出台的规范性文件进行了全面清理。四是扩展县（市）部分经济社会管理权限。按照省委、省政府关于加大扩权强县改革力度，切实做好省直管县财政体制改革的配套改革工作的要求，省林业厅对本单位35项经济社会管理事项进行了清理，包括31项行政许可事项、2项非行政许可事项和2项其他管理事项。其中3项许可权限直接下放到县，23项取消市级部门审核，减少了管理层级，方便了群众办事，提高了机关行政效能。

9. 执法监督

一是制度监督。根据《湖南省规范权力运行制度建设工作方案》，组织监察、法规、计财及相关业务处室对如何规范权力运行进行了认真研究梳理，制定了《湖南省林业厅规范权力运行制度建设工作方案》、《湖南省林业厅规范权力运行查究问责办法》和《湖南省林业厅规范行政权力运行监督检查办法》。林业公共权力主要分行政许可（审批）、非行政许可（审批）、行政执法、项目初审申报四大类。对于行政许可（审批）、非行政许可（审批）、行政执法三类公共权力，做到"一项权力，一个制度"；对于资金项目初审，除类似、相近的项目可以合并成一项制度外，其余均为"一个项目，一个制度"。按照职权法定、配置科学、裁量标准、程序规范、公开透明、绩效评估、查究问责的工作要求建立权力运行制度，没有违法增加、变相增加职权或遗漏职权。同时，严格执行《湖南省林业厅行政执法责任制办法》、《湖南省林业行政执法过错责任追究办法》、《湖南省林业行政执法公示制度》和《湖南省林业系统行政执法质量考核评议办法》等规范性文件，建立了林业行政执法责任制、林业行政执法过错追究制、林业行政执法质量考核评议制，有力推进了全省林业行政执法责任制的开展。二是行政监察。厅监察室设立投诉电话，明确专门人员，受理公众对行政审批工作人员违法、违纪或违反效能建设规定行为的投诉、举报，并组织核查。经核查情况属实的，由监察室责令有关人员改正，予以告诫或依法依纪处理。三是社会监督。认真贯彻落实行政程序规定和《政府信息公开条例》，出台了《湖南省林业行政执法公示制度》。按照国家提出的"外网受理、内网办理、外网反馈"和该制度要求,将林业行政主管部门实施的行政许可项目的许可依据、条件、申报材料、办理程序、办理时限、收费依据和标准、联系方式、监督投诉电话等内容在湖南省政府网站、湖南林业信息网或《湖南日报》上进行公布,将同人民群众密切相关的许可证核发程序、收取林业规费的项目和标准、林业行政处罚的法律依据和程序,统一制作宣传牌,发至基层执法单位悬挂上墙,自觉接受社会监督。

二　存在的主要问题

湖南林业系统在林业依法行政方面做了大量工作,也取得了一定的成绩,但仍然存在许多问题需要解决。

1. 基层执法队伍经费来源成问题

《中共中央国务院关于加快林业发展的决定》规定"改革育林基金征收、管理和使用办法,征收的育林基金要逐步全部返还给林业生产经营者",国家已将育林基金征收标准从20%降到10%。这样,支撑林业系统正常运转的主要资金来源将面临枯竭,这对全省执法队伍的稳定也将产生巨大影响。

2. 林业行政执法趋利化

人员经费来源没有保障,必然引起执法趋利。当前林业行政执法机构和人员过多,经费严重不足,人员工资没有完全纳入财政预算,有的地方将林业行政执法行为与林业行政执法机构、人员利益挂钩,福利待遇与罚没收入挂钩,从而造成林业行政执法不公乃至腐败,使林业行政执法行为与林业行政执法要求相背离。目前,随着集体林权制度改革的深入推进,全省林业部门行政事业经费纳入财政预算问题,特别是两站人员(即基层林业站和木材检查站工作人员)"吃皇粮"问题基本得到了解决,但仍有个别县市未能完全落实,林业行政执法趋利化的隐患仍未彻底解除。

3. 执法监督工作相对薄弱

由于历史原因,目前全省除怀化等少数几个市、县外,普遍没有设立专门的法制工作机构,而由专职或兼职人员负责法制工作。机构不健全影响了职能作用的发挥;同时,法制工作机构工作人员素质低,难以有效实施执法监督工作。

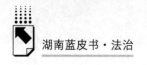

三　加强林业法治建设的建议

在今后的工作中，各级政府及其林业行政主管部门应当进一步强化依法行政意识，注重林业法治建设，加大法治建设力度，努力探索在社会主义市场经济条件下开展林业执法工作的新思路和新办法，把普法和依法治理渗透到林业工作的全过程中，不断增强依法行政的能力和依法管理的自觉性，进一步提高林业执法队伍的水平和素质，使全省林业向更高、更新、更辉煌的目标迈进。

1. 进一步推进行政程序建设

深入贯彻林业法规以及《全面推进依法行政实施纲要》、《湖南省行政程序规定》、《湖南省规范性文件管理办法》等法律、法规和规章；深入执行重大行政决策程序、规范性文件制定程序和行政执法程序；全面落实重大行政决策公众参与、专家论证、集体决策和听证制度。

2. 加强普法宣传

做好全省林业系统"六五"普法工作规划和年度工作计划，重点宣传社会矛盾纠纷处理等与人民群众生产生活密切相关的内容特别是新出台的法律法规，如农村土地承包经营纠纷调解仲裁法、湖南省林产品质量安全条例等。

3. 加大行政执法监督力度

严格实施林业行政处罚自由裁量权基准和行政执法责任制；进一步贯彻落实政府信息公开条例，加大政务公开力度；严格执行行政许可法及相关法规，加强行政许可管理；开展行政执法案例指导评查，规范行政执法工作；建立起层级监督和内部监督相结合、系统内监督和系统外监督相结合、事前监督和事后监督相结合的林业执法监督管理体系。

4. 深入推进林业综合行政执法

配合全省集体林权制度改革，督促指导祁阳等五个县市区林业局做好林业综合行政执法示范点建设，指导扶持其他县市组建综合行政执法机构，稳步推进林业综合行政执法；整合执法力量，提高执法水平，建立权责明确、行为规范、监督有效、保障有力的林业行政执法体制；加大林业执法力度，落实林业行政执法责任制、评议考核制和错案责任追究制。

5. 加强执法队伍建设

　　要加强业务培训，提高林业行政执法人员的法律素质和执法能力，强化防微杜渐意识，真正做到公正执法、执法为民。应建立和完善森林公安干警政治学习制度，坚持政治学习不放松，严格执行"五条禁令"和"六个严禁"，重温马列主义、毛泽东思想经典，组织观看警示教育专题片，端正执法思想、规范执法行为、严肃纪律作风。

B.22

依法审计　有效监督

湖南省审计厅

2010 年，湖南省各级审计机关在省委、省政府和审计署的领导下，坚持以科学发展观为统领，以制度创新为核心，以加大审计监督力度和提高审计质量、发挥审计机关"免疫系统"功能为目的，坚持围绕中心，服务大局，与时俱进，积极探索审计工作法制化、制度化、规范化和科学化，审计执法工作取得了较大成绩，有效地发挥了审计机关的"免疫系统"功能。

一　审计法律制度建设

审计法律制度，是审计机关开展审计工作的依据和基础，也是履行审计职责、发挥审计监督功能的有力武器和有效条件。为此，全省审计机关非常重视审计法律制度建设。

1. 地方审计立法取得新成就

地方审计立法的成就主要表现在以下两个方面：一是完成了制定《湖南省内部审计办法》的相关准备工作。为推动全省内部审计工作，发挥内部审计的作用，规范内部审计行为，促进内部审计事业发展，2009 年，省审计厅向省政府提出了制定《湖南省内部审计办法》的立法建议，并递交了建议稿初稿。2010 年，省审计厅会同省政府法制办就制定《湖南省内部审计办法》进行了广泛调研，7 月在长沙市召开了调研会议；先后征求了各市州人民政府、省直各部门和有关单位的立法建议，并根据有关意见和建议进行了 6 次大的修改，为该办法的出台做了充分准备。目前，该办法已通过省政府法制办主任会议审议，形成了《湖南省内部审计办法（草案）》，即将提交省政府常务会议审议。该办法的出台，将有力地推动全省内部审计事业进一步发展。二是积极参加地方性法规和政府规章立法。按照省人大常委会、省政府和有关部门的要求，参加了《湖南省国有资源有偿使用收入管理办法》等 8 部地方性法规、规章立法工作，提出了一些良好的立法意见和建议，较好地协调了审计监督权与其他部门管理权之间的关系，防止了审计法律法规与其他部门法规之间的矛盾和冲突。

2. 清理地方性法规、规章和规范性文件取得新成绩

2010 年，省审计厅先后修订完善了 32 项审计权力运行制度，进一步明确了审计业务流程和工作规程，细化了相关操作程序，使每个审计人员明白自己应该"干什么"、应该"怎么干"、应该达到"什么标准"、应该承担"什么责任"，做到办事有依据、按程序、可检查、有奖惩，从而把年初布置的各项任务落到了实处。一是向省人大提出修改相关法规条例建议。根据省人大常委会的布置，对照《中华人民共和国审计法》及其实施条例，对 2003 年 1 月 8 日湖南省第九届人民代表大会常务委员会第三十三次会议通过的《湖南省审计监督条例》进行了认真清理，并书面向省人大财经委提出了近 20 条修改《湖南省审计监督条例》的建议，得到了省人大财经委的充分肯定。二是向省政府提出相关规章的清理建议。根据省政府的布置和省法制办的要求，认真清理了与审计工作相关的政府规章，提出了"没有发现不适应、不一致、不协调的问题，建议继续有效"的清理建议，维护了审计法规的连续性。三是认真清理规范性文件。根据湖南省机关效能建设领导小组和省政府法制办的要求，省审计厅制定了《湖南省审计厅进一步理顺和规范权力运行制度建设工作方案》，并对适用于省审计厅和全省各级审计机关的有关暂行、试行已 2 年的规范性文件进行了全面清理。

3. 规范性文件的制定取得新成果

2010 年，为进一步规范审计行为，提高审计工作质量和审计效率，全省各级审计机关狠抓规范性文件的制定工作，做到用制度管人、用制度管事、用制度促进审计机关发挥审计监督作用。全省各级审计机关新制定的规范性文件近千件。省审计厅围绕审计监督工作新制定了 31 件规范性文件，其中主要有：《湖南省审计厅规范行政处罚自由裁量权实施办法（试行）》、《湖南省审计厅行政处罚自由裁量权基准（试行）》、《湖南省审计机关审计项目质量检查办法》等。

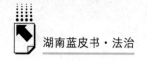
二 审计法制宣传教育和审计执法监督检查

1. 审计法制宣传教育登上新台阶

一是制定法制宣传教育计划。全省各级审计机关均制定了 2010 年法制宣传教育计划，明确了法制宣传教育的指导思想、组织领导、主要目标、工作原则、主要任务、保障和监督检查机制。同时，结合全省审计工作实际，广泛开展了岗位学法活动。二是开展了"五五"普法检查验收。主要做法是由全省审计机关"五五"普法检查验收领导小组检查验收了市州审计机关和审计厅的"五五"普法工作，市州审计机关检查验收本辖区内的县级审计机关的"五五"普法工作。长沙、株洲、湘潭、衡阳、张家界、益阳、郴州市（州）审计局被评为全省审计机关"五五"普法先进单位，彭瑜等 14 名同志被评为全省审计机关"五五"普法先进个人。湖南省审计厅的"五五"普法工作，经审计署检查验收为合格，并被评为全国审计机关"五五"普法先进单位。三是广泛开展学习审计法实施条例的活动。在修订后的审计法实施条例颁布生效之际，广泛开展了学习宣传贯彻修订后的审计法实施条例的活动。各级审计机关在当地悬挂了宣传贯彻新条例的气球和横幅，约请政府主要领导在当地报纸上发表宣传新条例的署名文章，举办学习新条例的培训班，发放宣传新条例的书籍资料等。

2. 审计执法监督检查取得新突破

一是加强监督。组织人员对省审计厅实施的审计项目进行了交叉质量检查，督促审计人员提高审计工作的质量意识、风险意识、精品意识。二是建立完善上下审计执法质量交叉评议检查制度，以此推动全省审计工作全面发展。审计执法质量检查交叉评议的具体做法是：由省审计厅法规处牵头，抽调各市州审计局法规科人员组成 4 个检查评议组，交叉检查评议兄弟单位的审计质量。在检查评议时，主要采取随机抽查审计项目档案、查验有关制度、召开座谈会、走访被审计单位等方式掌握情况，并由检查评议组根据《湖南省审计机关审计项目质量检查办法》和评分标准，对被检查评议的审计机关及被抽查的审计项目的整体执法水平和依法审计情况进行打分。各检查组将情况汇总后报省审计厅，由审计厅法规处写出综合检查报告，并对各被检查单位的审计项目质量情况作出整体评议和打分。对发现的问题，通报有关审计局予以整改。三是开展了全省审计机关优秀审计项目评选。为了发挥优秀审计项目的激励作用、示范作用和导向作用，2010 年 4 月，省审计厅下发了评选优秀审计项目的通知，将评选分为省级、市级和县级审计机关 3 个序列，在各序列中分别评选全省优秀审计项目和表彰项目。同时，就各单位初评、报送参评项目等有关工作进行了布置，提出了有关参评要求。2010 年全省优秀审计项目评选，共收到参评项目 46 个，其中，省审计厅报送参评项目 18 个，市州审计机关报送参评项目 13 个，县级审计机关报送参评项目 15 个。经专家评选并报优秀审计项目评选领导小组审定，共评出全省优秀审计项目 15 个，表彰审计项目 22 个。其中，由省审计厅行政事业审计一处实施的省发改委 2008 年度预算执行情况审计项目，代表湖南省参加由审计署组织的全国地方审计机关优秀审计项目评选。经审计署组织的专家评定，该项目被评为"全国地方审计机关优秀审计项目"（全国地方审计机关审计项目质量最高奖）。

三　围绕中心，认真履职，审计工作成效显著

2010 年，湖南各级审计机关积极主动地融入全省经济社会发展大局，按照年初确定的"紧扣一条主线、抓住两个关键、强调三项原则、明确四项要求、突出五个重点、完成六项任务"的总体思路和要求，取得了良好的工作成效。全省共审计和审计调查 7483 个单位，查出违规问题金额 129.6 亿元，损失浪费问题金额 28 亿元，移送案件线索和事项 52 件，涉及人员 671 人。通过审计，为国家增收节支 35 亿元，提交的审计综合报告和要情被批示、采用 1876 篇次，促进建立健全规章制度 382 项。2010 年的审计工作，主要有以下几个特点。

1. 更加关注大局，着力促进宏观调控政策的贯彻落实

2010 年全省各级审计机关紧扣促进经济又好又快发展这条主线，在财政审计、投资审计、经济责任审计及各类专项资金审计中，密切关注宏观经济政策的贯彻落实情况，及时揭露和反映新情况新问题，在保证宏观调控政策执行和实施效果方面发挥了积极作用。以促进扩大内需政策的贯彻落实为重点，对中央扩大内需项目和资金、重点工程建设项目、四川理县灾后恢复重建项目等 2767 个政府投资项目进行了审计和审计调查。通过审计，核减投资 36.8 亿元。对中央扩大内需项目及资金的审计调查，在了解全省总体情况的基础上，抽查了衡阳、郴

州、娄底、邵阳、湘潭、怀化6市128个扩大内需项目，重点关注了资金安排、项目实施及投资效益情况。针对项目计划管理、资金管理和建设管理中存在的主要问题，向省政府提出了相应的建议。周强、徐守盛等多名省领导在审计调查报告上作出批示，要求相关部门认真抓好问题的整改落实，切实加强项目和资金监管；对全省29条在建高速公路跟踪审计，提出的800多条审计建议被采纳后，促进节约建设成本13.45亿元。省领导对此充分肯定，并要求进一步完善制度、堵塞漏洞、加强管理；针对全省重点工程领域作专项审计，共对943个项目进行了全面排查，促进有关部门建立健全制度59项，有效推进了项目顺利建成并发挥效益。各级审计机关在预算执行和决算审计中，重点关注了财政资金的分配、拨付、管理及使用情况，注意揭露和反映财政体制缺陷、财源增长乏力等问题，提出了进一步加强财政收入征管、优化财政支出结构、完善公共财政体系建设等建议，有效促进了积极财政政策的贯彻实施。

2. 更加关注安全，着力防范和化解经济运行中的隐患和风险

2010年，全省审计机关更加关注财政、金融、国有资产等行业和领域存在的薄弱环节和潜在风险，提示和分析可能引发的不稳定因素，提出了加强风险管理、完善相关制度的建议，为维护经济安全运行发挥了积极作用。对全省政府主权外债和专项债务审计的调查，提示了政府融资中存在的主要问题与运行风险，摸清了全省主权外债的整体规模和结构，提示了主权外债项目管理中部分项目可行性研究不充分、偿债准备金制度执行欠规范、部分县级主权外债家底外清内不清等问题，提出了进一步加强外债项目科学论证、规范外债项目立项管理、提高债务风险意识、建立债务偿还责任追究制度等建议。在对省本级交通建设债务进行清理后，摸清了省本级交通建设债务情况，共核减交通建设债务23.72亿元。共对全省168家金融机构和国有企业进行审计，查出资产不实9.9亿元，损益不实9.3亿元，因决策失误造成损失15.3亿元，挽回或避免损失5.2亿元。在对8个行业管理办公室的审计中，关注了企业改革中存在的不稳定因素或隐患，提出了分工负责、加快推进企业改革改制、分类处置、理顺管理关系等审计建议。

3. 更加关注民生，着力促进经济社会和谐发展

全省审计机关牢固树立民本审计观，进一步加大对三农、教育、卫生、社会保障等重点民生项目和资金的审计监督，共对454亿元专项资金进行了审计，促进拨付和归还资金5亿元，为保障和改善民生、维护社会和谐稳定发挥了重要作用。全省统一组织对就业专项资金、退耕还林资金、洞庭湖二期治理专项资金、中小学校舍安全工程建设资金等开展了专项审计和审计调查。审计提示和反映了一些落实政策不到位、政策目标未实现以及严重影响群众利益的问题，同时也关注了专项资金管理机制中的问题，在促进完善相关制度、落实惠民政策方面发挥了积极作用。

4. 更加关注责任，着力推进依法行政和政府自身建设

在预算执行审计和经济责任审计中，进一步加强对权力运行的监督与制约，促进了政府及其部门依法履行职责、提高资金使用效益和节约资源，促进了领导干部增强法治意识和责任意识、提高依法行政能力和水平，进一步推动了法治政府、责任政府和效能政府建设。全省预算执行审计共审计（调查）部门单位504个，查出违规问题金额49.8亿元。针对审计中发现的预算编制、组织收入、财政财务支出及核算方面存在的问题，提出了进一步完善预算编制、加强预算执行管理、加强财政收入征管、优化财政支出结构等建议。全省共对1735名党政领导干部和企业负责人进行了经济责任审计，查出违规问题金额20亿元，移送司法、纪检监察机关处理5人。其中，领导干部负直接责任的问题金额1.3亿元。针对领导干部在履行经济责任中存在的突出问题，审计机关提出了相应的建议，为加强干部管理监督提供了重要参考，有力地促进了领导干部守法守纪、守规尽责。

5. 更加关注整改，着力促进体制机制的建立健全

在2010年的审计中，坚持监督与服务并重、依法审计与实事求是并重、揭露问题与完善体制机制并重的原则，注重把揭露问题与督促整改相结合，较好地发挥了审计的建设性作用。全省审计机关提交的综合报告和要情被批示、采用1876篇次，提出审计建议11064条，已被采纳8359条，促进建立健全规章制度382项。各级审计机关进一步建立健全了整改联席会议制度、审计结果通报制度和审计整改协作机制，充分发挥各部门的合力，有效促进了审计结论的落实和问题整改。2010年，省政府分管领导几次召开专题整改会议，分别召集省直有关部门，对扩内需资金审计、退耕还林等专项资金审计反映的问题和提出的建议进行研究，限期整改，并上报整改情况。根据审计意见和建议，省直部门制定和完善了科技资金管理、外贸发展资金管理、农村清洁工程建设补助资金与项目管理、扶贫资金绩效管理等30多项专项资金管理办法，促进建立健全规章制度73项。

四 明确任务，突出重点，全力服务于经济社会科学发展

"十二五"期间全省审计工作的指导思想是：以邓小平理论和"三个代表"重要思想为指导，深入贯彻落实科学发展观，紧紧围绕"科学发展、富民强省"主题，紧扣"加快转变经济发展方式"主线，牢固树立科学审计理念，认真履行审计监督职责，维护经济安全、促进深化改革、促进民主法治建设、促进保障改善民生、促进反腐倡廉建设，充分发挥审计的"免疫系统"功能，推动经济社会科学发展。

"十二五"期间全省审计工作的基本目标是：在提升审计层次、提升审计执行力和公信力方面取得新突破，在审计法制化、规范化、科学化和信息化建设方面迈上新台阶，在审计理论与方法研究、审计文化建设方面取得新成就，在全面加强审计队伍建设、增强综合素质方面获得新提升。

"十二五"期间全省审计工作的主要任务是：加强对宏观经济政策贯彻落实情况的审计监督，促进经济平稳较快发展；加强对政府重大投资项目的跟踪审计，促进结构调整和优化；加强对自主创新、资源和环境保护情况的审计监督，促进经济发展方式转变；加强对民生和社会事业等方面的审计监督，促进社会和谐稳定；加强对领导干部经济责任履行情况的审计，促进领导干部守法守纪、守规尽责；加强涉外审计，促进深化对外开放；加强对经济社会运行中突出问题的揭示和反映，维护国家经济安全；加强对腐败案件和经济犯罪案件线索的揭露和查处力度，促进反腐倡廉建设；加强对体制、机制、制度以及政策措施层面问题的揭示和分析，促进深化改革和民主法治建设。

"十二五"期间，全省审计机关将更加解放思想，开拓创新，转变思路，审计监督工作将全面迈上新台阶。

1. 加强审计理念创新，推动审计执法由监督为主向充分发挥"免疫系统"功能转变

一是从重监督轻服务向监督与服务并重转变；二是从重查处轻整改，向查处与整改并重、揭露问题与完善体制机制制度并重转变；三是从重事后轻事中，向全过程跟踪检查转变；四是从注重真实性审计，向以真实性为基础，真实、合法、绩效并重转变；五是从重微观轻宏观，向更加注重宏观性、建设性、开放性

转变。按照这些要求，各级审计机关将进一步增强大局意识、宏观意识、绩效意识和服务意识，更好地履行审计监督职责，更好地担负起历史使命，更好地在服务大局的过程中，实现审计工作的科学发展。

2. 加强业务管理创新，推动审计资源投放由粗放型向集约型转变

第一，计划管理将更加科学。第二，成本控制将更加精细。第三，组织方式将更加灵活。第四，质量控制将更加严格。在深入贯彻落实审计法、审计法实施条例和审计准则，严格执行审计规范，明确审计工作各环节的工作目标和质量要求的基础上，深化审计权能分离改革，全面推行审理制，建立和完善审计质量控制体系。

3. 更加注重审计技术方法创新，推动审计手段由传统手工作业向信息化转变

重点将抓好三个方面的工作：一是推进审计管理的信息化。二是推进审计业务的信息化。将积极探索联网审计和信息系统审计，加强 AO 审计软件应用及功能发掘，进一步扩大联网审计覆盖面，全面提高审计工作的技术含量和技术水平。三是推进审计数据库的建设和应用，全面促进审计信息化水平的提高。

4. 加强审计成果管理创新，推动审计功能发挥由单向度向多维度转变

一是在成果提炼上将更加强调"精"。重点抓好审计报告的质量，特别是向政府、上级审计机关报送的审计综合报告的质量，善于用全局的眼光看待问题，善于从宏观的角度分析问题，善于从体制、机制、制度的层面审视问题，为政府决策和管理者提供有价值的信息和决策依据。二是在成果转化上将更加强调"实"。将问题整改全面落到实处，促进规范管理见到实效，促进完善体制机制制度，使之更贴近实际。三是在成果升华上将更加强调"深"。加强审计理论研究工作，形成新的理论和观点，发挥好其前瞻性作用，从更高的层面指导推动实践。

B.23

推进工商法治建设 提高依法行政水平

湖南省工商行政管理局

2010 年，湖南工商系统在省委、省政府和国家工商总局的正确领导下，深入学习实践科学发展观，认真贯彻实施国务院的《全面推进依法行政实施纲要》，以规范行政执法行为、服务地方经济发展为主线，全面推进依法行政。在建章立制、规范执法行为、创新监管方式、强化执法监督等方面做了大量工作，取得了明显成效。

一 围绕职责，建章立制工作稳步推进

1. 紧紧围绕职责抓好规范性文件制定工作

2010 年，省工商局在规范性文件制定工作中，紧紧抓住履行好工商行政管理职能职责这一关键，制定和出台了一系列服务全省经济发展、规范执法行为、促进依法行政的规范性文件，如制定了《湖南省工商行政管理机关行政执法证据规则》、《湖南省工商行政管理机关行政执法责任追究实施办法》及《湖南省工商行政管理机关依法行政评议考核办法》等一系列规范行政行为、促进履行工商行政管理职责的规章制度。各市州工商行政管理局也都结合本地实际情况制定了相应的规范制度，在维护法制统一性、合法性方面发挥了有效作用。

2. 认真做好规范性文件备案审查工作

为了规范抽象行政行为，提高规范性文件的质量，从源头上解决因规范性文件不合法而导致执法违法的问题，省工商局狠抓规范文件备案审查工作，要求制定的规范性文件，凡是涉及公民、法人和其他组织权利义务的，除向当地政府申请"三统一"外，还必须报上一级机关备案、进行合法性审查，实行"三级机关、两级备案"的备案监督体制，做到"有件必备、有备必审、有错必纠"。省工商局在对全省工商系统进行依法行政日常考评中，发现某市工商局制定的

《食品安全星级评定办法》有欠妥当的地方，及时指出并要求其纠正，该市工商局立即将该份规范性文件予以废止，停止执行。2010年省工商局接受各市、州工商局报备的规范性文件15件，纠正市州工商局违法或不当的规范性文件2件，有效制止了可能的违法行为的发生。

3. 积极参与有关地方法规、规章的制定

2010年，省工商局对国务院、国家工商总局、省人大、省政府及有关部门起草的35部立法草案征求意见稿，都及时进行认真研究，提出具体修改意见，并参加有关立法协调会21次，提出各种修改意见150余条，所提供修改意见和建议大部分被采纳。

4. 认真清理各项法规、规章和规范性文件

2010年，省工商局在参与省审改办下放县（市）管理权限清理工作中，严谨认真，上报下放到县（市）管理权限2项；参与3部地方性法规清理，提出处理意见3条；参与2部规章清理，提出清理意见2条。与此同时，对省局内部的规范性文件开展全面清理，废止2件，确认失效27件，确认继续有效40件，重新公布规范性文件7件，保证了规范性文件的时效性和合法性。

二　突出要务，为服务经济发展作出积极贡献

1. 政策服务

全省工商系统始终坚持把服务于发展作为第一要务，在政策制定上紧跟经济发展的要求，及时制定和出台相关规定。在国家和全省积极推动经济结构调整的过程中，省工商局年初以省政府办公厅名义发布了《关于推动经济发展方式转变和经济结构调整若干措施（10条）》，随后制定了配套政策文件13件。2010年全省新登记注册战略性新兴产业企业817户、现代服务业企业1.26万户、企业集团59户；年末全省实有企业26.88万户、个体工商户137.60万户，同比分别增长8.7%、12.1%。

2. 审批服务

在企业登记注册工作中，省工商局本着"便民、高效"的原则，积极调整注册登记管理体制，进一步下放省局登记管理权限，简化冠省名企业名称登记审批程序，推行网上名称核准、网上登记、网上年检等一系列方便企业办事的措

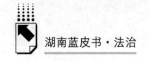

施。内资、外资企业网上年检率分别达到85%、100%。

3. 主动联系

为了解企业发展情况，帮助其解决发展中遇到的困难和问题，从2008年开始，全省工商系统建立工商联络员制度并一直坚持下来，深得企业和社会好评。2010年，全省工商系统选派1万多名工商干部对8515家企业开展"一对一"、"多对一"的联系服务，帮助企业解决问题6325个。

4. 贴近需求

省工商局在全省范围内大力推进商标战略的实施，争取省政府出台了商标战略实施意见，以指导帮助企业树立品牌意识，争创驰名商标、著名商标，提高企业的竞争力。2010年，全省新增驰名商标39件，新增地理标志证明商标7件，新认定湖南省著名商标553件。积极指导广告业健康发展，全省广告营业额达70.95亿元。牵头举办银企融资洽谈会115场次，做好股权质押、动产抵押工作，全年帮助企业融资745.16亿元。

5. 关注民生

2010年，全省工商系统新培育发展农村经纪人5737人、农民专业合作社2948个、农产品注册商标3951件，多次组织"红盾情"专场招聘、"春暖三湘"爱心送岗等活动，组织500家民营企业成为大学生就业见习基地，为高校毕业生、下岗职工、复退军人等群体创业开辟就业"绿色通道"。

6. 用好信息

充分利用工商行政管理部门掌握的信息资源，及时发布各类经济信息报告，2010年省工商局发布市场主体发展报告、工商经济信息报告126篇，积极提供决策参考和信息咨询服务，促进了全省经济又好又快发展。

三 依法履职，市场监管和行政执法取得丰硕成果

1. 切实履行市场监管和行政执法职责

全省各级工商行政管理机关始终坚持把市场监管和行政执法作为第一职责，注重日常监管，突出查办大案要案，有力维护市场经济秩序。"五无"监管区创建扎实推进。省工商局出台了创建"五无"监管区工作意见、分工方案和评定验收办法，狠抓创建工作宣传培训和督查考核，全系统3534个监管区中，开展

创建工作的有 2004 个，创建率达 56.7%，营造了政府支持、各级重视、基层主动的创建氛围。八大专项整治成效显著。在"红盾护农"专项行动中，查处各类农资案件 738 件，查扣假劣肥料 1345.8 吨、农药 1310 公斤；在市场主体普查和取缔无照经营专项行动中，帮助办照 4.24 万户，取缔 5749 户，修正补录数据 1.23 万项；在打击假冒伪劣和"傍名牌"专项行动中，查处侵权假冒商品案件 849 件，为企业挽回经济损失 2111 万元；在食品安全专项整治中，查处食品违法案件 1975 件，查缴、下架问题食品 278 吨，销毁问题奶粉 3690 公斤；在打击违法登记代理和虚假登记行为专项行动中，查处登记代理机构违法案件 135 件，企业"两虚一逃"案件 78 件；在打击传销和规范直销专项行动中，查处传销案件 92 件，抓获传销头目 895 人；在广告市场专项整治中，查处广告违法案件 1103 件，责令停止发布广告 496 条；在烟酒市场专项整治行动中，查处制售假劣烟酒案件 384 件，收缴假冒卷烟 2.1 万条、假冒名酒 2.48 万瓶。各类市场监管全面加强。全系统查办各类不正当竞争案件 4580 件，涉案金额 1.94 亿元；查办商业贿赂案件 345 件，涉案金额 4893 万元；稳步推进网络商品交易监管、外资企业属地监管和广告监测系统全省联网，积极参与流动人口计划生育管理、工程建设领域专项治理、节能减排和重要商品市场价格监管，全面履行市场监管和行政执法职能。全系统结案数同比增长 57.5%，罚没收入同比增长 49.5%。

2. 全力维护消费者合法权益

全省工商系统始终坚持把 12315 作为第一品牌，在切实维护消费者权益、化解社会矛盾、引导放心消费的过程中，赢得了群众的信赖。2010 年，全系统受理消费者咨询、申诉、举报和投诉 21.65 万件，为消费者挽回经济损失 7290.15 万元。维权网络不断完善。省工商局全系统 12315 四级受理平台建立，12315 进商场（超市）、进市场、进企业、进学校、进景区扎实推进，集行政执法、行业自律、社会监督于一体的大维权工作格局正在形成。维权方法不断改进。优化受理、转办、分流、督办等工作流程，推行处诉小分队制度，着力在快速反应、妥善处置上下工夫，调解工作向制度化、规范化迈进。维权功能不断拓展。加强流通领域商品质量监测，及时发布消费警示提示和消费维权蓝皮书，积极开展 3·15 活动日、消费体验周、"消费与服务年"和高峰论坛、"三下乡"等活动，联合有关单位举办家装建材行业消费维权评议活动，消费维权的社会影响力进一步扩大。

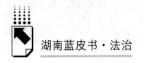

四 加强检查督促，规范执法行为力度加大

1. 推行行政执法责任制

全省工商行政管理系统在梳理执法依据、分解执法职权、确定执法岗位、明确执法责任的基础上，按照权责明确、监督有效、保障有力的原则，将工商执法责任全部分解，并对所有执法机构和执法人员的职责和权限一一进行了明确，形成了"执法有制度、事事有人管、有权必有责、失职必问责"的工作局面。2010 年全省工商系统建立了以《湖南省工商行政管理机关依法行政评议考核办法》、《湖南省工商行政管理系统行政执法责任追究实施办法》等制度为主要内容的行政执法责任制度体系，形成了以依法行政考核、执法过错责任追究、执法检查、案件评查为主，案件核审、处罚听证、行政复议、日常考评与年终考评相结合等执法监督形式为辅的执法责任制度体系，构筑起了执法监督的长效机制和激励机制。

2. 开展依法行政考核工作

根据省政府《湖南省依法行政考核实施办法》的要求，省工商局制定了《湖南省工商行政管理机关依法行政评议考核办法》，对考核内容和计分标准进行调整、充实和完善，使考核方案更全面、更具体、更科学，更切合工商系统行政执法工作实际。新的方案将考评分为日常考评和年终考评，日常考评以平时工作为基础，对制定行政执法制度、行政执法制度公开、行政执法责任制、执法证管理工作、行政复议、行政执法的申诉、投诉处理、报送材料、统计报表、工作创新及信息报送等情况进行了考评。年终考评则以现场检查、各类案卷评查为主，了解、掌握各市州工商局依法行政的具体落实情况。认真实施考核，充分运用考核成果，将依法行政考评结果作为年终绩效考评的重要内容，加大权重，把是否依照法定权限和程序行使权力、履行职责作为衡量各级工商行政管理机关领导班子工作实绩的重要依据，提升了评议考核的深度和实效，有力地促进了行政执法评议考核的深入。

3. 推行行政执法过错责任追究

湖南省工商系统根据国家工商总局和省人民政府推行行政执法责任制的要求，建立起了行政执法过错责任追究制度体系。省工商局制定的《湖南省工商行政管理系统行政执法责任追究实施办法》，涉及行政执法活动的各个环节，明确了过错责任追究的程序，建立、完善了监察、人事等有关部门共同参与的工作机制，并在实践中严格落实，以达到"追究一个，教育一片"的良好效果。

五　转变理念，为创新监管方式进行有效探索

1. 提供非强制性指导

根据《湖南省行政程序规定》和国家工商总局印发的《关于工商行政管理机关全面推进行政指导工作的意见》的要求，省工商局在全系统大力推进行政指导工作，充分发挥工商行政管理职能，积极运用建议、辅导、规劝、示范、公示等非强制性手段，引导经营者遵章守法、诚信经营，促进监管方式转变和监管水平的提升。对存在违章苗头的经营者，各级工商行政管理机关不再局限于收、批、查、扣、罚等刚性措施，而是引入说、劝、引、帮等柔性措施，提前教育警示，不再"一罚了事"，取得了良好的社会效益。行政指导的推行，使工商干部依法行政的理念逐步实现了从"管制型"到"服务型"的转变。

2. 提供参谋决策服务

全省工商系统积极为地方党委、政府的决策和企业经营决策提供参谋服务，为重点项目出谋划策，提出可行性分析报告，通过工商部门掌握的基础数据、基础信息，提供数据信息服务，通过宣传、讲解工商方面的法律法规等方式方法为经济发展决策提供参考意见。

3. 规范自由裁量基准

为有效解决行政执法过程中出现的过罚不相当、同案不同罚等不规范行使处罚裁量权的问题，省工商局制定下发了《湖南省工商行政管理机关行政处罚自由裁量权实施办法》及《参照标准》，防止对同一性质违法行为的行政处罚出现轻重失衡、宽严失度的现象。随着行政处罚裁量权基准制度的建立、完善和深入推进，行政处罚的合理性显著提高，畸轻畸重现象得到有效遏制，进一步促进了执法公正。

4. 推行说理式法律文书

推行说理式行政执法决定文书，是让行政执法决定的过程、结果以及理由更加公开、透明。为充分地尊重和保护当事人的知情权，让当事人和社会公众了解

法律、理解法律，省工商局要求全省工商系统在行政处罚决定书制作上推行说理式法律文书，在行政处罚决定书中讲清认定事实的事理、援引法律依据、讲透适用法律的法理、阐明决定的由来，讲明行使自由裁量的情理。这不仅有利于进一步规范执法行为，提升执法人员的推理能力和文书制作能力，提高行政执法质量和效能，而且达到了积极缓解当事人的对立和抵触情绪，有效防范、减少和化解执法争端，积极促进和谐社会建设的目的。

加强质检法治建设 严格坚持依法行政

湖南省质量技术监督局法规宣传处

质量技术监督法治建设是法治政府建设的重要组成部分，依法行政是法治建设之基础和生命。回顾 2010 年，湖南质监系统法治建设工作严格坚持依法行政，取得了显著成绩，得到了老百姓和省委、省政府及国家质检总局的肯定。展望未来，全省质监系统法治建设工作要在省委、省政府和国家质检总局的领导下，坚持以科学发展观为统领，紧贴服务大局的中心，围绕依法行政的主题，着力提高法治建设工作的有效性，促进依法行政能力和水平的不断提升，为全省经济和社会发展作出新贡献。

一 2010 年质监法治建设工作回顾

2010 年，全省质监系统坚持依法行政，在立法、普法、法治监督、行政许可、行政复议等方面有序推进工作，全面发展。

1. 立法工作力度进一步加大

2010 年，省质监立法工作力度进一步加大，立法工作的水平和能力进一步提升。通过努力，《湖南省产品质量监督检查办法》于 4 月 1 日正式颁布实施，《湖南省特种设备安全监察条例》列入了 2010 年立法论证调研项目。积极参与了法律法规修订工作，参加了国家质检总局《质量技术监督行政案件办理程序规定》、《质量技术监督行政案件审理规则》立法审查会，对 27 件法律法规规章提出修订意见，其中，国家质检总局部门规章 18 件，地方性法规和规章 9 件。承办了国家质检总局组织的《产品质量监督抽查管理办法》立法审查座谈会，国家质检总局法规司、监督司和黑龙江、浙江、宁夏、江西、湖北、河南、四川和湖南等省质监局及有关检验机构、企业代表共 25 人参会，增进了法治工作交流，开拓了思路。答复下级质监部门咨询请示函 18 件，向国家质检总局、省政

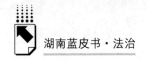

府法治办提出专门请示函2件。

2. 积极开展了行政处罚自由裁量办法制定工作

根据省政府推行行政裁量权工作的要求和安排，积极开展了行政处罚自由裁量办法制定工作，成立了工作班子，制订了工作方案，派专人参加了省政府法治办举办的《湖南省规范行政裁量权办法》宣贯培训班，召开了全省质监系统《湖南省规范行政裁量权办法》视频宣贯会议，细化和完善了行政处罚标准，形成了《湖南省质量技术监督行政处罚自由裁量权基准》，内容涵盖了产品质量与生产许可、计量、标准化及条码代码、认证认可、纤维检验、特种设备安全监察等6方面工作，涉及法律、法规、规章23部，共104条。

3. 进一步规范了行政许可行为

进一步加大了行政许可工作力度，配合省政府第十批行政审批项目清理工作，已按要求对现有行政许可项目作更细致的清理和调整，并提出了清理意见，按照有关法律法规对总局授权省局实施、省局本级实施和市州县局实施进行了严格划分，进一步明确了主体责任。同时，根据省政府、省行政审批制度改革工作办公室的要求，编制了《湖南省质量技术监督系统行政许可工作指南》，将许可项目、依据、实施机关、条件、程序、收费依据及标准、材料目录及清单、责任追究、监督检查等内容在省政府网站予以公示。全省质监系统普遍建立起了行政许可责任追究制度，经过半年的使用，《湖南省质量技术监督系统行政许可项目工作指南》的指导作用进一步显现，继怀化局之后，湘潭、娄底等市局相继建立了市局行政许可大厅并完善了工作制度。

4. 开展了行政执法案卷评查

根据国家质检总局的有关要求，组织开展了全省质监系统行政执法案卷评查工作。9月6日至9月20日，由省局法规处牵头，组织省局监察室、产品质量监督处和部分市州局有关人员组成四个检查组，对全省各市州局（含1个县局）和省局稽查总队、省纤维检验局以及省局机关承担行政许可工作任务的处室进行了检查，共出动专门检查人员24人，历时30天，检查了37个单位和部门。检查中，通过听取汇报、召开座谈会、查阅案卷和资料等方式，共抽查行政执法案卷560份，其中，行政处罚案卷250份，行政许可案卷310份，优秀案卷90份（行政处罚案卷70份，行政许可案卷20份），合格案卷445份（行政处罚案卷178份，行政许可案卷267份），不合格案卷25份（行政处罚案卷2份，行政许可案卷 23 份），抽查案卷的总合格率为 95.5%。通过检查，全省质监系统行政执法工作程序制度更加完善，执行有力，依法行政能力和水平不断增强。

5. 加强了行政复议工作和申诉工作

近年来，全省质监系统在行政复议工作中先后建立并完善了行政复议征询意见制度、办事公开制度、公告制度，利用行政复议和解和调解功能，充分发挥了行政复议的行政救济作用。2010 年，共受理行政复议案件 7 起，维持 4 起，和解 2 起，正在办理 1 起。办理行政申诉 11 件，已办结 9 件，2 件还在办理中。通过行政申诉，减少了行政相对人同质监部门的行政争议和纠纷。

6. 积极做好了规范性文件管理工作

省质监局《规范性文件制定工作程序规定》出台以后，全省质监系统规范性文件的制定和管理工作得到了进一步规范，乱发文的现象得到有效遏制，各项管理工作有序开展。2010 年，根据省政府的要求，开展了规章和规范性文件清理工作，一是对本部门起草或者执行的 6 部省政府规章进行了清理，提出了继续保留 4 部、修订 2 部的意见；二是清理省局机关以往制定的规范性文件，重新公布的 12 件，认定继续有效的 52 件；三是清理了以省政府名义下发的与质监工作相关的规范性文件 4 件，并提出了以省政府名义重新公布建议。2010 年，对省局机关新制定的 4 件规范性文件进行了合法性审查，并报省政府法制办进行了"三统一"。

7. "五五"普法工作取得了实效

根据国家质检总局和省依法治省办、省直机关工委的要求，在做好当年各项工作的同时，对五年来的普法工作进行了检查和总结，9 月 1 日至 10 日，会同湖南出入境检验检疫局开展了"五五"普法工作互查。从五年的工作情况来看，全省质监系统在"五五"普法工作中，组织机构健全，责任措施到位，学习内容丰富，岗位培训扎实，法治宣传深入，在提高全民法治意识、增强质监工作人员的法治理念和法律素养、提升质监系统依法行政能力和执法水平等方面作出了突出贡献。2010 年，根据《湖南省质量技术监督系统"五五"普法规划》，继续组织开展了以领导干部学法和岗位学法用法为主要内容的普法教育活动，重点学习了《湖南省规范行政裁量权办法》、《湖南省行政程序规定》、《政府信息公开条例》、《突发事件应对法》等法律法规。

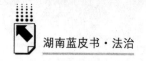

8. 完成了行政执法证件换证考核和管理工作

2010 年 4 月，开展了对省质监局和市州质监局行政执法人员的辅导、培训工作，全系统共 200 多人参加了培训。培训中印发行政执法人员培训教材及辅导资料 1000 余份，组织了理论和实践水平很强的人员授课，严格实行了闭卷考试，参训人员全部合格，报国家质检总局核发了执法证件。

二 2011 年湖南质监法治建设展望

2011 年，国务院、国家质检总局和省委、省政府通过不同的方式，对法治建设工作提出了越来越具体的要求，全面推进依法行政的工作任务迫切而又艰巨。2011 年，是"十二五"规划的开局之年，省质监部门要在充分总结"十一五"工作的基础上，对质监法治建设工作进行思考和定位，确定工作思路和目标，完善措施，健全机制，这是推动事业持续健康发展的关键。全省质监系统法治建设工作的基本思路是：以科学发展观为统领，围绕中心，服务大局，强化监督管理，加大制度创新、机制创新和方法创新力度，努力推进全省质监法治建设工作健康发展。

1. 完善质监法律体系，增强法制保障能力

一是认真做好地方性法规、规章的立法工作。争取将省局申报的《湖南省特种设备安全监察条例》列入 2011 年度省人大或省政府地方性法规或政府规章出台项目。配合总局和省人大、省法制办做好相关立法工作。积极做好《湖南省食品生产加工小作坊和食品摊贩管理办法》等的起草工作。二是积极做好法律指导和法律解释。密切跟踪法律、法规及规章制定动态，积极参与国家、省里组织的新颁法律法规培训，及时组织新颁法律的宣贯工作。开展质监法律实施情况的调研，对法律实践中遇到的新情况、新问题，研究解决的办法和对策，做好相关法律解释和指导工作。三是加强依法行政组织领导。成立湖南省质监局依法行政领导小组，做好"十二五"依法行政工作规划的编制工作。深入贯彻落实国家质检总局的《关于全面加强法治质监建设的指导意见》，制定《湖南省质监系统关于全面加强法治质检建设的指导意见》及实施方案，提出工作目标、进度和要求。

2. 强化法治监督，规范行政执法行为

一是加强法治制度建设。面向全省质监系统，建立健全行政执法案卷管理规定、行政执法案件报批管理规定、行政执法监督办法、行政执法证件监督管理办法、行政复议案件审理规则等制度。通过制度建设，提升法治指导能力，确保法治监督工作的实效。二是组织开展行政执法案卷（包括行政许可和行政处罚）评查工作。制定行政执法案卷档案管理规则，以规范行政执法案卷管理为抓手，促进行政执法工作的规范化。制订科学的行政执法案卷评查方案，重点抽查行政许可和行政处罚案卷，对存在突出问题的单位和部门采取通报或督促整改的方式，规范其行政执法行为。三是严格规范性文件的制定发布工作。加强培训教育，提高全系统对规范性文件的认识。进一步完善规范性文件审查制度，重点做好对系统内重复性使用、对社会产生公共作用的规范性文件的审查，提高规范性文件审查的有效性。对规范性文件实行定期检查、上报，加大对涉及规范性内容的行政性文件的日常监督力度，加大对基层质监局规范性文件的检查力度，加大规范性文件纠错力度，对存在问题的规范性文件，及时提出纠正意见或建议，切实做到有件必备、有备必审、有错必纠。四是加强对行政执法工作的监督。制定出台《关于加强案件审理工作的意见》，严格执行案件集体审议制度，有效发挥案审职责，提高案审质量。开展对市州县局行政处罚案件审理工作的检查，确保行政处罚案件集体审议制度落到实处。五是加强行政复议工作。加强对行政复议工作的指导和监督，对复议应诉案件中发现的共性的或者带有普遍性的问题，及时提出对策建议和措施。进一步完善行政复议工作机制，进一步畅通行政复议渠道，探索建立行政和解、调解制度，力促和谐解决行政争议。进一步完善行政复议制度和程序，邀请业务部门参与复议案件审理，坚持2人以上承办行政复议案件和集体研究行政复议决定，确保行政复议工作的合法有效。六是加强执法人员管理。进一步完善执法人员考核和管理制度，加强执法人员管理工作，做好执法人员年度培训、考核和管理工作。建立执法人员管理档案，适时更新。

3. 规范许可行为，不断提高行政许可工作水平

一是积极配合国家质检总局和省审改办的工作。做好全省质监系统行政许可事项清理、调整、下放工作，加大内部监督和层级监督力度，努力推进行政许可"责、权"相统一。二是进一步规范行政许可行为。要进一步深化行政审批制度改革，制定《湖南省质监系统行政许可工作制度》，规范许可程序、提高行政效能。对行政许可事项，要严格按照法定要求实施行政许可，规范许可主体，执行行政许可"八公开"，规范公示内容。要进一步优化流程设计和办事制度，切实做好行政许可便民服务，提高许可效率。三是加强对行政许可大厅的管理。制定并确保《湖南省质量技术监督系统行政许可大厅管理办法》等各项行政许可规章制度落实到位，配备和增加人员，配备和增添信息查询等设备，保障行政许可大厅工作规范、高效运行，完善"一门受理、统筹协调、规范审批、限时办结"的运作方式。四是加大行政许可法贯彻实施力度。加强对行政许可人员的培训，切实规范行政许可案卷及相关文书的使用和管理，提高程序意识和服务意识，努力规范行政许可行为。组织开展全省质监系统行政许可工作监督检查，加强行政许可效能建设。

4. 突出工作重点，努力提高普法效果

一是深入开展"六五"普法宣传教育，制定"六五"普法规划。面向社会，面向系统，组织实施。二是在普法效果上抓实效。贯彻落实法律知识考核制度，加大对全系统工作人员的培训考核力度，提高学法用法的实际效果，强化质监工作的责任意识、风险意识。三是落实普法制度。严格落实各级党组中心组学法制度和法治讲座制度，严格落实干部学法考试制度，贯彻落实领导干部任职前法律考核和任职资格制度，强化依法行政意识。四是在普法督导上加大力度。加大普法督导检查力度，组织开展"六五"普法督导检查活动，重点检查市、县（区）局领导干部学法用法情况，推进市、县（区）局法治宣传教育工作。利用举办法规讲座、网上答疑、知识竞赛等多种方式，向质监工作人员及社会各界普及法律知识。

5. 加强队伍建设，要有人财物保障

一是加强对法治工作人员的培训教育。提升法治工作人员的案件审核、举行听证、应对复议和诉讼的能力和水平，不断提高队伍素质。加强系统法治建设工作队伍的思想建设、业务建设、作风建设，努力建设一支"思想过硬、业务精湛、纪律严明、作风优良"的法治队伍。二是健全县级局法治工作机构。县级局法治工作要保证编制，积极向省编办争取在县市区质监局设立法制股，配备专职人员、经费和设备。

湖南省药品安全监管状况及对策建议

湖南省食品药品监督管理局

药品质量安全状况关系到一个地区的经济发展水平和人民生活质量。对药品实施有效监管，关系到公众的用药安全，关系到人们的生命健康，关系到社会的和谐稳定。湖南省人民政府历来坚持以人为本，高度重视药品质量安全，把加强药品质量安全监管摆在重要位置。"十一五"以来，全省各级食品药品监管部门认真履行监管职责，切实强化监管措施，药品质量稳步提升，公众用药安全得到有力保障。

一 药品质量安全状况

"十一五"期间，在省委省政府的坚强领导下，全省上下大力整顿和规范药品市场秩序，严厉打击制售假劣药品的违法犯罪行为，药品科研、生产、流通、使用各环节质量管理全面加强，在国内外药品安全问题凸显的严峻形势下，连年保持无原发性药品安全事件发生、药品质量安全状况良好，确保了全省人民用药安全有效。

1. 药品研发能力增强

全省已形成 8 所高校、22 家专业研究机构、30 多个国家级和省级重点实验室与工程实验室及工程（技术）研究中心、50 多家企业技术中心和 9 个流动博士后工作站组成的生物医药创新体系，成立了生物芯片产业技术创新战略联盟、药用辅料产业技术创新战略联盟，掌握了 X 衍射、生物核磁共振、数据库、分子图形学的应用技术。人类重大遗传性疾病致病基因研究和药物开发、个体化基因诊断与治疗、干细胞技术达到国际水平，生物传感技术国内领先。全省涉及专利保护的药物品种 40 个、中药保护品种 45 个；在研药物品种 211 个，其中化学药一类新药 21 个。

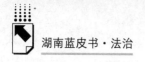

2. 药品生产质量稳定

全省已形成中成药、化学原料药及制剂、生物制品、中药饮片、医疗器械、卫生材料、制药机械与医药包装等门类齐全的医药工业体系，共有药品生产企业207家，通过药品GMP认证的生产线580条，可生产药品4727个品规。现有307个国家基本药物品种湖南均有生产，能满足基本医疗对基本药物的需求。本省独有的药品品种达到137个。妇科千金片（胶囊）、古汉养生精、驴胶补血颗粒、六味地黄丸、四磨汤、斯奇康等在国内享有盛誉。氨甲环酸产销份额分别占全球的2/5和1/3，氨甲苯酸产销量均已占据国内市场的90%。全省医药工业总产值由2005年的104亿元上升到2010年的384亿元，年均增长31.3%，医药产业发展质量、规模与效益显著提升。湖南医药产品以质量过硬受到市场青睐。

3. 药品流通规范有序

全省现代医药物流发展较快，现有综合性药品批发企业403家、零售连锁企业48家，近10家大型现代医药物流企业相继开工建设或投入使用，药品储藏功能完备，运输方便快捷，能供应国内市场流通的所有药品品种，能及时供给基本医疗与重大疾病用药。药品零售网络遍布全省城乡，现有药品零售企业10828家、零售连锁门店3912个，在边远山区设置了"便民药柜"，基本实现乡乡有药店、村村有药柜，城乡药品供应质优量足，能满足全省人民群众的用药需求。

4. 药品使用安全可及

全省认真实施处方药与非处方药分类管理，严格执行处方药与非处方药分柜摆放、处方药不得开架自选销售、零售药店分类管理及药师驻店等制度，促进了公众合理用药。全省推行医疗机构药房规范化建设，二级以上医疗机构及乡镇卫生院规范药房建设达标率100%。全省通过建立药品不良反应监测体系和监测预警技术平台，药品不良反应监测信息网络覆盖全省，实现了在线实时报告。在乡镇卫生院开展基本药物不良反应重点监测，切实保障基本药物的使用安全。

二　药品质量安全监管状况

"十一五"期间，全省各级食品药品监管部门大力弘扬"厚德博学、勤廉公正、敏锐创新、务实高效"的"湖南药监精神",积极推进科学监管,切实维护公众用药安全,药品安全监管水平迈上了新的台阶。

（一）努力提高监管能力

1. 健全药品监管机构

全省现有 14 个市级、96 个县级食品药品监管局和（食品）药品检验检测所。省本级除省药品检验所、省医疗器械与药用包装材料（容器）检测所外,"十一五"期间相继组建省药品审评认证与不良反应监测中心、省食品药品安全信息中心,正在筹建国家级湖南药用辅料检验检测中心。市州除药品检验机构外,"十一五"期间建立了药品不良反应监测中心。

2. 加强工作队伍建设

全省现有药品监管人员 2899 人,大专以上学历、医学药学法律等相关专业人员比例分别达到 72.4% 和 70.6%。其中药品检验检测人员 862 人,药品认证检查员 596 人。建成了包括驻湘两院"院士"及省内药学界专家、教授在内的 600 余人的药品审评专家库。此外,在各乡镇聘任农村药品安全协管员 4827 人、信息员 36819 人,组成一支规模宏大的"编外"药品监管队伍。

3. 强化执法人员培训

"十一五"期间,全省共投入食品药品监管培训经费 1075 万元,组织各类培训 102 期,培训 11000 余人次,培训规模和经费投入均为"十五"期间的 2 倍多。其中,县级药品监管人员参加国家或省级培训 4600 余人次。分别在北京大学、清华大学、上海理工大学举办处以上干部高端培训班 5 期,并与中南大学、中国药科大学联合举办在职研究生班,促进了队伍整体素质的大幅提升。

4. 提高药品检测水平

全省构建了以省药品检验所为龙头、各市州药品检验所为主体、县级药品检验所快速检验为补充的药品检验检测体系。省药品检验所实验室顺利通过国家认可委员会的实验室资质认定,市州级药品检验实验室达到国家规定标准。省市药品检验机构拥有液质联用色谱仪、气质联用色谱仪、高效液相色谱仪、气相色谱仪、原子吸收分光光度计等大型精密仪器,并配备药品快速检验车,具有独立检验检测能力。全省药品检验检测仪器总值较"十五"期间增长 1.54 倍,为药品技术监督奠定了坚实基础。

（二）切实强化监管措施

1. 严格药品注册监管，从源头上保障药品质量安全

组织开展药品注册核查，建立药品批准文号数据库，客观公正地逐一确认了每个药品批准文号的真实性。以药品再注册为手段，引导企业进行上市药品技术研究和评价、监测工作，淘汰了一批不具备生产条件的药品品种。对医院制剂进行清理整顿，淘汰一批低质量标准医院制剂，全省医院制剂总数由"十五"期末的6671个减少到3055个；深化质量标准163个品种；统一规范了医院制剂说明书、标签的形式和内容要求，使医院制剂质量更加安全有效。

2. 强化药品质量管理规范认证，从研究、生产、流通等全过程加强药品质量安全控制

在研究环节，严格执行国家颁布的药物非临床研究质量管理规范（简称GLP），确保试验资料真实、完整、可靠；积极实施药物临床试验质量管理规范（简称GCP），现省内通过国家认定的药物临床试验机构11家，推动了药物临床试验质量大幅提高，保障了受试者权益和临床试验结果的科学性、可靠性。在生产环节，严格实施药品生产质量管理规范（简称GMP），所有药品生产厂房设施按照所生产剂型的洁净度要求，达到了洁净标准，无菌药品都能达到无菌保障要求；生产设备采用了自动化程度高的现代化生产流水线，符合洁净环境要求；严格遵照药品生产质量管理规范，最大限度降低药品生产过程中污染、交叉污染以及混淆、差错等风险，确保每个环节、每道工序均符合国家食品药品监督管理局颁布的规范要求，确保了不合格原辅材料、中间产品不流入下道工序，不合格药品不出厂。在流通环节，全省14902家药品经营企业通过药品经营质量管理规范认证（简称GSP），严格规定了药品运输、储存、销售必须具备保证质量的条件，如药品与非药品必须分开存放；处方药与非处方药分类管理；企业必须有适宜药品分类保管和符合药品储存要求的库房，药品必须按规定的温度湿度要求储存于相应的库中；近效期药品必须按月填报效期报表，过效期药品不得销售并作不合格药品处理等。通过控制可能影响药品质量的各种因素，有效消除质量安全隐患，保证了流通环节药品质量安全。

3. 不断创新药品安全监管制度，全面加强药品生产质量安全风险监控

大力实施生产企业变更事项报备制度、重大事项报告制度、"黑名单"制度、企业约谈制度及向高风险品种企业驻厂监督员制度、质量授权人制度等，突出加强对重点企业、重点品种、重点工序、重点环节的监管，对全省在产的706个高风险品种、523个基本药物品种进行生产工艺与处方核查，排查质量安全隐患，确保生产质量安全；对特殊药品和中药注射剂、血液制品、疫苗四大类高风险品种的进、销、存及流向进行实时监控，实行"身份证"管理，全省未发生特殊药品重大流弊事件和疫苗质量安全事件。

4. 大力开展药品安全专项整治

2006～2007年、2009～2010年全省先后开展两次长达4年的药品安全专项整治行动，对药品科研、生产、流通、使用各个环节实施全面整治，进一步提高了药品质量标准，强化了药品生产现场监督，提升了药品经营企业准入门槛，促进了医疗机构合理用药，推动了产品结构调整和医药产业优化升级，规范了药品市场秩序。通过药品安全专项整治，药品质量安全水平稳步提高，全省药品评价性抽验同品种考核合格率稳定在97%以上。

5. 切实加强药品广告监测，及时消除虚假药品广告误导消费的危害

省、市、县三级食品药品监管部门配备专职药品广告监督员110名，为各市州配置了专门的广告监测设备，重点监控各大电视媒体、平面媒体300多家。"十一五"期间，省食品药品监管局发布违法药品广告公告30期、778条，移送工商部门查处违法广告品种1856个，对260个严重违法违规药品广告品种采取了暂停销售的行政强制措施，药品广告市场秩序进一步规范。

6. 全面加强农村药品监督，推进药品安全监管城乡一体化

"十一五"期间，全省投入农村药品"两网"（供应网、监督网）建设资金3681万元，建成国家级农村药品"两网"建设示范县2个、省级农村药品"两网"建设示范县33个，农村药品供应网覆盖所有乡镇及90%以上的行政村，农村药品监督网实现乡、村全覆盖，形成了县级药品监督员、乡镇药品协管员、村级药品安全信息员齐抓共管的城乡药品监管格局，促进了城乡药品同质同价。在株洲、怀化、永州、邵阳等地开展乡镇食品药品监管站建设试点，为进一步强化农村药品安全监管探索了有效途径，得到省政府的肯定和广大农民群众的好评。

7. 全面加强中药材专业市场监管，积极推动"公司化"进程

支持岳阳花板桥中药材专业市场整体搬迁，进驻长沙高桥市场并组建湖南高桥大市场药材有限公司；指导和监督邵东廉桥中药材专业市场实施公司化改造，较好解决了中药材专业市场"以街为市、以路为市"的问题。通过建立健全中药材经营质量管理责任体系，实现了规范化管理，提高了中药材经营质量，促进了又好又快发展。

8. 认真落实国家基本药物制度，保障公众安全使用基本药物

建立起基本药物安全预警和应急处置机制，实行全程无缝隙监管。积极支持和促进基本药物生产企业提高质量标准，组织清理原始生产工艺档案，排查质量安全隐患，初步建立生产企业、品种和中标情况 3 个数据库。认真落实每年不少于 2 次的生产现场检查，每年对 208 家基本药物配送企业、27270 家使用单位进行全面检查，每年对省内中标基本药物生产企业的产品实施全覆盖监督抽验，确保了省内生产流通的基本药物质量安全。2010 年，全省基本药物抽验合格率达99%。

9. 大力推行药品电子监管，加快"数字药监"建设步伐

全面加强药品监管信息平台建设，相继建立并完善了以电子政务、特殊药品电子信息管理、基本药物电子监管和冷库温度在线监控等系统为主体的信息化监管体系，实现了对麻醉药品、精神药品购销行为的动态监控和疫苗冷库温度的在线监控。

10. 积极构建药品质量信用体系，促进医药行业自律

2007 年在岳阳、娄底两市进行药品生产企业信用构建与分类监管工作试点。2008 年湖南省被国家食品药品监管局列为试点省。2009 年，以省部共建长株潭城市群食品药品安全诚信示范区为契机，将质量信用体系建设扩大到全省药品和医疗器械生产、经营企业，有力地促进了药品生产经营秩序进一步规范、药品质量进一步提高。

（三）严厉打击假劣药品

"十一五"期间，全省各级食品药品监管部门始终保持强力打假治劣的高压态势，集中开展中药材、中药饮片、疫苗、互联网虚假宣传邮购假药、非药品冒充药品等专项整治行动，坚决打击制售假劣药品的违法犯罪行为，向司法机关移送案件 106 件，公安机关抓捕制售假劣药品的犯罪嫌疑人 101 人，追究刑事责任34 人，有力震慑了违法犯罪行为，切实保障了市场流通药品的质量安全。比较典型的案例如下。

1. 邵阳特大非法加工生产假酒案

2008 年 1 月，邵阳市食品药品监管局与公安、工商部门开展联合行动，一举查获非法生产"国药准字号"假国公酒、假冯了性酒，涉案货值 29 万余元，3 名犯罪嫌疑人被判刑。

2. "长沙一格"制售假人胎素案

2008 年 3 月至 8 月，由省政府牵头，药监、公安、工商、卫生、质监等部门联合查办惊动全国、央视多次跟踪报道的"长沙一格"制售假人胎素案。该案为典型的"偷梁换柱"改换药品包装案，相关部门捣毁制假售假窝点 5 处，没收了整条制假生产线，涉案货值达 1000 万元，抓获犯罪嫌疑人 5 人。

3. 邵阳无证经营人血白蛋白案

2008 年 5 月，邵阳市食品药品监管局成功查处无证经营人血白蛋白大案，现场收缴人血白蛋白、狂犬疫苗、人用免疫球蛋白等药品货值 12.4 万元。该案作案手法极为隐蔽，流动性较强，以致该案追踪时间长达 5 年之久。号称"邵阳人血白蛋白皇后"的当事人刘某及其合伙人被移送司法机关追究刑事责任。

4. "湘潭友爱癫痫病医院"虚假宣传及无证配制、销售制剂案

2008 年 9 月，省食品药品监管局与省公安厅联合出动，对湘潭友爱癫痫病医院虚假宣传及无证配制、销售制剂案进行严厉查处。该案中湘潭友爱癫痫病医院非法配制未取得任何批准证明文件的"中药抗癫Ⅱ号"、"蛇药医痫丸"、"青龙蛇药片"和"蛇药医癫痫胶囊"等系列治疗癫痫的假劣药品，通过改换药品包装进行销售，并租用专用网站作虚假宣传，从中牟取暴利，极大地损害了人民群众的身体健康和生命安全。

5. 消渴丸系列假药案

2009 年 7 月，省食品药品监管局在全省开展消渴丸质量专项检查，查处涉及 8 个地市 33 家药品经营企业违法销售的 14 个批号的假消渴丸 18846 盒，货值 32 万多元，违法所得 30 多万元，共处罚没款 150 多万元，抓捕犯罪涉嫌 2 人，追捕 2 人。

6. 销售假"伟哥"、假避孕药品案

2009 年 9 月，省食品药品监管局、省公安厅、长沙市公安局、长沙市食品药品监管局联合行动，出动药监执法人员 100 余人次、公安干警 400 余人次，成功捣毁长沙、湘潭、邵阳等地假药销售窝点 40 余个，现场抓获违法犯罪嫌疑人

23 人，批捕 11 人，收缴假枸橼酸西地那非片（万艾可，简称伟哥）15 批次 29411 粒，收缴假米非司酮片等避孕药品 4158 盒，货值 340 多万元。

（四）大力推进依法行政

1. 加强地方药品监管法制和药品标准建设

2009 年湖南省人大常委会颁布实施《湖南省药品和医疗器械流通监督管理条例》，这是全省首部规范药品监管的地方性法规，填补了上位法在药品医疗器械经营、使用环节的法制空白，具有里程碑意义。相继出台《湖南省药品使用质量管理规范（试行）》、《湖南省基本药物监督管理办法》等 67 件规范性文件。着力提升药品地方标准，颁布实施《湖南省中药材标准》（2009 年版），收载品种 356 个，其中续载品种 125 个，新增品种 231 个；实施《湖南省中药饮片炮制规范》（2010 年版）修订工作，收载品种 1161 个，在全国率先将中药超微配方颗粒收入炮制规范；制定药用包装材料产品标准 35 个，修订产品检验方法标准 21 个，对全面加强药品安全监管具有重要意义。

2. 认真贯彻《湖南省行政程序规定》，建立了药品监管重大行政决策听证制度

2008 年，省食品药品监管局在省直部门中率先按《湖南省行政程序规定》组织"县以上城区零售药店合理布局行政决策听证会"，广泛听取群众意见，这一问政于民的做法被国内各大媒体报道，被评为"2008 年度湖南最具影响力法治事件"之一。2009 年和 2010 年，又相继举行了《湖南省药品批发企业现代物流系统设置标准（暂行）》和《湖南省药品、医疗器械生产经营企业质量信用等级评估实施办法》行政决策听证会，确保了重大行政决策的科学性、民主性、合理性。

3. 深入推进行政审批制度改革，规范药品监管行政审批行为

"十一五"期间，省食品药品监管局先后对行政审批事项进行 4 次较大规模的集中清理，依法撤销 23 项行政许可事项，将 38 项行政审批事项归类合并为 14 项，精减率达 63%。全面推行政务公开，独立设置政务中心，实现一个窗口对外，即时办理项目达到 12 项；积极推进网上审批，对现有 21 项行政审批项目实施在线审批，审批时间平均缩短 75%；实施行政许可审批"办、审、定"三分离制度，落实了办事依据、办事程序、办事过程、办事结果、基础数据"五公开"，保障行政审批公开、公平、公正。

4. 严格实行责任追究，规范药品监管行政执法行为

省食品药品监管局制定并完善规范权力运行及配套保障制度 80 个，对每项权力的运行均建立了制度、绘制了工作流程图，以确保权力规范运行。在全省各级食品药品监管部门积极推行执法案卷考评，制定并公开实施《行政处罚自由裁量权基准》，严格落实绩效考评、行政问责、过错责任追究等制度，切实强化内部法治监督，主动接受社会监督，坚决杜绝滥用自由裁量权、地方保护主义、行政不作为和办"关系案"、"人情案"，以及乱收费、乱罚款等行为，维护了药品监管法制的严肃性、公正性和权威性，保障了全省药品监管执法队伍公正执法、廉洁从政。

三　当前药品安全监管中存在的问题及对策

"十一五"期间，在湖南省各级党委、政府的高度重视下，通过各级食品药品监管部门的不懈努力，全省药品安全监管工作取得了显著成绩，但随着经济社会的快速发展，药品安全监管仍面临许多困难和问题，需要各级各相关部门正确对待，并切实加以解决。

当前，全省药品安全监管主要面临以下挑战：一是医药产业集中度低，同质竞争、无序竞争的问题仍然严重；科技创新和应用能力不足，研发设计、生产工艺、产品标准整体水平还不够高。二是药品市场秩序还不够规范，缺乏公平竞争、优胜劣汰的有效机制，部分企业的诚信意识和责任意识还很淡薄，受利益驱动的影响，以非药品冒充药品、挂靠经营、利用互联网销售寄递假劣药品等现象仍然存在，药品安全风险隐患难以完全排除。三是药品安全监管基础比较薄弱，药品监管法制不够完善，药品检验检测设备、专业技术队伍、行政执法装备等执法条件与日益艰巨的药品安全监管任务还不相适应。四是少数违法分子制售假劣药品的手段更加隐蔽、方式方法更加灵活，药品安全仍处于风险高发期和矛盾凸显期。

"十二五"期间，全省各级食品药品监管部门将深入贯彻科学发展观，坚持以人为本，进一步加强和改进药品安全监管工作。要重点抓好以下四项工作。一是深入推进药品安全监管。以确保药品质量可控为前提，着力提高药品质量标准，加强药品注册现场核查，从源头上确保药品安全。加大《药品生产质量管理规范》、《药品经营质量管理规范》实施力度，推行《医疗机构制剂配制质量管理规范》，切实强化药品生产、流通和使用监管。深入推进药品安全专项整治，突出抓好基本药物质量安全监管，切实规范药品市场秩序。二是努力提升药品监管能力。逐年加大药品监管经费投入，持续加强基础设施建设，改善药品执法监管条件，继续强化执法队伍培训，提高药品监管执法水平。突出抓好药品监管技术支撑能力建设，更新和完善药品检验检测设备，确保省、市药品检验机构对 2010 版《中国药典》一、二部标准的独立全项检验能力提高到 95% 以上。三是大力普及药品安全知识。采取多种形式，面向群众开展"合理用药"知识宣传，增强公众的自我保护意识，积极参与药品安全监管；及时传递药品安全监管信息，努力提升药品安全公信度。四是大力促进医药产业优化发展。认真贯彻湖南"四化两型"发展战略，利用科学监管手段，引导医药产品研发，推动医药企业战略性重组，培育具有自主知识产权的知名品牌；构建药品质量安全信用体系，打造公众用药安全的诚信环境，促进生物医药战略性新兴产业加快发展。

专 题 篇

Specific Reports

B.26

引发当前社会矛盾的制度分析

梁志峰[*]

　　随着改革开放的不断深入和经济社会的快速发展，经济体制深刻变革，社会结构深刻变动，利益格局深刻调整，思想观念深刻变化，我国不仅已进入改革发展的关键时期，而且进入一个矛盾凸显期和风险多发期。本文拟在分析社会矛盾多发的制度性成因的基础上，探寻消减和化解社会矛盾的有效机制，为推进我国社会主义和谐社会建设提供制度对策参考。

一　当前社会矛盾的基本状况

　　党中央、国务院对构建社会主义和谐社会高度重视。地方各级党委、政府，按照党中央、国务院的统一部署和要求，认真落实社会治安综合治理各项措施，深入排查和及时化解矛盾纠纷，强力推进长效机制建设，维护了社会大局稳定。

---

* 梁志峰，湖南省人民政府经济研究信息中心主任。

195

据国务院新闻办公室 2010 年 9 月 26 日发表的《2009 年中国人权事业的进展》白皮书，2009 年，全国信访总量同比下降 2.7%，连续 5 年保持了下降的态势。但社会矛盾的总体趋势不容乐观。社会矛盾主要表现为信访问题和群体性事件。当前社会矛盾呈现以下特点。

1. 社会形势复杂

现阶段影响社会和谐的各种社会矛盾和社会问题错综复杂，经济社会发展不平衡引发的问题与体制转轨中机制不完善造成的问题交织在一起，历史遗留、积累的问题与新产生的问题交织在一起，现实利益矛盾和思想认识差异问题交织在一起，官僚主义、工作方法不当造成的问题和敌对势力的渗透破坏引发的问题交织在一起。

2. 信访问题突出

当前我国信访问题突出已经成为制约发展、影响稳定的一个重要因素，而且呈现信访总量居高不下、群众上访活跃、解决难度大、涉及热点问题多等特点，而且在信访过程中，出现择机上访明显、过激行为增多、重复访滞留访突出、信访老户捆绑上访严重等新趋势。

3. 群体性事件频发

我国群体性事件的绝对数量较大，2006 年为 72645 件，2007 年为 70684 件，2008 年以来"瓮安事件"、"府谷事件"、"玉环事件"、"惠州事件"、"孟连事件"等群体性冲突密集发生。2009、2010 年群体性事件数量仍处高位。其中维权抗争事件和社会泄愤事件占群体性事件的绝大多数。维权抗争事件如果处置不当，很容易转化为社会泄愤事件。维权事件的基本特点有四个：第一，它是利益之争不是权力之争。相当多的群体性事件并不属于政治问题，而属于经济问题或社会问题，属于经济社会发展过程中的问题，属于前进中可以解决的问题。第二，规则意识大于权利意识。中国老百姓维权时更在意规则，比如政府的许诺而不是宪法赋予的权利。第三，反应性大于进取性。一般来说，是你找老百姓的麻烦，老百姓才对付你，他们不会主动找茬。第四，目标的合法性与行为的非法性共存。① 相对维权性群体性事件，社会泄愤事件呈现一些新特点：一是因偶然事件引起，没有个人上访、行政诉讼等征兆，突发性极强。二是没有明确的组织

---

① 于建嵘：《理智对待不同性质的群体性事件》，载 2009 年 4 月 9 日《南方日报》。

者，找不到磋商对象。绝大多数参与者与最初引发的事件并没有直接利益关系，主要是借题发挥，表达对社会不公等现象的不满，以发泄为主。三是失实或错误信息的传播、应急处理不及时或不当，使事态扩大。四是常有打、砸、抢、烧等违法犯罪行为发生。

4. 与当前体制机制改革密切相关

当前社会矛盾多发，是社会转型、改革深化过程中的必然现象。我国在社会主义初级阶段以市场经济为导向推进体制机制改革。改革的实质是对人们经济政治利益关系的调整，随着改革的深化，我国社会呈现利益主体多元化、利益来源多样化、利益差别扩大化、利益关系复杂化、利益表达公开化、利益冲突尖锐化的局面。随着利益的调整，必然产生一些社会矛盾。一是经济社会发展中的一些长期的结构性矛盾和不平衡问题。例如，城乡之间和地区之间的发展差距，是在中国长期发展过程中形成的。改革开放以后，随着工业化、城市化的快速推进，这种差距进一步扩大。二是体制改革过程中因体制、机制不完善而产生的问题。在体制改革过程中，一些旧的体制被打破了，而新体制的完善尚需要一个过程，另外体制改革也是一个利益调整的过程，必然会带来这样那样的利益矛盾。20世纪80年代到90年代的改革，极大地解放了生产力，城乡居民均从中受惠，而1990年代以后的部分改革，变成了"零和改革"，以城市下岗失业人员为代表的部分群体不仅相对地位下降、相对被剥夺感增强，甚至绝对生活质量也下降，这部分群体质疑改革，对社会的不满情绪在滋长。三是在经济快速发展中由社会发展相对滞后而带来的问题。随着我国经济的快速发展，人民群众的物质文化需求也不断提高，经济和社会发展"一条腿长、一条腿短"的问题更加突出，由社会发展相对滞后带来的矛盾增多。

二 当前社会矛盾多发的制度性原因

当前社会矛盾多发的原因是多方面的，就制度性原因而言，主要包括以下几个方面。

（一）公共政策博弈中角色失衡，利益表达机制不健全

公共政策实质上是指对社会价值进行权威性的分配，公共政策的制定过程实

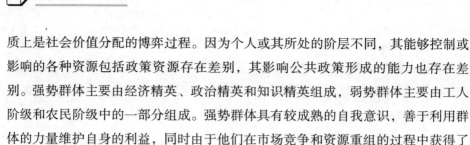

质上是社会价值分配的博弈过程。因为个人或其所处的阶层不同，其能够控制或影响的各种资源包括政策资源存在差别，其影响公共政策形成的能力也存在差别。强势群体主要由经济精英、政治精英和知识精英组成，弱势群体主要由工人阶级和农民阶级中的一部分组成。强势群体具有较成熟的自我意识，善于利用群体的力量维护自身的利益，同时由于他们在市场竞争和资源重组的过程中获得了比较优越的社会资源，因而获得了广阔的利益表达空间。而弱势群体由于掌握的社会资源较少，缺乏利益表达渠道，影响社会舆论和话语权的能力低，因而其利益诉求难以表达，在形成公共政策的过程中往往被边缘化。当前，不同群体利益失衡现象日趋严重，其原因主要有以下几个方面。

1. 选举制度不完善，民众意愿难彰显

近年来，因农村土地征用、移民搬迁安置、各种工程建设用地等补偿标准不一，造成侵害农民利益、引发农村群众集体上访甚至发生群体性事件，从发生的集体上访和群体性事件来看，其矛头往往指向与农民有直接关联的基层政府，造成这种情况的原因除了某些基层政府工作方式简单粗暴以外，一个重要的原因就是决策的不民主、不科学造成群众的意愿不能彰显，群众抵触情绪大，而追根溯源则是政治资源分配不公、选举制度不完善、农民在制度内的影响力偏弱造成的。政治资源公平分配是国家政治安全的保障和稳定力量，因为政治资源的公平分配，最好地体现了国家对每个公民平等地位的尊重和深层社会关怀，有利于提高国民对国家的忠诚度和护卫意识，同时也是民主决策、科学决策的重要前提。但在我国，作为重要政治资源的被选举权在分配上却显失公平，在人大代表产生人数上存在制度歧视。自1953年以来，我国选举法规定，中国农村和城市每一名全国人大代表所代表的人口数比例经历了从8∶1到4∶1。有人将此形象地称为"四个农民等于一个城里人"。这导致在各级人大代表的构成中，长期以来以政治精英、经济精英和知识精英为主体，而从农民、农民工、城市下岗失业人员等弱势群体中产生的代表极少。中国人口的主体是农民，农民人大代表数量分配上的偏少严重削弱了农村人口的话语权，农民在决策话语体系中普遍处于"失语"状态，农民处于不能参与和影响决策而只能被动地接受决策结果的弱势地位，这导致决策容易忽视民意，甚至侵害农民利益，由此造成一些地方党群干群关系紧张，这是农村矛盾多发的重要根源之一。2010年新修改的选举法已将这一比例改为1∶1，实现了人大代表选举上的城乡平等，但这要真正实现还要等到下一届人大代表的选举。而且我们还要在实际操作中防止出现一些偏差，比如将一些已经进城多年、已经市民化的农民企业主仍然当做农民等。

2. 利益驱动难遏制，公共权力部门化

近年来，行政执法过程中的突发群体性事件呈大量增多趋势，成为影响社会稳定的主要因素，但这些事件并不都是因为行政执法人员的直接执法过错引发的，这在很大程度上是由公共权力部门化、部门利益凌驾于群众利益之上引起的。目前，在公共政策制定过程中，主要由政府部门主导立法，在征求若干个部门的意见或者文件会签时，部门负责同志往往站在各自部门的角度来审阅、修改相关内容，最终的结果极有可能是各个部门都能得到关照，各部门利益都没有受损，但最终出台的这个政策，可能是部门利益凌驾于公众利益之上，导致有些部门政策的功利性非常明显，出现"行政权力部门化、部门权力利益化、部门利益法制化"倾向，使政府部门利用权力谋取部门利益的行为合法化。商务部原官员郭京毅案①还揭示了另一种立法腐败，即官员使得制定、修改的法律对政府部门之外的某些利益群体有利，同时官员"有功而受禄"，以各种形式享用这些利益群体奉上的好处。

3. 利益博弈力量不均等，公平协商难实现

土地征用、房屋拆迁、企业改制等涉及公众根本权利甚至是基本生存权，在解决此类问题的过程中，个人或群体难以与国家机关或以公共政策为依托的另一方以协商谈判的方式解决分歧或纠纷。如企业改制都是由各地自行确定安置标准、制定安置方案，如果改制企业职工对此不服或不理解，没有任何协商机制能解决政府和职工之间的分歧。又如在房屋拆迁过程中，部分城市经济困难群体的房屋被拆迁之后，新的商品房的价格或面积都令其在经济上无法承担，开发商大多采取货币补偿方式，按照评估的价格对其进行补偿。如果被拆迁人不从，则转向申请法院强制拆迁甚至停水停电，更有甚者通过黑恶势力强行拆迁的方式。利益的一方当事人就只能转向通过逐级或越级上访甚至是集体上访的方式来表达他

---

① 2008 年 8 月 13 日，商务部条法司巡视员郭京毅被"双规"。知情人士称，郭京毅受贿，并非如此前传言所指涉及某个特定的外资并购项目，而是涉及有关外资并购的法律法规制定和司法解释。如果郭京毅的这个受贿罪被认定，将可能波及中国所有外资并购项目，这也可能成为中国第一起在法律制定过程中官员受贿的案件。

们的意见或进行利益争取。

4. 社会组织①不健全，利益代言人缺位

改革开放以前，实行计划经济体制，在城市的企事业和机关实行单位制，在农村实行政社合一的人民公社体制，以把全国人民组织起来了。改革开放后，城市单位制式微了，单位人成了社会人；农村人民公社解散了，改为乡镇政府和村民自治组织，绝大多数农民回到一家一户的生产生活状况。公民社会组织发展缓慢，社会自治和自组织能力差，国家直接面对公众，各类公众缺乏应有的利益代言人，整个社会缺少中间阶层发挥缓冲作用。一方面社会秩序的实现完全依靠国家的控制来实现，另一方面个人利益的表达缺乏凝聚机制，导致利益诉求散射化、利益表达情绪化。久而久之就会在国家与公众之间积聚起各种矛盾和冲突，影响社会的稳定。

（二）行政管理体制改革滞后，基层公共服务受掣肘

1. 财税结构不合理，财权和事权不对等

民生财政是缓解社会矛盾的"稳定器"和"调节器"，是实现社会和谐、共建共享的强大推动力。当前，我国正处于人民内部矛盾凸显期，这些矛盾绝大多数又是由民生问题引起的，加大对民生问题的财政投入是改善民生、缓解矛盾的重要途径。但是从实践来看，很多地方的财政很难完成由吃饭财政、建设财政向公共财政、民生财政的转折和变革，这主要是因为我国现行的财政分配制度是分税制，它有利于中央集中财力办大事，有利于调动各级政府的积极性，但是，也存在着一定的不合理之处，据不完全统计，县乡财政供养的人口占全国财政供养人口的70%，而其财政收入只占全国财政收入的40%，主要原因是财政收入分配结构不合理，具体表现为：在税收征收方面，税基较好的、容易征收的税种划归中央，税基较小的、征收难度大的税种留给县里；在税款分成方面，共享税中地方分成比例比较小，如增值税，中央得到75%，省和市共得到12.5%，县级政府仅得到12.5%；原来全部留给县级的税种，比如企业所得税和个人所得税，

---

① 指各种非政府（NGO）和非营利（NPO）组织的总称，又被称为"第三部门"。包括公民的维权组织、各种行业协会、学会、民间的公益组织、社区组织、互助组织、兴趣组织和公民的某种自发组合等。

自 2004 年起又改为中央分成 60%，地方只留成 40%。中央、省和地级市财政比较宽裕，大多数的县级政府财政只是"吃饭财政"，有的甚至连吃饭也很困难。有人戏称为"中央财政喜气洋洋、省市财政满满当当、县级财政紧紧张张、乡镇财政哭爹喊娘"。而解决民生问题、实现基本公共服务均等化、提高底层群体生活水平等事权大部分在地方，但由于大多数基层政府财政困难，并且不论何种处境下都得解决机关运转和机关干部工资问题，所以无法把主要资金和主要精力投入到化解矛盾和改善民生上去，间接引发基层政府的各种乱收费行为，导致中央政府连续多年的宏观调控见效难。社会底层公众则将责任都追究到地方政府头上，形成"上面政策好、下面执行差"、"中央政策很好，地方政策好狠"的看法，相信上级不相信本级，导致越级访不断增多。各级政府财权与事权不对等也是社会矛盾多发的一个重要原因。

2. 政绩考核出偏差，民生问题重视不够

以经济建设为中心成为各级政府的基本共识，然而，将发展等同于经济发展，将经济发展等同于 GDP 增长等认识偏差，导致一些地方政府注重经济建设而放松社会建设，在经济增长与环境保护上倾向于优先经济增长，在经济增长与社会公平上倾向于经济增长。而且官员考核是以年度考核和任期考核为主；考核体系中经济指标比其他社会指标更容易量化；经济指标所占的比重更大，导致政府官员的短期政绩行为被强化，而对民众的切身利益关注不多，民众觉得得到的实惠较少，这为社会矛盾的产生和激化埋下了隐患。

3. 应急机制不健全，冲突处理能力不强

目前，各级政府按照要求，层层制订了一些应急处置方案，建立了一些应急机制，但往往还停留在文件上，一旦出现突发事件，根本就发挥不了作用。由于缺乏系统培训、模拟演练和实战处置，一些地方政府官员的社会冲突处理能力不强，主要表现在：一是定性不准。即使是维权事件或合理诉求，一旦出现群体性事件，往往更容易被定性为"少数人利用和煽动违法事件"。二是措施不当。在"警察靠前，进行压制"，还是"领导靠前，进行对话"的选择上，更容易选择前者。三是回避媒体。不能够坦然面对、诚恳沟通、有效引导，结果导致许多可以化解的事情由于处置不当而产生了严重后果，主要表现为陷入"事件起因很小——基层反应迟钝——事态升级爆发——基层无法控制——震惊高层——迅速处置——事态平息"的怪圈，从而使"小事拖大，大事拖炸"，不仅激化已有的

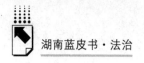

矛盾，而且容易造成社会泄愤事件的发生。

4. 条条职能被强化，块块职能遭削弱

地方政府是一级行政组织，负有推动地方经济发展、促进社会和谐、确保居民安居乐业的责任，而责任的落实与权力必须匹配，如果过多的职能部门被垂直管理，权力不断上收，地方政府组织被肢解、分割，地方政府的组织功能及职权会变得残缺而不完整，其管理职能和权威必然受到削弱，大大降低管理的有效性。对垂直部门来说，地方政府平级单位往往对垂直部门的经常性权力监督失效，全靠上级部门和上级监管机关的监督，而上级监管最大的弱点就是非经常性，"天高皇帝远"的宽松氛围，使各级垂直机关容易滋生违法乱纪行为；同时，垂直管理容易强化条条权力，各垂直部门只注重对上级主管部门负责，有可能忽略当地发展实际，对群众事务的回应速度缓慢，进而容易导致社会矛盾。

（三）阶层间社会流动受阻，社会归宿感不强

1. 社会结构不太合理

现阶段中国的社会阶层结构远不是发达国家应有的橄榄形的结构形态，而是洋葱头形社会阶层结构。该缩小的社会阶层还没有小下去，该增大的社会阶层还没有大起来，社会中间阶层至今仅占23％。① 比如，从就业结构方面看，在占全部就业人口50％以上的非农就业人口中，有1.3亿多人是进城农民工，进城农民工与城市职工"同工不同酬，同工不同时，同工不同权"，由此产生了很多其他社会问题。

2. 阶层间社会流动受阻

目前，我国的社会流动面临了较大的障碍，阶层之间的流动渠道不是变宽了，而是变窄了，社会流动出现了阻塞现象。新华社于2009年1月4日播发的温家宝总理的署名文章中，总理感慨道："过去我们上大学的时候，班里农村的孩子几乎占到80％，甚至还要高，现在不同了，农村学生的比重下降了。这是我常想的一件事情。"尤其是城乡教育资源分布不均、贫富家庭优势教育资源占用不均、学生毕业就业机会不均等问题的存在，不仅使弱势群体本身向上流动的

---

① 陆学艺：《建构现代化的中国社会结构》，载2009年2月24日《中国社会科学院报》第37期。

机会变少，而且其下一代向上流动的机会也减少，使弱势群体连向上流动的希望都看不到，导致社会底层中的一部分人对向上流动的信心不足，对社会公平的信任不够，存在"仇富"、"仇官"心态，这也是当前社会泄愤事件层出不穷的重要社会心理因素。而部分社会上层对底层的尊重不够，加剧了阶层之间的不和谐①。如果这一状况得不到缓解和扭转，可能导致社会出现"上层寡头化、下层民粹化"的阶层对立局面。

3. 公众的社会归宿感不强

改革开放以来，伴随着我国社会结构、社会阶层关系、社会管理体制等方面的深刻变革，我国社会成员的社会归属感发生了一系列明显的变化。一是单位归属预期的逐步弱化和社会归属预期的逐步增强。经过30多年的改革开放，特别是随着就业、医疗、住房、养老等多方面体制改革的逐步深入，我国社会的管理体制正在由单位制向社会制转变，单位所承担的一些社会功能正在逐渐弱化。二是进城务工人员原有的地域归属感淡化和新的地域归属感缺失。进城务工人员实际的社会归属的不确定性，使得他们的社会归属感出现了新的变化。一方面，部分进城务工人员已经不再从事原来的职业，逐渐疏离了农村生活，另一方面，在现行的户籍管理制度下，进城务工人员难以从社会福利保障、医疗、就业等方面进行身份的彻底转换，无法从根本上融入城市社会，也就难以形成对所在城市的地域归属感。三是社会成员的社区归属预期逐步增强和实际的社区归属感依然缺失。由于我国社区目前所拥有的服务性资源还不能有效地满足社区居民的实际需要，特别是社区在提供人际交往、社区成员相互认同的机会等精神和心理方面的服务功能还相对滞后，社区还没有真正成为具有共同的利益需求、共同的价值认同和生活方式的生活共同体。

（四）司法公信力不高，权利救济渠道不畅通

我国目前的司法公信力不高，公众普遍存在"信访不信法"的心态。司法界以外的公共部门或社会公众通常认为由于法官的自由裁量权过大、对法官的监

---

① 如华远集团总裁任志强声称"没有责任替穷人盖房子，房地产开发商只替富人建房。"原广州城管支队支队长许决华称"广州如果不设防，傻瓜都会来广州。"引起网络媒体的普遍关注和大量网民的唾骂。

督制约机制乏力而导致司法腐败严重，司法腐败使社会丧失对司法的信任和信心而造成司法公信力不够。而部分司法理论界和司法从业人员则认为是由于法院在人、财、物上受地方的制约太多，司法行政化、司法地方化的趋势明显，现有的司法体制违背司法中立和法官独立等司法规律，造成司法权威不够、司法公信力不足。

影响法院公信力的因素是多方面的，既有部分法官素质不高等法院内部的原因，也有个别地方政府官员干预司法等法院外部的原因，并与社会经济、文化及法制环境密不可分。从社会矛盾多发的角度来看，主要有以下原因。

1. 司法为民的理念不坚定

在 20 世纪末以前，司法系统一直强调查清事实，注重调解，甚至强调在田间地头办案。21 世纪初又强调当事人举证，不再提倡法院主动调查取证，认为它破坏了当事人诉讼权利的平衡；不再强调调解，认为它存在"和稀泥"的情况，没有发挥法律的教化功能；不再强调"马锡五"式的办案方式，要求法官坐堂办案，认为这样才体现司法的权威。近期又强调"案结事了"，强调调解、强调查清事实，要求法官不仅要依法审判，对不服裁判结论的当事人要做好当事人的服判息访工作。

2. 司法规则不明晰

法官在适用法律规则上，也存在较大的不确定性，如在对当事人超过举证期限提供的证据是否采信问题上，没有统一的标准，但有时此类证据又对案件的胜负影响重大。由于一些当事人只是凭借对客观事实的认知和对法律及公平诚信等社会基本伦理的信赖提起诉讼，而不太理解司法审判只能凭证据能证明的法律事实和已有的法律规定或法律原则进行裁判，有时会出现"有理输官司"和"赢了官司输了钱"的情况，更容易造成司法信任危机。

3. 司法审判随意性大

法官在适用法律时的随意性较严重，同样的案件在不同地方法院甚至在同一地方法院的不同审判庭，处理结果却不尽相同，这样的现象难免使社会公众怀疑其中是否有人情、金钱或者关系发生作用，继而对司法公信力的提升产生不利影响。

4. "案件承办人制度"带来的弊端

司法腐败问题实际上与当前各级法院普遍施行的"案件承办人制度"有关。

在合议庭负责制下，审理案件的"承办人"本应是合议庭，其全体成员都应当全程参与案件的各项审理活动，作为一个整体成为案件的决策者和责任者。但是，在"案件承办人制度"下，每一个案件的实际办理中，总有一位法官是此案的具体承办人，由他对该案件的事实和法律适用负主要责任。一个案件从受理到庭前准备活动的安排、证据交换和调查、提出案件的初步处理意见等，基本上都由他独自完成。特别是大多数实行书面审理的刑事二审案件，往往由承办人先对案件进行全面的阅卷审查，提审被告人或进行调查，然后撰写审查报告，对案件事实的认定、法律适用、定罪量刑等提出意见，再交由合议庭评议。就是在最高法院强调死刑二审案件全部开庭、各项庭审改革不断推进的今天，承办人包揽大部分实质性审理活动的现象仍然没有改变。在现实审判活动中，非承办人的合议庭其他成员除了参与庭审、案件评议外，很少参与案件的阅卷和核稿签发，对案件事实本身缺乏深入了解，对法律问题没有自身独立的判断，在裁判结论的形成上往往依赖于承办人，这使得实践中合议庭的评议活动往往只是围绕承办人的意见进行简单表态。合议制已沦为事实上的独任制，所谓的"群体决策"实际上已经演变成了个人决策，这给案件承办人提供了很大的权力寻租空间，容易滋生腐败，造成枉法裁判。而要纠正和改变一个由于枉法而作出的判决，需要花费很长的时间和很大的精力，妨碍了当事人对公权力救济的选择，导致司法公信力降低。利益受损民众在维权过程中，就会采取集体上访、集会甚至阻塞交通、围堵党政机关、静坐请愿、聚众闹事等形式而不诉诸法律，严重影响社会稳定。

三　当前社会矛盾的制度性解决思路

化解当前的社会矛盾，维护社会大局稳定，最关键的是要对症下药，系统施治。

（一）改进公共政策形成过程，完善利益表达与协调机制

党的十七大报告强调，要"推进决策科学化、民主化，完善决策信息和智力支持系统，增强决策透明度和公众参与度，制定与群众利益密切相关的法律法规和公共政策，原则上要公开听取意见"。改进公共政策形成过程，必须不断完善利益表达机制和利益协调机制，扩大群众的知情权、参与权、表达权、监督权。

1. 公平分配政治资源，提高公共政策决策的公众参与度

政治资源的公平分配是协调社会关系的关键性制衡手段，只有当群众能够均等获得政治资源时，国家才能增强公众的向心力和归属感，也才能最大限度地保障政治上的稳定和安全。为此，要落实新修订的选举法的要求，实行城乡按相同人口比例选举人大代表。这有利于提高广大农民的政治参与度，扩大广大群众的知情权、参与权、表达权、监督权和在公共决策中的影响力，为消减社会矛盾打下坚实的制度基础。

2. 完善公共政策决策程序，增强公共政策决策的透明度

公共政策制定应该坚持科学化、民主化和法制化，确保科学规范、公开公正。一是畅通群众表达意愿渠道。逐步推行党务公开、政务公开，通过公开设置意见箱、热线电话和举报电话，利用电子信箱等信息网络手段，方便群众反映情况、发表意见。二是进一步畅通群众参与决策的渠道。通过调研、座谈、咨询、听证等形式，形成集中民意和民智的长效机制。三是要加强社会利益协调，确保利益分配的起点公平、过程公平和结果公平。起点公平，主要是通过教育等方面的公共政策，为人们提供平等的受教育机会，提高人们的素质；过程公平，主要是制定一系列公正合理的规则，营造一个平等竞争的外部环境；结果公平，主要是出台相应的分配政策和再分配政策，调节过分悬殊的收入差距，体现社会公平。四是要大力扶持发展独立的政策咨询机构，形成以问题为中心、忠于真相、敢说真话的政策制定辅助系统。法者天下之公器，特别要不断完善法律制定程序，强化法律对公权力的制约，为有效减少社会矛盾、维护社会稳定提供良好的基础。要推行立法公开制度。推广立法听证制度、立法论证制度、立法座谈会制度，为不同群体提供一个利益表达的场所，做到在立法中体现最广大人民群众的根本利益。要构建立法回避制度。为了防止立法部门化的倾向，可以通过职能分离、委托立法等方式，将立法交由与之无利害关系的部门或者委托专家起草，这在一定程度上可以有效剔除部门利益在行政立法中的体现，缩小立法寻租的空间，使立法更加公平。要完善司法审查制度。应当进一步完善和健全行政法规、规章的备案审查机制，构筑我国的司法审查制度，改变抽象行政行为不可诉的现状，让宪法真正成为国家统一法制的守护神。

3. 加强社会组织建设，发挥其在公众利益表达和协调中的作用

立足于整合社会资源，大力加强新型社会组织建设，发挥其团结群众、主张权利、承担责任、提供服务的作用，弥补政府在满足群众诉求、协调利益矛盾、提供社会保障等方面可能出现的缺失，既使社会公众散射性的利益诉求得以凝聚，也引导公众通过组织的、合法的方式表达诉求，为社会矛盾冲突提供缓冲的平台。同时，以社会组织为媒介，促进公众诉求的国家回应和国家公共政策的公众认同。畅通组织表达渠道，包括畅通各级政府部门及信访机构等行政组织的表达渠道，人大代表、政协委员联系群众的制度，党领导下的工会、共青团、妇联等群众组织的表达渠道；畅通媒体舆论的表达渠道，反映不同利益群体的需求，让"民情上传"。

（二）加快行政管理体制改革，推进基本公共服务均等化

1. 深化财政体制改革，实现财权与事权相匹配

合理匹配财权和事权，一是要合理界定各级政府的事权，明确划分各级政府的公共支出责任。二是要简化政府管理级次和财政管理级次。三是完善财政管理体制。按照市场经济的要求和公共产品层次来规范各级政府的事权与财权，对各级政府共同承担的事务，可按支出责任和受益程度的大小确定各级政府负担支出的比例。四是要深化预算制度改革，加强财政预算管理，强化预算监督，以保证财政资金投向的合理性，确保公共服务和改善民生的财政投入。要以实现全国各地公共服务水平的均等化为目标完善转移支付制度。

2. 完善政绩考核机制，强化正确的政绩观

要科学设定政绩考核的指标体系，这是政绩考核的核心所在。符合科学发展观的指标体系应该包括三个方面的内容：经济指标、社会指标以及人的全面发展指标。在经济指标的设置上，既要重视反映经济增长的指标，又要重视反映经济发展质量和结构的其他指标。同时，要恰当分配这三方面指标各自的权重，要适当降低经济指标所占的比重，提升社会指标和人的全面发展指标所占的比重，以此来增进基本公共服务均等化，提高社会底层群体的基本生活水平。如广东省出台的《广东科学发展评价体系及考核办法方案》，增加了许多社会发展指标、人民生活指标以及生态环境指标，经济发展指标只占30%左右的权重。要拓宽政绩评价的渠道。在西方发达国家，对政府官员的考核一直沿用两个评价体系，一个是政府部门的自我评价体系，另一个是社会评价体系。社会评价一般有三种：一是来自基层的代表和群众的；二是媒体的评价；三是社会

中介机构特别是调查机构的评价。我们可以借鉴这种做法，让民意在政绩考核中发挥更大的作用。要合理地运用好政绩评价结果，把政绩评价结果与领导班子的奖惩、调整和领导干部的升迁降免紧密联系起来，引导各级领导干部强化正确的政绩观。

3. 党的关系属地管理，加强对垂直部门的地方监督

为改变目前垂直管理部门监督难以到位的现状，建议考虑将垂直机关的党委都设在地方，加强地方党委对这些机构的领导，实行对垂直部门党组（党委）以及党员干部的属地管理，抓好党的建设，落实党建工作责任制。同时建议可加强地方人大对垂直管理部门的监督职能，定期组织人大代表对垂直管理部门进行执法检查和工作评议。对此，有的地方已作出了一些有益的探索，如陕西省汉中市出台《人大常委会评议垂直管理部门实施办法》，对垂直管理部门的监督制度化、规范化，已经收到了好的效果。

（三）完善群众工作机制，提高做好群众工作和化解矛盾的能力

1. 完善群众利益维护机制

要关心群众生活，帮助群众解决实际困难，让群众感受到实实在在的、看得见的利益。在为群众排忧解难的过程中，要避免"用人民币买平安"的简单工作方法，注重解开群众的思想疙瘩。当前要特别注意处理好土地征用、房屋拆迁、企业改制、涉法涉诉以及劳动、社保、环境等突出问题，切实维护群众的合法权益，共享改革发展成果。要完善社会保障机制。进一步强化政策调控、优化资源配置，逐步解决困难群众在就业、住房、教育、医疗等方面遇到的现实难题，继续加大社会养老服务体系、社会救助体系等的建设力度，不断提升公共服务能力，切实增强困难群众的社会安全感和对和谐社会建设的认同感。

2. 完善社会矛盾调处机制

加强风险评估与社会预警，为各级领导干部开展群众工作提供依据；完善行政调解、司法调解和人民调解的"三调联动"机制，确保矛盾一发生就能得到有效的调解，将矛盾化解在苗头状态和基层；加强信访工作，畅通群众诉求表达的渠道，做到诉求合理的解决问题到位，诉求无理的思想教育到位，生活困难的帮扶救助到位，行为违法的依法处理到位；进一步落实责任，按照"分级负责、

归口管理"的要求加强考核，严格责任追究制度。

3. 完善心理疏导机制

现代生活快节奏、社会变革快步伐、各地发展不平衡、收入差距不断扩大等，容易引发心理障碍、心理失控等社会问题。必须完善心理疏导机制，培育健康向上的社会心态。应加大对心理健康教育的投入，加快建立健全各类服务机构，重视志愿者队伍建设，统筹抓好相关培训，构建全方位、网络化的心理疏导机制，防止人们不良心态的循环累积。同时，应掌握科学的方式方法，把弘扬思想政治工作的优良传统与运用现代科技手段结合起来，不断提高心理疏导的科学化水平。

4. 完善基层管理机制

党的十七大报告提出，"把城乡社区建设成为管理有序、服务完善、文明祥和的社会生活共同体"。早在1973年，日本政府就在社区建设政策纲要中指出："创造理想的生活首先必须整治居民的日常生活环境，使居民们对自己所在的地区产生亲近感。"在社会转型时期，工作场所处于不稳定状态，社区成为重要的生活场所和社会交往场所。一是把社区发展作为增强社会成员社会归属感的切入点，作为实现社会整合的微观突破口，不断加强社区的基础设施建设，不断创新社区服务的形式，以适应社会发展的要求，更好地满足社区成员的需要。二是完善基层领导体制和管理机制，推动管理重心下移。大力加强基层组织平台建设，不断优化基层治理，尽快构筑起适应新形势的群众工作网络。三是注重形成群众工作合力。充分发挥群众团体和人大代表、政协委员联系群众的优势，鼓励他们积极主动、创造性地开展群众工作。充分发挥社区、村等基层自治组织的作用，引导其通过依法自治活动，解决群众身边的实际问题。注意发挥协会、学会等社会中介组织的作用，使其逐步成为党和政府开展群众工作的新生力量和有力助手。

5. 提高化解矛盾的能力

提高及时化解矛盾的能力，要从源头上抓起，关心群众的生产生活问题，切实维护群众切身利益。要继续推进基层群众自治制度建设，把群众的知情权、参与权、表达权、监督权落到实处。面对群体性事件，首先要领导靠前指挥，尽快建立对话机制，缓和对抗情绪；其次要甄别"意见领袖"和少数恶意要扩大事端的人，前者的目的是为了引起注意，争取更高层次的重视和平等对话的机会，后者则纯粹是为了激化矛盾，造成更严重的后果以泄愤，对"意见领袖"要尽快将其纳入对话机制中并通过其引导群体的情绪，对少数恶意扩大事端的人要高度关注、依法打击；最后是要尽快在公布真相的基础上引导媒体，通过发布官方准确的消息防止不准确的、带有误导性的、激化矛盾的消息的产生和传播。

（四）改善社会结构，增强社会活力

1. 改善社会结构

一是进一步促进结构平衡。现阶段，我国的社会结构仍然呈现一定的"差序格局"，包含收入差距较大、社会经济地位不同的多种社会阶层与社会群体，是多梯度社会结构。遏制各种非法致富渠道，增加小康型中等收入者，促进低收入者增收，减少贫困人口，解决结构性社会失衡问题，是改变多梯度差异社会结构的途径。二是进一步强化结构主体。关于工人和农民，过去曾经出现一些比较极端的说法，但工人、农民是社会的基本阶层，是社会结构的主体，这些理念是不能抛弃的。在国企改革、发展个体私营经济的过程中，普通工人与持大股的经营者、雇主相比，其地位和收入均呈下降态势。要注意克服基本社会阶层弱势化的倾向。三是进一步维护结构公平。不同社会阶层和社会群体具有相同的发展权利。城乡二元结构反映了我国传统社会的弊端，但这个概念的解释力现在已经远远不够了。工人、农民和农民工构成的三元结构，是当前中国社会结构的重要特征。要缩短城乡三元结构这一过渡期，减少农民、致富农民、农民工市民化，是解决"三农"问题的三大环节。

2. 增强社会活力

当前阶层之间不和谐，主要原因是处于底层的人对向上流动没有信心、对整个公共政策或规则体系不信任，而客观上的机会不公平强化了这些认识。因此，一是要进一步完善社会流动机制，以机会平等促进阶层之间的和谐。以确保教育公平为基础，畅通社会阶层流动的渠道。二是不断完善和积极运用一二三次分配政策，帮助中低收入群众做大收入蛋糕，使其能够通过自身的努力提升经济与社会地位。三是加快户籍制度改革步伐，解除就业身份限制，增强社会流动弹性和社会活力，积极构建开放型社会结构。

（五）推进司法改革，提升司法公信力

1. 推进法官职业化，提高法官整体素质

法官是整个司法行为的主体，推进法官职业化、提高法官的整体素质是提高司法公信力的基础环节。提高法官素质应当从以下几方面着手：一是提高法官的政治业务素质，培养法官的责任意识、服务意识、大局意识，强化法官对法律条款、立法精神和法律的基本价值的认知和运用。二是加强司法技能培训。司法是一个具体的过程，当事人是通过这一具体过程形成对司法的判断的，尤其是要通过庭审体现司法过程的严肃性，通过裁判文书的说理性体现司法结论的严谨性，因此，要着力加强法官驾驭庭审和制作裁判文书的能力。三是提高法官职业修养，培养法官对法律的信仰和对职业神圣感崇高感的认同。四是既严把法官"进口关"，又丰富法官的遴选机制。既要注重上级法院从下级法院选拔的方法，也要注重从资深律师、优秀法学专家中招录的方式。

2. 加强监督，提高法官的违法违纪成本

法官违法违纪既有职业操守的原因，也有业务水平的原因，更重要的原因是监督体制机制的不健全。因此应当完善制度，加强监督。一是以《监督法》为基础，强化人大通过法官任免对法官的监督。二是落实公开审判。加强司法公开，要求法院将不涉密的裁判文书在网络上向社会公开，避免同类案件不同判决，杜绝同一法官对同类案件不同判决的情形，以公开促公正。三是严格执行各级法院的纪律要求，避免"若干高压线，根根不带电"的制度虚设困局。四是强化内部监督和制约，强化合议庭的职能，发挥审委会的作用，使主审法官负责成为一种受制约的权力。

3. 对当事人进行诉讼风险告知

诉讼应当充分保护当事人的合法权益，但诉讼过程本身是一种结果未知的过程，因此应当预先告知当事人，使其对案件审理、执行中的风险作理性评估，谨慎地选择诉讼手段来解决纠纷。对诉讼请求不当、超过诉讼时效、不按时交纳诉讼费用、财产保全、证据保全、举证不能、举证超过时限、举证不合证据规范、超过上诉期、申请再审期间、未按期申请执行、被执行人无履行能力等情形的可能风险明确告知当事人。

4. 推进司法体制改革

司法体制改革应当以构建"公正、高效、权威"的审判制度为目标，以符合我国的政治体制、遵循司法规律、结合我国当前司法人员的整体素质和我国社会公众的法律意识现状稳步推进。一是进一步优化审判和执行职权配置，规范上级法院对下级法院监督指导的范围和程序，确保依法独立公正行使审判权。二是落实宽严相济的刑事政策，确保定罪准确、量刑适当。推动建立刑事被害人救助制度。三是稳步推进法院人员分类管理制度改革，加快专门法院体制改革。健全完善多元纠纷解决机制。四是完善审判流程管理和案件质量评查制度，健全监督制约机制，加强司法民主，推进司法公开，促进审判公正、执行高效。

B.27

建设法治湖南的调查与思考

周平常 *

一定行政区域的法治化是法治化国家的一个区域性标准，是国家一定区域和谐发展的重要标志。通过调研座谈，我们认为，建设法治湖南不仅非常适时、意义深远，而且具备天时地利人和的条件。所谓"天时"，就是建设法治湖南符合依法治国基本方略，符合科学发展观的要求。所谓"地利"，就是湖南省已实施全民普法的五个五年规划，成效显著；人民代表大会制度不断完善，全省各级人大的职能作用得到发挥；法治政府建设先行先试、不断创新，从2008年制定的我国第一部系统规范行政程序的地方性规章《湖南省行政程序规定》，到2010年实施的《湖南省规范行政裁量权办法》，以及正在征求意见的《湖南省政府服务规定》等，都为法治湖南建设积累了宝贵经验，打下了坚实的基础。所谓"人和"，就是近年来，湖南省全面贯彻落实科学发展观，全省经济社会发展明显提速，综合经济实力、市场竞争能力和对外影响力明显增强，全省人民心齐气顺，谋发展、促和谐成为共识。

一　建设法治湖南的重大意义

1. 建设法治湖南是依法治省的进一步深化

党的十五大提出依法治国的目标后，全省在省委的统一领导下，认真落实中央决策部署，深入开展普法教育，全面推进依法治省工作，启动株洲等市的"法治城市"创新试点，在推进依法行政、促进公正司法、健全民主制度、加强法制宣传、保障公民合法权益、推动区域法治化等方面取得了重要成果。但随着经济社会的迅速发展、改革开放的不断深入和公民民主法制意识的不断增强，全

---

* 周平常，湖南省人大常委会研究室主任。

省人民对法治建设提出了新的要求。建设法治湖南，是深入实施依法治国方略的重要举措，是民主法制建设重要的里程碑，是依法治省的深化和发展。

2. 建设法治湖南是全省经济社会发展的必然选择

当前，湖南正处于全面建设小康社会的攻坚期。生产力快速发展，经济体制改革深入推进，市场配置资源的基础性作用不断增强，是这段时期的显著特征。市场经济是典型的法治经济，经济秩序的维护、经济制度的完善以及资源的节约、环境的保护等，都有赖于法治环境的改善。只有推进法治建设，才能更好地运用法律手段来调节经济、规范社会行为、实施监管，湖南才能在新的发展机遇中具备核心竞争力，从而后发赶超、抢占新一轮发展制高点，实现科学发展、富民强省。

3. 建设法治湖南是保障社会和谐的重大决策

社会主义和谐社会，是法制保障下的有序、民主、公平、正义的社会，是通过法治来充分尊重和保障人权的社会。法治是维护社会公平的基石。从本质上讲，它是一种贯彻法律至上、严格依法办事的治国原则和方式，要求整个国家和社会生活都要依法而治，凭借法律这种权威、普遍、稳定、明确的社会规范，来管理国家、治理社会，降低领导个人意志及主观偏好对社会秩序的影响力，杜绝其可能带来的不利影响，减少随意性和不确定性，形成高度稳定的社会秩序与和谐状态。因此，建设法治湖南是坚持以人为本、全面构建和谐社会的重大策略。

二 建设法治湖南的目标

建设法治湖南，就是全省人民在省委的领导下，在依法治国、建设社会主义法治国家的总体进程中，依照宪法和法律规定，通过各种途径和形式管理国家事务、经济文化事务和社会事务，逐步实现全省政治生活、经济生活、文化生活、社会生活的法治化，做到事事有法可依、人人知法守法、各方依法办事。

我们所要建设的法治湖南，应该是民主健全、法制完备、公共权力运行规范、公民权益切实受到保障的法治社会。具体表现为：各级党委、政府更加善于运用法律手段保证党的路线方针政策得到贯彻实施，依法执政的能力明显提高；行政机关及其工作人员依法履行职责，逐步建立起科学、高效的行政决策、行政管理、行政执法体制；人民群众对司法公正的满意度逐年提高；涉法涉诉上访案件明显减少；全体公民特别是各级领导干部、公职人员的法治观念、法律素质以及依法决策、依法办事能力明显提高；公共权利的行使受到有效规范和约束，各类监督主体的监督功能充分发挥；社会治安秩序明显好转，基层政法综治队伍建设得到加强；基层民主法治建设不断深入，基本实现区域法治化目标。

三　建设法治湖南的障碍因素

湖南省全面开展依法治理工作以来，普法教育与依法治理工作取得了显著成效。但是，在建设法治湖南方面仍存在一些障碍因素，需要引起有关方面的高度重视，并逐步加以解决。

1. 思想认识障碍

对抓法治，主要存在四种错误的论调。一是"遥远论"。认为我国经历了几千年的封建半封建社会，要搞法治需要经历一个漫长的过程，不可能一蹴而就，所以早抓晚抓无所谓，轻抓重抓无所谓，抓好抓坏无所谓。以致讲起来头头是道，做起来松懈、畏难，缺乏责任心和紧迫感。例如普法教育，抓了25年，但在有些地方"领导干部越看越淡、人民群众越来越烦"，有的甚至五年规划期内就是发一本书、组织抄一张试卷。二是"无用论"。认为现阶段发展经济是第一要务，经济建设才是硬道理，法治建设只是"软"建设，可有可无，因此"重发展、轻法治"。如有的地方党委、政府以发展经济为名，敢于"闯红灯"，动不动就"特事特办"，作决策不经过专家论证，不经过合法性审查，决策失误时有发生，负面影响难以挽回。有的地方政府为了加快项目落地，搞先上后批，搞强制拆迁，落下一身的"后遗症"。有的地方政府不依法决策，出台的规范性文件交同级人大备案审查遭质疑后，转而与同级党委联合行文，规避人大的法律监督。三是"无关论"。认为法治建设是具体执法单位和执法人员的事情，其他单位和部门只要管好自己以及单位人员不违法、不出事就行，因此存在与己无关的思想。四是"治民论"。当前城乡治安形势总体是好的，但不安定因素仍然存在，各种矛盾、纠纷不断。因此，在维稳任务相当艰巨的情况下，有的人认为法治就是治老百姓，就是要让老百姓服服帖帖，只有这样，才能保持一方稳定。

2. 人治惯性障碍

几千年的封建思想遗留，导致人治惯性、官本位思维、特权思想仍在不少干部脑海中根深蒂固。以权代法、以情代法、权大于法、权否定法的现象时有发生，严重阻碍法治建设。调研中有人说，现在的权力法则是"黑头不如红头、红头不如笔头、笔头不如口头"，生动地反映了人治对法治的冲击。另外，司法部门的同志普遍反映，当前权力对司法活动的干预无处不在、无孔不入。一些案件一旦进入司法程序，说情者就接踵而至，打电话、写条子，或明或暗地表露意向，有的地方和部门领导甚至直接插手案件审判和执行工作，直接导致枉法裁判、违法不究、法律白条等问题的发生。

3. 诚信缺失障碍

社会主义市场经济也是契约经济、信用经济。这些年来，尽管我国市场经济得到了长足的发展，但在诚信建设方面出现了一些危机。由于少数地方行政、司法机关不能严格依法行政、公正司法，损害了群众利益，人民群众对国家机关的信任度下降；一些地方制假售假、坑蒙拐骗、欺行霸市、地方保护等现象屡见不鲜；一些公民的道德观、诚信观错位，人与人、人与社会之间缺乏起码的信任感、安全感。

4. 各种潜规则障碍

据反映，由于各方面原因，各种潜规则已经渗透了社会领域的方方面面。如执行法律法规时，有利则用、无利不用；执行上级决策部署时，搞上有政策下有对策；有权不用、过期作废，靠山吃山、靠水吃水；人熟好办事，遇事先找人，都想走捷径；唯上不唯下，唯权不唯法；等等。座谈中有同志以审判机关为例，说一方面专业法律人才进不来，法院审判力量薄弱，整体素质亟待提升，另一方面不少法院却热衷于"内部繁殖"，搞清一色的"子弟兵"；不少法官一方面抱怨司法难独立，另一方面却把自由裁量权变成"自由受贿权"，大办金钱案、人情案，严重影响司法公正。

四　建设法治湖南的主要抓手

依法治理，核心在于依法治权。党委的执政权、政府的行政权以及法院的审判权、检察院的司法权等，都属于公权力。相比较而言，私权的滥用，损害的可能只是个体；但公权力的不当行使，却可能为害一方甚至祸国殃民。因此，建设法治湖南，首要的便是用法制限制权力、用程序规范权力、用责任制约权力，以确保公权力依法正确地行使。

1. 坚持依法决策，提高执政水平

建设法治湖南，关键在党。一方面，各级党委要带头执行法律，严格在宪法和法律规定的范围内活动，从而示范带动各级组织和全省人民形成遵法、守法的共识和合力，使敬畏法律、遵守法律成为全社会的自觉行动和习惯。另一方面，各级党委要坚持依法行政。胡锦涛总书记曾经指出："决策水平是各级党委贯彻落实科学发展观能力的集中体现。各级党委要高度重视决策工作，树立现代决策理念，掌握和运用现代决策方法，努力提高科学决策、民主决策、依法决策的水平，保证重大决策的正确性。"为此，各级党委应建立健全和落实决策程序运行机制、科学论证机制、监督制约机制和纠错问责机制，确保重大决策的科学性、民主性和合法性，努力提高决策的公信力和执行力，不断提高执政能力和水平。

2. 坚持依法行政，建设法治政府

一是要构建政府依法科学决策机制。政府的权力源于人民，源于法律的许可。政府的所有决策，都是公共决策，涉及的都是公众和社会的利益，都要依法科学决策。要站在发展为了人民的高度，健全政府内部的决策规则和程序，健全与群众利益密切相关的重大事项决策的听政公示制度，健全涉及社会发展全局的重大事项的协商和协调机制，健全严格的决策合法性审查制度，严格执行涉及经济社会发展全局的重大事项提请同级人大及其常委会审议决定的法律规定，不断提高依法决策的水平和质量。二是要进一步转变政府职能。要按照"有所为，有所不为"的原则，加快由权力型政府向有限政府转变。要严格执行《湖南省行政程序规定》、《湖南省规范行政裁量权办法》，以及即将出台的《湖南省政府服务规定》，同时，为了从实体上加强对行政行为的监督制约，各地建议省政府出台一部有关责任追究的规章，或由省人大常委会制定一部问责方面的法规。三是要大力推进政府信息公开，打造阳光政府。要进一步规范政府文件公开、信息发布、会议旁听、档案查询等具体办法，做到便民、公开。要加快电子政务建设，增强政府的透明度，接受人民群众的监督。四是要强化政府法制工作，发挥政府法律顾问组织的作用，为建设法治政府提供良好的法律服务。

3. 坚持公正司法，维护公平正义

法律是维护公平正义的最后一道防线。当人民群众得不到法律的保护、正义得不到伸张时，他们就会信"访"不信"法"，甚至采取群体性事件、暴力报复社会等不当手段，影响社会和谐稳定。要做到公正司法，一是要牢固树立执法为民理念。把严格公正执法贯穿到各项工作中，强化司法机关惩治犯罪、调节经济社会关系、保障公民和法人合法权益的职能。二是要认真落实中央推进司法体制改革的各项措施，健全权责明确、相互配合、相互制约、高效运转的司法体制。三是要建立健全抵制行政干预司法活动的有效机制。要从法制和制度上保证审判机关和检察机关依法独立公正地行使职权。各级党政机关要为司法公正提供必要的条件，严格将司法活动与经济利益相分离。四是要完善公开审判制度，健全人民陪审员和人民监督员制度。要把加强司法监督和惩治司法腐败结合起来，严肃查处徇私枉法、贪赃枉法、滥用职权等职务犯罪案件。五是要加强法律援助和司法救助，切实保护困难群众、弱势群体以及外来务工人员的合法权益。

4. 坚持普法宣传，提升公民素质

知法才能守法。湖南"五五"普法已验收完毕，普法教育成效明显，但在一些地方，普法仍浮在表面、流于形式、缺乏针对性。"六五"普法期间，一是要突出普法教育重点。进一步深化以宪法为核心的全民法制宣传教育，强化公民法治意识，弘扬法治精神，在全社会形成崇尚宪法和法律权威、严格依法办事的社会氛围。二是要加强对重点对象的普法教育。继续落实各级党政干部年度学法用法考试、新任领导干部任前法律知识考试和法律知识任职资格、法律素质考察等制度，建立公务员法律知识资格准入制度；加强青少年法制教育，进一步完善学校、家庭、社会"三位一体"的青少年法制教育网络；加强企业经营管理人员、农民、流动人口的法制宣传教育，增强其知法守法和依法维权意识。三是要拓展普法教育深度。全面推进法律知识进机关、进乡村、进社区、进学校、进企业、进军营、进工地、进公共场所、进家庭的"法律九进"活动，不留死角，不留盲区。四是建立普法教育长效机制。在巩固原有普法工作机制的基础上，进一步完善领导、运行、评估和保障机制，逐步构建法制宣传教育与文化教育、德育教育以及各类知识培训有机结合，各部门、各行业各负其责，全社会共同参与的"大普法"工作体系。

5. 坚持监督制约，确保执政为民

切实加强监督是法治建设的重要保障。要完善监督体系，强化法律监督、行政监督、司法监督、群众监督、舆论监督、民主监督及党内监督，构建全方位的监督网络，确保法治建设有序发展。要进一步强化对重要部门、重大事项和重要

岗位的监督，严格决策责任追究和绩效评估制度，确保各部门依法严格履行职责。强化对公共权力的制约，建立健全结构合理、配置科学、程序严密、制约有力的公共权力运行机制。要加强廉政建设，坚决查处各种违纪违法案件，坚持标本兼治、综合治理，建立健全教育、监督并重的预防腐败体系，从源头上预防和治理腐败。

五 充分发挥省人大及其常委会在建设法治湖南中的作用

推动省委重大决策部署的贯彻落实，是省人大常委会的一项重要职责，也是湖南人大工作"紧跟核心、紧扣中心、紧贴民心"的首要体现。省人大常委会作为地方最高国家权力机关，依法享有立法权、重大事项决定权、监督权和人事任免权等职权，担负着监督和支持"一府两院"依法行政、公正司法的职责，在社会主义民主法制建设中责无旁贷。省人大常委会将坚决贯彻落实省委的决策部署，充分发挥人大的职能作用，大力推动法治湖南建设，保障和促进湖南经济社会又好又快发展。

1. 发挥省人大常委会在地方立法中的主导作用，为建设法治湖南提供法制保障

建设法治湖南首要的是有法可依。当前，我国在形成中国特色社会主义法律体系上已迈出决定性步伐，国家立法已进入"收官"阶段，有法可依的目标基本实现。但对地方而言，在抓好法规清理、制定配套性法规等方面，还有很多工作要做。省人大常委会要在省委的领导下，充分发挥自身在地方立法中的主导作用，围绕加快经济发展方式转变、推动"两型社会"建设，做好地方性法规的"立、改、废"工作，从法制上保证省委重大战略部署的贯彻实施。近年来，省人大常委会一是坚持每年向省委报告立法计划，及时汇报立法工作中的重大问题，始终围绕党的中心和全省工作大局开展立法工作。二是立法中注意平等对待市场主体、确保权利义务一致、尽量减少行政许可，保证了立法公平公正，克服了部门利益倾向。如对设置的行政处罚从行为、种类、幅度上严格把关；对部门提出的设立机构、增加编制的要求，一般不予规定；一般不设置收费条款，对确需的年检年审收费等，一律规定必须上缴财政；对应由市场调节的事项，不设置许可，尽量减少政府对企业的干预；等等。三是充分发挥法规在调整社会利益关系、构建和谐社会方面的重要作用，通过加强立法调研、完善立法审议制度、公开征集立法建议项目、举行立法听证、进行立法后评估、法规草案公开征求意见等方式，统筹兼顾了不同阶层、不同群体、不同方面的利益诉求，做到了科学立法、民主立法。在今后的立法实践中，常委会将进一步抓好科学立项，力争使制度、法规体现省委重大决策精神，切合人民群众的需要，有利于促进社会公平正义；进一步创新立法机制和方式，提高科学立法实效，使制定出来的法规符合湖南的实际，体现湖南经济、文化和社会发展的特征，能够切实解决现实问题；进一步强化法制统一的观念，同时坚持从省情出发、从实际出发，准确掌握湖南的具体情况和实际需要，及时清理和修订那些与经济社会发展不相适应的法规。

2. 完善监督工作方式方法，促进"一府两院"依法行政、公正司法

依法治省，核心在于依法治权，其中就包括行政权和司法权。对"一府两院"进行监督，是宪法和法律赋予人大及其常委会的一项重要职权。在法治湖南建设中，省人大常委会将在省委的领导下，以增强监督实效为重点，切实履行监督职能，发挥监督作用，着力促进依法行政、公正司法。近年来，特别是监督法颁布实施以来，省人大常委会切实加强法律监督和工作监督，通过听取和审议"一府两院"工作报告，开展执法检查、视察调研，实施规范性文件备案审查，组织询问质询等方法和手段，加强对法律法规在本行政区域内贯彻执行过程中，出现的普遍性、倾向性问题以及热点、难点问题的监督，有效纠正了一些有法不依、执法不严、违法不究的现象。湖南实施全民普法的五个五年规划的过程中，常委会每届都要听取和审议普法规划编制、普法规划实施情况的报告，并适时作出决议决定，推动了普法工作的顺利开展；1998年提出对省移民局挪用移民资金兴建省移民培训中心的质询案，2009年提出对省质量技术监督局向被监督抽查人违法收取检验费用、省粮食局违规挪用升级储备粮食差价收入问题的质询案等，有力促进了有关问题的整改落实；开展的环保法、中小企业促进法执法检查，以及2010年正在开展的科技进步执法检查，对发现的问题限期整改、跟踪监督、一抓到底，切实增强了监督实效；"三湘环保世纪行"、"三湘农产品质量安全行"、"三湘农民健康行"、"民族团结进步行动"等"四行"活动，深受全省人民欢迎，督促解决了一批热点难点问题；制定了湖南省规范性文件备案审查条例，备案审查工作已步入正轨。这些工作的开展，保证了宪法和法律的正确实施，促进了依法行政和公正司法。今后，人大及其常委会将围绕建设法治湖南，进一步突出监督重点，完善监督方式，增强监督实效。特别要重点监督省政府及其工作部门严格落实《湖南省行政程序规定》、《湖南省规范行政裁量权办法》和《湖南省政府服务规定》，推进法治、效能政府建设，督促建立有权必有责、用权受监督、违法要追究的工作机制，全面提高行政的法治化水平。

3. 依法行使重大事项决定权，为建设法治湖南提供科学决策参考

依法决定重大事项，是人大及其常委会的一项重要职权。近年来，省人大常委会围绕加快民主法治进程，先后作出了关于依法治省的决议、关于预防和制止家庭暴力的决议等。2008年，作出了关于保障和促进长株潭城市群资源节约型、环境友好型社会建设改革试验区工作的决定，支持省政府在"两型社会"建设中解放思想、勇于创新。2009年，作出了关于大力推进社会信用建设的决议，规范了社会信用建设的主体和职责，提出建立健全守信激励、失信惩戒制度，鼓励诚信行为，加大对失信行为的惩戒力度。决议的出台，对进一步增强全社会信用意识、推进湖南社会信用建设将发挥重要作用。常委会将进一步强化履职意识，正确处理党委决策权与人大重大事项决定权的关系，紧紧围绕省委的重大决策部署，抓住事关全局、事关长远、带根本性的重大问题，适时作出决议决定，使党的主张经过法定程序成为国家意志和全省人民的自觉行动，保障党的路线、方针和政策的贯彻落实；正确处理好人大决定权与行政决定权的关系，加强沟通，达成共识，对应由省人大及其常委会决定的重大事项，及时作出决议决定；加强对政府重大决策过程的监督，建立健全重大决策合法性审查制度，严格执行规范性文件备案审查制度，从源头上防止行政不当行为的发生，促进依法行政。

4. 加强自身的法制化、规范化建设，不断提高依法履职水平

人大自身也是法律的实施主体。宪法、监督法等对人大及其常委会的职权、履职程序和方式等作出了明确的规定。国家权力机关要监督行政机关依法行政、司法机关公正司法，首先自身要加强法制建设。近年来，省人大常委会努力加强法制建设，确保履职依法、按程序，先后制定了省人民代表大会会议服务规范、省人大常委会会议服务规范、常委会党组会议议事规则和主任会议议事规则、常委会组成人员守则、关于充分发挥专门委员会作用的若干意见、信访工作若干规定等议事规则和工作制度。2009年，报请省委批准，建立了常委会委员依法履职情况报告制度和履职考察制度，有效地提高了常委会委员履职的积极性、主动性和创造性，激发了工作活力，产生了良好的效果。努力加强履职能力和作风建设，坚持不定期举办常委会组成人员培训班，坚持常委会会议期间专题讲座制度，建立常委会党组中心组学习制度，不断提升常委会组成人员的政治素养和法律素养；每次常委会会议之前，由主任会议组成人员带队，根据会议议程有选择性地开展集中调研，增强审议发言的科学性和针对性；实行德才兼备、以德为先的用人标准，严格按照民主推荐、公平竞争的办法选人用人；认真落实党风廉政建设责任制，抓好反腐倡廉建设责任制，树立了人大机关及其干部良好的形象。今后，省人大常委会将进一步加强自身建设，打造"学习过硬、工作过硬、作风过硬"的干部队伍，巩固风清气正、依法履职、奋发有为的良好局面，不断增强履职意识、提高履职水平、完善履职方式，努力在建设法治湖南、推进富民强省的伟大实践中发挥更大更好的作用。

B.28

湖南省党政领导干部法律素质
现状调查与分析研究报告

中共湖南省委党校　湖南行政学院课题组

公民具有良好的法律素质，历来是实现法治的重要条件，尤其是作为公权力掌控者和行使者的党政领导干部如何认识和看待法律，将在很大程度上影响社会公众的法律意识，并在一定程度上决定一个国家和地区的法治程度和法治进程。

为了解湖南党政领导干部法律素质的现状与水平，2003～2010 年湖南行政学院课题组对来自全省省直单位和 14 个市州的党政领导干部进行了广泛的问卷调查，共发放调查问卷 1118 份，回收有效问卷 887 份，回收率为 79.3% 。从地域分布看，887 人中有 47.7% 来自省直机关和部门，36.8% 来自市县级机关和部门，12.4% 来自区乡级机关和部门；从工作部门看，887 人中来自政府部门的占 55.2% ，来自事业单位的占 21.2% ，来自司法或其他部门的分别占 10.9% 和 12.7% ；从任职级别看，887 人中有省级干部 2 人、厅级干部 116 人、处级干部 513 人、科级及以下干部 256 人，分别占全部被调查人数的 0.2% 、13.1% 、57.8% 和 28.9% 。

为全面了解和真实体现湖南省党政领导干部法律素质状况，课题组还对本省正在长沙监狱服刑的 100 名前领导干部进行了问卷调查。从地域分布看，这 100 名服刑人员原来所任职的地区包括长沙、株洲、邵阳、永州等 11 个地市和部分省直单位；所犯罪行多为贪污、受贿、挪用公款、巨额财产来源不明、滥用职权、玩忽职守和徇私枉法等，占全部被调查者的近一半。从任职级别看，这 100 名服刑人员主要来自政府部门和司法部门，各占 38.1% ，来自事业单位和其他部门的分别占 11.1% 和 12.7% ；其中，40 岁以上者占全体被调查人数的 82.6% 。

　　与此同时，课题组还先后到湖南衡阳、浏阳、耒阳、衡南等市县进行实地调研，与衡阳市公安局部分干警和领导、石鼓区部分党政领导干部、浏阳市部分乡镇干部、耒阳市部分市级领导和政府法制部门同志进行座谈，了解其在推进依法治省、执行湖南行政程序规定和政府依法行政方面的情况和问题；在省委党校两个主体班与处以上干部开展为期一周的建设法治湖南的专题研讨，与湖南省依法治省办工作人员、省纪委处室领导和委领导、省政府法制办领导和工作人员、省普法讲师团全体成员等进行座谈和调研；到湖南省第一监狱、长沙监狱走访调研监狱主要领导和管教人员，调查走访各级各部门领导和党政领导干部上百人。课题组还个别访谈和调研了包括 2 名正厅级领导、4 名副厅级领导在内的 12 位党政领导干部。此外，还分析研究了省检察系统自 2003 年以来查处的领导干部犯罪案件的主要数据和部分领导干部违法犯罪的典型案例，对包括雷渊利、蒋艳萍、傅国良等原厅级官员在内的 7 名贪腐等犯罪服刑人员进行个别访谈，以了解此部分党政领导干部的法律知识和法律意识状况。

　　本报告是在上述调查问卷、实地调研、个人访谈和案例分析的基础上进行全面而系统的分析研究的结果，旨在客观描述湖南省党政领导干部的法律知识和法律意识现状，分析党政领导干部在法律知识、法律意识和法律实践能力方面存在的问题及其原因，探讨在目前的条件下，党政领导干部获取法律知识的途径、法律意识培养和提高的方法、党委政府在全面提升党政领导干部法律素质方面的制度性安排，以及培训在提高党政领导干部法律素质中的地位和作用等问题，为促进党政领导干部从人治观念向法治观念的彻底转变，加快实现省委省政府提出的建设法治湖南的目标提供决策参考和政策建议。

一　党政领导干部的法律知识水平状况

　　为测试党政领导干部的法律知识水平，课题组设计了 50 个题目，内容涉及宪法知识、行政法知识、法理知识、民商经济法知识、刑法知识和诉讼法知识等六个方面，以全面了解党政领导干部对于国家主要法律及其内容的知晓和掌握程度。以下是该部分调查的统计结果（见表1、表2）。

表1 在职党政领导干部法律知识水平答题结果统计（887人）

单位：%

总正确率	宪法部分正确率	行政法部分正确率	法理部分正确率	民商法部分正确率	刑法部分正确率	诉讼法部分正确率
44.2	50.9	52.8	42.0	31.8	31.9	53.5

表2 服刑原党政领导干部法律知识水平答题结果统计（100人）

单位：%

总正确率	宪法部分正确率	行政法部分正确率	法理部分正确率	民商法部分正确率	刑法部分正确率	诉讼法部分正确率
45.3	42.9	48.1	36.5	40.0	36.5	62.9

通过表1、表2可以看出湖南省党政领导干部法律知识水平主要呈现以下特点。

1. 从总体上看，党政领导干部对基本的法律知识有一定了解，但总体而言法律知识水平普遍不高

对在职党政领导干部的调查结果显示，宪法部分答题的正确率为50.9%，行政法部分答题的正确率为52.8%，法理部分答题的正确率为42.0%，民商法部分答题的正确率最低，为31.8%，刑法部分答题的正确率为31.9%，诉讼法部分答题的正确率为53.5%，全部答题的总正确率为44.2%。这说明，随着国家法治建设进程的加快，领导干部学习法律的自觉性和积极性提高了，对基本的法律知识特别是与工作相关的法律知识有一定的了解，如对于宪法、行政法和诉讼法的了解多于对其他法律的了解。但是，数据也显示党政领导干部对国家最重要和最基本的法律和规定，知晓掌握程度还处于较低水平，这反映出目前党政领导干部的法律知识水平普遍不高，整体上处于中低水平。对因犯罪而服刑的部分前党政领导干部的调查则显示，他们与在职党政领导干部对法律知识的掌握在程度上并无明显区别（特别是考虑到对服刑人员的调查主要集中在2010年，而对其他党政领导干部的调查从2003年一直持续到2010年），整体也处于较低水平，但对不同法律知识的掌握在程度上有所差异，其中一个比较明显的差别就是服刑的这部分党政领导干部对宪法、行政法和法理等方面的法律原理和知识了解得更少，而对民商法、刑法和诉讼法的规定和知识了解更多，特别是其诉讼法知识比没有犯罪的官员高出近10个百分点，这一方面说明服刑人员的法律知识可能与他们触犯刑律、经历过诉讼过程有直接关系，另一方面也说明他们对权力及其行使方面的法律规范了解得更少，这方面的法律知识更加缺乏，从这个层面来分析，在职党政领导干部的法律知识水平要明显高于犯罪服刑前的党政领导干部，这应该也是部分领导干部走上滥用职权、贪污受贿等犯罪道路的一个十分重要的原因。

2. 从相关因素的对比分析结果来看，不同学历背景和年龄层次的党政领导干部之间的法律知识水平存在较大差异，但职务级别和工作性质等因素对党政领导干部的影响不明显

一些相关因素的对比分析数据表明，各类在职党政领导干部之间法律知识水平有一定的差异，但所在部门、机关级别、职务级别、所学专业及工作部门的性质等相关因素对统计结果影响不大。差异比较明显的主要是被调查者的学历程度和年龄等因素。统计结果显示，在本科以上学历人员中，学历高低与法律知识水平呈反向关系，也就是说被调查者的学历越高，其法律知识水平反而越低，博士、硕士和学士对于基础性法律知识问题的回答正确率分别为29.6%、45.7%和46.1%，这说明，高学历人才由于更加专注某个专业领域，对包括法律在内的其他知识的学习可能有所忽视，知识结构专而不博。从年龄因素看，党政领导干部的年龄大小与法律知识水平亦呈反向关系，年龄越小，其法律知识水平越高，其中20～30岁年龄段的党政领导干部的答题正确率高于40～60年龄段的党政领导干部7个百分点。这说明，新成长起来的一代年轻党政领导干部接受法律知识更多更快，对法律的了解也更多。如前所述，服刑前的党政领导干部和在职党政领导干部在具体法律知识掌握上一个重要的差异就是后者对与自身权力行使相关的宪法、行政法和法理学知识了解更多，对法律价值和作用的认识也就更加全面和深刻。

3. 从法律知识结构上看，在职党政领导干部对宪法、行政法、诉讼法的了解程度高于总体水平，但刑法、民商法方面的知识比较缺乏

从统计数据看，在职党政领导干部对不同的法律知识的了解程度是不一样的。其中，了解最少的是刑法和民商法知识，答题正确率分别为31.9%和31.8%，在职党政领导干部普遍缺乏对刑法和民商法的了解。但令人欣慰的是，在职党政领导干部对宪法、行政法、诉讼法的了解明显多于对其他部分法律的了解，宪法和行政法部分的答题正确率分别达到了50.9%和52.8%，明显高于刑法知识、民商法律知识，也高于对法学基本理论的了解（42.0%）。同时，数据显示在职党政领导干部具备了一定的诉讼法律知识（53.5%），对诉讼法的了解获得了最高的得分率。与之有所差异的是，服刑人员在民商法知识、刑法知识和诉讼法知识方面的得分要明显高于在职官员，这主要应当与这些官员主要从事经济管理并经历司法刑事追究有一定关联。

4. 从答题内容来分析，党政领导干部对我国现行法律的了解缺乏全面系统性

以宪法为例，统计结果显示党政领导干部对宪法的基本原则和制度有一定的了解，如：有98%的人知道人民代表大会是我国的权力机关；95.5%的人知道公民享有选举权和被选举权的法定年龄为18岁。另有52.9%的人知道我国的国家性质是人民民主专政的社会主义国家；有76.2%的人知道迁徙权尚未被我国宪法确认为公民的基本权利。但与此同时，调查结果也表明党政领导干部对一些起码的宪法知识缺乏了解，当问到"严格意义上的宪法产生于什么时候"时，只有64.4%的人选择了正确答案"近代"，而有22.1%和6.2%的人分别选择了现代和古代；在回答"我国的国家结构形式时"，只有44.8%的人选择了正确答案"单一制"，却有54.1%的人选择了"一国两制"；当问及"我国公民宪法权利受到侵犯，能否直接请求司法保护"时，只有28.6%的人选择了正确答案。被调查者中还有2/3的人不知道我国现行宪法制定于1982年。

上述特点充分说明，随着依法治国被确立为我国的基本治国方略和普法教育的长期施行，党政领导干部的法律知识水平较过去已有很大的提高，对于法学的基本理论和现行主要部门法的基本内容有了一定的了解。但从整体上看，党政领导干部法律知识水平普遍不高，尤其缺乏对于法律全面系统的了解。党政领导干部当前的这种法律知识水平，必然对其法律意识状况产生影响。

二 党政领导干部法律意识状况

对于法律的本质、价值、功能、作用的认识，对于国家法治现状的准确评价和良好心态，可以为党政领导干部的法律意识奠定坚实的心理基础，提供信赖和维护法律的内在情感力量。为了解党政领导干部对法律的价值、功能、作用等深层问题的认识，课题组共设计了50个问题，以检验党政领导干部的法律情感倾向和法律意识水平。调查结果显示，党政领导干部对法律的价值和作用有一定的认识，对我国法律实施现状有较客观的描述，同时对未来法律作用的加强也有较积极的心态。

1. 党政领导干部对于法律的本质和内涵有较为全面的了解，但对法律的价值、功能和作用的认识还有一定偏差

首先，党政领导干部对于法的本质和内涵有着基本正确的认识，特别是能够意识到法律对于保护公民权利的重要意义。在回答"提到法，你最快、最容易想到的几个词"时，按其选择率排序，依次是权利保护（60.9%）、法院（占53.3%）、规范与制约（50.1%）、违法犯罪（46.8%）、审判（40%）、制裁（20.9%）等。有超过六成的被调查者不再认可"法律只是一种服务于统治阶级统治的工具"这种说法。可见，党政领导干部对于法律在维护公民权利方面的作用有了越来越深的认识，过去长期盛行的法律主要是维护统治阶级统治的工具的观念，已不再是主流认识。但进一步追问法律主要维护公民的哪些权利时，党政领导干部的回答却又显示出中国传统法律文化影响的痕迹。在回答"下列行为中最能让你联想到法律的是什么"这个问题时，党政领导干部对于犯罪的法律联想率高达78%，但登记结婚、购买房屋、长辈死亡等事件的法律联想率均在40%以下，这说明，党政领导干部的思想意识中，刑法意识仍旧明显强于其民法意识，人们更加认同法律在打击犯罪、维护治安方面的作用，而对法律调节经济、确认和保护公民民事财产权利方面的作用缺乏充分的认识。

其次，党政领导干部对法律追求的价值也有较为全面的认识。在回答法律的价值目标这个问题时，正义、公平、秩序被排在了前三位。有超过91.1%的党政领导干部认为法律非常重要，对于法律之所以重要，68.1%的人认为是因为法律能够确认和保护公民的基本权利，66.2%的人认为是因为法体现了人类的正义和公平；59.1%的人认为是因为法能调整和维护正常的社会生活秩序，能制裁违法犯罪者并给人们带来安全感，能制约和控制公共权力的滥用。党政领导干部普遍认同法的重要性，对于法的价值有较深刻的认识。

值得欣慰的是，调查结果还显示，绝大多数党政领导干部认同宪法的最高法律地位和其作为国家根本大法所具有的特点，对宪法的价值和功能有较深刻的认识。有97.8%的被调查者肯定"宪法也是法"，有95.9%的人赞同"宪法在国家法律体系中具有最高的法律地位"这一命题。同时，有76.5%的人认为"宪法之所以具有最高法律权威，是因为它是民主的体现和人民权利的保障书。"相比之下，只有 15.1% 的人认为是因为宪法是统治阶级利益的集中体现，8.4% 的人认为是因为它的制定、修改程序较其他法律更为严格。这充分说明党政领导干部的宪法意识有了明显增强。

2. 绝大多数党政领导干部认同中国对法治道路的选择，对社会主义法治建设中一些重大理论和实践问题有比较清醒的认识，但人治理念和思想仍然根深蒂固

调查显示，尽管在中国封建人治的历史很长，但越来越多的党政领导干部开始摈弃人治观念，接受法治理念和方式。在回答"国家治理模式中，你认为最理想和有效的治理模式是什么"时，有 60.9% 的被调查者选择了依法治国，选择以德治国的只有 1.3%。湖南省国土资源厅厅长在接受访谈时说："我国提出建设法治国家和法治政府，是时代发展和现实生活的必然要求，世界发展的潮流如此，我们也必须走法治的道路。"这应该代表了当前党政领导干部的主流思想。但值得注意的是，被调查者中还有 35% 的人选择了法治和德治结合的治国方式，另有 0.7% 和 1.7% 的人选择法律与政策结合、法治和人治结合。可见，虽然法治思想日益深入人心，但人治和德治的思想在我国党政领导干部的头脑中仍占据一定的地位。

调查统计说明，党政领导干部对于法治的内涵有较准确的把握，有超过 98.6% 的被调查者认为，依法治国首先要求依据宪法和法律治理国家。76.2% 的人认为法治和人治的最大区别，不在于法律的数量，也主要不在于法律的完备程度，而在于法律与权力之间的关系。

对于法治建设中法律与政策、法律与道德等之间的重大关系，党政领导干部的观念也有了明显的转变。过去的传统观念认为，政策是法律的前提和基础，法律是政策的体现和保障，但此次调查结果显示党政领导干部对此说法有了怀疑，完全赞同和基本赞同的只有 51.9%，不赞同的达到了 39.5%。这说明，政策的地位在人们心目中的地位在下降，而法律的地位在上升。对于道德与法律的关系，有 61.2% 的被调查者赞同道德是法律的补充的说法，认为法律应是道德的补充的只有 5%，还有 32.1% 认为道德与法律同等重要，不可偏废，这也说明中国根深蒂固的德治思想在法治面前已经开始动摇。

如何走中国自己的法治之路，党政领导干部对此各有自己的看法。37% 的人认为中国应立足当前现实走自己的法治之路，29.4% 的人认为中国法治的发展应吸收借鉴西方国家法治建设的经验，42.5% 的人认为应将继承传统和借鉴国外经验相结合，而赞同完全继承和发扬中国法律传统的只有 10.3% 。这说明，相当多的党政领导干部能够清醒地意识到中国法律传统的缺陷和不足，赞成走一条发扬本国传统和借鉴国外先进经验的法治道路。但具体到中国的传统法律文化中哪些最为可取，党政领导干部的选择中被排在首位的是德主刑辅的治国思想，选择率为 46% ，其次是诸法合体的法律形式，选择率为 17% ，其他选项的选择率均在 10% 以下。而对于西方国家的法律观念，被调查者认为对我国最具借鉴意义的是法律面前人人平等的观念和法律至上的思想，选择率达到 61.3% 以上，其次是程序公正的观念和权力分立与制衡思想，选择率超过 30% ，此外还有 24.4% 的人选择了私有财产神圣不可侵犯的观念。可见，党政领导干部对于本国的法律资源的认同度较低，但对于国外的法治思想和理念则普遍能够接受并主张借鉴。

3. 党政领导干部对我国法律的实施现状普遍感到不满意，对中国实现法治有强烈期待但又因法律缺乏权威性而普遍信心不足

对于新中国成立以来特别是改革开放三十多年来法治建设的成就究竟如何这个问题，统计结果显示，绝大多数被调查者承认我国的法治建设经过长期不懈的努力取得了显著成效和很大的进步，其中有 18.2% 的人认为我国的法治建设已经取得了巨大的成就，34.6 的人认为有了很大的进步和改观。湖南省政府法制办副主任唐世月博士认为，改革开放以来我国法治建设取得了明显成效，主要表现在三个方面：一是具有中国特色的社会主义基本法律体系已基本确立和形成，二是公民守法意识和政府依法行政意识和能力有所增强，三是公正执法和公平司法也有很大进步。但是，有超过 35.5% 的被调查者认为，我国的法治建设还存在一些不如人意的地方，唐世月列举了一些主要表现，如一些地方和部门不坚持依法行政、不严格依法办事的问题还比较突出，影响公正执法、公平司法的因素仍然存在。值得注意的是调查中还有 9.1% 的人认为中国当前法律虽然越来越多，但法治实际在很多方面退步了。在被调查的党政领导干部中，认为实际生活中权大于法的人占到 36.8% ，认为总体而言法大于权的只有 40.4% 。对于作为国家根本大法的宪法，被调查者中只有 10.9% 的人认为法律实施效果好，而认为实施效果"一般"或"较差"的分别占 64.1% 和 20.5% ，认为"很差"的有 4.6% ，这说明，被调查者中对宪法实施效果不满意的人达到了 89.1% 。正因为如此，被调查者中只有 33% 的人认为在我国宪法真正具有最高的法律地位与权威，而认为不具有或不完全具有的达到 13.8% 和 51.9% ，两项合计达到了 65.7% 。这说明，尽管党政领导干部在理性上认同法律的价值和作用，赞成对法治道路的选择，但另一方面，他们对于我国法治建设的现状普遍不满意，甚至充满忧虑。

法律实施状况的不理想对党政领导干部的法律意识产生了消极影响，使他们对中国实现法治缺乏足够的信心。问卷调查数据显示，党政领导干部中对中国实现法治很有信心的只有9.1%，认为需要经历漫长的时间的占到73.9%，信心不足的占12.8%，很悲观或没有信心的也有2.9%。在个别访谈的12位官员中，对中国实现法治充满信心的只有三分之一左右，其他大多数人认为虽然中国最终将走向法治，但当前离真正和完全的法治社会还有较大差距，在立法、执法、司法和法律意识层面都存在一些问题，中国实现法治还需要时间。问卷调查中的绝大多数人认为中国仍处于从人治社会向法治社会过渡的阶段，还有多达24.7%的人认为中国目前实际上仍然处于人治的阶段。但另一方面，党政领导干部对于中国法治建设的未来仍有一种较好的心态，尽管有担心，但有超过89.9%的人对中国实现法治的远景抱有信心。

4. 党政领导干部一致认为公共权力不受法律限制和制约是当前我国法治建设中的最大阻碍，因此，中国要实现法治，首先必须解决执政党依法执政和政府依法行政问题

党政领导干部对中国实现法治缺乏信心的原因，被排在首位的是权大于法的现象仍很普遍（占44.8%），排在第二位的是执政党和法律的关系还未理顺（41.2%），其他依次为法律制度不健全、缺乏民主法治的传统、法院不能独立审判和公民的素质太差等。因此，中国要实现法治，56.5%的人认为需要解决的首要问题是政府权力要受法律制约；其次是共产党要带头守法，依法执政；然后才是公民的法律意识要进一步提高、法律体系本身要完善。

党政领导干部认为，在中国实行依法治国，关键是要树立法律的权威，尤其是宪法的权威。但现实中，我国的宪法并不具有真正最高的法律效力，这是我国法律缺乏权威的根本原因。在分析我国宪法不具有真正权威的原因时，选择率居首位的是"缺乏对违宪责任的规定和违宪的司法审查"，达到了57.4%，因此，53.4%的被调查者认为宪法要真正具有权威，必须建立违宪审查或宪法诉讼制，但也有21.9%的被访者认为违宪审查虽有必要，但在中国很难。在如何建立中国的违宪审查制度上，45.2%的人赞成设立独立的专门机构，37.1%的人则认为宜由全国人大及其常委会行使司法审查权。

为树立法律的权威，必须强化政府的违法责任。绝大多数党政领导干部均赞同政府立法和政府行为违法必须承担相应的法律责任。统计数据表明，认为政府违法应承担包括违宪责任在内的法律责任的党政领导干部占到了被调查人数的75.1%。可见，政府行为的合法问题已引起了党政领导干部的普遍关注和重视。但调查也显示，部分党政领导干部对政府具体行政行为违法问题的认识比较清晰和明确，而对于政府立法和规范性文件制定等抽象行为的违宪违法问题则不够清楚和敏感。如当问到孙志刚案受到人们关注的原因是什么时，只有21%的人意识到是因为国务院制定的行政法规违法，仍有24.1%的人从执法违法的层面上理解孙志刚一案的意义。此外，还有18.8%的人认为我国目前尚不能确认违反宪法和法律的政府文件和政府行为无效。可见，确立并追究政府的违宪违法责任，在党政领导干部的意识层面和操作层面都还存在一定盲点和误区。

三 党政领导干部法律实践能力

法律意识不仅体现为社会主体的内在情感，同时还需要外化为主体的人生态度和职业行动，即人人服从法律的权威，以法律精神指导工作实践。那么，党政领导干部作为公共权力的行使者，在工作实践中维护法律尊严，履行宪法、法律赋予的职责的实际状况与能力如何呢？为此，课题组设计了41个相关问题，以测试党政领导干部守法用法、维护和捍卫法律、严格依法办事的水平和能力。统计结果如下。

1. 党政领导干部普遍认同行政法、法律与自己本职工作的高度相关性，并有超过一半的人认为应当将是否合法作为权力行使的重要标准

在回答"在您目前的工作中与您联系最密切的法律是什么"时，对行政法的选择率列在首位。另外，党政领导干部认为自己最熟悉的法律也是行政法，在诸多法律中将其排在前面。而回答"用得最多的法律"时，选择率排在第一的依然是行政法（32.3%），位居第二的是民商法（13.4%），可见，党政领导干部普遍意识到了行政法对行使权力、履行职能的极度重要性。

尽管调查结果显示行为是否合法不是党政领导干部行使权力时的唯一考虑因素，但已有超过一半的人将是否合法作为权力行使的重要标准。当问到"作为党政领导干部，你行使权力时考虑得最多的因素是什么"时，选择合法的高于选择符合政策的比例，分别为36.9%和30.3%，不过，也有31.8%的人选择"考虑完成任务"。在回答"你作为党政领导干部在领导制定本部门规范性文件时是否遵守宪法和法律"时，有66.5%的人选择"严格遵守宪法和法律"，30.7%的人回答"尽量遵守宪法和法律，但同时也会考虑本部门的实际利益"，而回答"主要考虑本部门执行的方便"和"主要考虑本部门利益"的只占1.8%。可见，想在法律保护的公共利益和自己的部门利益之间寻求平衡，打政策"擦边球"的思想仍在党政领导干部中占有一定市场；但总体而言，是否符合宪法与法律已成为党政领导干部行使权力时考虑的一个重要因素。当问到"行政机关在立法中为什么考虑本部门利益"时，38.2%的人回答是为了有效地行使职权，22.5%的人回答为提高本部门的地位，而回答为弥补本单位行政经费不足和为提高职工福利待遇的仅为10%和6.6%。这说明，至少有一半以上的党政领导干部不再将部门和职工的私利作为立法动机。

2. 党政领导干部的规则意识和公民权利意识有所增强，对他人依法维护权利的行为表示赞赏，但涉及自身利益时，依法维权的勇气不够

首先，调查结果显示，越来越多的党政领导干部有了规则意识。当问到假如你深夜驾车穿越无人监管的十字路口，红灯亮时你会选择什么行动时，选择只要没有危险就开过去的只有8.9%，看见别人走我就走的有2.8%，视情况而定的为11.4%，选择耐心等待的为75.7%，选择直接穿越的为0.3%。当问到如果你驾车外出时与他人的车相撞，你做的第一件事是什么时，回答拨打报警电话让交警处理的为66.6%；拨打保险公司电话请求勘险的为27.7%；而拨打在公安交警部门的朋友或认识交警的朋友的只有7.9%；选择不惊动第三方，双方私了的只有4.7%。而给交警朋友打电话的动机，只有12.5%的人是为了得到处理上的关照，更多的人（20.9%）是担心对方找关系最后弄得自己吃亏，或省去一些麻烦（21%），或节约时间和精力（31.8%）。对这两个问题的回答说明，党政领导干部的规则意识明显增强，依法办事的意识基本确立。

其次，调查表明党政领导干部对他人依法维护合法权益的行为有很高的认同度。比如，《秋菊打官司》讲述的是一个农村妇女在受到不公正对待时，不惜倾家荡产，历尽千辛万苦也要求村干部认错和道歉的故事。对于秋菊和类似她这样的人物，认为她可敬有60.2%，认为她可悲的只有13.5%，另有25.9%的人认为可敬但不可取。对于王海这个著名的"打假"英雄通过打假获取双倍赔偿的行为,党政领导干部中有 23.4% 的人肯定他是法治时代的"弄潮儿";36.8% 的人认为尽管不太合适,但法治的实现需要这样的人;还有 26% 的人认为既然法律有规定就无可非议;只有 6.4% 的人认为靠钻法律的空子赚钱不可取;7.9% 的人认为这纯属个人喜好,自己不会去做,但不反对别人去做。又如,现在一元钱官司增多,很多人因为权利受到侵害而向法院提起诉讼,但并不要求对方赔偿实际损失,而是要求象征性的赔偿。对于这样一种现象,有 82% 的党政领导干部认为它说明国人的法律意识增强,知道运用法律武器来保护自己;只有 6.3% 认为为钱打官司不光彩;9.2% 的认为看起来是为公益而诉讼,但实际是为了个人出名。可见,党政领导干部对一些典型案件或特别的维权方式持比较开明和宽容的态度,对于他人依法维护自己合法权益的行为有较高的认同感。

遇到涉及自身权益的重大问题,党政领导干部也会运用法律武器保护自己的合法权益。如,当遇到房产转让、遗产继承、签订合同等重大复杂事件时,有 59.6% 党政领导干部会向法律专业人士咨询,19.9% 的人选择自己看书学习有关法律知识,10% 的人会聘请律师,只有 6.7% 左右的人选择凭自己的能力和经验处理。当问到"如果你在照相馆照了一张艺术照,一个月后有人发现它被用于某个产品的广告中,你会怎么办"时,68.2% 的党政领导干部认为这是侵犯了自己的肖像权而要求赔偿,21.2% 的人要求停止使用,但不要赔偿;另有 8.5% 和 0.1% 的人认为虽然权利被侵犯,但懒得费心去找麻烦,或不认为是什么事情或权利受到了侵犯。当问到"你因交通违章而被吊销驾驶执照,你欲争辩,值勤的交警没时间听你的做法"时,选择不去计较并认罚的为 15.3%;认为申辩是自己的法定权利,因而将此事向其领导反映的为 25.3%;为维护自己的合法权益而提起复议或诉讼的为 33.5%;也有 19.8% 的人虽内心不服和气愤,但因为太麻烦而不愿复议或诉讼。可见,尽管权利意识和观念正在形成,但仍然十分脆弱,经受不住实际生活的考验。所以,当问到"你的合法权益轻度受到他人侵害时,你通常采取的办法"时,有 56.8% 的人选择了自己商量或协商解决;而选择使用法律武器,通过法院解决的只有 14.8%。可见,在我国,"畏讼"的心理仍然在一些党政领导干部的身上存在。

3. 在操作层面上,党政领导干部依法办事的能力已经有了一定程度的提高

首先,法律成为党政领导干部处理事务时的主要考虑因素。当问及"你主持一项重大项目的实施,里面涉及很多的法律问题,你通常的做法"时,选择聘请一位律师或法律顾问的占到了57.5%，选择向法律专业人士咨询的也达到了25.8%，而选择布置自己的工作人员了解有关规定或自己去学习和了解的不到被调查人数的一半。

其次，党政领导干部已经具有政府立法时应依据法律的观念。有86.6%的党政领导干部结交了法律专业的朋友，而74.3%的人之所以有意识地结交法律专业人士，是为了能够经常听取一些法律意见。当问到如果你是重点执法部门的一把手，你会怎么做时有35.7%的党政领导干部会为本部门聘请一位法律顾问，51%的人选择设立专门的法制部门或专门人员，而要求职工自己学习和掌握相关法律的占到了被调查对象的33.4%。

有一道题目要求被调查者任意列出"当你的领导要你起草制定一份政府规章时，你通常的准备工作"，通过对答卷的归纳与分析，其准备工作依次为调研、专家咨询和查阅相关政策法规、起草、征求意见、提交讨论、审议等。可见，党政领导干部已经意识到宪法和法律的规定对于政府立法的重要性，开始将宪法、法律的规定作为政府立法的重要依据并将其列为立法的基础性准备工作。

此外，在执法过程中，党政领导干部过去长期养成的纯粹依靠政策办事的习惯已经有所改变，法律已成为重要的执法依据。即使在法律的权威与政策的权威产生冲突时，也有一部分党政领导干部敢于坚持依法办事。当问及"在执法中发现行政机关制定的政策与现行宪法与法律相抵触，你的态度"时，选择执行政策的只有4.9%，而选择执行法律的有18.9%，选择向上级反映情况、建议修改的占48.4%，但选择由领导或上级决定的也有26.8%。这说明虽然党政领导干部尚未完全学会或做到依法办事，但在其思想意识中，宪法和法律的分量正在逐渐加重。

4. 在依法行政过程中，实体法律规定受到足够重视，但对程序法律规定的认识和重视程度尚有不足

在回答"对于法律的规定，你认为实体规定与程序规定哪个更重要"时，有22.7%的人选择程序规定更重要，65.6%的人表示同等重要。在回答"在行政管理中，法律对程序的规定比对实体问题的规定更加重要"时，持赞成观点的也只有53.8%，还有40.3%的表示实体和程序同等重要。可见，受大陆法系的影响，行政程序的重要性还没有得到广大党政领导干部的普遍重视。

总之，调查结果显示依法治国、依法行政观念已深入党政领导干部心中，行政行为的合法与合宪已成为领导干部工作的一个重要标准。

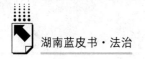

四 党政领导干部公共危机意识与应对能力

当前，我国正处于经济社会发展的转型期和各种社会矛盾的凸显期，各种突发事件时有发生，对各级领导干部的危机意识和危机应对能力提出了很高的要求。为了解当前领导干部对公共危机应对知识的掌握程度和处理公共危机的能力水平，课题组在省委党校抽取了530名领导干部进行问卷调查。问卷设计了24个问题，主要涉及党政领导干部对应急法律规定的知晓和掌握程度、对危机的特点和发展态势的判断能力和预防应对危机的能力和水平。

1. 领导干部对危机应对的一般法律要求和规定有所了解，但掌握程度有待进一步提高

2007年我国颁布的《中华人民共和国突发事件应对法》，是党政领导干部处置应对公共危机的基本法律依据和行为准则。通过调查发现，只有不到一半的党政领导干部知道我国已经制定了应对危机的基本法律（但经过提示，有72.6%的被调查者知道突发事件应对法是我国危机应对的最基本法律）。就该法一些重要内容和具体规定的测试表明，被调查者回答10个问题的平均得分按100分制计算为58.9分，整体处于中等水平。其中，被调查者掌握较好的包括我国法律规定的应急管理体制、突发事件处置的责任主体以及紧急情况下公安机关依法采取措施的权限等，回答正确率分别达到82.5%、77.5%和89.6%，对什么是突发事件的回答正确率也超过64%。但对于突发事件的分级、各级政府在突发事件处理中的责任以及谁有权决定进入紧急状态等问题掌握还不到位，得分均在60分以下，有的正确率只有30%左右。这说明，尽管突发事件应对法已经颁布三年，但党政领导干部对于突发事件应对法的掌握程度仍然有限，对于在突发事件状态下政府的职责权限及其具体分工也不是十分清楚，对于法律条文的理解和掌握也不到位，应急法律知识水平总体上仍处于较低水平，这必然在一定程度上影响领导干部的危机意识和危机处置能力。

2. 领导干部对当前危机的基本状态有较为全面客观的认识，但突发事件的高发、频发态势挑战领导干部危机应对能力

对当前公共危机基本态势的准确把握和判断是党政领导干部有效应对危机的前提。调查结果显示，有64.8%的被调查者认为我国当前突发事件处于高发、频发态势中，有 12.6% 的人认为，随着我国改革进入关键时期各类突发事件会越来越严重。相比之下，只有 18.5% 的被调查者认为当前公共突发事件仍在基本正常的范围内，还有 1.8% 的人认为突发事件会逐渐减少。

对于当前突发事件的种类，参与调查的官员认为当前突发事件性质和种类呈现多样化特征，其中最为集中的是自然灾害（占 38.1%）和事故灾难（占 29.1%），其次是社会安全事件（占 24.5%），公共卫生事件相对较少，选择者占 8.3%。对于当前突发事件多发、频发的原因，69.2% 的被调查者认为是社会矛盾日益突出和激化，其次是官僚主义和腐败严重、公民基本权利得不到充分保障，对这二者的选择率分别达到 25.1% 和 21.3%，认为媒体引导不当的有 10.8%，而将其归咎于公民素质不高、诉求不当的只有 4.3%，认为是其他原因的占 7.5%。

那么，面对突发事件的高发、频发态势和复杂的成因，党政领导干部的应对能力和水平如何呢？调查中，不少官员承认在当前应对各类突发事件过程中政府也常犯错误，其中最常见的错误是政府对危机的处置不及时（占 50.2%），其次是处置措施不当（占 45.1%）、政府信息公开不及时不全面（占 43%）和预防预警不够（占 34.7%），还有部分领导干部认为是缺乏严格的责任追究和制裁机制、对公民和社会的培训组织不力等（分别占 18.3% 和 12.5%）。

正是基于这样一种基本判断，55.5% 的被调查者认为当前政府的危机处置应对能力较低，40% 的认为政府的危机意识淡薄，26.6% 的认为政府与媒体、公众的沟通能力较差，26.2% 的认为党政领导干部危机应对的知识较少。

上述分析说明，引发公共事件和危机的原因是复杂的，但官僚主义和腐败现象是重要诱因之一，所以，预防危机首要要从改善政府管理入手。同时，面对公共危机的高发频发态势，政府及其官员的应对能力与之不相适应，危机意识淡薄，对公共危机的预防能力、预警能力、处置能力及媒体应对能力、社会发动和组织能力普遍不强，亟待提高和加强。

3. 党政领导干部危机意识有所增强，但危机预防预警和快速处置能力普遍低下，亟待提高

调查显示，党政领导干部经常需要面对各种复杂的矛盾和纠纷，要具有一定的应对危机的意识和能力。受访的衡南县委书记周千山认为："县委书记的一个重要的任务就是化解矛盾、平息纠纷，维护社会稳定，没有这个能力就当不好县委书记，甚至不能当县委书记。"调查显示，有44%的被调查者都亲历过突发事件处置和应对，他们认为处置危机最重要的就是要及时，包括及时到达现场、及时采取有效措施、及时与媒体沟通。正是基于这么一种认识，82.3%的被调查者表示作为地区或单位的主要负责人，如果正在省里或市里参加重要会议，接到电话说本地或本系统发生了大型群体性事件时，会请假并第一时间到达现场。周千山书记也表示，当发生冲突时，首先到达现场的应当是党政干部或者　把手，而不应该是公安干警或者武警，否则本来可以解决的矛盾也无法解决，本来的小矛盾也可能酿成大危机。同时，要将群众的利益放在首位，信息要公开透明，这也是部分被调查者的重要心得。这些认识反映出当前领导干部对危机应对的重要性有较高水平的认识，并初步具备了一定的应对知识和处置应对能力。

但调查也显示当前部分党政领导干部的危机意识特别是危机防范意识比较淡薄。如被调查的官员中仅31.7%的人表示布置过本地区、本单位和部门的应急演练；44.5%的人表示布置过应急法律知识培训和学习；只有35.9%的表示作为单位主要领导建立起了（或知晓）本地区统一的突发事件信息系统，并经常关注相关监测交流。特别值得注意的是，仅27%的被调查者表示自己所在的领导班子经常进行舆情讨论和分析，超过50%的人表示自己所在班子只是偶尔进行分析讨论，还有15.4%和7.2%的人表示没有经历或者从未进行过舆情分析。这不能不说是一个比较危险的信号。这说明还有相当一部分政府部门领导很不重视对于舆情的了解、分析和掌握，危机预防预警的意识十分薄弱，应对危机的准备很不充分，这也将在很大程度上影响政府的危机应对水平和能力。

4. 党政领导干部应急培训需求强劲但实际受训不够，加强官员公共危机应对知识与能力培训刻不容缓

调查显示，被调查的党政领导干部中仅有31.8%的人表示参加过应急方面的专门培训和演练，而没参加过的被调查者中，有超过2/3的人认为培训和演练很重要，有机会的话愿意参加。这说明，当前党政领导干部对于自己的危机应对能力有较高的自觉和提升需求，但由于各种原因没有真正接受这方面的教育和培训。这说明当前对党政领导干部应急知识和能力的培训远远落后于实践需要和干部需求。

关于培训渠道和方式，高达89.4%的被调查者认为应急培训应当被纳入各级党校、行政学院培训内容体系进行强化培训，对此持否定态度的只有10.6%

的人。同时，各级政府也应采取多种方式和渠道加强对各级官员的应急管理知识和能力的培训和强化。对于应急培训的内容，被调查者认为目前最需要的是危机处置知识（占57.5%），其次是危机预防知识（占40.9%）及与媒体沟通的知识（占25.1%），此外还应包括危机评估和事后处理、危机预警、心理干预等。在培训方法方面，49.2%的官员表示最喜欢案例分析，38.3%的表示最喜欢情景模拟，其他依次是系统讲授和讨论。有近三成的被调查者认为，将上述方法结合起来灵活运用应该是最有效和最受欢迎的方法。这无疑对当前党校、行政学院和各级政府的应急管理培训提出了很高的要求。

上述问卷统计和分析说明，在经历了近年非典、汶川地震、南方冰灾等一系列重大突发事件的洗礼和锻炼之后，党政领导干部对危机应对法律知识的了解增多，公共危机意识增强，预防和处置公共突发事件等各种危机的能力也有较大幅度的提升。但是，相对于当前社会矛盾的多样、复杂性和各种突发事件的多发、频发、高发态势，仍有相当一部分领导干部存在危机意识不强、应对能力较差的问题，突出表现在对相关法律知识的掌握不够全面准确和到位，危机防范意识比较淡薄，危机预防预测能力和处置应对能力不强等。同时，调查中也反映出面对政府人员强劲的应急知识需求，现行的应急知识和能力培训无论在数量还是质量、内容还是方式方法方面都明显滞后，无法满足各级官员有效提升预防和处置各种危机的能力的需求。有鉴于此，必须采取有效措施，通过教育、学习、培训等方式加大对党政领导干部的危机意识的培训力度，特别是各级党校、行政学院和干部培训学校都应设置公共危机应对和管理培训课，通过案例教学、情景模拟等多种方式提高危机培训的实用性、有效性和针对性，全面提高领党政领导干部的危机意识和危机应对能力与水平。

五　党政领导干部法律知识获取渠道与意识培养

法律意识的形成与培养是一个复杂而漫长的过程。现代法治作为源于西方的"舶来品"，要真正转化为中国的治国理政方略和公民意识，需要一个艰难而漫长的"本土化"过程。学习法治的形式很容易，但真正领会和掌握法治的实质精神却很难。这不仅要求人们认真学习法律，更要求人们真正理解和接受法律的价值和理念，并将之体现在自觉的行动甚至生活方式中。那么，怎样才能强化党政领导干部对法律的了解和掌握，培养他们的法律情感，强化他们的法律意识，提高他们维护法律和遵守法律的自觉性和坚定性呢？课题组就此设计了35个问题，就党政领导干部的法律学习需求、学习法律的主要途径和形式、法治观念和习惯的养成，以及党政领导干部学法、用法制度的改革和完善等进行问卷调查，寻求培养和提升党政领导干部法律素质的有效方法和途径。

1. 调查显示，党政领导干部对宪法和法律知识有强烈的需求

统计结果表明，被调查者普遍认为法律知识是党政领导干部当前最缺乏的知识之一，依次为法律知识、市场经济知识和公共管理知识。而在法律知识中，最为重要的是行政法知识、法理学知识和民商法知识。随着市场经济体制的确立和政府管理方式的转变，有68.4%的人认为自己的法律知识已不适应或不够适应实际工作的需要，并有86.9%的人认为自己所在单位工作人员的法律知识水平不高或一般。正因为如此，党政领导干部学习法律的积极性也很高，有34.4%的人表示会经常学习法律。

2. 党政领导干部普遍认同普法对于提高法律意识的重要意义

我国的全面普法已经持续进行多年。根据统计数据，尽管党政领导干部认为这些年来开展普法教育的效果不是十分理想，但仍然认同普法对于提高法律意识的积极作用。

对于普法教育的效果，有44.8%的人认为我国近年开展的普法教育虽有一定成效，但总体效果一般，还有17.2%的人认为我国的普法基本是搞形式，走过场。普法效果不明显，主要是因为我国在普法教育中过分关注法律条文的学习，而忽视了法律意识的培养和提高。所以，有51.3%的人认为普法的重点不应是法律知识学习而应是法律意识的培养，另有30.2%的人认为普法应特别注重提高党政领导干部的依法行政能力。在回答"如何提高党政领导干部的法律意识"时，38.4%的人表示树立法律信念与信仰最重要，29.5%的人认为理解法律的本质与精神更重要，17.5%的人认为了解具体的法律规定最重要。

尽管人们对普法的效果持保留意见，但仍有相当多的党政领导干部愿意参加普法学习。参加的理由，有60.4%的人是因为法律知识对自己的行政工作很重要，33.1%和12.1%的人是出于对维护自身权益有好处或单位要求。可见，不懂法律就无法行使好职权，或无法有效地保护自己的权利，这是促使党政领导干部学习法律的主要动机和动力。

3. 绝大多数党政领导干部认为应加强宪法和其他法律知识的系统培训与学习，并将法律培训经常化、制度化

被调查者普遍认为，法律的数量多、变化快、专业性很强，单纯依靠自学还不能取得很好的效果，因此，经常、系统的培训和学习非常重要。调查结果显示，有相当一部分党政领导干部的法律知识来源于系统的学习和培训。在回答对你的法律知识提高帮助最大的是什么时，有26.5%的人认为是参加工作后单位组织的培训。同时，有98.8%的人认为在行政学院或党校培训课程中设置法学专题有必要或很有必要，并有近半（46.2%）的人希望法学课程内容占到全部培训内容的1/3以上。在法律培训方式上，调查显示党政领导干部最喜欢的形式是案例讨论，其次为专题讲座、法院旁听等，另有17%的人认为最好是综合以上几种方式。有95.7%的人认为录用公务员时考法律知识有必要或很有必要，并有97.1%的人认为应将对法律知识的掌握情况作为公务员考核、晋升的重要考察内容。由此可见，学法的经常化和制度化已为人们广泛理解和接受。

4. 调查显示党政领导干部更喜欢形式多样、理论与实践结合、知识与意识培训并重的法律宣传、教育形式

从调查情况来看，党政领导干部获取法律知识的途径是广泛的，包括自学（53.9%）、单位培训（40.7%）和报刊电视等媒介（37.2%）。在回答"学习法律最好、最有效的形式是什么"时，23.8%的人选择了法制讲座，14.3%的人选择了法院旁听，28.4%的人选择电视节目，13.1%的人选择单位培训，而40.8%的人选择理论、知识与实践相结合的学习方式。有64.7%的人喜欢电视节目中的法制节目。可见，人们更喜欢灵活多样、生动有趣的法制宣传形式，即便是进行正式的法制培训，也希望采取理论与实践结合、知识与意识培训并重的教育形式。

六　调查研究的体会与建议

1. 持续8年之久对全省党政领导干部法律素质进行问卷调查和分析的结果，让人喜忧参半

喜的是，近三十年的普法教育和民主法制建设，已在湖南取得明显成效，党政领导干部的法律知识增加，法律意识增强，依法执政、依法管理的能力和水平不断提高，党委政府整体法治水平有了较大的发展。忧的是，党政领导干部的法律素质在整体上还不高，对法律的了解存在零散性和片面性，学法用法的自觉性不强，存在法律学习和法律实践相脱节，依法执政和依法行政的能力不强，甚至违法行政、贪污腐化的现象。这说明，在领导干部中全面普及法律知识，培养法律情感，树立法治观念，养成依法执政、依法行政和依法办事的法治习惯，任务依然艰巨，道路依然漫长。

2. 当前湖南党政领导干部的法律素质，呈现从人治向法治社会转型的时代特征

一方面，党政领导干部的法律素质具有随时间推移和社会变革而不断提升的特点；另一方面，党政领导干部的法律素质依然不高，具有零散性、片面性、矛盾性、不均衡性、不稳定性等特点，表现为现代民主和市场经济的内在法权关系所要求的现代法律意识与党政领导干部法律意识片面性、残缺性之间的矛盾，现代法律观念和传统法律意识之间的矛盾，法律至上的要求和法律信任不足之间的矛盾。党政领导干部的整体法律意识和素质正处于变动、过渡和转化过程中，对法律的权威感、信任感还没有完全建立，对法治还缺乏发自内心的深刻信仰，矛盾、犹疑和不稳定的法律心态仍会在一定时期内持续。

3. 在党和国家全面落实依法治国基本方略，加快建设社会主义法治国家的大背景下，湖南省要在推进依法治省方面迈出新步伐，完成省委、省政府提出的建设"法治湖南"的重要任务，提高全省人民特别是各级党政领导干部的法律素质

笔者认为，在当前历史条件下，要有效提高党政领导干部的法律素质，首先，必须摆脱传统治国理政理念和思维，让领导干部了解法律，认同法治的内在价值，理解并接受选择法治道路的历史必然性，实现从人治观念向法治观念的彻底转变，夯实法治的思想基础。其次，必须不断完善相关体制和机制，为党政领导干部法律素质的提升提供制度支撑，特别要不断完善立法体制，完备社会主义法律体系；完善社会主义市场经济体制，促进经济持续健康发展；完善行政管理体制，促进政府职能转变；完善监督机制，强化权力制约机能。同时，还必须加快政治经济社会的发展，特别是要不断完善社会主义民主政治、培育现代市场经济、推进现代文化发展、创新社会管理方式，为党政领导干部法律素质的提升提供条件和外部环境。更为重要的是，要有效提升领导干部的法律素质，还必须不断创新方式和方法，特别要在学法用法制度上发力，探索党政领导干部法律素质提升的有效途径。为此，建议根据中央和国务院的要求和湖南省情，建立完善干部学法制度，包括理论学习中心组学法制度、政府常务会议前学法制度、领导干部定期法律培训制度以及较为灵活的法律专题研讨、法治宣传讲座、法律自学等形式和制度；建立完善领导干部法律考试制度，包括针对在职领导干部的经常性和制度化的法律知识考试、针对新录用机关工作人员和公务员的法律考试、针对拟任和晋升领导岗位的领导干部的任前法律考试以及针对行政执法人员的执法自考考试制度等；建立领导干部学法用法监督制度，包括重大决策法律论证制度、学法用法年度报告制度、学法用法责任制度（如出庭应诉制度、败诉责任追究制度等）、学法用法登记制度等；完善领导干部法制培训制度，明确法制培训目标，完善法制培训内容，创新法制培训方式和方法，整合法制培训资源，提高法制培训的实效，真正使法治成为领导干部的一种思维模式、一种行为方式甚至是一种生活方式。

4. 我们渴望看到并且相信，通过上述思想层面、制度层面、社会条件和环境层面的强化和完善，法律不仅一步步进入党政领导干部的视野，而且将走进他们的内心深处，走进每个人的心灵

只有当所有民众、所有官员都坚信法律中蕴涵着人类的最高价值，坚信法律能够保护那些被人类视为终极目的的价值，坚信法律能够影响甚至决定人类的前途与命运时，社会成员才能产生对于法律的深厚感情和坚定信仰，并将其外化为服从、遵守和维护法律的自觉行动。而这，正是实现法律的公平正义价值，实现"法治湖南"和"法治中国"的必不可少的思想基础和关键条件。

B.29

关于"十二五"湖南省法治
建设思路的建议

中共湖南省委政法委员会

加快推进法治进程，建设"法治湖南"，是湖南贯彻落实科学发展观，全面实施依法治国方略，建设社会主义民主政治，实现党的领导方式、执政方式根本转变的重大举措，也是湖南加快推进转方式、建"两型"，促进优化发展、创新发展、绿色发展、人本发展的有力保障。

一　指导思想和总体目标

1. 法治建设的指导思想

坚持以邓小平理论、"三个代表"重要思想为指导，深入贯彻落实科学发展观，牢固树立社会主义法治理念，按照"党委依法决策、政府依法行政、司法机关公正司法、人大政协依法监督、全民学法守法"的原则，围绕经济建设这一中心，推进民主政治，建设法治政府，促进司法公正，加强司法保障，强化公权监督，提高公民法律素质，全面提升湖南政治、经济、文化和社会事务的法治化管理水平，为实现湖南科学发展、富民强省战略提供坚强有力的法治保障。

2. 法治建设的总体目标

用五年时间，基本实现全省政治生活、经济生活、文化生活、社会生活的法治化，人民管理国家、社会事务和经济文化事务的权利进一步得到实现和保障，公共权力的配置和行使受到有效规范和约束，和谐稳定的社会环境进一步巩固。具体内容是：

——依法执政理念得到加强，执政方式更为科学，党内民主不断扩大；

——法制体系不断完善，有比较完备的与国家法律、行政法规相配套，与现代化建设相适应，体现以人为本和富有湖南特色的地方性法规和规章；

——政府职能有效转变，行政执法规范高效，基本建成依法行政、高效廉洁、公正透明的法治政府；

——司法体制相对健全，执法司法公正廉洁，司法公信力不断提高，司法队伍逐步职业化，司法保障有力；

——法律监督机制健全并有效发挥作用；

——诚信规范的市场经济秩序基本建立，社会信用制度不断健全，经济社会统筹协调发展；

——普法和依法治理工作深入人心，公民法律意识和法律素质普遍提高，社会法律服务体系不断完备。

二　坚持依法执政，促进民主政治

充分发挥党的领导核心作用。"十二五"期间，一是要树立依法执政的理念。自觉把党的政治领导和执法活动纳入法治轨道，实行科学执政、民主执政、依法执政，同时把依法执政的理念转化为依法办事的实际行动，在作决策、制政策、抓工作时严格遵守宪法和法律，按照法治的要求和规律办事。二是要改善执政方式。严格按照宪法和法律规定的范围、程序、时限和手段行使执政权力，健全党的领导制度和工作制度。认真贯彻党的路线方针政策，善于通过法定程序使党的主张成为国家意志，并通过发挥党组织和党员的积极作用来推动落实。进一步改革和完善党委的机构设置和工作机构，逐步调整同国家政权机关职能交叉和重叠的工作部门，适当扩大党政领导成员交叉任职。三是要扩大党内民主。建立和完善党内通报制度、情况反映制度、重大决策征求意见制度，深入推进党务公开，使党员更好地了解和参与党内事务。建立健全党委常委会向全委会负责、报告工作和接受监督的制度。加强基层党组织建设，调整组织设置，改进工作方式，创新活动内容，扩大覆盖面，使基层党组织紧密联系群众、充分发挥作用，扩大执政的群众基础。

三　加强地方立法，健全法律制度

严格依法立法，提高立法质量。一是健全立法机制。完善省委领导地方立法的工作制度，发挥省人大、省政府在地方立法中的主导作用。坚持立法公示制，拓宽法规规章起草途径，凡涉及公民、法人和其他组织切身利益的重要法规规章草案，必须通过代表座谈、专题研讨、专家论证、立法听证、网上讨论、媒体公布等形式，广泛征求社会各界意见，扩大公民了解立法、参与立法、监督立法的途径。改进审议程序，完善重要法规草案三审制度，提高法规规章质量。二是突出立法重点。"十二五"期间，重点围绕发挥湖南体制机制优势，加强市场主体、知识产权和涉外经济领域等方面的立法；围绕推进城乡统筹发展，加强新农村建设、城市建设和管理等领域的立法；围绕促进经济社会协调发展，加强劳动就业、社会保障、环境保护、科教文卫、社会管理、安全生产等方面的立法。通过加快参与法律制定，审议地方性法规、行政规章等立法活动，力求体现地方立法特色和"两型社会"要求。三是加强立法评估。探索建立地方立法质量和绩效评估机制，及时修改或废止不适应形势发展要求的法规和规章，防止地方性法规规章与宪法、法律相抵触，防止法规、规章、规范性文件之间相互矛盾，防止立法中的部门利益倾向。省人大及其常委会制定的地方性法规，由省人大常委会组织，每年选择若干件法规开展效果评估活动，并加强法规跟踪监督。省、市、县三级政府及其部门制定的规章和规范性文件，由相应的法制机构牵头进行评估，并及时作出清理。

四　推进依法行政，建设法治政府

1. 深入推进政府行为法治化

严格执行《湖南省行政程序规定》、《湖南省规范行政裁量权办法》和《湖南省规范性文件管理办法》等相关规定和办法。坚持公众参与、专家论证和政府决定相结合的政府决策机制，规定决策权限、决策程序和决策责任，普遍建立作决策、上项目的社会稳定风险评估机制，完善行政决策跟踪反馈和责任追究制度。推进政务公开，向社会公开重要规章制度、办事程序和办理结果。建立行政救济通道，对因行政行为引发的社会矛盾，依照法定权限和程序处理。

2. 切实转变政府职能

努力从管理为主转向管理和服务并重，更加突出服务。加快《湖南省政府服务规定》的立法和实施步伐，充分发挥行政办事服务中心的作用，简化公共服务程序，降低公共服务成本，为社会提供统一、公开、公平、公正的现代公共服务。加快非政府职能向社会和市场的转移，培育和引导社会组织发展，切实把政府经济管理职能转到主要为市场主体服务和创造良好发展环境上来。建立健全突发公共事件的预警和应急机制，提高政府应对能力，维护正常社会秩序。

3. 大力改革行政执法体制

科学规范执法职能，优化执法人员结构，规范行政执法行为，严格行政执法程序，强化行政行为监督，落实行政责任制和执法责任追究制。开展相对集中行政处罚权工作，积极探索相对集中行政许可权，推进综合执法试点，形成条块结合、以块为主的行政执法新构架。深化执法为民理念，执法过程中要将群众利益放在首位，切实履行好依法履行工作职责和维护行政管理相对人、利害关系人合法权益。

五 坚持公正廉洁执法，提升司法公信力

1. 增强责任感和使命感

全省司法机关作为法治湖南建设的重要实践者和推动力量，要在服务大局中切实履行职能，发挥作用。"十二五"期间，各级司法机关要坚持以科学发展观为指导，牢固树立社会主义法治理念，围绕全省转变经济发展方式、建设"两型"社会和中央"三项重点工作"的要求，进一步转变司法理念，提高执法司法的能力和水平，更加注重"三个效果"的统一，努力实现"司法体制相对健全、执法司法公正廉洁、司法公信力不断提升、司法队伍逐步职业化、司法保障有力"的五年目标。

2. 深化司法体制和工作机制改革

从满足人民群众的司法需求出发，以加强权力监督制约为重点，紧紧抓住影响司法公正、制约司法能力提升的关键环节和人民群众反映强烈的"打官司"难、执行难等问题，进一步解决体制性、机制性、保障性问题，建设公正、高效、权威的社会主义司法制度。按照中央司法体制机制改革的总体要求，围绕优化司法职权配置、落实宽严相济刑事政策、加强司法队伍建设、加强司法经费保障四项重点，进一步加大推进力度，确保中央已出台的改革实施意见落到实处；探索创新切实管用、具有湖南特色的工作机制。

3. 进一步加强执法规范化建设

以解决人民群众反映强烈的执法问题为重点，以执法公开化和信息化为抓手，进一步完善执法制度体系，加强执法监督制约，促进规范公正执法，增强执法公信力和群众满意度。针对容易发生问题的环节，细化执法标准、规范执法流程、严密执法程序，规范执法行为，防止产生执法不公不廉问题。坚持以公开促公正、以透明保廉洁，深化执法公开，推进"阳光执法"，扩大司法民主，保障人民群众的知情权、参与权、表达权、监督权。以信息化促进执法规范化，逐步建立执法信息网上录入、执法流程网上管理、执法活动网上监督、执法质量网上考核的信息化机制。健全完善符合科学发展观要求的执法考评机制，以民意为导向，以执法思想、执法能力、执法质量和执法效果为主要内容，建立科学、简明、有效的考评指标体系。严格执法过错责任追究，严肃查处执法中发生的违法违纪问题。

4. 加强司法机关队伍职业化建设

按照"政治坚定、业务精通、作风优良、执法公正"的要求，加强队伍建设。一是加强司法干警在职教育培训。按照科学发展观的要求，坚持社会主义法治理念，健全符合司法工作实际的教育培训体系，加强集中轮训，改进培训方式，每年对新任司法领导干部和新进干警、每三年对司法干警进行政治轮训和业务培训。二是完善职业保障体系和运行机制。切实解决"两院"执法主体不适格、办案力量不足以及"两院"领导班子成员职级待遇问题。恢复党委政法委工作人员岗位津贴。建立完善司法机关干警人身安全和其他保障机制，确保依法独立行使职权。三是加大领导班子建设力度。"十二五"期间，进一步优化调整司法机关领导班子结构，充实有基层工作经验和专业水平的人员。严格执行司法领导干部任职交流、回避等有关规定，将各级司法领导干部纳入党政干部交流范围，形成有利于司法机关干部交流的激励机制。进一步规范党委政法委协管干部的具体工作规程，充分发挥各级党委政法委的职能作用。

5. 加强基层基础和司法保障

一是加强基层力量建设。继续深入推进司法招录培养体制改革试点，进一步缓解基层特别是边远贫困地区、少数民族地区招录人才的困难。根据警力配备的有关规定，"十二五"期间，城区、农村公安干警按人口比例分别达到全国平均数——万分之十三、万分之十，监狱警察按警囚比18%、高速公路交警按2公里 1 人、国家安全工作专干按县市区 1 名的标准配备，乡镇司法助理员每个司法所不少于 3 人。大力加强县级政法综治维稳力量，规范机构，充实人员。二是加强执法信息化建设。以信息化执法为重点，完善现有信息系统，搭建纵横联结省、市、县司法机关，实现互联互通和信息共享的平台。2015 年前，司法机关全面实现信息化办案，同步实行实时化和动态化网上监督管理。三是加强司法经费保障。建立执法办案经费正常增长机制；严格实行收支脱钩，严禁下达或变相下达罚没收入指标；中央、省级转移支付资金，重点向贫困地区和案件数量多、工作任务重的司法部门倾斜；高度重视司法机关基础设施债务问题，制定解决办法，5 年内化解所负债务。

六 健全监督体制，强化监督实效

坚持以道德制约权力、以权利制约权力、以权力制约权力，建立健全全方位、多层次的制约监督体系，防止权力滥用，确保法律全面正确实施，维护社会主义法制的统一、尊严和权威。一是加强和改进党内监督。坚持以各级党员领导干部为监督重点，实行标本兼治、综合治理，注重思想道德教育，加强廉政法制建设，坚决查处各种违纪违法案件，建立健全教育、制度、监督并重的惩治和预防腐败体系。进一步加强党委政法委对政法机关执法司法活动的监督，明确监督的内容、方式和程序，完善党委政法委与纪检监察、组织人事等部门对政法各单位党组织和党员干部管理监督工作的协作配合机制。二是支持和保证人大监督。认真贯彻实施监督法，支持和保证各级人大及其常委会履行监督职能，加大对"一府两院"依法行政、公正司法的监督力度，加强执法检查，加强对国有资产管理、重大建设项目等人民群众关注的热点领域的监督。三是支持和保证政府专门机关监督。加强行政执法监督、行政复议监督等层级监督和审计、监察等专项监督，加强对重要部门、重大事项和重要岗位的监督，实行严格的决策责任追究和绩效评估制度，确保行政部门依法严格履行职责。四是支持和保证政协及各民主党派监督。支持政协推进政治协商、民主监督、参政议政的制度化、规范化和程序化，把政治协商纳入决策程序，完善民主监督机制，畅通监督渠道，建立健全知情、沟通、反馈制度，切实发挥政协提案、建议案在民主监督方面的作用。五是加强公民和舆论监督。扩大公民有序政治参与，形成监督工作人人有责、人

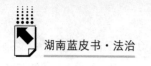

人参与、人人尽力的局面。加强信访监督，畅通信访渠道，落实领导干部接待群众来访制度，健全信访举报工作机制，保障群众的批评建议权、检举控告权、质疑申诉权；重视和支持新闻媒体正确开展舆论监督，重视网络舆情等社情民意。

七 规范市场秩序，保障健康发展

围绕经济建设的目标任务，充分发挥法律的规范、调节、服务和保障作用。一是依法加强市场监管。加强经济调节和市场监管的法规建设，依法维护各类市场主体的行为，加强对公营性垄断性部门和行业的监管，严厉打击各种破坏市场经济秩序的违法犯罪活动，严肃查处不正当竞争和限制竞争等违法行为。二是加快社会信用体系建设。大力培育信用市场和信用中介机构，整合金融税务等多方面资源，构建统一共享的个人信用信息网和企业信用信息网，实现区域化企业和个人联合征集信用信息。强化市场信用管理和监督，开展信用征集评估，建立信用监督和失信惩戒机制，促进法人和自然人把诚实守信作为基本行为准则。三是坚持经济社会统筹协调发展。将政府公共管理职能与政府履行出资人职能分开，充分发挥市场在资源配置中的基础性作用，依法进行国有企业和垄断行业的改革，大力推进资产重组，培养一批核心竞争力强、拥有自主知识产权和知名品牌的企业集团。依法保护知识产权和无形资产，营造吸引人才、高效配置人才资源、保障各类专业技术人员充分发展的法治环境。

八 加强依法治理，完善法律服务

1. 搞好普法教育

科学编制"六五"普法规划，不断深化普法教育。大力开展社会主义法治理念的学习宣传活动，提高广大公民的法治意识；以"法律六进"（法律进机关、进学校、进农村、进企业、进社区、进单位）为平台，重点抓好领导干部及公职人员、青少年、农民、企业经营管理人员等重点对象的普法教育。

2. 加强依法治理

开展区域法治建设三级联创工作，建立和完善法治城市、法治县（市、区）、法治乡镇（街道）三级联创的工作格局；继续开展"依法办事示范窗口单位"和"民主法治示范村（社区）"创建活动，扩大活动范围，推动文明执法，提高依法自治水平；探索推广"依法决策示范领导班子"、"依法治校示范学校"和"诚信守法企业"创建工作经验。

3. 强化法律服务

不断完善包括律师、公证、基层法律服务、仲裁、法律援助、司法鉴定在内的法律服务体系，注重法律服务体系在基层的有效延伸，把基层作为法律服务主战场，把农民和农村工作作为法律服务特别是法律援助的主要对象。

B.30
我国选举民主与协商民主的比较研究

湖南省政协研究室

民主是一种手段，也是人类社会的一种理想状态。社会主义民主是我国当代政治发展的前进方向。在不同历史时期，人们对"民主"概念有着不同的理解，由此也出现了许多不同的民主理论。《中共中央关于加强人民政协工作的意见》指出：在我国，"人民通过选举、投票行使权利和人民内部各方面在重大决策之前进行充分协商，尽可能就共同性问题取得一致意见，是我国社会主义民主的两种重要形式"。这是第一次在中共中央文件中正式提出了选举民主和协商民主这两种社会主义民主形式。由此可见，我们的民主制度是"选举＋协商"的民主制度，这一制度有其独特的优点。选举民主与协商民主相结合，拓展了社会主义民主的深度和广度。

分析我国选举民主与协商民主之间的异同，对于促进我国民主制度的完善，推动民主政治的不断发展，有着重要意义。

一　选举民主与协商民主都是党领导人民
当家作主的实现形式

1. "两半"社会严重缺乏民主

两千多年封建专制的历史使得中国民主发展的路径与近代西方迥然不同，民主在意识、制度和习惯上的传统缺失，给近代中国回应民主潮流带来了障碍。鸦片战争以后，中国一步步沦为半殖民地半封建社会。处在半殖民地半封建社会时期的中国，外无独立、内无民主，民主的发育缺乏正常的政治生态。帝国主义、封建主义压制民主，决定了近代中国的民主不可能通过合法途径产生，也不可能在权威的政治架构和政治系统中自我生成。

在救亡图存的运动中，1919 年 5 月 4 日以一批先进青年知识分子为先锋、广大人民群众积极参加的反帝反封建的伟大爱国运动，孕育了"爱国、民主、科学"的伟大精神，宣告了新民主主义革命的开始。

中国共产党自1921年成立起就以实现和发展人民民主为己任。中国共产党领导人民进行革命的目的是要实现大多数人的民主。中国共产党创造性地把马克思主义普遍真理与中国革命的具体实际相结合，先后提出了"工农民主"、"人民民主"、"新民主主义"等民主概念，不断丰富和发展马克思主义的民主政治理论，并先后以罢工工人代表大会、农民协会、工农兵代表苏维埃、参议会、各界人民代表会议等实践和组织形式，创造适合中国国情、能够保证人民当家作主的民主政治实现形式，其中就有选举民主与协商民主两种形式。

2. 选举民主在中国发展的历史

选举民主是人类历史上影响最深、流传最广的民主形式，在人类文明对野蛮、民主对专制的斗争史中占据重要的地位。古希腊在城邦政治时代，就比较充分地发展了直接选举，实践了选举民主。"选举制度"在中国由来已久，但选举民主却是近代才逐渐得以确立的新事物。中国共产党在革命根据地建立苏维埃政权和在延安建设陕甘宁边区政权的过程中，人民通过选举、投票行使权利。中华苏维埃第一次、第二次全国代表大会的选举，产生了中华苏维埃共和国临时中央政府，毛泽东当选并连任中央执行委员会主席。中国人民政治协商会议第一次全体会议，代行全国人大的职能，选举产生了中华人民共和国中央人民政府。

改革开放以来，选举民主在中国重新焕发活力。在1982年制定的新宪法所确立的框架下，当代中国的选举民主主要表现为各级人民代表大会制和乡镇直选。

3. 中国协商民主发展的历史

当代中国协商民主的历史源头可以追溯到革命战争年代。近代中国要完成反帝反封建的历史任务仅仅依靠工人阶级是难以成功的，只有建立广泛的革命统一战线才能取得革命的胜利。新民主主义纲领明确提出要构建一个协商政治模式。中国共产党建立"三三制"抗日民主政权时，毛泽东同志就告诫全党，"我们一定要学会打开大门和党外人士实行民主合作的方法，我们一定要学会善于同别人商量问题。"① 1946年1月10日，中国共产党与中国国民党、中国青年党、中国民主同盟和无党派社会贤达五方共38人，在重庆召开政治协商会议就改组政府、

---

① 《毛泽东选集》第三卷，人民出版社，1991年6月第2版，第809页。

整编军队等重大政治问题达成了五项决议，开了中国政治协商的先河。1948年4月30日，中共中央发布"五一"口号，号召"各民主党派、各人民团体及社会贤达，迅速召开政治协商会议，讨论并实现召集人民代表大会，成立民主联合政府"。中国人民政治协商会议第一次全体会议的召开，是我国协商民主的标志性成果。正是中共与各民主党派及其他社会力量从"联合革命"到"协商建国"再到"合作治国"的内在逻辑，奠定了今天中国特色的协商民主的基石。因此，人民政协是中国特色协商民主的主要载体和实现形式，这是人民政协的性质、地位、组成、特征、职能、活动方式等所决定的。

4. 选举民主与协商民主共同统一于中国特色社会主义民主政治的伟大实践中

选举民主和协商民主作为我国社会主义民主的重要制度和形式，已经广泛运用于社会主义民主政治实践之中，它们都是实现人民当家作主的重要途径。二者互为补充，密不可分，在国家社会政治生活中具有不可替代的地位和作用。选举是现代民主政治的标志，是最能直观地反映民意的形式，是政权权威和公共政策具备合法性的前提。没有广泛的选举，就没有真正的民主。协商可以包容各方、平等交流、理性讨论，使民主更广泛、更充分、更充满活力。在我国，不仅选举中有协商，而且协商中也有选举表决。选举民主体现人民的选择和监督，行使的是国家权力，带有根本性，是一种硬权力、刚性民主，是主渠道，凡是人民代表大会和人大常委会作出的决定，都具有法律效力，必须被贯彻执行。而协商民主体现的人民民主的权利，具有广泛性，是一种软约束、柔性民主，是重要的辅助渠道，有利于人民意愿和利益的充分表达。协商民主既尊重大多数人的意见，又照顾少数人的意愿、集思广益、优化决策，是人民当家作主的延伸和拓展。协商民主对于培养公民积极的政治心态、消融冲突、消除政治异化、实现政治自治、推动科学决策和节约政治成本等都具有积极意义。从制度设计的层面上说，协商民主具有表达界别利益要求的功能，选举民主具有表达区域利益要求的作用。选举民主与协商民主相结合，可实现区域利益与界别利益、刚性民主与柔性民主、民主与科学的统一，有利于保持社会稳定，促进社会和谐，保证决策的科学性。可以说，我国的社会主义民主既离不开选举，也少不了协商，两者并行不悖、互相补充，共同体现社会主义民主的广泛性和真实性。坚持、完善、发展好这两种民主，是实现党的领导、人民当家作主和依法治国的有机统一的内在要求，是建设和谐社会主义民主政治的基本途径。

二 选举民主与协商民主是两种具有不同内涵的民主形式

选举民主与协商民主虽然同为人民当家作主的具体形式，但有着不同的内涵，正确认识这些不同之处，有利于我们在民主实践中推进二者的共同发展。

1. 理论渊源不同

选举民主的理论渊源是批判理论。最早由资产阶级启蒙思想家卢梭提出的人民主权学说是选举民主的理论基础。他认为，人民的同意是在人民的共同意志基础上形成的，民主的本质就是人民主权的实现。主权是公共意志的运用，国家主权的拥有者是人民，因而国家的统治权也应该从君主手中转归人民手中。进入20世纪后，随着民主的发展，西方思想家对民主的认识有所变化，对民主的界定也有了实质性的变化。启蒙思想家们的"人民主权论"也遭到现代西方学者的强烈批评。熊彼特就是其中的代表。他认为把民主归结为人民统治是不现实的幻想，在实际的政治生活中，任何一个政治共同体都是由少数政治精英人物统治和领导的。民主的现实含义应该是人民有权通过投票决定由谁来充当政治精英。"民主方法就是那种为作出政治决定而实行的制度安排，在这种安排下，某些人通过争取人民的选票取得作决定的权力。"① 熊彼特将社会的民主实践表述为：精英竞取权力、群众选择政治领导人的社会政治过程，而选举则是这个过程的统一。从这个意义上讲，选举就意味着民主，就是民主本身。这也是当今西方居于主流地位的民主观念：政治精英与平民群众分治共享的"精英民主观"。

我国选举民主的理论来源是马克思主义的民主理论，是对资产阶级选举民主理论和实践的批判继承，也是对苏联选举制度的学习和借鉴。

协商民主作为一种新兴的理论解释范式，直到20世纪80年代才在西方政治学文献中出现，用以修补和矫正长期以来为人民所信奉的、以竞争性选举为主要内容的自由民主和代议民主的某些缺失。在有的西方学者看来，协商民主的理论基础源于自由主义理论与批判理论。自由主义认为政治是各种利益在决策前根据中立的宪法原则的融合与聚合，但在某些条件下也允许个人协商。因此，协商民主能够促进自由与民主的有效融合。广义的批判理论主要关注个人和社会摆脱压

---

① 〔美〕熊彼特：《资本主义、社会主义与民主》，商务印书馆，1999，第395～396页。

制性力量的进步性解放，民主参与能够改变个人，使他们变成理想的、更具公共精神、更有知识的公民。而强调参与则是协商民主的基本精神。哈贝马斯指出，自由民主与共和主义民主最重要的分歧是对民主过程、作用的理解。前者将国家设想为公共管理的机器；后者将政治理解为关注道德生活的意识。协商民主吸收了二者的长处，从而使民主程序与规范内涵的结合超越了自由主义与共和主义，并与二者相区别。①

中国学者指出，中国协商民主是受中国传统"和合"政治文化的影响，"协商民主是中国共产党对中国传统和合思想创造性继承的产物。"②

2. 构成要件不同

选举民主与代议制、政党政治紧密相连，以平等竞争和程序正义为主要价值偏好的竞选机制是其内在逻辑。选举民主一般应具备以下几个基本要件：①竞争性地公选。国家立法机关的议员以及政府首长等一般都是由选民投票选举产生，各候选人可以采取竞选的方式参与选举活动，且这种竞争性的选举又必须是按照法定程序进行的。②法治原则。政府决策的权力只能由通过民主选举的程序产生的官员来掌理，但当选官员控制政府决策的权力只能由法律授予，任何人都不得行使宪法所没有明确授予的权力，也不得违背法律程序行使权力。③平等参与。公民能自由、平等地参与政治生活。在选举实践中，选举权是现实而普遍的；选举官员的权利与当选官员的权利是对等的。④实行票决制。选民主要通过选票来选择自己的利益代言人，从而实现权力委托与让渡的责任代理机制。⑤"少数服从多数"原则。由多数选民的决定产生政府，而对重大公共事务的决策也往往通过"少数服从多数"的原则来达成。

作为一种立法和决策的形式，协商民主是一个反映多元价值和偏好、鼓励参与和对话、促进共识形成的过程。协商民主主要包含这样几个要素：①参与主体，即参与协商的主体，回答"谁来协商"的问题，是自由、平等、理性、知情的公民个体或组织，从掌握各种资源的多少来看，协商主体还可分为精英主体和大众主体。协商主体的态度、行为一般不受先在权威的操纵、限制和影响，参

---

① 中国社会科学院哲学研究所编《哈贝马斯在华演讲集》，人民出版社，2002，第80~86页。
② 庄聪生：《民主是中国特色社会主义民主的重要形式》，《中国人民政协理论研究会第一次理论研讨会论文集》，中国文史出版社，第357页。

与协商的主体主要基于理性的审视作出公共判断。②协商客体，指协商的内容，回答"协商什么"的问题。一般用偏好来表达，即协商主体对需要解决的各种问题和实现共同利益的看法。协商要求公民根据其环境限制他人的信仰、偏好来调整自己的偏好和信仰。③运行原则，是指协商民主运行规范，回答"如何保证协商民主健康运行"问题。协商的基本原则是"和而不同"。即通过发表各种不同观点和意见之间的相互碰撞、砥砺、交锋来增进和谐、合作与团结。④协商目标，指协商所要达到的目标，回答"协商为了什么"的问题。其目标是通过协商形成的决定或意见最终应为参与各方所认同，实现理性驱动的共识。

3. 适应范围不同

选举民主是民主政治中最关键的民主形式。列宁说，专制制度与共和制度的区别在于，专制制度下君主权力是世袭的，"共和制是一切政权机关都由选举产生"。选举是一种择优的过程，具有选拔真正优秀的政治家进入政府执政的功能，能够为公共权力机构的产生提供制度和程序的保障。选举民主所涉及的只能是对社会普遍关注的重大问题的决议和对公共权力执掌者的选择，而大量的公共问题、社会道德问题、个人利益的处置问题等，难以在选举过程中充分展开，在决策、管理、监督等环节，也难以实现有效的民主。

协商民主是公共协商过程中自由平等的公民通过对话、讨论、审视各种相关理由而赋予立法和决策合法性的一种治理形式。人们在不同的领域和层面使用它。协商民主这种参与形式既可以运用在直接民主中，也可以应用在间接民主中。如，候选人通过协商产生，在国际层面如欧盟治理过程中的协商、在国家层面如我国的政治协商、在基层政府如温岭的民主恳谈，以及自治领域的社区议事。从制度层面看，中国的协商民主涉及的不是泛化意义上的问题协商，而是国家经济和社会发展中的重大问题，事关党和国家大政方针的制定。同时，一些道德、宗教、文化的问题都可以通过协商的形式达成共识。可见，协商民主涉及政党关系、阶层关系、团体关系、民族关系、信仰（宗教）关系的协调，体现了执政党宗旨、国家权力和人民利益的高度统一。

4. 实践效果不同

改革开放以来，中国的选举民主取得了显著的进展，从广度上看，从村委会、居委会的直选到乡镇长的直接选举，以及基层人大代表的竞选，中国选举的民主化程度不断提升。以体现直接选举的村委会"海选"为例，候选人的提名权完全交给村民，村民直接提名，再采用两轮预选的方式确定正式的候选人，再进行正式选举①。这激发和提高了村民民主参与意识、法治意识，促进了村民权利表达和利益保障机制的巩固；推动了政府治理的转型，促进了村两委关系和党群、干群关系协调；拓展和深化村务公开和民主管理制度，促进了基层党风廉政建设和农村基层社会的和谐稳定，也提高了农村干部的素质，增强了农村干部的责任意识。选举民主代表区域利益，改革开放以来，我国先后实行了东部沿海地区开放战略、西部大开发战略、振兴东北地区等老工业基地战略，以及促进中部地区崛起战略等，最终形成了合理的区域发展格局，即东中西互动、优势互补、相互促进、共同发展的格局。这些战略的实施既是党中央从全国全局出发统筹谋划各区域发展进程的结果，也与选举民主的区域利益表达机制有着密切的关系。

近年来，随着中国政治体制改革的不断深入，更多具有创造性的协商民主实践形式在中国发生发展。这主要包括政治协商、社会协商、基层协商等形式。就党的重大文件的制定、宪法和重要法律的修改、国家领导人的建议人选、国民经济和社会发展的中长期规划、关系国家和地方事务的一些重大问题等，中国共产党都在人民政协同各民主党派和各界代表人士进行了协商，这也是当前我国协商民主的主要形式和最高层次。如人民代表大会或者人民政府召开的听证会、温州温岭首创的民主恳谈会、各地普遍开展的民情恳谈会、价格听证会、居民村民论坛、民主理财会等，社会协商、基层协商实践在广大城市和乡村的基层政府组织的领导下开展，讨论的问题涉及从公共交通、日用品消费价格到某个社区建筑物的拆除、劳动和社会保障、城管执法等关系群众民生的各个方面，通过听取公民对政府政策立法的不同意见，保护弱势群体，在更广泛的基础上达成一致，促进了政府管理水平的提高，也进一步完善和发展了社会基层自治。对于集权主义传统比较浓厚的国家而言，由高度集权向民主政治转轨，加强协调合作、扩大民主，已经成为民主政治建设的关键。因此，中国特色的"协商民主"可说是政治实践的产物，这是坚持党的领导的需要，也是社会主义初级阶段中国国情所要求的。

---

① 刘国栋：《试论"海选"模式》，民政部基层政权司编《城乡基层政权建设工作简报》第2期，1998年1月16日。

三 努力促进选举民主与协商民主的共同发展

选举民主与协商民主虽然形式不同，但作为民主的实现形式，有着共同的发展要求。

1. 良好的公民素质

良好的公民素质是民主政治的重要基础。协商民主中，如果协商参与者的参政积极性不高，参政能力不强，协商主体不能很好地进行偏好转换，不能体现协商包容、尊重差异、节制、负责任的品格，就不能达成协商共识，不能达成最优的协商效果，或者只体现强权势力的需要。公民的素质和民主素养也决定着选举的品质。缺乏公民意识和民主素养的选举，很容易导致民粹主义的产生。以台湾为例，公民意识和民主素养的缺失，为民进党制造族群冲突创造了条件，为民粹主义的产生提供了土壤。唯有不愿意被腐化和利用活动的公民，才会有不敢进行腐化和利用活动的政治人物。因此，增强选举民主与协商民主的实效，要求不断强化提升公民的民主意识和公民德性，为民主政治建设奠定基础；丰富公民民主知识和培养其参与技能，提高其民主参政能力；引导公民积极参与，调动其民主热情和理性态度；培养公民的民主政治责任感，真正赋予公民民主政治权利。

2. 坚实的政治基础

我国的民主是中国共产党领导下的民主，党的领导是根本、是前提，中国共产党在中国社会中的领导核心作用，以及由此产生的对社会的强大动员力和整合力，是选举民主与协商民主的重要政治基础。无论是选举民主还是协商民主，只有在中国共产党的坚强领导下，才能实现，这也是中国的历史和现实条件决定的。协商民主强调的是合作而不是竞争，没有协商双方的真诚合作就没有协商民主的顺利进行。只有坚持把党的领导、人民当家作主和依法治国有机统一起来，才能始终坚持正确的方向，保持鲜明的特色和蓬勃的生机。因此，坚持和完善选举民主和协商民主必须在国家政治体制的框架内进行，必须坚持中国共产党的政治原则、政治方向和方针政策。同时，要进一步加强党的执政能力建设，进一步提高政府的公信力，为选举民主和协商民主提供强有力的政治保障。

3. 完善的法律环境

依法治国是党领导人民治理国家的基本方略。选举和协商必须在宪法和法律规定的范围内实施，才能确保程序民主与实质民主的有机结合，确保民主取得实效。我国的选举民主是以1953年《全国人民代表大会及地方人民代表大会选举法》的通过为标志而在全国范围内建立起来的。"文化大革命"之后，又通过了《全国人民代表大会和地方人民代表大会选举法》，随后，分别于1982年、1986年、1995年和2004年作了修改，与之相伴随，国家也相应制定了各种组织法，使得我国的选举民主制度逐步趋于健全。这些法律对选举的程序、方法、候选人的合法性及公民的平等选举权、知情权，有着明确的规定，从而确保了选举的公开、公正、有效。但目前的选举法没有说明该如何酝酿、讨论、协商，才能筛选出能代表多数选民意见的候选人。实际上，一般选民既不可能参加酝酿、讨论、协商，也不知道酝酿、讨论、协商是怎么进行的。这一程序上的漏洞，使得在初步候选人中确定正式候选人有可能成为暗箱作业。选举实践中也存在着与民主政治发展不太适应的地方，需要进一步在法律上明确选举的程序、选举的透明度等，不断提高选举的质量。与选举民主本身有一套法律规则相比，协商民主相对缺乏"刚性"的规定，"柔性"的特征比较明显。这也是一些地方协商不太到位、效果不太理想的重要原因之一。应在党的领导下，不断加强对协商民主法制化的研究和探索，在条件成熟时，从政策、制度要求的层面把协商的主客体、内容、形式和程序等关系协商民主成效的方方面面，上升为法律规定，使协商成为决策必不可少的法定程序，确保选举民主与协商民主都有规可循、有法可依，保证人民依法行使民主选举、民主协商、民主决策、民主管理和民主监督的权利。

4. 健全的制度保障

早在20世纪80年代初，邓小平同志就深刻地认识到制度具有"根本性、全局性、稳定性和长期性"特征。① 制度化是民主政治发展的一般规律。制度建设的过程就是选举民主和协商民主的内容和形式生成和完善的过程。我国社会主义民主和法治不断加强，但同发展变化着的经济文化需要相比，制度建设的滞后也是不争的事实。一些制度比较原则，需要从运行方式与机制方面进行细化和固定化，还有一些制度需要修改，已有的制度也有一个加大落实力度的问题。比如，按马克思主义创始人的设想，我们社会主义的选举应当实行直接选举。但从新中

---

① 《邓小平文选》第3卷，人民出版社，1994，第333页。

国成立后，直到 2004 年选举法修改，也只在县级以下（包括县级）实行了人大代表的直接选举。目前，我国人大职能有待进一步优化。人大会期较短，全职代表较少，在相关配套制度不太健全的情况下，有时难以发挥应有的作用。要通过不断建立健全差额选举制度、允许和鼓励非对抗性竞选制度、建立代表候选人的提名制度，进一步贯彻选举的平等性原则和逐步推进直接选举等途径，推动选举民主的发展。

我国协商民主是建立在自身制度不太健全以及选举民主发展相对滞后基础之上的，存在着操作性不强、随意性较大、对协商结果的处理透明度不太高等问题，需要在实践中不断加以完善。要以贯彻落实《中共中央关于加强人民政协工作的意见》（以下简称《意见》）为契机，将《意见》关于推进政协履行职能"三化"建设的规定和要求具体化，进一步明确协商的范围、问题、程序、方法，畅通民主监督渠道，完善参政议政机制。同时，要把一些已有的好做法、好经验，上升为规则、制度，推进协商民主的制度化、规范化和程序化，不断增强协商民主的实效。

5. 有序的公民参与

公民参与是民主政治的核心问题之一，无论对于政治国家，还是对于公民社会，公民参与都是实现善治的必要条件。所有民主的价值和意义，只有通过公民参与才能真正实现。但公民参与国家的政治生活必须在宪法和法律允许的范围内有序进行，公民政治诉求的表达要通过正常的渠道和途径展开。历史经验表明，无序的政治参与方式会使社会付出较高的发展成本，会对社会的稳定、和谐造成消极影响。因此，党的十七大报告指出，"坚持国家一切权力属于人民，从各个层次、各个领域扩大公民有序政治参与"[①]。推进公民有序参与政治，必须在整个民主政治建设的过程中，坚持中国共产党的领导，引导群众以理性、合法的形式表达利益要求，解决利益矛盾。要切实保障公民的知情权、参与权、表达权、监督权，不断扩大和保障人民的民主权利。要丰富参与形式，延伸参与领域，重视构建新的、有效的政治参与平台，比如公民投票制度、听证会制度、协商谈判制度、信息公开制度和各种各样的民意调查制度，以真正实现"最广泛地动员

---

① 胡锦涛在中共十七大报告上的讲话：《高举中国特色社会主义伟大旗帜　为夺取全面建设小康社会新胜利而奋斗》，2007 年 10 月 25 日《人民日报》。

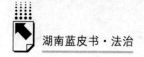
和组织人民依法管理国家事务和社会事务、管理经济和文化事业"。

综上所述，选举民主和协商民主是推进中国特色社会主义民主发展的两翼，是在民主制度框架下的相互支持、相互补充和相互增强。在我国社会主义民主政治建设中二者缺一不可，在完善选举民主的程序性建设、提升其实质性效果的同时，又要充分发挥政治协商制度的作用，推动协商民主的发展，正确协调好选举民主和协商民主的关系，发挥二者的相互支持和促进作用，实现二者的良性互动，促使二者的共同发展。同时，不断拓展民主的发展形式，实现我国社会主义民主政治建设的全面发展。

关于进一步深化执法公开的研究报告

中共湖南省委政法委员会执法监督室

近年来，大量涉法涉诉信访案件表明，群众反映强烈的执法不严、不公、不作为、乱作为等问题，一个重要原因就是监督制约不力，司法民主化程度不够，执法公开不完善、不落实，执法公信力和认可度不高。要解决这一问题，强化内部监督固然重要，但是在当前全面开放和高度透明的社会环境下，更要注意改进执法方式，扩大执法公开范围，以更开放的姿态规范执法行为，以更广泛的方式接受社会监督，保障人民群众对执法的知情权、参与权、表达权和评判权，以外部监督带动和促进内部监督，进一步健全和完善促进司法公正的长效机制。对此，我们在实地调研、广泛座谈的基础上，进行了专题研究。

一 湖南政法机关执法公开工作的基本现状

近年来，全省各级政法机关按照中央政法委和中央政法各部门的统一部署，继续深化和推进执法公开，自觉接受人民群众和社会各界的监督，规范了执法行为，促进了执法公正，取得了明显成效。

1. 公开的内容逐步深化、范围逐步扩大

一是推行阳光司法，保障群众的知情权和参与权。公安机关推行阳光警务，及时向群众公开行政执法管理项目。检察机关重点公开职务回避、执法程序、办案规则、检察纪律等二十项内容。法院重点推行诉前信息公开、庭审程序公开、案后执行和申诉审查程序公开。司法行政机关对"减、假、保"等实行推荐、呈报、评审和裁定"四榜公布"和公开听证。二是推行民主决策，保障群众的表达权和决策权。在涉及当事人和执法相对人权益的法规、政策出台前，政法各部门注重广泛征求社会各界和群众的意见，吸收群众参与决策。围绕群众反映的执法工作和队伍纪律作风方面的突出问题，通过问卷调查、座谈、公开听证等方

式，广泛征求当事人、群众和社会各界的意见和建议。三是推行执法考评公开，保障群众的评判权和监督权。全省政法机关落实"执法效果看信访"的要求，加大了外部评议和民意调查的权重，并回访案件当事人，更多地把执法评判权交给群众。如长沙市开福区公安分局法制科把自己视为"第二信访室"，把信访案件作为考评重点，注重"两个效果"的统一；省法院在案件评查中，邀请当地人大、政协、检察院、律师和社区负责人共同参与，得到了外界参与考评人员和部门代表的高度肯定和认可。

2. 以多样化的形式保证公开的覆盖面，以便捷的方式疏通群众参与和监督执法的渠道

一是形式多样，覆盖面广。从载体上看，有专栏、便民手册、电话、举报箱、电脑触摸屏和显示屏等多种形式，公开的覆盖面较广。省委政法委和省直政法部门在《湖南日报》上公布执法公开监督投诉电话和网址、邮箱。各级政法机关还结合各自执法特点，通过发放工作指南、定期新闻发布、专家委员咨询、权利义务告知、执法办案听证、法律文书说理等方式，拓宽执法公开的渠道。二是方式便捷，利民惠民。各级政法机关坚持优质、高效的原则，不断推出便民、利民、惠民措施。部分基层法院为解决"门难进、事难办"的问题，通过完善"院长、庭长值班制度"，设立导诉台和导诉员，为当事人和群众预约法官，释疑解惑；实行执行信息查询制度，为当事人及时了解执行进度、监督执行工作提供便利。三是信息化水平逐步提高。各级政法机关以《政府信息公开条例》和《湖南省行政程序规定》的出台为契机，重建了内外门户网站，推行电子政务。省公安厅在网上公布行政执法项目，开通网上办事、厅长信箱、群众督察等栏目。省检察院、省司法厅、省监狱管理局建立了门户网站，全面推广电子法务公开；部分法院实行网上审理，裁判文书公开上网。

3. 执法公开的成效日益显现

一是促进了执法公正。通过逐步扩大执法公开面，让人民群众充分参与和监督执法工作，进一步促进了执法公正。尤其是群众反映强烈的执法不公、不严、不规范、不文明，执法不作为、乱作为，利益驱动办案等问题得到一定程度的缓解和遏制。二是提升了执法公信力和群众满意度。通过执法公开，保障人民群众的知情权、参与权、表达权、评判权和监督权的落实，让执法司法权在社会和人民群众的严密监督下公正、高效运行，提升了执法公信力和群众满意度。民意调查显示，近年来全省公众对社会治安和政法队伍的评价逐年上升，2010 年比 2009 年提高了 5.43 分。三是改善提升了执法作风和效率，促进了政法队伍建设。推行执法公开，密切了警民关系，使政法队伍的执法能力得到了锻炼和提升，改善了政法机关形象。部分政法干警的特权思想、衙门作风得到纠正，粗暴办案、简单执法的现象得到遏制，执法不严不公不廉等问题得以改观，社会主义法治观念进一步强化，依法办案、规范执法的自觉性有所增强，执法能力和水平有所提升。

二　当前执法公开中存在的主要问题

虽然近年来执法公开工作取得了一定进展，但仍然存在一些问题和不足，效果仍不明显，难以适应新形势对执法工作的新要求，难以满足人民群众对执法公开透明的新期待。这主要表现在以下三个方面。

1. 认识不到位

有的政法机关和干警受权力本位主义和特权思想的影响，存在"秘密办案"和"办案神秘化"的思维定式，对执法公开的意义和作用认识不足，把神秘执法和依法独立执法混为一谈，认为独立执法是司法机关单方面的司法行为，公开只会引发争论和抵触，影响和干扰司法独立，损害法制的尊严和权威，从而对执法公开重视程度不够，积极性、主动性和责任心不强，存在"多公开多错、少公开少错、不公开不错"的错误认识，没有将执法公开工作摆上重要位置，只将其作为一般性、表面化工作来看待。

2. 公开不彻底

有的地方和政法机关在执法公开的内容和范围上大打折扣，甚至变形走样。具体表现为：一是避重就轻、避实就虚的"半公开"。公开的范围不完全、不彻底，未做到应公开的尽公开，违规秘密侦查、起诉、审判的现象仍然存在；内容缺乏针对性，重点不突出，只选择一般的平常事项加以公开，不公开案件裁判的实质内容，引发群众的猜疑和误解，影响执法的公信力和服判息诉效果。二是浮于表面、流于形式的"假公开"。对执法公开的理解狭隘化，只理解为形式上的公开，有的甚至只是为了应付检查，将无关紧要的事项公开，不公开对案件定性、裁判具有决定意义的环节；即使是形式上的公开，在有的地方也并未落到实处或存在弄虚作假现象，如旁听制度、律师提前介入制度、媒体采访制度、同步

"双录"制度等。三是失去时效的"过期公开"。有的地方和部门执法公开事项历年一成不变，不能根据形势和情况的变化及时更新、补充、完善；有的事项公开不及时，超过法定时限，严重侵害当事人的合法权益等。

3. 工作不落实

有的地方和部门执法公开制度保障、物质保障不到位，影响了工作的深入开展。有的没有针对执法中的突出问题出台相应的配套制度，操作性、针对性不强。比如，在落实人民陪审员、人民监督员制度上，由于在选任程序、人员素质和数量、培训管理、经费保障等方面存在一些问题，导致其参审、监督职能作用没有得到充分发挥；有的经费投入不足，导致公开手段单一、方法陈旧、载体不全，难以适应阳光执法和电子政务的要求，难以保证公开的覆盖面和群众的知晓度，群众难以及时、便捷、有效地参与和监督执法工作。

三 进一步深化执法公开的对策措施

通过深入调研，我们认为，深化执法公开必须以科学发展观为指导，坚持社会主义法治理念，顺应人民群众对执法公开透明、规范公正的新要求新期待，坚持正确原则，更新理念、提高层次，丰富内容、增强实效。一要以人为本。要自觉地把执法公开落实到与当事人和人民群众切身利益密切相关的执法权行使的各个环节和各个方面，切实保障当事人和人民群众对执法工作的知情权、参与权、表达权、监督权，维护当事人和人民群众的合法权益，真正实现执法为民、便民、利民、护民。二要严格依法。既要严守国家秘密和执法工作秘密，防止片面强调公开而发生泄密，损害国家安全和公民、法人或其他组织的合法权益；也要防止借口保密而出现该公开的事项不公开或不及时全面公开，逐步把执法公开工作纳入规范化、制度化轨道。三要全面充分。要利用新闻媒介和信息化手段等多种形式，向社会和执法当事人、诉讼参与人公布、宣传执法公开的内容，依法应公开的事项都要及时、充分、如实、准确公开。四要开拓创新。执法公开应当与时俱进，随着国家民主政治和法治建设的推进而更加开放和透明。对于执法公开的具体内容、范围、方式和途径等，应当以改革的精神，积极探索，不断丰富和完善。尤其要强调以人为本的核心观念和科学的质量观念。以执法当事人为本，从当事人出发依法办案，把握工作对象是人而不单纯是案；要树立民生、民权、民意、民愿关系执法质量的观念，以群众认可和满意作为检验执法质量的标准。具体要在以下四个方面进一步下工夫。

1. 在提高认识、更新理念上下工夫

在学习实践科学发展观的活动中，各级政法机关和广大政法干警要从贯彻落实科学发展观、推进依法治国基本方略、构建社会主义和谐社会、建设公正高效权威的社会主义司法制度的高度，深刻认识深化执法公开的极端重要性和必要性，把思想认识统一到中央精神和胡锦涛总书记关于推进司法民主和司法公开的要求上来，增强主动性和责任感，加强执法公开工作的教育培训和宣传，教育广大政法干警着重树立三个理念：一是执法公开即执法为民的理念。深化执法公开，就是为了进一步保障人民群众对执法工作的知情权、参与权、表达权、监督权，为人民群众提供更加方便、快捷、及时的服务，更加公正透明地化解矛盾纠纷，平等保护当事人的合法权益。所以必须把体现人民意志、反映人民愿望，倾听人民呼声、满足人民需求作为努力方向和目标。二是执法公开即监督促进的理念。执法公开就是要增强执法工作的透明度，为人民群众了解、参与、监督执法工作提供广阔的渠道，把执法工作置于广大人民群众的监督之下，确保执法权在阳光下规范运行，以公开促进公正，以公正赢得公信。政法机关要牢固树立自觉接受监督的意识，主动构建多层次、全方位的接受监督的机制，始终让执法权在公开透明的环境下运行，虚心听取人民群众和社会各界的意见、建议，不断改进和加强各项执法工作。三是执法公开即支持帮助的理念。执法公开是政法机关坚持群众路线的具体体现，也是强化执法效果、取信于民、普法于民的重要手段。执法公开，有利于增强政法机关的决策透明度和公众参与度，把群众在实践中创造的好经验好做法纳入决策体系，推进政法机关各项决策的科学化、民主化，使决策更符合实际情况、符合人民群众的意愿；有利于增强群众的法律意识和守法观念，促使社会和群众积极配合政法机关正确实施法律法规；有利于使人民群众全面了解执法工作的情况，拉近政法机关和人民群众的感情，争取人民群众的理解和支持，解决一些地方的破案难、取证难、追逃难、执行难等问题，保证各项执法工作深深植根于群众之中，树立政法机关的良好形象。

2. 在扩大范围、拓展深度上下工夫

各级政法机关要本着依法、及时、全面、实质公开的原则，进一步扩大和深化执法公开。一是坚持常规执法信息的公开。主要是职能公开，包括政法机关的性质、任务、职权、内部机构的设置和职能；管理公开，包括政法机关管理的范围、办事程序、期限等；服务公开，即政法机关提供法律服务的范围、标准和程序等；收费公开，包括政法机关诉讼、行政管理、服务、罚没收费的规定、标准和收缴的办法等；结果公开，包括政法机关判决、裁定、处罚、服务的结果等。二是实行更高层次的司法透明。首先要选择从公权力大、公益性强、公众关注度高的部门入手，将与群众切身利益密切相关的执法信息予以公开，抓住影响执法结果的实质性环节，围绕群众最关注的焦点问题，向执法相对人和诉讼当事人、群众、新闻媒体和社会公开。法院系统要实行审判过程中的重大维权事项听证；落实直接言词证据原则；释明权行使过程公开；法官心证过程公开；合议庭初步结论意见公开等。检察机关要进一步严格执行同步"双录"、公开告知扣押财物的收缴、处置的程序和结果等。公安机关要逐步推行刑事执法公开，在办案中要向犯罪嫌疑人和证人告知其权利和义务；办案的程序、时限、主要进展和结果要公开，接受群众查询。司法行政机关要将行政许可项目和"减、假、保"工作实行全面公开。三是推行评价监督机制的公开。包括政法机关工作人员执法、管理、服务的纪律规范公开；违法违纪行为举报、控告的途径和方式以及处理决定公开；群众反映强烈问题的解决情况公开。当前，重点是要建立人民群众对执法工作的公开评价机制，扩大执法考评公开范围。考评的标准要科学、公开，从单纯考程序、流程公正向实体、效果公正转变，从单纯考业务指标向服务大局、促进和谐社会构建的综合性指标转变；考评形式要公开，变关门考评为开门考评，考评走出去，群众请进来。要从上级交办督办、涉法涉诉信访和涉稳敏感案件中挑选久诉不止、久访不息的典型案件进行公开考评，回访当事人，"执法答疑"，吸收政法委、人大、政协、政府有关部门和律师、专家、学者、案件当事人及社团、基层组织参加，提高考评的公信力和认可度，使考评变成既检验和促进执法，又推动矛盾化解、实现案结事了的过程；考评结果要公开，对一个执法单位的考评结果，要通过一定形式在一定范围内公开，充分听取当事人、人民群众和社会各界对考评工作的意见和建议，促使内部自我评价与外部社会评价相一致。

3. 在丰富载体、拓宽渠道上下工夫

在采取传统公开形式的同时，要根据社会发展进步的要求，推动执法公开手段和方式多元化、立体化和信息化。一是面对面公开。转变执法办案方式，变"坐堂办案"为巡回办案、现场办案；对申诉案件和重信重访案件，实行公开听证和审查，直接与当事人加强沟通，扩大当事人及亲友和周围群众的知情权。坚持和落实"政法机关领导大接访"制度，面对面地倾听诉求、答疑解惑、解决问题，在提高执法效果上下工夫，真正做到以法为据、以理服人、以情感人，尽可能融法、理、情于一体，使人民群众通过案件办理、事情处理，既感受到法律的权威、尊严，又感受到政法机关的关爱、温情，切实解决"法了事不了、案平情不平"的问题，从源头上解决涉法涉诉上访居高不下的问题。二是新闻媒体监督。建立重大敏感案件发布制度，规范和加强对社会关注、群众反映强烈的重大典型案件的报道，正面引导舆论，防止恶意炒作、产生社会负面作用，维护司法公正和权威，促进社会和谐稳定。建立新闻发言人和定期通报制度，加强与媒体的联系沟通，加大对外宣传的力度。三是以信息化促公开化。要重视和充分利用现代化信息手段，加快执法信息化建设，促进执法公开。逐步健全政法机关内外门户网站，使其成为推进执法公开的窗口，扩大执法公开的覆盖面。加强电子政务建设，完善网上查询、网上办证、网上救助等措施，方便群众办事。大力推行网上流程管理、网上审批、网上执法质量评查、讯问全程录音录像、执法窗口监控等措施，增强执法人员的自我约束和规范执法意识。

4. 在强化保障、督促落实上下工夫

执法公开是一项长期任务，不可能一蹴而就，各级政法机关要将它作为日常工作，持之以恒地抓落实。同时，在推进司法体制和工作机制改革中，要探索将执法公开逐步纳入法定程序。主要要完善三个方面的工作机制：一是领导责任机制。执法公开工作涉及多部门、全警种，需要协调的问题多，一把手要亲自统筹抓落实，保证各项措施和责任落实到位；分管领导要集中时间和精力具体抓落实，将其作为统筹业务建设和队伍建设、统筹执法规范化建设和信息化建设的重要抓手，加强指导协调；其他领导要结合各自分工，切实抓好分管部门的执法公开工作；政法机关各有关部门要结合自身职能配合做好相关工作。二是督查考核机制。要认真贯彻落实中办发〔2009〕46号文件，按照"谁主管谁负责、谁公开谁落实"的原则，建立落实公开定期检查制度和投诉、督查机制，确保当事人和群众监督、新闻舆论监督落到实处。上级政法部门要加强对执法公开工作的督促检查和协调指导，特别是对容易发生问题的岗位和环节，要认真检查其是否依法向社会公开执法人员、依据、过程、进度、结果和文书，该告知、送达和通报的是否告知、送达、通报了；没有依法公开的，要查明原因，督促整改并追究责任。要通过明察暗访、设立举报投诉电话和邮箱、回访案件当事人以及召开人大代表、政协委员、人民陪审员、人民监督员、执法监督员和律师座谈会等方式，广泛听取意见，查找问题，研究采取有针对性的整改措施。各级党委政法委要加强对政法各部门执法公开工作的监督，定期调度情况，加强通报讲评。省直政法机关要加强对本系统执法公开工作的调研督导，抓好工作落实，对推动有力、落实到位、效果显著的地方和单位，要提出表扬，总结推广其经验做法；对工作进展迟缓、措施不力的地区和单位，要通报批评，并派驻督导组实地指导帮促，推动工作平衡发展。同时，各地各部门要建立健全执法公开工作考评机制，完善考评办法，实行量化考核，将考核结果纳入执法状况和综治考评，与领导班子成员的政绩考核、干警的年度考核挂钩。三是长效保障机制。要继续加大投入，建立执法公开工作的物质保障机制，深化执法窗口建设、基础平台建设和执法办案信息化建设。

B . 32
建立并完善湖南重大事项社会稳定
风险评估机制报告

湖南省维护稳定工作领导小组办公室

开展重大事项决策社会稳定风险评估，对于从源头上预防和化解社会矛盾，实现科学发展，构建社会主义和谐社会，具有重要意义。近年来，湖南结合工作实际，以事关人民群众切身利益的重大决策、重大政策、重大改革举措、重大工程项目、重大活动等重大事项为重点，探索开展社会稳定风险评估工作，在防范决策风险、减少决策失误、促进社会和谐、维护社会稳定等方面取得了积极效果。

一 产生背景

1. 经济社会发展的形势

这些年来，湖南经济社会发展取得的成绩很大，社会大局和谐稳定。但过程中出现的问题和矛盾也不少，并且呈现触点增多、燃点降低，联动增强、对抗加剧，新老交织、内外呼应，网络发酵、连锁影响，无关参与、敌人插手的态势。特别是征地拆迁、工程建设、环境保护、教育医疗、企业改制、社会保障、交通营运等方面关系群众切身利益的热点问题日益增多，矛盾冲突集中凸显，非正常上访突出，群体性事件高位运行，重特大群体性事件也时有发生，对改革发展稳定大局造成了影响。

这些问题和矛盾的产生，总体来说，受我国社会发展阶段性特征和湖南后发赶超特定省情的影响，有其一定的历史必然性；但其中也有相当比例在相当程度上是保障群众利益决策机制不完善，依法决策、科学决策、民主决策程度不高造成的。

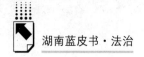

2. 中央的重视和要求

中央敏锐地看到了这一问题，连年来反复强调、不断推进社会稳定风险评估机制建设。2005 年 12 月，中央领导同志在全国政法工作会议上指出："要建立健全社会稳定风险评估机制，在定政策、上项目、作决策前，应瞻前顾后，兼顾左邻右舍，考虑需要和可能，认真分析评估能给广大人民群众带来什么利益，认真分析评估会对社会稳定带来什么影响。"2007 年 5 月，中央维护稳定工作领导小组转发了四川省遂宁市建立社会稳定风险评估机制的经验报告和中央领导同志的相关批示。2007 ~ 2010 年，中央领导同志连续四次在全国政法工作会议上就建立社会稳定风险评估机制作了重要指示。2011 年 2 月，中央领导同志在省部级主要领导干部社会管理及其创新专题研讨班上，再一次强调了建设社会稳定风险评估机制的重要性。

二 湖南举措

1. 开展积极探索

湖南进行了大量的积极探索，采取了有力的推动措施。2006 年上半年，益阳市在省内率先开始了建立社会稳定风险评估机制的探索，并于 2007 年 1 月出台了实施意见。省委常委、省委政法委书记李江随即批示要求省维稳办在全省进行推介。2008 年 1 月，李江同志在全省政法工作会议上要求："积极推行社会稳定风险评估机制，坚决防止和纠正损害群众利益的行为，促进各级党委、政府依法执政、依法行政。"2009 年 2 月，省政府副省长刘力伟在全省预防处置群体性事件培训班上的总结讲话中指出："一项重大决策的出台，必须先行深入调查研究，充分考虑社会承受能力和群众的理解支持程度。益阳市近年来大力推行重大决策社会稳定风险评估，从运行情况看，效果很好，各地可以学习借鉴。"

2010 年 2 月，省维稳办下发《2010 年度湖南省群体性事件考评办法》，将开展社会稳定风险评估工作情况纳入考评范围。2010 年 5 月，省维稳办下发《关于建立社会稳定风险评估机制和维稳情报信息员队伍、维稳网络参评员队伍的通知》。2010 年 6 月，省维稳办下发《关于对建立"一个机制两支队伍"工作和有关涉稳问题进行督查、调研的通知》，组织对各市州、县市区建立重大事项社会稳定风险评估机制的情况进行了为期一个月的专项督查，并将督查情况专题向省委、省政府主要领导同志报告了。

2. 全省全面推行

2009 年 8 月，时任省委书记张春贤在全省维护社会稳定工作电视电话会议上强调："今后，所有的项目建设、改革措施、政策调整，都要进行经济利益和稳定风险'双评估'，并将之作为一项制度长期坚持。"2009 年 12 月，省委常委会研究决定，全省市、县、乡各级党委、政府和有关决策审批部门都要建立作决策、上项目的社会稳定风险评估机制。

2010 年 6 月，省委书记周强上任伊始，在主持召开省委常委专题会议研究部署维稳工作时强调指出："各项决策和改革措施的出台，以及重点建设项目的上马，都要进行社会稳定风险评估。要在认真总结经验的基础上，全面加以推广。通过建立健全社会稳定风险评估机制，推动各级党委、政府科学决策、依法决策。"2010 年 11 月 30 日，省委、省政府下发《关于加强和创新社会管理的意见》（湘发〔2010〕18 号），要求"全面推行重大事项社会稳定风险评估"，明确规定"各级党委、政府及各部门各单位在决定、实施事关人民群众切身利益的重大决策、重大政策、重大改革举措、重大工程项目、重大活动等事项前，要组织对影响社会稳定的因素进行分析评估。各级党委常委会、政府常务会和部门、单位党委（党组）要把社会稳定风险评估作为研究重大事项的必经程序，作出专门的评估结论；凡没有会前提出社会稳定风险评估报告的重大事项，一律不上会研究"，并强调"对应评估而不评估，或评估走过场，或不按评估决定执行，引发社会不稳定问题的，纪检监察机关、组织人事部门和维稳办、联席办要按照有关规定，严肃追究有关人员的责任"。2011 年 1 月，省委办公厅、省政府办公厅印发了省纪委、省委组织部、省维稳办研究制定的《关于群体性事件预防和处置工作实行党政领导干部问责的暂行规定》（湘办发〔2011〕2 号），把"对涉及人民群众切身利益的重大事项，在决定、实施前未进行社会稳定风险评估或不按评估决定执行，引发群体性事件的"，作为 14 类问责情形的第一类，列入了文件规定。根据省委、省政府的要求，省维稳办代省委、省政府起草了《湖南省重大事项社会稳定风险评估办法》，目前正在审签之中。

3. 取得初步成效

截至 2011 年 3 月 31 日，全省已有 13 个市州和 89% 的县市区、75% 的乡镇街道以党委、政府或党委办、政府办的名义，出台了建立重大事项社会稳定风险评估机制的文件。2010 年 10 月，中央维稳办的《维稳工作简报》，全面推介了长沙建立重大事项社会稳定风险评估机制的成功做法。2010 年，全省共评估事项 2988 起，通过评估准予实施 2415 起，暂缓实施 398 起，有重大稳定风险不得实施的事项 175 起；通过开展重大事项社会稳定风险评估工作，有效防范和减少了社会矛盾；全年没有发生特大和重大群体性事件，没有发生影响上海世博会、广州亚运会和首都北京稳定的突出事件，群体性事件数量卜降、规模降低、影响减轻，和谐稳定的社会局面是多年来最好的一年。

三 具体做法

1. 明确评估定义

重大事项社会稳定风险评估，是指在决定、实施关系人民群众切身利益的重大决策、重要政策、重大改革举措、重点工程项目、重大活动等事项前，对可能发生的影响社会稳定的因素进行科学预测、分析评估，作出是否实施、如何实施的决定，并制定风险应对策略和预案，以防范、降低和消除社会稳定风险。

2. 提出评估原则

科学民主、权责统一的原则；合法合理、客观公正的原则；统筹兼顾、以人为本的原则；属地管理、分级负责的原则。

3. 划定评估范围

社会保障、劳动就业、公用事业、医疗卫生、教育、住房、"三农"等涉及民生问题的重大决策；社会发展、社会管理方面广泛涉及人民群众切身利益的重大决策；国有、集体企业和事业单位的产权转让、职工身份转换、员工安置等涉及重大利益调整的改革改制举措；涉及征地、拆迁、环境保护、资源开发利用、移民安置等关系群众切身利益的重大规划和重点工程建设项目；涉及面较广的有关产业、行业的政策调整；涉及较大群体利益诉求的重大政策制定或调整；参与人数多且人员集中的大型活动；党委、政府或维护稳定工作领导小组、处理信访突出问题及群体性事件联席会议认为需要进行社会稳定风险评估的其他事项。

4. 设定评估内容

主要是合法性、合理性、可行性、安全性四项内容。

合法性。决策机关是否享有相应的决策权并在权限范围内进行决策，决策内容是否符合现行相关法律法规规章以及党和国家的有关政策，决策程序是否符合有关法律法规规章和国家的有关规定。

合理性。重大事项决策是否符合科学发展观的要求，是否符合经济社会发展规律，是否符合社会公众利益和广大人民群众的根本利益，是否合理兼顾了不同利益群体的诉求；是否保持了政策的连续性、相对稳定性以及与相关政策的协调性，是否可能会引发地区、行业、群体之间的相互攀比；依法应给予当事人的补偿和其他救济是否充分、合理、公平、公正；拟采取的措施和手段是否必要、适当，有多种措施和手段可以达到管理目的的，所选择的措施和手段对当事人权益的损害是否最小。

可行性。重大事项决策的时机和条件是否基本成熟；改革的力度、发展的速度和社会可承受的程度是否相适应，重大事项的实施是否适应本地区经济社会发展总体水平，是否超越本地区本部门财力，是否超越大多数群众的承受能力，是否能得到多数群众的支持和认可。

安全性。重大事项的实施是否可能引发较大规模群体性事件、较大规模上访、重大社会治安问题、网络负面舆论过激过热，以及其他影响社会稳定的因素；可能引发的社会稳定风险是否可控，能否得到有效防范和化解，是否制定了相应的预警措施和应急处置预案。

5. 界定责任主体

"谁决策、谁负责"。重大事项的决策单位、承办单位是组织实施社会稳定风险评估的责任主体。各级党委常委会议、政府常务会议和部门、单位党组（党委）要把社会稳定风险评估作为研究重大事项的必经程序。未提出社会稳定风险评估报告的重大事项，一律不上会研究。

各级党委、政府和各部门、单位的主要领导，对开展重大事项社会稳定风险评估工作负总责，评估事项的分管领导负主管责任。各级维护稳定工作领导小组、处理信访突出问题及群体性事件联席会议，负责组织协调、指导推动重大事项社会稳定风险评估工作，督促落实防范和化解社会稳定风险。

6. 规定评估程序

确定评估事项、成立评估小组、形成评估报告、作出评估决定、落实维稳措施。一是确定评估事项。需要组织开展社会稳定风险评估的重大事项，由事项决策单位确定，事项承办单位应提出建议。二是成立评估小组。重大事项承办单位负责组织成立评估小组。评估小组可以委托专门的咨询机构或社会稳定风险评估机构进行评估。三是形成评估报告。评估小组广泛征求相关方面的意见和建议,对评估事项的合法性、合理性、可行性、安全性及其他相关问题,进行全面分析研究,逐项分析可能出现的不稳定因素,对风险发生的概率、可能引发的矛盾冲突(人员数量、范围和事态的激烈程度)以及负面的社会、政治影响等作出预测,提出实施、部分实施、暂缓实施、不能实施的意见,并形成专门的评估报告。对重大复杂疑难事项,评估小组要视情况征求上级主管部门的意见。四是作出评估决定。重大事项决策单位对社会稳定风险评估报告认真进行集体研究,科学作出决定,确定该重大事项是否可实施,并在作出评估决定后五个工作日内将相关材料报同级党委办、政府办及维稳办、联席办备案。由市州、县市区党委、政府作出评估决定的,报上级党委办、政府办及维稳办、联席办备案。五是落实维稳措施。对重大事项进行风险评估并作出决定后,决策单位和承办单位要根据分析评估情况,制定和落实化解不稳定因素、维护社会稳定的具体措施,严防发生影响社会稳定的问题。要加强对重大事项实施过程中出现的新情况、新问题的分析研究,并适时调整策略,完善应对措施。一旦发生影响社会稳定的事件,相关部门要立即启动应急预案,及时妥善处置。

7. 实行责任追究

对于应评估不评估、评估走过场、评估报告不准确、评估决定不正确、不按评估决定执行、防范化解措施不力,造成或引发社会不稳定问题的,纪检监察机关、组织人事部门和重大事项社会稳定风险评估工作管理部门要按照有关规定,严肃追究有关人员的责任。

8. 发展评估中介

培育从事重大事项社会稳定风险评估的咨询机构或评估机构,推进由独立的社会中介机构进行评估的机制,增强评估的客观性和公正性。在此之前,社会稳定风险评估要广泛听取涉事群众、基层干部、专家学者、党代表、人大代表、政协委员等各方面人员和维稳、信访等部门的意见,客观公正、实事求是地提出评估报告,不能只由提议者自身评估。

四　意义评价

七年的实践证明,实施社会稳定风险评估,契合湖南改革发展维稳的实际需求，是深入贯彻落实科学发展观，正确处理改革、发展、稳定关系的根本要求，是促进科学、民主、依法决策，推进社会管理创新，从源头预防和减少不稳定问题的重要保证。实施重大事项社会稳定风险评估，把社会稳定问题考虑在前，预测风险、防范风险、控制风险、化解风险，有利于减少和消除改革发展中的不稳定因素，有利于更好地适应社会结构和利益格局调整，有利于推进"四化两型"和"四个湖南"建设。

1. 社会稳定风险评估是全面落实科学发展观的要求

改革发展中出现的大多数矛盾是人民内部矛盾，其产生、发展、演变的过程，与改革决策的科学性、改革措施的协调性密切相关。科学发展观要求我们必须把改革的力度、发展的速度和社会的承受能力统一起来，建立风险评估机制。在改革决策时，充分考虑社会的承受能力，照顾各方面群众的诉求；在调整政策措施时，广泛听取各方面的意见，考虑不同群体的利益；在实施重大项目时，事前认真进行科学论证，准确把握人民群众长远利益和现实利益的平衡点。

2. 社会稳定风险评估是扎实推进改革发展的保障

做好风险评估工作，就是要从源头上减少各种不稳定因素，为湖南跨越式发展营造和谐的社会环境。对重大项目进行风险评估，不是否定项目的实施、阻碍项目的推进，而是在项目实施前对有可能出现的各类矛盾、各类风险进行预测和评估，并提前采取措施进行防范和化解，从而保障项目又好又快地推进。因此，开展风险评估工作是为改革发展设置一道"防火墙"、加装一个"助推器"。

3. 社会稳定风险评估是维护群众利益的需要

我们作决策、定政策必须充分考虑群众利益，充分尊重群众意愿，统筹协调各方面利益关系，最大限度地防止因决策不当带来损害群众利益的问题。这就需要建立健全体现以人为本、执政为民要求的决策机制。要坚持把人民拥护不拥护、赞成不赞成、高兴不高兴、答应不答应作为制定政策的依据，坚持问政于民、问需于民、问计于民，建立畅通无阻、运转协调、规范有效的民意反映机制，准确掌握群众所思、所忧、所盼，让群众更多地参与与他们自身利益相关的决策过程。要坚持科学决策、民主决策、依法决策，不断完善决策机制，建立重大工程项目建设和重大政策制定的评估机制，健全决策失误纠错改正机制和责任追究制度，凡涉及群众切身利益的重要改革方案、重大政策措施、重点工程项目，在决策前都要广泛征求群众意见，了解群众真实想法和意愿，全面评估可能影响群众利益的各种问题，充分考虑群众的承受能力。对一些从长远看符合经济社会发展方向和群众根本利益而群众一时想不通、不理解的决策，要主动把实际情况和工作设想向群众讲清楚，做好群众思想工作。对决策程序不合法、政策措施不合理导致群众利益受损的，要坚决制止和纠正。

4. 社会稳定风险评估是建立维稳长效机制的需要

建立风险评估机制，是维护稳定工作的一项重要的基础性工作，开展风险评估，将进一步促进维稳工作的重心从事后处置前移到事前预防和事中控制上，从而推动利益协调机制、诉求表达机制、矛盾调处机制、权益保障机制等各项工作机制的进一步健全和完善，从根本上提升解决和处置发展中出现的问题的能力。

湖南打击黑社会性质组织犯罪研究报告

湖南省公安厅刑侦总队

黑社会性质组织，是指以暴力、威胁或者其他手段，有组织地进行违法犯罪活动，称霸一方、为非作歹，欺压、残害百姓，严重破坏经济、社会生活秩序的组织。黑社会性质组织犯罪具有严重的社会危害性，并不断呈现新的特点，其隐蔽性和危害性不断增强，打击黑社会性质组织犯罪是一项长期、复杂、艰巨的任务。针对当前全省涉黑犯罪的现状及特点，现就涉黑犯罪的根源及打击策略作一些浅要的分析。

一 湖南省黑社会性质组织犯罪的现状及特征

自 2006 年开展打黑除恶专项斗争以来，截至 2010 年 12 月底，湖南省公安机关共立案侦办黑社会组织犯罪案件 89 起，破获各类刑事案件 4833 起，抓获涉案成员 2873 名，查封、扣押非法资产价值 13649.86 万元，收缴枪支 343 支。查处充当涉黑犯罪"后台"、"保护伞"的人 104 人。湖南省 14 个市州先后立案侦办黑社会性质组织案件。

从这些案件来看，黑社会性质组织主要形成于 1990 年代后期，随着湖南经济的不断发展繁荣，一些"两劳"释放、无业闲散人员纠集在一起，在建筑、娱乐、市场、车站等场所、行业使用暴力或以暴力相威胁，欺行霸市，逐渐形成了黑社会性质组织，并拉拢或腐蚀国家机关工作人员，严重危害了当地的社会秩序或有关行业的经济秩序。全省黑社会性质组织犯罪的现状及特征主要表现如下。

1. 从涉案人员来看，人数较多，有明显的组织者、领导者，其中以"两劳"人员及无业人员居多，社会无业青年参加黑社会性质组织人数呈上升趋势，组织成员呈低龄化趋势

从全省侦办的涉黑案件来看，组织结构都具有典型的金字塔形特征，层次比

279

较分明，第一层次为组织者、领导者；第二层次（即骨干成员），基本上以"两劳"人员为主；而第三层次，也就是在该组织中充当打手、小弟的人员基本上是社会闲散人员和无业青少年。如岳阳汨罗市徐见阳黑社会性质组织的 16 名组织成员中就有 13 人为年龄在 25 岁以下的无业青少年，最小的还不到 20 岁。这些人以单亲家庭和失学青少年居多，他们由于缺乏家庭或社会的监管，容易被引诱和利用，加入犯罪组织。比如邵阳涉黑团伙的主犯邓小波曾在公众场所多次对未满 18 岁的黎某进行教唆："你还没有 18 岁，就算杀死个把人也不要紧的，最多坐几年牢就出来了。"所以在以后的作案中，黎某总是冲在最前面，充当主力。

2. 从作案手段来看，以暴力手段或以暴力相威胁为主，犯罪形式多样

从全省立案侦办的涉黑案件来看，这些涉黑组织少则涉嫌五六个罪名，多则涉嫌十多个罪名。如衡阳耒阳市严小军涉黑组织涉嫌罪名多达 17 个，即组织、领导黑社会性质组织，故意杀人，贩卖毒品，故意伤害，抢劫，寻衅滋事，聚众斗殴，非法拘禁，敲诈勒索，盗窃，赌博，非法买卖枪支，非法持有枪支，非法经营，强迫交易，串通投标等罪名，该组织共涉案 218 起，致死 1 人，致伤 60 余人，致多名被害人遭受巨大经济损失。

3. 从作案动机和目的来看，黑社会性质组织在发展的前期旨在壮大声威、获取地位，后期则旨在追逐非法的经济利益，以壮大该组织的经济实力

从上述立案侦办的涉黑组织的作案动机和目的来分析，其阶段性目的如下：第一阶段是黑社会性质组织的发展、演变阶段，作案基本上是以扰乱社会治安秩序的"寻衅滋事"、"聚众斗殴"、"故意伤害"等为主，目的是为了获取在社会上的名气、壮大自己的声威。如娄底涟源市吴令涉黑案，2003 年下半年至 2004 年初，吴令先后纠集人员，砸掉了娄底市娄星区颜玉前在涟源市古塘乡所开的赌场，此后，吴令获得了"古塘一座山"的称号，并逐步网罗了以彭军民、聂志福等"两劳"人员为骨干的一些成员到其旗下，彭军民等人又利用吴令的名声拉拢部分社会无业青年充当该组织第三层次的打手、小弟。截至 2004 年年底，一个以吴令为首，以彭军民、聂志福等为骨干的黑社会性质组织基本形成。第二阶段，当黑社会性质组织基本形成以后，其作案动机与目的，逐渐转向以追逐非法的经济利益、壮大组织的经济实力为主。自 2005 年以来，吴令多次组织、指挥彭军民等人在娄底市娄星区、涟源市古塘乡一带实施替人打架"了难"、收取保护费、敲诈勒索、聚众赌博从中抽头渔利等违法犯罪活动，从中获取了数十万元的非法经济利益，利益驱动特征非常明显。

4. 从案发行业与场所来看，主要集中在娱乐、建筑市场、运输等具有丰厚利润的经济行业和"黄赌毒"等地下场所，"以商养黑，以黑护商"

上述立案侦办的涉黑案件中有54%的盘踞在货运客运、矿产开采、建筑工程等行业及各类市场。株洲打掉的易进良涉黑组织曾垄断株洲至武汉的货运物流，哄抬物价牟取暴利。黄、赌、毒等受黑恶势力直接操纵的情形愈加突出。据悉，有90%以上的涉黑组织涉足"黄赌毒"。株洲打掉的王芝虎涉黑组织，曾在醴陵城区大肆开设赌场、放高利贷，制贩毒品，是名副其实的"黑老大"。

5. 从社会危害性来看，黑社会性质组织大都实施多种犯罪行为，作案累累，且时间跨度较长，不仅严重破坏了社会生活和经济秩序，还造成了周围群众的普遍恐慌心理，严重影响了党和政府的形象

从逐年立案侦办的黑社会性质组织案件来看，形成发展周期在两年以下的只有15起，占16.8%，绝大多数涉黑组织的形成期在两年以上，如郴州宜章县王强军黑社会性质组织从形成到案发，历时7年多，其间共作案30余起，共致死4人，致伤20余人，其中致残致重伤5人。2005年7月28日，王强军组织100余人持猎枪、自制炸药包、棍棒等凶器冲到邻近的煤矿打砸抢，当地公安机关组织警力赶到现场，控制了王强军一方数十人。王强军闻讯赶到，公然煽动逃跑，致使所有被控制人员全部逃脱。在侦办王强军涉黑案期间，办案人员到当地调查该案时，竟无一个村民敢与办案民警搭话、交谈，调查取证困难重重。后经办案人员多次出面做思想工作，调查取证工作才得以正常进行。

6. 从发展趋势来看，黑社会性质犯罪组织反侦查、反打击手段更智能化，非法控制社会的能力提高、犯罪的隐蔽性增强，并呈现一些新的特点

一是组织形式逐渐隐蔽化、机动化。当前湖南省一些黑社会性质犯罪组织，通过初期的违法犯罪活动奠定了"江湖地位"，如今只需幕后操控而不直接指挥或实施违法犯罪活动，他们利用为数不多的几个核心骨干成员直接指使、花钱雇凶实施违法犯罪活动。如长沙、郴州便有大量外来人员或农村无业青年，这一群体常被当地涉黑人员雇佣，且雇主与被雇佣人之间往往互不相识，收钱施暴，拿钱走人，组织松散，使得当地黑社会性质组织表现出骨干成员"核心化"而结构"松散化"的特点，造成组织成员不稳定的假象。组织基层成员的"市场化"

转向，使得黑社会性质组织结构更为隐秘、组织形式更为灵活机动。如岳阳市钟卫星黑社会性质组织案，下级"马仔"打手基本上是用钱雇来的，平常与组织没有任何联系。

二是黑社会性质组织的势力向农村蔓延。近年来随着全省经济的发展，一些经济发达城镇和城郊接合部的农村，土地快速升值，大量第二、第三产业利润空间变大，同时一些农村山林、矿产等资源逐渐被开发，巨大的经济利益吸引了涉黑组织涉足。它们通过暴力手段侵入农村基层政权组织，从而达到控制部分农村资源、攫取非法利益的目的。如常德龚茂亚黑社会性质组织案中，团伙头目龚茂亚于2006年村里换届选举时，驱使手下成员威逼、利诱、殴打选民，当选为村主任，并骗取了桃源县政协委员的头衔。郴州侦办的以陈晓青、许以国、戴林辉为首的特大黑社会性质组织犯罪案件中，其组织头目都曾担任村委会主任，陈晓青任城郊乡城郊村主任9年，戴林辉任城郊乡黄竹村村主任、支书7年，许以国任塘门口镇人大代表、西河村主任5年。

三是黑社会性质组织向政治领域的渗透加剧。随着黑社会性质组织的坐大成势，他们开始寻求政治保护，其部分头目或成员不择手段捞取"人大代表"、"政协委员"等红帽子，给自己涂抹"保护色"，有的甚至直接渗透入国家机关以及掌控农村、居委会等基层组织。如岳阳阮应良黑社会性质组织案中阮应良被查处以前是当地人大代表；湘潭市李湘铭黑社会性质组织案中，李湘铭为省人大代表。

二 黑社会性质组织滋生的主要原因

根据2006年以来全省立案侦办的89起黑社会性质组织的情况来看，黑社会性质组织的出现及犯罪绝不是偶然现象，也不是沿海经济发达地区的特定产物，在湖南这个经济相对欠发达的中部地区，也存在黑社会性质组织。

1. 大量剩余劳动力的存在客观上为黑恶势力的发展提供了人力

我国从计划经济向市场经济转型的过程中社会生产力得到极大提高，同时也伴生了社会分配上的不公和不均，国企转制甚至破产造成的下岗失业大军，加上每年进入劳动就业年龄的人口，形成了巨大的社会就业压力。这些失业、待业人员在物质和精神生活需求得不到很好满足的情况下，容易产生反社会情绪，其中一部分人便走上了结伙犯罪的道路。同时，农村大量的剩余劳动力流入城镇，形成了巨大的民工潮。他们在为城市建设贡献力量的同时，也受到了"城里人"的歧视和排斥，一部分民工由于遭受了不公正待遇而产生了对"城里人"的不满和敌视，当这种敌视心理发展到一定程度时，便会以犯罪等非理性的方式发泄出来。在一些流动人口较多的大中城市，形成了按地源划分的民工聚居区，他们在城市活动包括违法犯罪活动中互相照应，天长日久，便极有可能发展成为黑社会性质的犯罪组织。加之一些士兵退伍后，宁愿在城里当"马仔"，也不愿回原籍农村，他们在大中城市替人"看场子"、收债"了难"、打架斗殴等，极易演变成黑恶势力。

2. 市场经济的负面效应刺激了涉黑犯罪的生长

在市场经济中，追求最大经济利益成为人们的普遍心理，拜金主义盛行导致了人们价值观的扭曲。同时，目前我国市场经济体制还不健全，市场经济的竞争机制缺乏良性规范和有力监督，使黑恶势力能够以暴力、威胁、贿赂等不正当手段代替正当的商业竞争，通过非法垄断来攫取最大的经济利益。凡是利润大而又管控不力的行业，就容易有黑恶势力介入。

3. 黄赌毒现象的蔓延为涉黑犯罪的滋生提供了土壤

从国外有组织犯罪的发展历史来看，黄赌毒现象与黑社会有着千丝万缕的联系。在美国有组织犯罪每年约1500亿美元的收入中，有230亿来自色情业。澳门、阿富汗等地的黑社会的发展，也与赌博业、色情业和毒品有关。国内毒品买卖、色情活动等大多与黑社会性质组织有关，并为黑社会性质组织提供了重要的资金来源。

4. 社会控制机制的弱化助长了黑恶势力的壮大

目前我国社会经济处于转型期，部分地区基层政权组织软弱涣散，为黑社会性质组织的兴起提供了条件。在少数地方，宗族势力凌驾于村委会之上，族权代替了基层政权。宗族势力的死灰复燃，不仅妨碍了国家政令的实施，而且容易为不法之徒所利用，形成称霸一方的黑社会性质组织，成为危害群众、对抗政权的反动势力。

5. 腐败现象加剧了涉黑犯罪的升级

现代黑社会性质组织的发展与腐败现象密切相连。腐败现象给千方百计寻找政治"靠山"和"保护伞"的黑社会性质组织以可乘之机，而一些手中有权的腐败分子，在收受黑社会性质组织的好处后，也置国家和人民利益于不顾，为黑社会性质组织"保驾护航"，导致黑恶势力胆大妄为，不计后果，逐步形成对区域、行业的非法控制。

6. 封建帮派意识和境外帮会文化的影响成为诱发涉黑犯罪的重要因素

中国封建帮派意识在一些地方根深蒂固，"绿林好汉"、"江湖义气"思想影响深远，一些人总想盘踞一方，称王称霸；影视、互联网及各种文化传媒宣扬的帮派文化，对青少年影响很大。几乎在所有黑恶势力中，这种封建意识和帮派亚文化都是维系成员关系的精神支柱和心理纽带，为黑恶势力的形成提供了思想基础。

三　打击黑社会性质组织的策略及建议

严厉打击黑社会性质组织犯罪已成为当前打击各类犯罪的重中之重，是改善和保障民生、顺应人民群众新的要求和新的期盼、切实维护全省治安大局的稳定和巩固执政党的地位、保障全省"四化两型"建设顺利进行的客观需要。

1. 各级党委、政府要为打黑除恶斗争提供强有力的支持和保障

打黑除恶工作之所以复杂艰巨、阻力大、困难多，案件本身是一个方面，来自黑恶势力编织的关系网及其保护伞的干扰、阻挠是另一方面。在打黑除恶的总体格局中，打黑专业队是主力军，但无法包打天下。彻底摧毁黑恶势力及其关系网、保护伞，摧毁其经济基础，需要纪检、监察、检察、工商、税务等部门的积极参与和配合，需要党委、政府的坚强领导和支持。

2. 各级政法部门要高度重视，严格落实办案责任制

各地政法机关的主要领导要把打击黑社会性质组织这项工作提上重要的议事日程。首先领导头脑必须清醒，态度必须坚决，认识必须明确，措施必须有力、果断，只要领导重视了，再猖獗的黑社会性质组织也可以一举摧毁。其次要落实好办案责任制，一旦发现有涉黑性质组织犯罪，领导要亲自挂帅、一抓到底。特别是要加大警力和物质的投入，提供足够的警力和物质。同时，政法各有关部门和单位要协同作战，密切配合，坚决杜绝和克服部门本位主义和地方保护主义，对打击黑社会性质组织犯罪不能心慈手软，要给予坚决、毁灭性的打击，决不能让它们滋生蔓延，坐大成势。

3. 要始终坚持"露头就打"的指导思想

对于涉黑犯罪，必须始终保持严打高压态势，打早打小，不使黑恶势力形成气候。要随时关注本地黑恶势力的发展变化趋势，认真研究其活动的规律特点。要针对涉黑犯罪突出的实际，组织开展集中打击，坚持"宜早不宜迟，宜攻不宜守"的方针，一旦发现有黑社会性质组织，就要早动手、抓住不放、主动进攻、尽早部署，将其尽快消灭在萌芽状态，除恶务尽，不留后患。否则，社会治安就无法好转，人民群众就不得安宁。

4. 要注重采取扫黑与反腐相结合的治本措施

一些涉黑组织之所以能够坐大，之所以能够长期横行乡里，残害百姓，固然与畸形的道德观念、扭曲的趋利思想和基层政权弱化有关，但更重要的是有腐败分子充当其"保护伞"。问题是，打黑除恶难就难在黑恶势力与腐败分子狼狈为奸，腐败分子为黑恶势力"保驾护航"，黑恶势力为腐败提供"动力源泉"。尤其是少数黑恶分子不但没有被打击，而且还骗取了人大代表、政协委员、基层干部身份，给打黑除恶增加了新的难度和更大压力。但要彻底清除黑恶势力，就必须敢于先将执法利剑直刺"保护伞"，否则就会治标而不治本，黑恶势力势必会死灰复燃。因此，我们必须坚持扫黑与治腐相结合，坚持一边"打黑"，一边"除伞"，做到边查边打。这样做，既能为打黑扫除障碍，也能进一步纯洁干部队伍。

5. 要着力提高侦办大要涉黑案件的水平

扫黑的成效，最终体现在大要案件的侦办上。但涉黑案件不同于一般性的刑事案件，更讲究策略和斗争水平。一是要增强经营意识。从湖南省侦办的一些黑社会性质组织案来看，专案侦控工作基本上要用半年以上的时间，从刚开始得到线索，就在高度保密的情况下，先把其组织结构、组织关系和主要违法犯罪事实全面摸清，再选择时机全面抓捕。实践证明，办得成功的案件都要有一个十分艰苦的经营过程，办得不成功的案件往往一上来就抓人。二是要准确把握破案时机。何时破案，何时动手抓人，是一门很深的学问。既不能提前，因为容易惊动一些重要的犯罪嫌疑人，造成案件后期难以开展抓捕；又不能过于滞后，造成对黑恶势力的放纵。破案时机的准确把握基本上应满足两个条件：组织结构和关系已经查清楚；对首要分子、重要骨干，我们掌握了打击、处理的依据。三是要全面搜集、固定证据。必须准确把握刑法规定的四个方面的特征，有确凿、充分的证据证明其符合立法解释规定的四个特征。四是要严格依法办案。既要重实体法，又要重程序法，不能授人以柄，坚决杜绝刑讯逼供。五是要积极应对律师介入。律师介入诉讼是保护被告人合法权利的重要举措，但要防止个别律师在侦查阶段通风报信，或拉拢腐蚀政法干部。同时，还要注意，有的律师可能在法庭上哗众取宠，攻击党的政策、党委政府和政法机关，甚至在网络上发表不负责任的言论，应当积极有效地予以应对。

6. 要尽快建立一整套行之有效的打黑工作机制

一是要建立打黑除恶领导负责制。坚决贯彻落实《打黑除恶工作责任制规定》，应明确党委、政府主要领导是当地打黑除恶第一责任人，公安机关"一把手"是侦办涉黑案件第一责任人。如果出现应当发现没有发现、应当打掉没有打掉的情况，应当追究相关领导的责任。二是要建立黑社会性质组织案件跨级侦办制度。对县市区的涉黑涉恶案件，由市级公安机关为主侦办。对全省范围内、各市州范围内影响大的涉黑案件，由省厅直接组织实施打击工作。三是要建立各部门、各警种协调配合的工作制度。公检法纪各部门、各级公安机关、公安内部各警种，要把打黑工作视为各部门、各警种的共同职责，通过联席会议、提前介入等举措，加快打黑工作的一体化进程。公安机关与纪委、检察、法院等部门的衔接互动，公安机关与检察、法院对黑社会性质组织在法律认识的统一，公安机关与基层政权组织、工商、税务、金融等相关部门的联络协调以及组织力量、专业力量等，都需要有具体的措施支持和机制保障。四是要建立涉黑情报信息搜集研判制度。要定期从一些涉黑涉恶的高危人群中、从一些高危行业以及与黑恶犯罪密切的案件和事件中摸排黑恶犯罪线索，研判涉黑涉恶犯罪的情报，及时予以打击。

湖南省涉毒问题研究

湖南省公安厅禁毒总队

20 世纪 70 年代末以来，全国与湖南毒品问题死灰复燃，逐步发展蔓延，给社会稳定、经济发展和人民群众安居乐业带来严重危害。按照国家禁毒委的统一部署，在省委、省政府的坚强领导下，湖南各级禁毒部门因情施策，深入组织开展禁毒人民战争，在一定程度上遏制了毒品问题的发展蔓延。但是，受国际毒潮泛滥等因素影响，全省毒品问题仍呈复杂发展的态势，禁毒工作面临的形势依然十分严峻，禁毒斗争任重道远。

一 当前全省毒情形势

1. 毒品来源渠道增多

湖南紧靠两广、云、贵、川等全国毒品重灾区，位于"金三角"毒品转运港澳的通道上，靠近云贵大宗毒品转运地，出入境方便，紧邻广东，小宗毒品尤其是零包贩毒突出。以往湖南省的毒品主要来源于广东、云南两省，毒品多从湖南省正南和西南方向进入。从 2010 年破获的案件情况来看，由于国内毒品形势的发展变化，省内不少毒贩开车或乘车直接去四川、重庆、湖北等地购买毒品，北面毒品开始入省。毒品过境亦在增加，2009～2010 年，本省高速公路交警在京珠高速公路上查获广东至湖北、河南的合成毒品案件 5 起，缴获冰毒、K 粉、麻古等毒品三十余公斤。目前，除广东、云南、贵州、广西等地外，湖北、上海、江西、东北、新疆等地的毒品开始流入湖南。并从公路、铁路、空路、邮路、水路等全线渗入，特别是武广高铁的开通，使全国两个毒品集散地广州、武汉对湖南形成南北夹击的局面。湖南省已由过去单一的毒品过境与消费并存的省，发展成为种、制、贩、吸多种毒品违法犯罪交织，毒品消费和过境不断扩大的省。

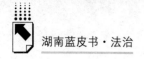

2. 省内毒品犯罪活动增加

犯罪手段日趋隐蔽,在藏毒手法上,除传统的人体藏毒、少批量多来回随身携带外,越来越多地采用邮包夹寄、大宗货物夹带、日用品夹藏等方式;贩运方式涉及民航、铁路、公路、邮路、货运等几乎所有可能的渠道。交易方式、联络方式多变,给公安机关侦查破案增加了难度。毒品犯罪与涉黑、涉恶、涉枪、洗钱犯罪问题相互交织,暴力特征突出,枪毒同流、武装护毒、暴力抗法等情况时有发生。特殊群体贩毒问题比较严重。目前全省查获、处理和掌握的涉嫌参与贩毒的特殊人员中,患严重疾病、传染病、艾滋病者和残疾人员占87.1%,他们多以贩毒供养治疗,贩毒活动在当地趋于公开、半公开化,甚至通过"坐地贩毒"形成了较大的零包贩毒销售网络,少数地区50%左右的"供货"市场被他们控制。由于法律政策瓶颈,难以羁押、打击他们,这已成为全省禁毒工作的一大顽疾。外流贩毒问题也较为突出。湖南外流贩毒人员数量仅次于四川、贵州,位居全国第三。

3. 毒品向农村蔓延扩散

近年来,农村人口大量外出涌向城市务工,这些人员难以受到禁毒预防教育,社会管理难以到位,抵御毒品能力差,成为涉毒的高危人群,毒品问题开始向农村扩散。一方面,农村吸毒人员增长较快。据初步统计,近几年来新增吸食传统毒品人员中,农民占60%以上。少数县市区甚至已近一半。另一方面,农民外出流动贩毒问题严重。近年来全国各地抓获的湘籍外流贩毒人员中绝大多数为农民。毒品犯罪分子也开始将农村作为制毒、毒品集散分销地,近年来摧毁的贩毒"土窝子"大多在农村。

4. 传统毒品消费市场仍然庞大

海洛因等吗啡类传统毒品成瘾容易、戒断极难、复吸率很高、社会危害极大。目前湖南省吸食传统毒品人员占到排查录入吸毒人员总数的81.9%。全省所有县市区均发现吸毒人员,吸食人群涉及所有阶层。有55.6%的戒毒出所人员在一个月内复吸。居高不下的吸毒人群形成庞大的消费市场,导致毒品违法犯罪活动仍然多发。

5. 合成毒品来势凶猛

省内合成毒品滥用群体发展迅猛,滥用人数、滥用种类、染毒群体呈几何级增长态势,大有取代传统毒品之势。公安机关办理吸食合成毒品案件,个案查获场所、人数屡破纪录。2010年,郴州市一次性查获2家娱乐场所,其中40多个包厢涉毒，涉嫌吸食人员 530 余人。吸食地点开始从娱乐场所向宾馆、旅店、出租屋转移，查获难度更大。因滥用合成毒品造成恶劣影响的事件不断发生。制毒原料容易获得、加工工艺水平低、人们对其危害的认识不足，造成合成毒品有泛滥成灾之势，吸食人数可能会在今后一定时期内出现井喷。

二　涉毒问题的主要危害

1. 吞噬社会财富，危及国家经济安全

吸毒人员直接消耗社会财富，全省按 10 万名现有吸食海洛因人员计算，日人均吸毒需 100 元左右毒资，全省全年即耗资近 40 亿元。每年政府还要投入大量的人力、物力、财力用于禁毒工作，2010 年全省各级财政的禁毒经费预算不低于 9000 万元。

2. 诱发多种犯罪，危及社会稳定

吸毒人员易因毒品造成人格扭曲、道德沦丧。据统计，城区街头"两抢一盗"案件近 60% 为吸毒人员所为。特别是近几年吸食合成毒品成瘾人员大幅度增长，此类人群常在吸毒后作案，对他人实施暴力行为，对人民群众的生命财产安全构成极大威胁。

3. 危害国民素质，破坏生产力

全省艾滋病病毒感染者中有 34.1% 的人是由静脉注射毒品而感染艾滋病的。吸毒成瘾者身体受到严重损伤，劳动力丧失，一般只能承担正常人工作量的 30%～40%，对国家而言是巨大的损失。

4. 扭曲人格，践踏人性

研究表明，大多数吸毒者不负责任、撒谎、欺骗，对人淡漠，甚至冷酷无情，在毒瘾发作时，为了得到毒品甚至会灭绝人性，给和谐社会的构建带来了严重威胁。

5. 摧毁人性，损害家庭幸福

"一人吸毒，全家遭殃"，这早已被许多受毒品残害的家庭所证实。

6. 毒害社会风气，影响社会道德建设

吸毒者这一特殊群体的道德观和价值观容易颠倒，大多具有反社会的特点，社会道德观念因此遭到了严重的破坏。

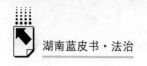

三　涉毒问题缘何屡禁不止

1. 涉毒问题与社会风气、道德风尚具有密切关系

随着市场经济的发展，人民群众的物质生活水平有了大幅度的提高，但由于没有树立正确的价值观，一些人意志薄弱、精神空虚、意志颓废、贪图享受，在个人愿望得不到满足时，容易走上极端，毒品违法犯罪就是其中的一种。另外，国外不良文化的侵袭，拜金主义、享乐主义、追求刺激等多元价值观念也是引发涉毒问题的一个内在原因。一些研究成果表明：父母早期离异、父母身心障碍和家庭温暖的缺失，与青少年吸毒有着密切关系；不良社会文化和负面风俗习惯以及不良传统等也对涉毒问题的扩大和加深有很大的影响。

2. 涉毒问题与经济环境具有密切关系

随着商品经济的发展，人们对经济利益的渴望日趋强烈，这刺激了经济的发展，但市场监管机制不健全，加之不良价值观念的影响，使一部分人见利忘义，为了追求物质利益而不择手段，走上犯罪道路。

3. 涉毒问题与社会管理具有密切关系

目前，我国正处于社会转型、经济转轨的关键时期，所有制结构、利益结构、消费结构正在发生深刻变化，社会管理缺位的地方较多，给涉毒问题的滋生蔓延留下了空间。有些基层单位和政府基层组织以及具有社会管理职能的社会团体忽视了对社会的管理，忽视了对人的思想观念的引导，使得社会控制机制弱化。由于就业问题日渐突出，一些劳动力长期不能就业，对自己的前途失去了信心后，也极易走上涉毒违法犯罪的道路。

4. 涉毒问题与法制建设具有密切关系

与经济的持续快速发展、人民群众思想观念的快速转变相比，国家禁毒法制建设相对滞后；涉毒人员缺乏法律意识，将涉毒行为作为维持生计的手段，眼里"徒见金，不见法"；社会管理规章制度不健全，缺少有效的管理监督机制，舆论监督作用没有充分发挥；等等，这些都是毒品问题日趋严重的原因。

5. 涉毒问题与禁毒工作机制建设滞后有一定关系

在组织领导方面，部分存在党政领导"上热下冷"的局面，少数成员单位履行禁毒职责敷衍应付。在宣传教育方面，特色宣传不够。在禁吸戒毒方面，社区戒毒和社区康复模式比较单一。在打击方面，侦查手段、情报工作的发展还跟不上毒品犯罪形势的变化，治理特殊人群贩毒问题缺乏有效措施。在禁毒管理方面，娱乐场所涉毒法律责任认定难度大。在禁毒机构和队伍建设方面，禁毒基层工作较为薄弱，乡镇、街道禁毒机构有待健全，禁毒专业队伍力量不足、不精，协调指导禁毒工作水平和禁毒执法能力不高。在禁毒保障方面，投入不足、保障水平较低、科技水平不高等，都制约了禁毒工作的深入开展。

四 解决涉毒问题的途径

实践证明，禁毒工作必须走社会化之路，实现全社会参与，发动各方力量，运用法律、行政、经济、文化等多种手段综合治理，才能推动禁毒工作不断取得新发展、新突破和新成效。

1. 切实加强对禁毒工作的组织领导

一是加强党委、政府决策部署。要依法把禁毒工作纳入国民经济社会发展的总体规划，进行统一规划、统一部署。各级党委、政府主要负责人要切实承担起禁毒工作第一责任人的责任，对本地区禁毒工作负总责，把抓好禁毒工作作为自己的任期目标，亲自过问禁毒工作，定期听取情况汇报，深入一线检查指导。二是加强禁毒委组织协调。完善禁毒委和各指导小组联席会议、沟通联络、通报、述职讲评等制度，推进省市县三级禁毒委成员单位履行禁毒工作职责常态化。各级禁毒委成员单位要依法制定本部门履行禁毒职责的具体实施方案和意见，坚决完成各自的任务和目标。三是严格禁毒工作问责考核。制定重点通报、重点督办及重点整治单位挂牌、摘牌和检查验收办法。完善禁毒考评办法，科学量化考评内容。客观运用综合治理考评成果，加大排名、通报、奖惩力度，层层建立和严格落实禁毒工作责任追究常态化机制。四是广泛动员基层单位、社会各界参与禁毒斗争。制定、完善引导社会力量参与禁毒工作的政策和机制，将禁毒工作责任落实到每一基层职能部门、每一单位、每一社区、每一村组、每一家庭。广泛组织开展多种形式的群众性禁毒活动，支持建立禁毒民间组织，发展壮大禁毒志愿者队伍，有序引导各类社会群团组织积极参与禁毒工作。建立禁毒工作社会化激励机制，完善举报奖励制度和举报者保护制度。通过不断规范和引导，逐步形成全民关心禁毒、支持禁毒、参与禁毒的浓厚氛围。

2. 推进全民禁毒宣传教育常态化

一是构建全民禁毒宣传体系。加强全社会禁毒宣传教育，提高全民禁毒意识。重点推进中小学生毒品知识教育，广泛开展"中小学生毒品预防教育示范学校"、"社区青少年远离毒品"等活动，在小学五年级至高中二年级普遍开设毒品预防教育课程。要有针对性地加强对流动人口、失业人员、失学青少年、娱乐场所从业人员等吸毒高危人群的法制教育和禁毒宣传教育，提高其抵御毒品的能力。二是要创新禁毒宣传形式。要坚持集中宣传教育与经常性宣传教育相结合，禁毒主题现场教育与普法宣传、科普宣传、公民道德教育、预防艾滋病教育相结合，广泛开展内容丰富多彩、形式灵活多样、群众喜闻乐见的经常性禁毒宣传活动，组织禁毒宣传小分队，推动禁毒预防宣传教育进社区、进农村、进学校、进单位、进家庭。三是要拓宽禁毒宣传阵地和渠道。要在学校、单位、公共场所、娱乐场所、人口集中的地方以及毒品问题严重的区域兴建一批固定性禁毒教育基地和展览馆、园地、宣传栏，使禁毒宣传教育深入社会的每一个角落。新闻媒体要多报道禁毒工作，制作禁毒题材的专栏、专版和公益广告，多出版发表一些禁毒题材的文学作品和儿童卡通片。四是要丰富禁毒宣传教育内容。要坚持正面引导和反面教育相结合，用毒品危害的典型事例教育群众，用禁毒斗争的巨大成效鼓舞群众，用健康文明的人生理念引导群众，用法律的手段来规范群众，用科学有效的方法组织群众，切实提高群众的禁毒意识，激发群众参与禁毒的热情。

3. 建立完善全方位的禁毒执法体系

一是健全禁毒情报协作交流机制。要不断拓宽情报来源渠道，延伸情报信息的深度，强化情报信息的收集、分析和研判工作，以获取深层次、内幕性、高质量的情报信息。要针对毒品犯罪跨区域性和流动性强的特点，进一步建立和完善情报交流机制，加强和改进地区间、部门间、警种间的情报交流和办案协作，整合各级各部门情报资源，建立毒情形势研判预警机制。二是健全多警种参与禁毒执法协作机制。刑侦、网技、监管、治安、出入境、消防、交警、基层派出所等警种要结合各自职能，参与缉毒破案工作，形成打击毒品犯罪合力。边防部门要切实担负起口岸和通道的毒品查缉任务，有效堵住毒品内流通道。铁路、交通、海关、民航、航运等专业公安机关加强车站、机场、码头等重点场所、区域的缉查工作，千方百计地切断贩运毒品的"水陆空"渠道。森林公安机关要重点打好禁种铲毒仗，截断毒品源头。三是健全多部门禁毒执法协作机制。公安、检察、法院等执法部门要完善联席会议制度，加强对毒品犯罪问题的研究，用足用好现有法律武器，不断提高执法水平和办案质量。公安、文化、工商行政管理等部门要开展联合整治行动，依法打击寄生在歌舞娱乐场所内的吸贩毒分子，惩处组织、容留、参与吸贩毒活动的不法经营业主；公安、商务、海关、工商行政管理、食品药品监督管理、卫生行政等部门，推行易制毒化学品立案、销案和违法、违规企业的"黑名单"制度，对涉及易制毒化学品案件进行立案调查，严厉打击走私贩卖易制毒化学品犯罪活动。四是强化禁毒重点整治工作。要全力开展缉毒破案、网上缉毒追逃和悬赏通缉重大毒贩、反涉毒洗钱犯罪、打击跨区域外流贩毒、打击娱乐场所吸贩毒品违法犯罪活动、治理涉毒群体涉毒、禁种、铲毒等专项行动，全面摧毁毒品供应销售渠道和网络，减少省内毒品来源和流通。要继续实行分级分类挂牌整治，促使毒品问题严重地区彻底改变面貌。

4. 健全社会化禁吸戒毒体制

一是提高吸毒人员发现、管理能力。各级综治、基层组织、用工单位、公安机关要进一步明确吸毒人员摸排责任制，通过加强对常住人员、外来人员、厂地工地人员的管理，全面摸排吸毒人员。要借助信息化手段，建立吸毒人员排查机制和分类管控机制，提高吸毒人员发现登记能力。二是扩充、整合强制隔离戒毒资源，提高收戒能力。整合公安、司法强制隔离戒毒资源，改扩建强制隔离戒毒所。实现规范化管理、人性化管理，提高强制戒毒资源利用率。有效衔接自愿戒毒与强制隔离戒毒工作，既发挥自愿戒毒机构的医疗技术优势，又发挥强制戒毒机构的强制管教和心理行为干预的作用，实现两者间优势互补，提高戒毒工作整体水平。三是大力推行社区戒毒和社区康复工作。推广耒阳社区戒毒和社区康复的做法，制定支持性、保障性、服务性政策，推动社区戒毒和社区康复工作在基层真正得到落实。各县市区要明确乡镇街道主体责任，落实人员、经费，规范工作流程，指导社区和村全面落实社区戒毒和社区康复人员的各项管理措施，提高管控实效。四是试办戒毒康复模式。加快长沙、衡阳戒毒康复场所基础设施建设步伐，配套附属设施建设，引进生产设施建设项目，为安置戒毒"学员"就业创造条件。借鉴云南、海南等地经验，试办集戒毒、教育、康复劳动、就业、生活于一体的戒毒康复机构。五是发展医疗戒毒工作。要充分挖掘医疗戒毒资源的潜力，规范医疗戒毒和社区药物维持治疗门诊管理，发挥医疗机构在禁吸戒毒方面的专业优势和特长，提升戒毒效果。要加强戒毒科研工作，研究出有效可靠的戒毒技术。

5. 大力加强禁毒防控体系建设

一是加强对易涉毒场所的防控。要加强对公共娱乐场所等易涉毒场所的管理监督，定期组织培训学习，建立业主责任制，落实禁毒管理措施，对可能隐蔽吸毒和贩毒的场所和设备坚决拆除。要加大日常巡查和暗访力度，实地收集线索和资料，对影响恶劣和群众反映强烈的娱乐场所涉毒发现一个处罚一个，使毒品"消费市场"不断萎缩。二是加强阵地禁毒防控。把物流市场、通信市场、机动车交易市场、机动车修理业、废旧物品收购业、旅馆业、洗浴业、金银首饰加工业等纳入禁毒侦查阵地控制范围，坚持特殊阵地、重点阵地、一般阵地"三级管理"原则，建立以禁毒部门为主体，社区、派出所、其他各警种相互配合的禁毒实战型阵地控制网络，实现"管理规范、控制到位、发现及时、打击有力"。三是加强涉毒物品防控。健全公安、安监、卫生、药监、商务、经信、工商、海关等多部门管理易制毒化学品和麻醉药品、精神药品机制，充分运用信息网络手段，强化管理服务功能，推行"三品"许可证办理网上受理、网上审批和网上监管制度，规范"三品"经营管理，严防其流入非法渠道。四是严格控制毒品流通。在出入省的主要公路道口设立毒品检查站，全面启动铁路、民航、海关、邮政、海事、物流等毒品查缉工作，提高查缉工作科技含量，充分利用现有科技手段和查缉设备，全面加强毒品查缉工作。五是积极开展社区防控。充分发挥各级组织尤其是基层派出所和街办、居（村）委会的作用，建立禁毒防控工作机制。利用社会矛盾排查、发现、调处机制，依靠基层、发动群众、健全台帐、落实管控，加强对外流贩毒嫌疑人员、涉毒特殊群体对象等重点涉毒人员的管理。对戒毒出所人员建立谈话、尿检制度，落实社区康复措施，帮助解决实际困难。对外出务工人员进行返乡（城）登记，了解、掌握有关情况，注意发现毒情。

6. 加快推进禁毒法制化、规范化、信息化和保障机制建设

一是加快推进法制化、规范化建设。加快《湖南省实施中华人民共和国禁毒法实施办法》的立法进程，从法律政策层面及时解决禁毒工作社会化建设中

遇到的实际问题。修改、完善禁毒各项业务规范，完善禁毒刑事执法、行政执法规范。二是加强禁毒信息化建设。依托大情报系统，逐步建立吸毒人员积分管理、自动预警，制贩毒自动预警，重点人员跟踪布控、公开查缉以及禁毒信息研判等平台，全面提升禁毒工作信息化水平。三是加强禁毒队伍建设。健全禁毒机构，充实禁毒力量，大力加强专业队伍的业务建设和基层民警的专业知识培训，提高其业务技能和执法水平。其他职能部门也要充实必要的人员，以满足禁毒工作的需要。四是加强保障。各级政府要依法将禁毒工作所需经费列入本级财政预算，并随着地方经济的发展和财力水平的提高，不断加大禁毒投入。加快毒品检查站、毒品检验鉴定中心、禁毒教育基地、戒毒康复场所等基础设施建设步伐，完善禁毒工作条件。配置科技含量较高的用于毒品案件侦查、公开查缉等工作的查缉、侦查、毒检和交通、通信、防护等设备。广泛募集社会资金，发展禁毒公益事业。

B.35

法治湖南的基石：
依法执政及其实施路径

蒋建湘*

建设法治湖南，实际上是在贯彻国家提出的"依法治国，建设社会主义法治国家"方略的大背景下，结合湖南经济社会发展的实际提出来的发展策略。依法治国，必然要求依法治省，即建设法治湖南。在2010年8月17日的省委经济工作会议上，省委书记周强同志明确阐述了法治湖南的基本内涵及其意义。他说：要坚持以依法执政为核心、依法行政和公正司法为重点，推进法治湖南建设，不断提高全省经济、政治、文化和社会生活各个领域的法治化水平，为加快经济发展方式转变、推进"两型社会"建设提供法治保障。周强书记的讲话明确了法治湖南的三个向度，那就是依法执政、依法行政和司法公正。其中，依法执政是核心，强调党在从革命党向执政党转变之后的执政方式问题；依法行政和司法公正是重点，前者旨在强调如何落实依法治国方略，建设法治湖南；后者旨在强调司法机关如何维护社会正义，建设和谐湖南。可见，依法执政是法治湖南的根本，是这一发展策略的基石。如何理解依法执政在法治湖南建设中的重要意义？其具体实施路径又是怎样的？要回答这些问题，需要从提出依法执政的时代背景及对它的正确理解、依法执政的基本要求和具体实施方式等几个角度加以阐释。

一 依法执政的时代背景及对它的正确理解

1. 由革命党向执政党的转型是依法执政的时代背景

2004年，党的十六届四中全会作出了《中共中央关于加强党的执政能力建

---

* 蒋建湘，中南大学法学院院长。

设的决定》，明确提出"依法执政是新的历史条件下党执政的一个基本方式。"显然，提高党的执政能力和水平已经成为"世情、国情、党情"的迫切要求，而依法执政的提出则从根本上要求党从单纯依靠政策向综合运用法律调控和政策引导转变，执政方式从人治向法治转变。这种转变直接源自中国共产党由革命党向执政党的转型。严格说来，从 1949 年新中国成立时起，共产党已实现了"地位转变"，即由一个革命党转变为执政党。1954 年，周恩来在七届四中全会的发言中就指出："我们的党是胜利的党、执政的党。"1956 年，邓小平在八大关于修改党章的报告中更加明确地指出："中国共产党已经是执政的党，已经在全部国家工作中居于领导地位。"但遗憾的是，我党却未以此为契机实现"角色转变"，从而形成了"革命（党）角色"与"执政（党）地位"的历史错位和矛盾冲突。其后发生的一系列"左"的错误都根源于其革命党思想的过度延伸和畸形扩展，而这都是与执政党的角色、应有的理念背道而驰的。

与革命党相比，执政党所代表的基础发生了重大变化。作为执政党，必须想方设法整合各方面的力量来推进国家的发展。所以，自党的十一届三中全会以来，在深刻总结历史经验教训的基础上，我党彻底摒弃了无产阶级专政下继续革命的理论，在党政目标上我党提出把党建设成为有战斗力的马克思主义政党。从此，我党逐步摆脱了斗争的思维方式和行为方式，愈发具有执政党自觉执政的意识。自党的十三届四中全会以来，我党逐步加深了对执政规律和执政党建设规律的认识，把执政能力的建设和先进性建设作为贯穿执政党建设的主线。2008 年 9 月 1 日，习近平同志在《改革开放 30 年党的建设回顾与思考》一文中第一次正式提出："我们党自 1949 年在全国范围执政以来特别是 1978 年实行改革开放以来，已经从一个领导人民为夺取全国政权而奋斗的党，转变为一个领导人民掌握全国政权并长期执政的党。"2008 年 9 月 19 号，胡锦涛总书记在中央党校召开的全党深入学习贯彻科学发展观动员大会上代表党中央正式提出了"民主执政、科学执政、依法执政"的思想。

综上所述，从革命党到执政党的转变，主要不在于"地位的转变"（因为这种转变实际上早已实现了），而在于思想观念、政治意识和理论的转变以及体制、机制和制度的转变——从革命（党）体制和角色到执政（党）体制和角色的转变。

2. 正确理解依法执政

有人认为，提"依法执政"会导致削弱甚至取消党的领导地位。这一观点的错误之处在于，没有正确认识和处理国家机关依法行使职权与坚持党的领导二者之间的关系。一是不能将各级国家权力机关依法行使职权同党的领导对立起来看待。在依法执政的情况下，各级人民代表大会及其常务委员会依法履行国家权力机关的职能，依照法定程序制定法律，选举国家各职能机关的领导人，并对他们进行监督。不能将这种履行法定权力的行为同党的领导对立起来看待。各级党委应当支持各级人大及其常委会依法履行职能，而不是干预或代替它们履行职能。各级人大及其常委会依照宪法和法律行使职权，这本身就体现了党的领导，因为宪法和法律是党的主张和人民意志相统一的体现。二是不能将各级行政机关依法行使职权同党的领导对立起来看待。在依法执政的情况下，各级政府机关依法行使行政权力，直接向同级人大及其常委会负责并接受其监督。不能将这种宪法规定的权力构架下的依法行政行为同党的领导对立起来看待。各级党委应当支持各级人民政府的依法行政行为，而不是直接干预或代替它们履行职能。执掌各级政府领导权的都是各级党委推荐当选的党的干部，他们领导政府的行政行为本身就是党的领导的具体体现。各级人民政府依照宪法行使权力和通过贯彻执行法律实现对社会的管理，这更进一步体现了党的领导。三是不能将各级司法机关依法行使职权同党的领导对立起来看待。根据我国宪法和相关的法律规定，人民法院依法独立行使审判权，人民检察院依法独立行使检察权。人民法院、人民检察院依照宪法授权的范围行使权力，在审判和检察工作中只服从法律，这就体现着中国共产党通过法律对司法工作的领导。四是不能将各级党委在依法执政中支持各方独立负责地开展工作视为放弃领导。根据十六大和十六届四中全会的精神，在依法执政的情况下，党委要支持各方独立负责地开展工作，不能将这种支持理解为对各种组织放任不管。实际上，十六大和十六届四中全会都要求，在依法执政的情况下，各级党委要在同级政府中继续发挥领导核心作用，集中精力抓好大事，总揽全局、协调各方，在支持各方独立负责地开展工作的同时，保证各方步调一致地实现党的执政意图和主张。这是在依法执政的条件下对各级党委赋予了更大的责任，提出了更高的要求。党要根据总揽全局、协调各方的原则，依法加强对国家政权组织的领导，充分发挥国家政权机关中党组织的领导作用，强化在国家机关中工作的党员的执政党意识，保证党在国家政权中的领导核心地位。

二　依法执政的基本要求

1. 牢固树立法制观念，党员干部要带头遵守宪法和法律，维护宪法和法律的权威和尊严

正因为宪法和法律是党领导人民制定的，遵守宪法和法律与坚持党的领导、服从人民的利益是完全一致的。我国宪法明确规定："一切国家机关和武装力量、各政党和各社会团体、各企业事业组织，都必须遵守宪法和法律。""任何组织或者个人都不得有超越宪法和法律的特权。"这些要求充分表明，任何削弱宪法和法律权威、损害宪法和法律尊严的行为都是不被容许的。

2. 督促、支持和保证国家机关依法行使职权，在法治轨道上推动各项工作的开展，保障公民和法人的合法权益

党的依法执政能力，不仅表现在党自身遵守宪法和法律上，而且还表现在党所领导的国家机关的工作能力上。党坚持依法执政，就是要将国家权力机关、行政机关、审判机关、检察机关的各项工作都纳入法治轨道，提高依法办事能力，在法治轨道上推动各项工作的开展。要全面贯彻有法可依、有法必依、执法必严、违法必究的法治工作方针，行政管理机关要严格依法履行管理职责，行政执法机关要严格依法查处违法违规行为，司法机关要严格依法裁判，监督机关要严格依法监督。

3. 加强和改进党对政法工作的领导，支持审判机关和检察机关依法独立公正地行使审判权和检察权，提高司法队伍素质，加强对司法活动的监督

一是加强和改进党对政法工作的领导，理顺党的领导与司法机关的关系，支持和保证司法机关依法独立行使审判权，维护司法权威；二是推进司法体制改革，用改革的办法来解决司法领域中存在的突出问题，为在全社会实现公平和正义提供法制保障；三是加强司法队伍建设，加强对司法活动的监督和保障，保证司法机关公正司法和严格执法。

4. 坚持党对立法工作的领导

党依法对立法工作的领导表现为：党集中民智，确定路线方针政策，提出立法建议，通过国家立法机关的法定程序，制定出国家法律。同时，要达到这一目标还要求做到立法民主、科学、公开、公正。就法治湖南的实践来看，湖南省先后制定了《湖南省行政程序规定》、《湖南省规范行政裁量权办法》、《湖南省政府服务规定》等一批有重大影响的地方法规规章，有力推动了政府依法行政、按程序行政，促进了政府转变职能和行政效能的提高，更好地维护了公民、法人的合法权益。而且，从宏观上来看，湖南依法行政已形成严密的立法逻辑链条：《湖南省政府服务规定》是规定行政机关应当做什么，即行政机关有什么职权；《湖南省行政程序规定》、《湖南省规范行政裁量权办法》是规范行政机关怎么做，即按程序行使职权。

三　法治湖南建设中依法执政的实施路径

依法执政是建设法治湖南的核心内容，它要求积极探索、完善坚持党的领导、人民当家作主和依法治国有机统一的运行机制和有效实现形式，提高全省各级党委依法执政能力和水平，以领导立法、带头守法、保证执法为基本途径，不断推进湖南经济、政治、文化、社会生活的法治化，以法治的理念、体制和程序保证省委重大战略部署的贯彻实施。其具体实施路径包括以下几个方面。

1. 党的意志法律化

党的意志法律化，本质上是指在党的领导下，由国家机关通过法定程序，将党的意志以国家法律的形式表现出来，使之成为国家意志，并以法的形式在全社会推行实施。党的意志法律化，必须通过法定程序来完成。全面推进依法执政、构建法治湖南，最关键的就是要完善省委领导地方立法工作制度。省委领导地方立法，本质上是省委集中民智，制定反映人民意志和利益要求的路线、方针、政策，提出立法建议，通过立法机关的法定程序，制定出符合全省人民意志的地方立法，从制度上、法律上保证省委重大部署的贯彻实施。为此，省委领导地方立法要遵循"省委提议、调查研究、纳入规划、起草初稿、征求意见、专家论证、审议通过、执法评估、修改立法"等九大程序，做到民主立法、科学立法。其中，尤其要重视以下问题：一是省委掌握提议地方立法的主动权。省委结合全省发展的实际，提出立法建议并经过法定程序制定地方立法。省委领导地方立法，关键是要把握好地方立法的基本目标和重点领域。地方立法的基本目标是紧紧围绕实现科学发展，以人为本，促进湖南经济发展方式转变，大力推进湖南"两型社会"建设，全面开创湖南科学发展、富民强省新局面；地方立法的重点领域是民生立法，为此，要加快保障人权和改善民生、提供公共服务、发展社会事业、加强资源节约和环境保护、维护社会公平正义等方面的地方立法，让发展成果惠及全省人民，不断提高人民的生活质量。二是增强地方立法的专业性和科学性。建议成立以高校和科研机构的法律专家和技术专家为主体的湖南省地方立法研究中心，作为省委领导地方立法的咨询机构。在起草和修改立法草稿的过程中，邀请专家开展论证或起草专家建议稿，从立法技术和专业技术等方面展开论证，不断提升地方立法的水平和技术。建立立法效益评估机制。地方立法一直存在质量不高的问题，为此，我们要慎立法、立好法。慎立法是指地方立法应基于经济、社会发展的需要而制定；立好法是指制定出来的地方立法要具有可操作性，实现立法和执法成本最小化、社会效益最大化。要做到慎立法、立好法，最重要的就是建立立法效益评估机制，要开展立法调查研究，摸清湖南省情，要从立法成本、执法成本、社会成本及立法效益等方面对地方立法进行评估，对地方立法项目进行必要性、可行性论证，提高立法的科学性。

2. 党的政策合法化

党的政策和法律之间存在一定的差异，两者在不同层面上发挥着社会调控的作用。当前，一些地方党委对政策和法律的关系的认识存在许多偏差，出现"黑头（法律）不如红头（文件）、红头不如口头"的情况，将政策凌驾于法律之上，将地方党委领导人的意志凌驾于党的政策之上。要正确处理好党的政策与法律的关系，践行依法执政，就要做到保证党的政策合法化。一是各级党委要对政策进行合法性审查，党的政策必须符合现行法律精神和法律规定。为此，要从源头上实施控制，党委对即将出台的政策首先要进行合法性审查，即所谓"红头文件"先过法律关。省级以下党委最好成立由法律专家组成的专门机构，使"红头文件"能够经常进行"法律体检"。在政策出台前，政策制定部门需听取各方意见，特别是法制部门的意见。二是党的政策制定应当符合规范程序。对党的政策进行合法性审查，不仅要求党的政策内容不违法，而且要求党的政策制定符合规范程序。为此，党的政策的制定，应当具备较强的法治和民主色彩，要坚持民主集中制原则，发扬党内民主，在充分调研的基础上广泛征求党内同志的意见。党的重大决策，应当经过省委全会或省党代表大会决定，避免"开大会决定小事、开小会决定大事"的情况发生。

3. 党的监督异体化

长期以来，我们较多的强调和执行的主要是党内自我监督。这种同体自我监督机制，虽然对党内的缺点错误和腐败现象有一定的制约作用，但在实践中也显现出一些不足之处，存在"上级监督太远、同级监督太软、下级监督太难、法纪监督太晚"的怪现象。为此，应进一步完善党的异体监督制度，建立党内异体监督和党外异体监督相配套的监督体系，强化监督的制衡力。一是进一步完善党委巡视组制度，强化党内异体监督。坚持巡视工作不固定原则，即监督人员、监督任务、监督时间、监督对象不固定，必要时实行跨省交叉巡视原则，以增大腐败分子的预防成本，降低腐败分子的应对能力。坚持民意原则。巡视工作应有针对性，应把民意调查作为巡视内容的导向指标。聘请有关专家参加巡视工作，提高巡视工作水平，保证巡视报告质量。二是进一步完善党外异体监督。要推行党务公开，便于人民群众监督。人民作为国家权力的所有者，有权对执政党的运作过程及结果进行监督。要完善党外监督的法律保障机制，逐步使群众监督、舆论监督、群团组织监督、权力机关监督、人民政协及各民主党派和无党派民主人士的监督等各种形式的党外异体监督制度化、规范化。

4. 党的领导干部知识结构合理化

推进依法执政的重要前提是培养党的领导干部具备正确的法律意识和法治观念。只有具备较强法律意识和法治观念的领导干部在处理各种事情时，才会善于依法决策、依法行政、维护司法公正，增强党和政府的公信力和执行力，最终实现依法执政。为此，2010年11月8日国务院发布的《关于加强法治政府建设的意见》明确强调，要重视提拔起用依法行政意识强、善于用法律手段解决问题、推动发展的优秀干部。

建设法治湖南，离不开一批具有较强法律意识和法治观念并能将之转化为执政意识的领导干部的亲力推动。而培养党员领导干部的法律意识和法治观念，仅靠普法运动是无法达成的，它要求领导干部应接受专业的法律思维训练、浓厚的法律文化熏陶并具备系统的法律专业知识。媒体公开的资料显示，目前全省各市州现任党政负责人中，没有一位同志的第一学历是法学本科；各市州现任党委常委会组成人员中，第一学历为法学本科或者系统接受过法学教育的同志约占5%。可见，湖南各市州党委领导班子专业知识结构总体上有待优化。为此，建议省委选派更多的党内优秀法律人才到市州领导岗位，让他们成为依法执政的具体实践者和推动者。通过他们的积极推动和引导，在党内形成依法执政、依法办事的良好氛围，进而推动法治湖南的建设。

非标准劳动关系稳定性实证分析

——基于长株潭三地的调查

马跃如　欧阳靖怡　陈名波*

引　言

在我国市场经济深入发展的背景下，劳动关系也呈现多元化的发展趋势，多种灵活就业方式应运而生。非标准劳动关系的迅速发展，极大地缓解了社会就业压力，同时也有利于市场经济的发展。新的劳动合同法将劳务派遣与非全日制用工纳入调整范围，然而仍有大量的非典型劳动关系游走在劳动法调整的范围之外，因此，如何在多元化的劳动关系下维护非标准劳动关系的稳定性，提高员工满意度，成为了一个关系到市场经济和谐发展的重要问题。所以，本文基于长株潭的调查数据，对新法环境下非标准劳动关系的稳定性进行实证研究。

一　非标准劳动关系稳定状况

对非标准劳动关系稳定性的评价是一个综合评价的过程，评价的指标选择是关键点，要科学地对非标准劳动关系的稳定性进行评价，就必须有一套符合非标准劳动关系稳定性的评价指标体系。类似于标准劳动关系，影响非标准劳动关系稳定性的因素主要包括员工自身、企业和社会三方面。员工自身主要包括性别、年龄、文化程度及价值观等因素，本文主要从企业的角度，研究如何提高非标准劳动关系的稳定性，从而有利于企业的长期稳定发展，同时真正实现人力成本的有效降低。对非标准劳动关系稳定性的描述分析主要从劳动合同

---

* 马跃如、欧阳靖怡、陈名波，中南大学法学院。

的管理、工作时间和休息时间、员工待遇、工作环境、争议处理、发展空间等维度展开。

1. 劳动合同的管理

从调查结果来看，目前非标准劳动关系的劳动合同签订率较低，仅58.6%的劳动者确定自己已签订劳动合同（见图1）。同时，劳动合同的订立也不够规范，包含合同期限、工作内容、劳动条件、报酬、社会保险等事项的劳动合同，仅占58.9%（见图2）。劳动合同法规定："建立劳动关系，应当订立书面劳动合同。已建立劳动关系，未同时订立书面劳动合同的，应当自用工之日起一个月内订立书面劳动合同。用人单位与劳动者在用工前订立劳动合同的，劳动关系自用工之日起建立。"劳动合同作为资方和劳方之间确立劳动关系的法律契约依据，在非标准劳动关系中并未得到很好的落实。

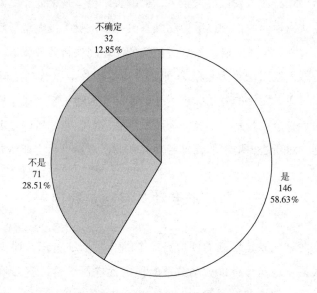

图1　非标准劳动关系劳动者签订劳动合同情况

据调查，在非标准劳动关系中，用人单位在合同的履行中能够较好地履行其约定的义务，并较少出现违反合同条款的现象。这一方面能提升灵活就业的吸引力，另一方面，也能很好地保持非标准劳动关系的稳定性。

此外，根据调查，在非标准劳动关系中，仍然存在单位不依法履行劳动合同中约定的义务、违反合同条款的现象。这违背了劳动法及劳动合同法等

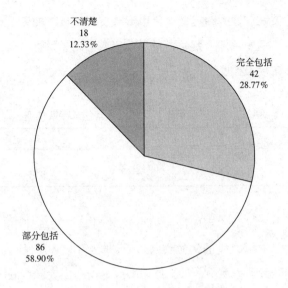

图2 签订的劳动合同的完整程度

有关规定。

2. 工作时间和休息时间

从表1可以看到,在非标准劳动关系下,超过六成的劳动者希望实行8小时工作制。劳动法第三十六条规定,国家实行劳动者每日工作时间不超过8小时,平均每周工作时间不超过44小时的工作制度。8小时工作制,体现了对劳动者休息权的保护,促使劳动者能够更好地投入到工作中去。

表1 非标准劳动关系下希望每周工作时间

		次数	占比(%)
有效工作时间	不高于40个小时	156	62.7
	40~50小时	82	32.9
	50~60小时	2	0.8
	其他	9	3.6
	合　计	249	100

3. 员工待遇

调查表明,超过半数的非标准劳动关系劳动者认为与同行业标准劳动关系劳动者相比,单位提供给自己的工资偏低(见表2)。工资是指用人单位依据国家

305

有关规定和劳动关系双方的约定，以货币形式支付给员工的劳动报酬。是劳动者满足其物质需求的重要条件。劳动者对工资待遇不满意，将给劳动关系的稳定带来极大的隐患，在很大程度上影响劳动关系的和谐。

表2　与同行业相比，单位提供给您的薪酬待遇

	偏高	偏低	大致相当	不确定	合计
人数	10	138	62	39	249
占比（％）	4.0	55.4	24.9	15.7	100

在本次调查中，对于"现阶段希望解决的问题"的统计中，非标准劳动关系的受调查劳动者中65.1%的认为收入太低，8.4%的认为保险机制不健全。由此可见，在非标准劳动关系中，员工待遇的改善迫在眉睫。按制度规定，我国城镇企业基本养老保险覆盖率为77%、失业保险覆盖率为78%，提供社会保险的比例为55%。据调查，非标准劳动关系的社会保障覆盖率与这个标准还有一定的距离。而关于"是否享有最低工资保障"，调查发现，仅51.4%的非标准劳动关系劳动者享有最低工资保障（见表3）。我国《劳动法》第五章明确规定，国家实行最低工资保障制度，用人单位支付给劳动者的工资不得低于当地最低工资标准。调查发现，18.9%的非标准劳动关系劳动者不享有最低工资保障，这显然是不符合法律的有关规定的。以上调查说明，有关规定在部分非标准劳动关系中没有落到实处。最低工资保障制度的实施，对促进劳动力市场的发育，促进工资管理和工资支付的法制化，加强对企业工资收入的宏观调控，制止部分企业过分压低职工工资，保护劳动者合法权益，发挥了积极作用。

表3　是否享有最低工资保障

		是否享有最低工资保障		合计
		是	不是	不确定
非标准劳动关系	人数	128	47	74
	占比（％）	51.4	18.9	29.7

4. 工作环境

工作环境主要是从工作场所是否卫生、工作环境是否安全以及办公条件优越

与否、办公资源是否丰富等角度去考量的。调查显示，非标准劳动关系中，企业所提供的环境和工作条件较好。仅有5.2%的劳动者认为不好。这表明用人单位所提供的工作环境和工作条件，并没有因为劳动关系的性质差异而有太大差别（见表4）。

表4　单位提供的工作环境和工作条件

			单位提供的工作环境和工作条件				合计
			很好	好	一般	不好	
劳动关系	非标准劳动关系	人数	62	93	81	13	249
		占比（%）	24.9	37.3	32.5	5.2	100
	标准劳动关系	人数	64	28	16	0	108
		占比（%）	59.3	25.9	14.8	0	100
两类劳动关系总计		人数	126	121	97	13	357
		占比（%）	35.3	33.9	27.2	3.6	100

5. 争议处理

争议的处理主要涉及内部沟通渠道、工会的设立及作用。根据表5可知，近77%的劳动者认为要设立工会。工会是劳动者利益维护组织，是解决用人单位与雇员争议的良好媒介。新《工会法》明确规定，工会负有组织和教育职工依法行使民主权利，发挥主人翁作用，维护全国人民总体利益，维护职工合法权益，发动和组织职工完成生产任务和工作任务，组织职工参加企业事业的民主管理和民主监督，提高职工思想政治素质和文化技术素质等职责。工会是职工自愿结合的工人阶级的群众组织。调查中发现，劳动者有较强的组建工会组织的意愿，但由于缺少组织者和工会运作经验，因而不知从何入手。

表5　非标准劳动关系下劳动者是否要成立工会

被调查劳动者态度	人数	占比（%）
是	192	77.1
否	18	7.2
无所谓	39	15.7
合计	249	100.0

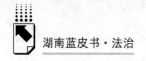

6. 发展空间

发展空间主要涉及员工的培训、晋升以及职业生涯设计。通过访谈和调查发现，在非标准劳动关系中，员工所得到的培训较之标准劳动关系，具有以岗前培训为主的特点。培训是一种有组织的知识传递、技能传递、标准传递、信息传递、信念传递、管理训诫行为。对员工进行相关培训有利于劳动者快速适应工作岗位，从而提高企业生产力。

7. 劳动关系稳定性

调查发现（见表6），劳动者认为劳动关系整体上还算稳定。选择很稳定、比较稳定分别为21.3%、63.5%，两者之和为84.8%，这基本表明劳动者认为劳动关系总体上是稳定的。但与标准劳动关系相比，这个比例是较低的。

表6　劳动关系的稳定性

单位：%

		工作状况			合计
		很稳定	比较稳定	很不稳定	
劳动关系	非标准劳动关系	21.3	63.5	15.3	100
	标准劳动关系	30.6	67.6	1.9	100
两类劳动关系总计		24.1	64.7	11.2	100

二　影响非标准劳动关系稳定性的主要因素

运用 SPSS 进行相关分析表明（见表7），其中争议处理对非标准劳动关系稳定性的统计显著性（sig 值）大于0.05，表示其不相关。劳动合同的管理、工作时间和休息时间、员工待遇、工作环境、发展空间与非标准劳动关系稳定性显著相关。劳动合同的管理、工作时间和休息时间、员工待遇、工作环境、发展空间与职工对非标准劳动关系稳定性评价的 sig 值分别为0.000、0.001、0.027、0.000、0.000，体现出显著性相关；相关系数依次为0.360、0.179、-0.117、0.383、0.381。

表7　劳动关系稳定程度相关性

	劳动关系稳定程度	
	相关性	相关系数
劳动合同的管理	0.000	0.360
工作时间和休息时间	0.001	0.179
员工待遇	0.027	−0.117
工作环境	0.000	0.383
发展空间	0.000	0.381

1. 劳动合同的管理情况是影响非标准劳动关系稳定性的基本因素

根据劳动和保障部于2003年制定并实施的《关于非全日制用工若干问题的意见》：凡从事非全日制工作的劳动者，可以与一个或一个以上用人单位建立劳动关系，订立劳动合同并办理录用备案手续。《劳动合同法》颁布后，对劳动合同的管理进行了严格的规定。虽然，在非标准劳动关系中雇员的人身从属性降低，但是严格的劳动合同管理，能够极大地提高劳动者工作积极性，加强其对工作的责任感，有助于保质保量地完成工作。如果劳动合同管理不恰当，企业将缺乏凝聚力，员工认为自己没有与用人单位签订劳动合同，随时可能被解雇，没有多少员工会想到要在企业好好干，把自己的聪明才智都献给企业，员工随时都想着离职跳槽，这将加剧就业的不稳定性并引起劳动纠纷。

2. 工作时间和休息时间的长短是影响非标准劳动关系稳定性的关键因素

根据《关于非全日制用工若干问题的意见》："非全日制用工是指以小时计酬、劳动者在同一用人单位平均每日工作时间不超过5小时、累计每周工作时间不超过30小时的用工形式。"虽然非标准劳动关系具有劳动时间弹性化的特点，但工作时间的长短仍然是影响其稳定性的重要原因。员工需要通过休息来保证具有更强更旺盛的创造力，更好地完成工作任务。工作时间过长会使劳动者将非标准劳动关系作为一个中转站，减少灵活用工形式的吸引力。

3. 员工待遇的好坏是影响非标准劳动关系稳定性的主要因素

一般而言，市场经济条件下，利润最大化是企业的追求，收入最大化是劳动者的追求。企业作为营利主体，追求最大的经济利益是企业永远的目标。但在一定的时期内，企业创造的可分配收入总额是既定的，这势必出现劳资双方利益分配上的矛盾，劳资双方的利益如何分配成为劳资关系矛盾的焦点。要提高员工的满意度和稳定性，必须在保护员工的利益的同时，维护企业的正常运转，实现双方利益的平衡，达到双赢。在非标准劳动关系中，社会保障制度的欠缺、不完善的问题，在非典型劳动关系的劳动者身上表现更为突出。同时，劳动者通常对企业的人身依附性较弱，员工收入水平的高低必然与其对企业劳动关系的稳定性呈正向关系。工资过低且停滞不前，必然影响企业用工安全。当劳动者的工资低于劳动力价值，当工资无法维持和过去相当的生活水平时，他们不得不寻找新的工作机会，这将造成企业劳动力有效供给的不足、优秀员工纷纷"跳槽"。一些想继续用低工资招聘廉价劳动力的微型和中小企业普遍面临招工难的处境。可见，不提高现有的劳动报酬难以形成和谐稳定的劳动关系。

4. 工作环境的好坏是影响非标准劳动关系稳定性的重要因素

非标准劳动关系对那些具有专业知识和高技能的人力资本者来说可能是个人择业权利的扩张，是提高生活质量的有效途径；而对那些文化和技能较低、就业条件不利的灵活就业者来说则大多是迫于就业形势严峻和就业能力不足所做的无奈的选择。受工作搜寻成本和低文化素质的限制，后者难以找到稳定的技能性的岗位，为了生存、赚钱、养家，不得不选择非标准用工方式。他们一般对劳动标准的要求低，大部分人不得不接受较恶劣的劳动和安全卫生条件。这对于企业构建稳定的劳动关系极为不利，他们一旦有了更好的选择，便极有可能离开之前的工作单位以谋求更好的发展，这使得劳动契约处于不稳定状态，劳动关系呈现短期化特征。良好的工作环境显然能够增加吸引力，减少不必要的纠纷。

5. 发展空间的大小是影响非标准劳动关系稳定性的激励因素

虽然非标准劳动关系具有劳动期限短期化、人身从属性低的特点，但是劳动岗位培训、晋升是非常必要的。虽然雇主选择灵活用工方式，意在减少自己的用工成本和管理成本，但是良好的岗前培训、技能指导及有效的激励措施，可以极大地提高劳动者的工作积极性和创造性。在中国，对于广大的中低层群体来说，选择灵活就业是多种制约下的无奈选择，这说明非标准劳动关系缺乏吸引力。为了提高非标准劳动关系的稳定性，创造更加和谐的用工环境，必须为劳动者提供乐观而广阔的职业发展空间。

三 结论及建议

根据以上非标准劳动关系劳动者对劳动关系稳定性的评价，可以看出目前我国非标准劳动关系整体上是稳定的。劳动关系的特征突出表现为：劳动合同签订率较低，订立不够规范；工作时间较长；工资待遇较低；工作环境及工作条件较好，员工对此比较满意；超过半数员工认为设立工会是十分重要的。劳动合同的管理、工作时间和休息时间、员工待遇、工作环境、发展空间与非标准劳动关系稳定性显著相关。劳动合同的管理情况是影响非标准劳动关系稳定性的基本因素；工作时间和休息时间的长短是影响非标准劳动关系稳定性的关键因素；员工待遇的好坏是影响非标准劳动关系稳定性的主要因素；工作环境的好坏是影响非标准劳动关系稳定性的重要因素；发展空间的大小是影响非标准劳动关系稳定性的激励因素。构筑和谐稳定的非标准劳动关系，需要劳动者、企业、政府和民间组织的共同努力。

参考文献

［1］梁伟军、陈贵华：《私营企业和谐劳动关系理论分析与实证研究——基于武汉市的调查》，《经济问题探索》2009 年第 5 期。

［2］舒建玲、余丞薇：《灵活就业和谐劳动关系的构建障碍及对策——基于低人力资本灵活就业者的分析》，《经济问题》2008 年第 6 期。

［3］董保华：《论非标准劳动关系》，《学术研究》2008 年第 7 期。

［4］《关于进一步做好下岗失业人员再就业工作的通知》，2002 年 9 月。

［5］张兰霞、吴小康、陈涛、蒲永清：《基于 SEM 的我国劳动关系层面企业社会责任评价》，《东北大学学报》2010 年第 3 期。

B.37
湖南法学教育的现状与对策*

蒋新苗**

一　湖南法学教育的发展历程

我国的法学教育有着悠久的历史传统，早在西周时期，就出现了对基层官吏进行法律教育的现象。到春秋末期，在百家争鸣中占据重要地位的法家的代表人物邓析在开私家教育先河时也是以传授法律知识为主。而大力推行以法治国、厉行法治的秦王朝，将法学教育提升到相当高的地位，不仅在废官学、禁私学和建立学堂教育的过程中倡导"以法为教，以吏为师"，而且在政府内设"律博士"一职，专门执掌法学研究和法律教育工作。自秦朝起，亦官亦教的"律博士"之职世代相传。据史载，北齐有律博士4人，隋朝有律博士8人。到唐朝，我国法学教育获得了进一步发展，律学成为国子监中的六学之一，设律博士1人，助教1人，招收律学生。唐宋时期还在科举中设"明法科"。王安石变法时期，宋神宗又设新明法科，考试合格者即由吏部任官。[1] 不过，在清朝以前，我国尚无专门的法学教育机构和健全的法学教育制度。严格意义上看，我国专门的法学教育机构和教育制度最早出现于清朝末年，"作为把旧人过渡到法政新人的一座桥梁，法政学堂承担了新旧法制转型时期的过渡任务"。[2] 实际上，早在19世纪60

---

* 本文着重从国民教育角度探讨湖南高等学校法学（法律专业）教育的有关问题，暂不涉及成人高考、高等自学考试中的法律专业的教学问题。此外，党校系列、军事院校中大量招收的法律专业学生的教育问题也不在本文研究范围内。此外，湖南省的法学硕士学位授予权是1993年获得的，湖南师范大学、湘潭大学和湖南财经学院（后合并入湖南大学）属于湖南省首批开展研究生教育的单位，并均拥有法律专业硕士学位授予权，加上中南大学急起直追，湖南现有法学硕士学位点23个和法律专业学位授予权点3个。因时间和文章篇幅所限，在此也不涉及湖南省的法学研究生教育问题，另文专题探讨。

** 蒋新苗，湖南师大法学院。

[1] 曾宪义、张文显：《中国法学专业教育改革与发展战略研究》，高等教育出版社，2002，第1页。

[2] 王健著《中国近代的法律教育》，中国政法大学出版社，2001，第363页。

年代洋务派倡导学习西方的科学技术时就开办了专门学堂，但这时的新式教育一直局限于语言、军事和技术的范围内，而没有朝法学教育方面拓展。即使有人推行法科教育，受"中体西用"思想的影响，法律教育也一直没能突破"交涉公法"的范围，仍长期处于萌芽状态。直到甲午战争后，方知教育的改革仍有未尽之处，不得不在创办新式教育的方向上继续努力。与此同时，举国上下的变法呼声日渐高涨，改革封建教育制度和法律制度的要求已经成为一个不容回避的话题。由此，在晚清最后的十多年里，废科举、兴学堂和立宪修律相交错，中国近代较完整意义上的法律教育开始出现。其主要的表现就是一系列近代大学法科的相继创办。早在 1892 年，时任天津海关道的洋务派官僚盛宣怀，就按照直隶总督李鸿章的意思，与美国传教士丁家立（Charles Daniel Tenney，1857～1930 年）共同筹议开办大学事宜，并且内定丁家立负责校务。1895 年盛宜怀本着"自强之道，以作育人才为本；求才之道，尤宜以设立学堂为先"的思想，呈请北洋大臣王文韶转奏设立天津中西学堂（又称"北洋西学堂"），学堂由伍廷芳为头等学堂总办，蔡绍基为二等学堂总办，聘丁家立为学堂总教习。经清政府准予立案后，学堂于 1895 年 10 月 2 日举行开学典礼。这就是中国近代创办的第一所大学——北洋大学。可以说，北洋大学的法律科是中国近代第一个法学教育机构。① 随后，盛宜怀又在上海设南洋公学。而湖南也不甘落后，1897 年秋，湖南的一批具有维新思想的省署官员与诸绅共同在长沙创办湖南时务学堂，这是湖南最早的一所新式学堂。熊希龄为学堂总理，梁启超受聘任中文总教习，韩文举、叶觉迈、欧矩甲三位为分教习，均为康有为的学生。湖南学者唐才常和谭嗣同亦襄助授课。湖南时务学堂 1897～1898 年间先后招收三班学生，与外课生合计，学堂师生约 200 人，聚居讲学，意气风发。② 湖南时务学堂是变法维新运动在湖南蓬勃发展的产物，其兴办的时间非常短暂。至戊戌政变后解散，开办不足一年。但它在培养维新变法人才、传播政治思想、开创办学堂之风等方面对当时和以后都有很大的推动作用。学堂解散之后，部分学生转赴日本继续求学，其中就有蔡锷和范源濂。③

---

① 王健著《中国近代的法律教育》，中国政法大学出版社，2001，第 157～158 页。
② 唐才质：《湖南时务学堂略志》，载《文史资料》（湖南）第二辑。
③ 王健著《中国近代的法律教育》，中国政法大学出版社，2001，第 169～170 页。

清政府在 1904 年仿制日本法学教育模式首创直隶法政学堂，标志中国近代法学教育的兴起。随后"京师法政学堂"，"广东法政学堂"等 47 所法政学堂如雨后春笋般出现，占全国学堂总数的 37%，法政学堂招收的法科学生达到 12282 人，占全国学生总数的 52%。当时，湖南就开办有湖南法政速成学堂，虽然开办时间不详，但办学模式均依学部的规定，仿照直隶法政学堂和京师法政学堂的做法。湖南法政速成学堂设本科一年半毕业，特别科一年毕业。官绅并收，官额占四成，绅额占六成。按奏定大学堂章程法科大学科目及日本、直隶法政学堂章程办理，一切规则与仕学馆附设之法政速成科相类。① 辛亥革命以后，我国的法学教育又获得了进一步的发展。1911～1928 年的北洋政府时期，法政学校的数量不断增加。据 1920 年的统计资料，当时的法政学校已达 34 所，占全国学校总数的 62%。② 而 1928～1949 年间的南京国民政府也未忽视法学教育，在一些自觉的法学教育家的呼吁下，逐步精简法学教育机构，限制招生人数，使法学教育迈向正规化的道路，从培养目标到课程设置乃至学位授予等方面，均已规范化。南京国民政府将法学理论教育与法律职业培训结合起来，从而使我国法学教育步入相对合理的发展轨道。

统计资料表明，1948 年在全国 205 所高等专科以上的学校中，设政治法律系的共计 53 所。③ 1949 年新中国成立以后，中国共产党在从根本上废除南京国民政府的"六法全书"和一切反动法律、法令的同时，也对陈旧的法学教育体制进行了彻底的改革，全方位地构筑以马克思主义为指导的法学教育机制。而1952 年按照苏联模式在全国范围内进行院系调整后，全国的法学教育机构仅存七所。④ 在之后的反右派运动和十年"文化大革命"中，我国的法学教育遭受了严重挫伤。这种状况在党的十一届三中全会以后得到了扭转。20 世纪 80 年代中期，中央的一系列教育会议及国家领导人对法学教育的指示和关注，促进了高等

---

① 《学部官报》第 12～13 期。
② 在我国近代法学教育的发展史上，曾出现过法学教育大发展的经历。据记载，在清末民初，随着变法维新和废除科举的推动，法学教育从无到有，风靡一时。在 1912 年，法政专科学校一度达到 60 所，学生有 30803 之众；在 1916 年，则减少到 32 所，学生 8803 人。潮涨潮落，到 1926 年，法学院系的数量回落到 25 所。参见：《法学教育 30 年盘点：从废墟的歌声到温情的憧憬》，法制网，2008－9－5。
③ 《中国教育年鉴（1949～1981 年）》，中国大百科全书出版社，1984，第 839 页。
④ 杨振山：《中国法学教育沿革之研究》，载《政治论坛》2000 年第 4 期。

法学教育在 20 世纪 80 年代中后期的大发展。法学教育规模迅速扩大，教学点数量急剧增加，教育结构逐步得到调整，办学形式从单一向多样化发展。

1992 年党的十四大根据邓小平同志南方讲话精神提出建立和发展社会主义市场经济，同时对高等教育特别是法学教育提出了新的要求。在这一历史背景下，我国法学教育的大发展已经成为时代的要求。[1] 1993 年国家教委批准 64 所大学设立了法律院（系），到 1995 年则增加到 140 所大学。法学本专科招生达 11888 人，毕业生 11894 人，在校生达 40741 人，三项指标约占全国相应指标的 2% 左右。[2] 1997 年党的十五大提出并决定实行"依法治国，建设社会主义法治国家"的治国方略，社会主义法治建设和法学教育事业获得了蓬勃的发展。

截至 2008 年年底，经国家教育部批准注册的设有法学本科专业的高等院校已超过 630 所，在校法学本科学生人数高达 30 余万，[3] 法学专业教师将近 1.8 万人。在大力发展普通高等学校法学本科教育的同时，更高层次的研究生教育也获得了飞跃式的发展。从 1989 年开始，我国形成了一套既与国际惯例接轨又具有中国特色的硕士、博士学位制度。截至 2010 年 6 月，除中国社会科学院法学所这所兼具法学研究与教育功能的机构外，全国 50 余所高等院校具有法学硕士学位授予权，共有法学硕士学位点 300 余个，17 所高等院校具有法学博士学位授予权，共有法学博士学位点 40 余个。[4] 可见，经过改革开放 30 余年来的恢复重建与发展，我国法学教育无论是规模还是质量都较过去有了本质变化，已形成了以普通高等法学教育为主，成人教育、职业教育、自学考试与之相适应的多层次、多渠道、多形式的法学教育培训体系，为国家培养了大批的法律人才，取得了举世瞩目的成就。[5]

---

① 曾宪义、张文显：《中国法学专业教育改革与发展战略研究》，高等教育出版社，2002，第 3 页。

② 贺卫方：《中国法律教育之路》，中国政法大学出版社，1997，第 28 页。

③ 据《法制日报》报道，截至 2005 年年底，我国现有法学本科专业的高等院校已达 559 所（不包括独立学院），法学专业在校的本科生已经达到 20 多万人。教育部高等学校法学学科教学指导委员会主任张文显在 2009 年 5 月 29 日表示，改革开放以来，我国法学教育进入了一个快速发展期，到 2008 年年底，设立法学本科专业的高等院校已达 630 所，在校法学本科生超过 30 万人。参见新华网，2009 年 6 月 17 日。

④ 2003 年 7 月 28 日结束的国务院学位委员会第二十次会议，对第九批学位授权学科、专业审核并通过了增列的 6 个一级学科法学博士点、10 个二级学科博士学位点和 100 余个法学硕士学位点。

⑤ 郭成伟主编《法学教育的现状与未来》，中国法制出版社，2000，第 11 页。

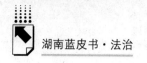

二 湖南法学教育的现状与问题

与全国法学教育发展的过程大体类似，湖南的法学教育也经历了 20 世纪初期的引进初创、遭受挫折、恢复重建和改革发展的坎坷历程。[①] 进入 21 世纪，湖南法学教育基本上形成了以湖南师大法学院、湘潭大学法学院、湖南大学法学院与中南大学法学院四足鼎立的局面，外加一部分后起的理工科院校及师范院校的法学院（系），2002 年已有 17 所高等院校开设了法学本科专业，在校法学本科学生 7822 人，输送法律专业本科毕业生 752 人；还有 16 所高等院校开设了法学专科专业，在校法学专科学生 7103 人，输送法律专科毕业生 1167 人。2002 年全省各高等院校在校法学本专科学生共 14925 人，2003 年为 16926 人，比上一年度增加 2001 人；截至 2009 年，全省各高等院校在校法学本专科学生共 16919 人，比 2003 年度少 7 人。

可以说，湖南的法学教育的发展速度之快和规模之大，在全国也是不多见的，令全国同行刮目相看。目前，省内几所实力雄厚的法学院正在铆足干劲向国内优秀法学院的行列靠拢，甚至努力进入世界一流大学法学院的行列。不过，湖南法学教育也是良莠不齐，少数学校把法学专业这一热门专业当做"摇钱树"，在不具备开设法学专业的办学条件下，仓促上马，影响了湖南法学教育的整体质量和外在形象。因为层次不同的院校，其师资队伍、教学条件、培养层次、培养模式等诸多方面差距很大，这给全省法学教育带来了诸多问题。

1. 教学硬件设施条件差

纵观整个湖南所有高校的法学院（系），尽管湖南大学、湖南师大、湘潭大学都建了新的法学教学楼，但是没有一所大学的法学楼可与北大、人大、清华等高校的法学楼相媲美。一些新兴的法学院（系）则更不用说了。另外，因法学是应用性和实践性极强的学科，需要丰富的图书资料，具备多媒体功能的模拟法庭、电脑室、司法技术实验室，而湖南一些新开设法律本科专业的学校，在短期内是难以配置到位的。

---

① 曾宪义、张文显：《中国法学专业教育教学改革与发展战略研究》，高等教育出版社，2002，第 45 页。

2. 师资力量不足、教材老化、财政投入少

首先，就师资队伍而言，北大、清华、人大、武大等著名院校的法学院的教师一般都具有法学博士学位，有的已实现教师全博士化。而湖南大部分高校的法学院（系）具有法学博士学位的不多，① 甚至连具有法学硕士学位的教师所占比例也不高，有的教师只有本科学历甚至是大专学历，而且非法律专业毕业的人员充当法学教师的比例相当大。这种状况严重影响和制约了湖南法学教育质量的提高。其次，教材老化是当前法学教育中的普遍问题。一些新办的法学院（系）基于评职称和其他方面的需要，往往不愿意采用比较新的、先进的教材，而以自编教材为主。有的尚在使用一些已过时且未根据新法进行修订的教材。长此以往，这无疑会影响教学质量的提高。最后，财力投入不够，严重制约法学教育水平的提升。湖南大部分高校的法学院（系）都面临投入不足的困境，教学科研经费相当紧张，缺少科研项目资金。没有项目和资金，一部分教师的兴趣从教学科研中外移，教学积极性不高，科研投入精力不够集中。一些教师甚至将重心转移到校外的兼职和社交活动中，这不利于教书育人。

3. 部分学校不顾市场规律和就业需求而盲目扩招

随着高校大扩招，法学专业成为最热门的专业之一。一方面，在社会主义法治建设的推动下，公民的法律意识日益加强，社会对法律人才的需求量比以前有所增加，因而法律专业的生源相当丰富；另一方面，许多高校也不愿错过这一大好时机，倾其全力招生，有的甚至不顾条件和规模而盲目扩招。如果不能招法学本科生，则大肆招收法学专科学生。一些学校、一些单位根本不具备办学条件也在大办法学教育，从而导致学生质量下降，文凭贬值；一些学校和单位不顾法学教育的发展规律，以致发展规模超过了实际需求，导致毕业生就业难的问题十分突出；另外一些学校办法学教育时存在严重的商业化倾向，损害了法学教育的声誉。近几年，湖南每年在校法学专业的专科学生高达近万人，大量专科毕业生的就业出路成了一些学校的大难题。

---

① 湖南省内现只有湖南师范大学法学院、湘潭大学法学院、湖南大学法学院、中南大学法学院的教师中具有法学博士学位的比例较高。湖南师范大学法学院的师资队伍具有相当规模，现有教职工百余人，法学教师 80 人，正副教授 65 人，其中拥有法学博士学位的教师 19 人，另有在读法学博士生 17 人。

4. 供求关系互动的非良性化制约了湖南教育的发展

当前，我国市场经济对法律知识的大量需求极大地刺激着社会对法律人才的需求，而法律人才的社会需求扩大又极大地促进了法学教育的发展。但是，在实践中，法学教育产品之间存在着严重的恶性竞争。由于法学教育行业缺乏严格的准入标准，各类法学教育机构的师资水平参差不齐，各种法学教育毕（结）业证书、学位证书颁发的标准也相差较大，从而导致了法学教育伪劣产品的泛滥，"以钱谋取学位、学历，以权谋取学位、学历"的现象时有发生。这不但降低和损害了法学教育的质量和声誉，还扰乱了法学教育的正常秩序。目前，由于湖南法学教育资源分散，导致出现采取非正当手段挖人才的现象，严重影响了湖南法学教育的良性发展。

三 湖南法学教育的路径选择

法学教育是一种专业性很强、层次较高的教育，既要考虑法律知识的通识教育，又要考虑法律职业共同体的培育。并不是任何人和任何单位都可以办法学教育的。湖南法学教育过热、失控的现象已是有目共睹。针对湖南法学教育中现存的问题，特提出如下几条建议。

1. 树立正确的法学教育理念，形成国际竞争力

未来湖南法学教育发展的理念为：以学生为主体，以教师为主导，以教学和科研为核心，以质量为生命，走出湖南，冲向世界。如果湖南法学教育只把眼光放在省内，甚至搞窝里斗，而不敢与国内著名大学的法学院竞争，则湖南法学教育永远只是在低层次上重复建设，难以有更进一步的突破和提高。

2. 严格执行教育部的法学教育质量评估制度，优化法学教育的办学主体

国家有关部门和湖南教育行政主管部门应当尽快采取措施，对湖南法学教育的发展规模进行宏观调控，严格执行教育部的法学教育质量评估制度，根据社会对法律人才的实际需要，对湖南现有法学教育的办学情况逐一进行审查和整顿，对法学教育的办学主体资格重新进行审查认定，立即取消那些根本不具备法学教育办学条件的学校和单位的办学资格，要求那些为了营利而不顾法学教育规律、盲目扩招的学校和单位限期整改。此外，教育主管部门应强化法学专业招生的计划性，尤其是原定计划的刚性原则，减少各高校转专业的随意性。总之，湖南法学教育过热现象应尽快降温，加大力度规范湖南法学教育，提升湖南法学教育的整体水平。

3. 加大财政投入力度，改善法学教学主体的教育环境

无论是政府还是各社会团体，甚至企业、公司，均应树立"百年树人"的理念，加大在法学教育方面的投入力度，以赞助、捐助等方式促进法学教育环境的改善，营造法学教育的良性运作机制。各学校在建设和发展法律专业时，切勿将法律专业与所谓的大法学专业混在一起，否则，就会剥夺法律专业的生存权，而不可能为其创造良好的发展空间。这已是一些高校血的教训。由于受专才培养目标和过于狭窄的专业教育理念的影响，大部分法学专业办学点目前大多照搬教育部的原规定，将法学本科人才的培养目标定位在"高级专门人才"上，而过分强调职业性并不符合法学本科教育改革的趋势。因此，应处理好素质教育与职业教育的关系，不可人为地将素质教育与法学教育对立起来，法学教育理所当然内涵素质教育，应将法学素质教育作为法学教育的一部分，而不是将二者切割成两张皮。只要所有的办学单位和教育行政主管部门都能树立法学素质教育理念，在完善传统教学方式的基础上，加大模拟法庭、模拟仲裁庭、法律诊所、思维能力训练与司法实践技术实验环节等硬件设施的建设，那么，湖南的法学教育一定会得以提升并能融入全国法学教育的大流。

4. 整合湖南法学教学资源，做大法学教育的蛋糕

名师出高徒，要培养高素质的法律专业学生，必须有高素质的法律专业师资队伍。在当前湖南法学教育大规模发展的过程中，最紧缺的就是法学师资。为了充分利用湖南的法学教育资源，一方面应允许优秀骨干教师跨校任课，另一方面，对于一些操作性很强的实践性课程，可以聘请法律实务部门的业务骨干担任兼职教师。总之，湖南法学教育要有新的突破，必须打破现有的运作模式，将分散的法学教育资源有机地整合起来，改变各自为政、无序竞争和重复建设的局面，湖南几家法学院各有特色，湖南师范大学以国际法学著称，而湘潭大学以诉讼法学见长，湖南大学和中南大学都在重点发展经济法学。一旦将它们整合为一体，其法学教育力量甚至在全国也具有相当的竞争力。

5. 充分挖掘湘籍法学家资源，扩大法学教育的外延

湖南人素以"刻苦好学，勤奋向上"的品格而闻名。"惟楚有才，于斯为盛"在法学界也得到了体现。国内外从事法学研究教育与法律实务工作的湖南籍名师大家较多，如周鲠生、杨度、陈瑾昆、戴修瓒等著名法学家，而如今活跃在法学领域的湖南籍著名人士则数不胜数。如何充分挖掘和利用这一巨大资源，是湖南法学界面临的重要课题。湖南法学教育的发展不仅要练内功，而且也决不可忽视湘籍法学家资源的支撑功能。在湖南师范大学、湘潭大学、湖南大学和中南大学等四所大学法学院的共同努力下，目前已召开了四届湘籍法学家联谊会，在挖掘湘籍法学家资源方面取得了显著成效，为湖南法学与法学教育的发展发挥了重要作用。

回顾湖南的法学教育发展历程，喜忧参半；展望湖南的法学教育发展前景，任重而道远。可以相信，在党的十七大精神的指引下，在湖南省委提出的"深入推进依法治省，积极打造法治湖南"的理念引导下，湖南的法学教育必将会取得辉煌的成果、取得卓越的成就。

缠诉的解读：模式、逻辑与策略

——以涉诉信访主体的博弈为视角

邓志伟　江　华*

在我国社会转型时期，各种新的社会矛盾错综复杂并不断涌现，涉诉信访数量一直在高位运行，学术界和实务部门对此高度关注，并发表了大量的论著。但在笔者的阅读范围内，目前还没有人运用博弈论对上访者与法院之间的博弈关系进行研究。本文就试图作这样的尝试，以当前涉诉信访中的缠诉问题为观察对象，从博弈论的视角对这种现象进行解读。

一　耐人寻味的现象：诉讼程序外的博弈

案例一①　某甲在校园里摔伤，A省B县法院判决学校赔偿2万元。其母不服，提起上诉。二审作出部分改判，将赔偿款增加了5000元。尽管一审、二审法院的判决并无不当，但原告执意要求20万元赔偿。因要求得不到满足，遂多次进京上访。后经上级党委协调，政府有关部门给予其10万元补偿。然而，甲母收款后继续进京上访，不达目的誓不罢休。

案例二　某乙于1988年被C省D县法院判刑12年，次年经再审改判无罪，乙共被羁押500余天。当年，乙提出赔偿申请，法院答复只能按《民法通则》的相关规定予以赔偿（不到5000元）。因应赔数额不多，乙放弃了赔偿要求。2005年，乙申请国家赔偿60万元，D县法院依法驳回其申请。其后，乙多次到各级党委、人大、政府有关部门上访，并多次向媒体和社会公众散发材料，痛陈

---

*　邓志伟、江华，湖南省高级人民法院。

①　本文所引用案例除注释说明的外，均为笔者调研时获取的真实案例，根据学术研究的惯例将真实地名、人名隐去。

其遭受不白之冤的"苦海深仇"。2008 年，由 D 县县委书记亲自主持召开协商会，乙最终获得了 6 万余元的补偿。

案例三 某丙于 20 年前从村民小组分得一块自留山。因其多年疏于管理，山上的林木被村民砍伐殆尽。20 年后，丙以 E 省 F 县政府不履行保护村民林地使用权法定职责为由，要求 F 县政府赔偿其经济损失 25 万元。F 县法院依法驳回其诉讼请求，二审也维持原判。丙不服，长期在上级党委、政府的大门口痛哭流涕，敲锣鸣冤，打出"还我公正"的横幅。此举引起了上级党政主要负责人的高度重视，将该案批转到 F 县处理。F 县县委、政府最终以补偿丙 2 万元了结该案。

从上述案例可以看出，上访者缠诉法院不是简单的权利与权力的对抗，而是融合了各种策略的复杂博弈。双方选择行动的时候会根据对手的可能行动方案而选择一个最优对策，[①] 上访者与法院之间的互动是一个不完全信息的动态博弈。在这个博弈过程中，上访者的偏好是通过改变或突破现有裁判以获取更多的收益；法院的偏好是维持生效裁判的既判力，维护司法权威。为了达到各自的目的，双方会采取各种策略进行博弈。而这种博弈往往会脱离正常的司法程序，上访者与法院之间运用程序之外的各种策略展开博弈成为常态。通常来说，上访者在社会中属于弱势群体，其拥有的个人财富、社会地位、关系资源都很有限，应该不具有与法院博弈的力量，博弈的结果似乎是注定的。但我们观察到，双方力量悬殊的博弈却可能产生耐人寻味的结果。那么，当事人程序外的行动逻辑是什么呢？或者说上访者是怎样取得成功的？下文的解读也许能解答上述疑惑。

二 弱者的"强势"抗争：当事人
程序外的行动逻辑解读

（一）当事人的行动模式

1. 诉诸上级党政领导

通常来说，中国普通民众的内心深处均有强烈的清官情结，当事人把申张权

---

① 〔美〕道格拉斯·G. 拜尔等：《法律的博弈分析》，严旭阳译，法律出版社，1999，前言。

利和实现正义的期盼都寄托在贤明的领导人身上。他们也许不大相信法律，却都相信清官。可以说，正是清官情结坚定了上访者的意志。对已经进入司法程序的案件，当事人希望通过向上级党政领导写信，到党委、政府门口打横幅、堵门、静坐、拦车等方式，引起上级领导的重视和关注，从而增加其获胜的筹码，改变裁判结果。当事人的逻辑很简单，他们知道在我国政治权力架构中，党委、政府的权力是很大的，权力的介入往往可能引起诉讼结果的改变。一项关于农民上访问题的社会学研究显示，农民对高层党委政府的信任度较高，但对基层党委政府的信任度偏低①（见表1）。实践中，找大领导才能解决问题的鲜活事例更进一步固化了当事人的心理和行为。因此，诉诸上级党政领导是当事人最经常采用的策略，通常也是最为有效的策略。

表1 农民对各级党委和政府的信任程度（括号内为个案数）*

单位：%

	中央国务院	省委省政府	市委市政府	县委县政府	乡党委乡政府
很低	0.6(5)	1.2(10)	3.3(27)	11.7(99)	26.5(229)
较低	1.1(10)	2.3(19)	7.2(60)	15.3(129)	15.8(136)
一般	6.8(60)	15.3(129)	23.5(195)	33.1(279)	28.6(247)
较高	21(185)	36.1(304)	35.5(295)	24.1(203)	16.7(144)
很高	70.5(620)	45.1(379)	30.5(253)	15.9(134)	12.4(107)
合计	100(880)	100(841)	100(830)	100(844)	100(863)

* 转引自胡荣《农民上访与政治信任的流失》，载《社会学研究》2007年第3期。

为什么上访者寻求上级党政领导关注的努力会成功呢？例如案例一中，经上级党委直接参加协调，在政府各部门的紧密配合下，当事人突破法院判决获得10万元补偿。地方党政领导之所以会法外解决此类问题，从显性层面上讲是怕影响党委、政府的形象和当地的社会稳定，从隐性层面上讲是怕影响自己个人的政绩和仕途。

2. 诉诸媒体和公众

当今是一个传媒非常活跃的时代，特别是在互联网高度发达的今天，公众舆论也已经可以越来越便捷地得到表达。上访者似乎也深谙"若没有公众舆论的

① 参见胡荣《农民上访与政治信任的流失》，载《社会学研究》2007年第3期。

支持，法律是丝毫没有力量的"① 原理，很多上访者都会将案件材料大量复印给各个媒体，或者直接找记者曝料，或者将材料上传到互联网，以期扩大社会影响，要挟法院满足其要求。有一些上访者故意在重大活动场合打横幅，穿写有"冤"字的衣服，敲锣打鼓，或者邀集多人堵门，其目的均在于通过社会舆论给法院、法官施加压力，以达到自己的目的。

3. 诉诸人大和人大代表

人大是国家权力机关，对法官有任免权，可以监督法院工作。自然，人大和人大代表就成为一些上访者争取的对象。有一些上访者会去找人大或者人大代表申冤，要求人大进行个案监督，请人大代表为老百姓说话。人大会将案件材料转到法院，进行督办。法院因此会启动程序对案件进行复查或再审。

4. 诉诸特定的行为方式

目前，上访活动的组织性和行为的对抗性增强，方式也各有不同，存在直接缠访主要领导、大闹国家机关、聚众围堵国家机关大门，以及以服毒、爆炸、跳楼等自杀手段相威胁等过激行为。在时机选择上，缠访者往往会利用重大节假日、"两会"召开或者其他重要社会活动举办期间进行上访。其目的均在于"把事情闹大"，认为法院怕"出丑"，自然会"服软"、息事宁人。

（二）当事人的行动逻辑解读

上访者之诉诸党政领导人、媒体和公众以及采取其他的行动策略，基于如下共同规律和一般逻辑。

1. 引入外部力量

上访人与法院直接对抗无异于以卵击石。作为参与博弈的一方，上访者为了扳平不平衡的局面，增加自身的筹码，必须积极主动地引入外部力量，寻求以立法权、行政权、监督权来制衡司法权。诉诸党政领导就是其典型手段。或许可以这样理解，当事人深谙在当今中国的权力谱系中，党政领导人的权力大，他们说的话"管用"。政法委、纪委、人大、政协、检察院等权力部门也

① 〔美〕菲利普斯：《法律名言》，http：//sl. iciba. com/viewthread - 70 - 350206 - 1. shtml，2010年9月3日访问。

是上访者力图借助和引入的外部力量，都是上访者在与法院的博弈中努力争取的力量。

2. 建立"弱关系"网络

美国社会学者格兰威特·马克认为，关系是人与人、组织与组织之间由于交流和接触而实际存在的一种纽带，可以分为"强关系"和"弱关系"。其中，"弱关系"是指在社会经济特征不同的个体之间发展起来的关系，传递的是异质性的信息，从而更能跨越社会界限去获得信息和其他资源。个体的"弱关系"网愈强，个体所能占有的"嵌入社会关系和社会结构中，可被行动者用于增加其目的性活动成功可能性的资源"也就愈多。[①] 上访者一般都属于社会的弱势群体，在权力、地位和社会声望等方面都处于劣势，几乎没有可资交换的资源，"弱关系"网络缺乏。正因为如此，为了扭转劣势，上访者必须主动建立与不同质群体之间的"弱关系"网络，包括聘请律师、诉诸媒体等。

3. 运用非正式手段

上访人要取得在与法院博弈中的占优地位，实现法外的利益，就不能"按常理出牌"。例如，一些上访者以服毒、爆炸、跳楼等自杀手段"以死相逼"，法院也只得违心屈从。因为如果真闹出了人命，即使法院判决没错，法院也将面临巨大的道德和政治责难。上访者长期进京上访也会给法院造成巨大压力，中央对上访处置的要求是硬性的，"事要解决，人要回去"。对进京上访信访案实行排名通报，会影响到地方官员前途。所以，一些地方会不惜一切代价，用支付金钱或者其他财物、盖房、安排工作等作为交换条件，实现"止诉息访"。有的地方甚至通过各种手段在信访记录和统计数据上弄虚作假。

4. 促进力量与规范的结合

力量包括党政领导的影响、媒体舆论的引导、公众的社会评价、律师的专业知识和社会关系等。规范不仅仅指成文的法律法规，还包括政策、常识、习俗、道德等。上访者要获取法外利益，就必须将外部力量与法律之外的规范结合起来，增强自己的实力，使自己的诉求通过法律外的规范来实现。其手段就是诉诸强势的话语如依法治国、和谐社会、司法公正等，通过展示自身的悲惨境遇，博取领导重视、媒体关注、舆论同情，从而促成事情的法外解决。

---

① Granovetter Mark, 1973, "The Strength of Weak Tie", American Journal of Sociology 78.

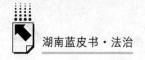

三 制胜的法宝：当事人成为赢家的原因解析

1. 机制的弊端为上访者留下了活动的空间和便利

在"稳定压倒一切"的口号下，有的地方通过领导包案处理信访大要案责任制、信访工作量化考评制度、信访工作领导责任追究制度等形式，采取按信访量多少给各地排名、要求进京接访、开信访移办单等强化考核力度的措施，最后导致个别地方以明显违反现行法律的规定为代价来满足非分要求，从而达到息访的效果。这也说明了为什么一部分基层对于涉诉信访问题的处理不得已采取强压、妥协、哄骗、盯梢跟踪、截访等法治以外甚至违法的方法。现实信访制度的功能能否发挥，在很大程度上取决于领导是否关注，现实信访制度诉诸的是领导个人的权威，而并非司法权威。这种模式无疑具有相当大的局限性。但上访者深信只有上访才能形成舆论压力，才能引起上级的重视。

2. 当事人不服裁判的几率较大影响法院依法裁判

从法院处理涉诉信访的实践看，多数上访者文化素质不高，法律意识比较薄弱，当事人普遍缺乏证据意识、诉讼风险意识，更缺乏对诉讼制度、诉讼程序的理解。据笔者对 H 省 Z 县法院 2007～2009 年 254 件涉诉信访案件的调查，农民上访者为 145 人，绝大多数人的受教育程度在小学以下。他们往往因为有事实但无证据而败诉之后才走上了信访之路。多数上访者缺乏诉讼风险意识和败诉的心理承受能力。在 254 宗涉诉上访案件中有 58 宗是因为执行不力，其中，无财产可供执行或被执行人下落不明又无财产可供执行的有 38 件（见表 2、表 3）。

表 2　H 省 Z 县法院 2007～2009 年上访者基本情况统计表

信访案件(件)	上访者（人）	职业						文化程度					
		农民	占比	下岗工人	占比	其他人员	占比	文盲	占比	小学	占比	初中	占比
254	285	145	51%	57	20%	83	29%	94	33%	157	55%	34	12%

表 3　H 省 Z 县法院 2007～2009 年当事人上访事由统计表

信访案件（件）	上访者（人）	上访事由					
		败诉(人)	占比(%)	执行(人)	占比(%)	其他(人)	占比(%)
254	285	199	70	57	20	29	10

然而，在强调裁判必须注重社会效果的现实压力下，过多的上诉和上访，使法院不得不顾及当事人的"说法"，作出一定程度的妥协。由此带来的后果是一些投机型的上访人，明知自己上访无理，但存有只要把事情闹大就会有利可图的错误思想，企图通过闹访来要挟法院满足其不合理、不切实际的要求。①

3. 权利非正常救济的"反射刺激"激发了民众的信访热情

在现实中，一方面确实有当事人在上级党委、人大的关注或直接处理下，迅速实现了自身权益，这足以鼓励认为自身权利受损害的当事人坚信上级领导是英明的，只要坚持不懈就一定会引起重视。另一方面，由于信访工作特殊的考评机制，相关方面出于息事宁人的想法，让一些上访人取得了通过正常法律程序无法得到的利益。"会哭的孩子有奶吃"，于是通过信访可以得到非正常利益的事例让其他类似当事者纷纷仿效，与降低涉诉信访的初衷相反，息访的"好效果"反而激发了当事人上访的积极性。

4. 法院难以成为纠纷的"终结者"

法院应该是纠纷的"终结者"，但由于现行信访制度采取的是"分级负责，归口办理"的原则，不管原裁判结果如何，只要是涉诉信访，经过有关部门几次批转后又会回到法院处理，导致当事人"信访不信法"。"当事人通过信访可以重新启动司法程序，甚至在种种司法外权力的重压下不得不作出与自己先前的判决不一致的判决。法院判决在纠纷解决机制中的最终性被打破"。② 因而当事人通过信访赢得博弈的机会大增。

四 强者的"柔性"应对：
法院博弈的策略分析

对弱者带来的外部压力，实践中法院并非一味地强势打压，而是采取"柔性"应对策略，以维护裁判的既判力。

1. 寻找有效的"公开文本"

"公开文本"指的是从属者与那些支配他们的人之间公开的互动，而"隐藏

---

① 佟季：《全国法院申诉信访案件情况分析》，载《人民司法》2008 年第 9 期。
② 周永坤：《信访潮与中国纠纷解决机制的路径选择》，载《暨南学报》2006 年第 1 期。

文本"指的是发生在后台的言说，它由后台的言说、姿态和实践所构成，确定、抵触或改变了"公开文本"所表现的内容。① 上级党政领导对上访案件作出的"请依法处理"、"请妥善解决"等并不明确表态的批示可以被理解为"公开文本"，但其背后的真意是要了结此事。对于党委领导批转过来的案件，法院会进行审查，对裁判不公的依法予以纠正，但对裁判正确的案件，法院会向党委汇报，形成与外部力量的互动，通过有效沟通，寻求党委的理解与支持，从而化解外来压力，维持依法作出的裁判；对于系依法裁判但因客观原因不能满足当事人要求的，会向党委作出解释；对于上访者通过人大予以个案监督的案件，法院会在审查之后，向人大汇报情况，说明判决理由，维护正确判决。这样既尊重了外部力量的权威，使其看到自己的影响力，也可以抵消外力的作用，化解无理缠诉。

2. 保持信息不对称

在博弈中，一方的策略是根据对方的行动提出的，要保证提出占优策略，必须了解对手的行动。法院先发制人，采取行动，并保持信息的不对称，无疑可以在博弈中取得优势。对于矛盾集中、社会影响大、一方当事人可能上访的案件，法院在办理过程中就会向党委（政法委）汇报，与政府协调。对一些敏感案件，法院会事先与党委、政府通气，通报情况，请求指示与配合。这样，在裁判下来后，当事人不服，寻求党委、政府干预的努力就不会奏效。因为党委、政府事先已经被法院争取过来。当然，这种做法与司法的独立性要求是相悖的，但在实践中很常见。

3. 制造"犯规"陷阱

对于依法裁判的案件，法院不会惧怕当事人缠诉。法院会先礼后兵，先做耐心细致的说服解释工作。如果当事人仍然不服，并采取过激行为闹访，就会成为博弈中的"犯规者"。此时，法院会通过向上级党委汇报、公开向媒体披露、公开听证等方式，充分揭示当事人缠诉的无理，从而促使上访者罢访息诉。

4. 技术性处理

法律是刚性的，对于依法裁判而上访者缠诉的案件，法院不会违法改判，满

① 王亚新等：《法律程序运作的实证分析》，法律出版社，2005，第544页。

足其不合法的要求，往往采取一些技术性的手段予以处理。常见的技术处理手段有：一是召开信访联席会议。通过召开法院与人大、政府、政法委等单位的联席会议，取得各单位的支持。如被执行人无履行能力案件，法院无法解决案外问题，只能将困难呈之于众，即将压力释放出来，由更多的主体参与分担，解决当事人的实际困难。二是帮助当事人获得民政救济。对生活极度困难的当事人，法院会主动与民政部门沟通，反映情况，请民政部门按政策解决其基本生计，如发放救济款物、办理低保、安排进养老院或孤儿院等。三是打"感情牌"。通过对当事人在感情上、生活上予以关心，耐心疏导，晓之以理，动之以情，争取获得当事人的理解。这些方式都是法律之外非常规的解决办法，目的均在于实现当事人罢访息诉。

总之，对待缠诉，法院的基本出发点是，解决问题，案结事了，但法院也有自己的原则——不能以牺牲法律为代价，这是法院必须坚守的底线。在我国转型时期的特殊背景下，法院的博弈意在通过前述"精巧"的"摆平"方法提升司法权威，增强法院通过法律与其他力量博弈的能力，逐步推动社会向法治化迈进。

五　没有终结的结局

在纠纷解决的实践中，社会关系网络内部各种力量之间展开的互动与博弈是各种社会关系的具体呈现，这种微观上的博弈和互动造就了作为弱者的上访人的行为方式和行动逻辑。同时，因为上访人与法院的博弈是通过微观层面的运作实现的，社会关系网络对纠纷解决机制的影响既是结构性的，同时也是情境化的。另一方面，在宏观上，制度的规范和理念为司法解决纠纷的能力划定了界限，同时也为当事人的行为划出了虽然模糊但大致可以确定的禁区。但在每一个具体的纠纷解决过程中，法院司法能力的强弱和上访人行动策略的选择都与具体的社会关系情况相关，在涉诉上访者与法院的博弈中，我们可以看到双方都是追求自身利益最大化的理性的利益主体，正是这样一种事实决定了在纠纷解决的实践中弱者与强者的关系及博弈结果与人们的一般认识之间存在不一致的地方。本文描述的个案并不能代表司法的全部，但我国现阶段司法的特性决定了双方的不完全动态博弈将持续进行。

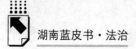

涉诉信访者的抗争并不因为弱者与强者之间的清晰界限而失去意义，博弈的过程将导致弱者和强者之间的力量对比发生变化，它既是纠纷解决的过程，也可能是新的缠诉开始。然而，这个过程有可能引起形成新的规范，并建构属于新秩序的动态平衡。在社会关系日趋复杂的网络中，法治化纠纷解决机制正是产生和实现这种期望的催化剂，也是缠诉者与法院形成博弈均衡的有效路径。

知识即力量：审判权独立运行的知识维度

——从个体法官的审判实践出发

王建林　伍玉联*

引　言

审判权的独立运行是一个永恒的主题，这个主题可以从政治、制度、技术多种角度切入，从不同维度可以挖掘出不同的话题。技术的维度是个体的法官可以为审判权独立运行有所贡献、有所作为的切入点，与法官的具体审判活动切实相关。而技术的维度又有很多方面，其中一个重要的方面是知识的视角。

另一方面，虽然在我国涉及知识学的研究日益兴旺，但人们主要集中于知识的经济价值，或者集中于有经济价值的知识（主要是自然科学知识与技术）的讨论，而对"知识"其他方面的讨论不多，从法学角度切入的则更少。① 基于"知识即力量"、"知识就是生产力"，"审判知识即审判力量"的命题应该可以成立，而对审判知识与审判力量的讨论则属于有关审判权独立运行的范畴。

本文出于工作的方便和话题需要，用实践材料来佐证。笔者从个体法官审判实践的角度出发，选取了 258 位法官进行问卷调查，收回 200 份有效问卷，以此作为本文理论阐述的实践佐证（调查对象的具体情况如表 1、2、3 所示）。

---

* 　王建林、伍玉联，湖南省高级人民法院。

① 　当然，近些年对司法官知识的论述也慢慢多起来，只是没能深入，更没有具体论及知识与审判权独立运行。参见强世功《乡村社会的司法实践：知识、技术和权力——一起乡村民事调解案》，载《北京大学研究生学志》1997 年第 3 期；徐忠明、杜金清《代司法官员知识结构的考察》，载《华东政法大学学报》2006 年第 5 期；方乐《司法知识理论研究——兼及转型中国的司法》，南京师范大学 2010 年博士论文等。

表1　被调查法官所属法院级别情况

单位：人，%

	高级法院	中级法院	基层法院
人数	32	80	88
比例	16	40	44

表2　被调查法官学历情况

单位：人，%

	博士	硕士	本科	本科以下
人数	2	74	120	4
比例	1	37	60	2

表3　被调查法官从事审判工作年限情况

单位：人，%

	3年以下	3~5年	5~10年	10~20年	20年以上
人数	54	26	30	58	32
比例	27	13	15	29	16

一　逻辑位置：知识之于审判权独立运行

审判权运行过程受到很多因素的影响，从不同的因素以不同的方式、从不同的角度影响审判权的独立运行。这些因素包括政治环境、权力结构、审判组织、审级制度、法官知识、法官品行、科学技术等。从视野涉及面的大小，可以把这些因素划为宏观、中观、微观三个维度，也就是宏观的政治维度、中观的制度维度、微观的技术维度。

就宏观的政治层面而言，资本主义、社会主义、社会民主主义，左派与右派、新左派与新右派，一党制、多党制等，都涉及这个话题。有人认为多党制、三权分立是实现审判权独立运行的至关重要的因素。甚至有人认为，没有三权分立，就不会有法院独立，也就不会有审判权的独立运行。这样一来，审判权的独立运行就变为一个纯粹的政治问题。对于这种观点，笔者持一种保留的态度。笔者认为，审判权的独立运行不完全属于政治问题，政治维度是一种很重要的维度，但不是影响审判权独立运行的唯一因素。而且，政治和审判权之间也不是单一和线性的关系，而具有复杂的、多重的关系。

制度层面的问题，离我们要近一些，也更好把握一些，例如审判长联席会议制度、上下级法院的审级关系改革、案件请示制度改革、案件审批制度改革等。这些改革都是从制度层面促进审判权独立运行的努力。这个微观一点的层面是我们应当去努力的，也是可以取得一定成效的。历史也证明，诸多重大的社会变革就是靠众多比较具体的制度变迁实现的。① 但是，作为个体的法官，在这个层面作出贡献的空间也不大，况且也不是每个法官都有这样的机会。

技术维度的因素体现为个体法官每天都在实践的具体审判行为。比如阅卷、开庭、审理报告撰写、判决书制作，这些细小的环节和审判权的独立运行有着最为紧密的联系。以阅卷而言，有些法官总结出阅卷中的规律并形成理论。对证据的审查也是，有些法官针对不同的案件总结出不同的证据审查规则。这些努力对于审判权的独立运行有着显而易见的作用。审理报告的作用就更大了，论证充分、说理详细的审理报告到领导和审委会那里往往能一次通过，可以把所谓干扰法官独立判案的影响减到最小。判决书的制作也是一样，充分有理的判决书，根本不怕媒体和其他外力的不当干预，越是公开越能体现审判权的权威。这些环节基本上都在法官个人的把握之中，完全可以通过法官自身的努力而实现对上述环节的控制。

依据这样的逻辑，影响审判权独立运行的因素是非常多的，有宏观的也有微观的，有抽象的也有具体的，有离个体法官比较远的也有离得比较近的。也就是说，审判权的独立运行不仅仅是一个政治、制度话题，作为个体的法官从切身体会出发，最能把握的是把它当做一个技术的话题。其实，抛开这里的逻辑演绎得出的结论，有学者从法社会学的角度也论述过审判权的独立运行不仅仅是一个政治、制度问题。"法律机构活动的专门化问题，无论是以司法独立还是以司法机关独立依法行使职权来说，都不是、至少不仅是如同

---

① 典型的如美国三权分立的制度，其建国之初的最高法院并没有很大权力，独立性也不是很强，后来的三权分立的政治格局很大程度上是依赖于一系列具体制度的确立，如司法审查制度、法官任期制度、法官保障制度等。

先前我国学界所侧重的那样，是一个政治的问题，也不只是一个应然的制度安排问题。"①

对于这个技术层面的问题，诸多学者和法律实务界人士都表示了关注。梁慧星先生多次表达了希望中国法官通过运用解释学发展审判技能，进而促进公平正义之实现的愿望。② 并通过自己的身体力行从科研的角度努力推进中国法官在技术层面的专业训练。最高法院法官孔祥俊也在诸多场合呼吁和强调法官技术层面的努力，提倡将司法理念与技术层面的裁判方法结合起来。③ 陈金钊、谢晖先生创办《法律方法》集刊，连续多年努力，认为"一国有法律而无法律之知识与方法，而无司法之专门技巧，法律惟有装点门面、铺陈摆设而已……西洋各国……皆以培养、发展出大气磅礴、严谨缜密之法律知识、法律方法和司法技术为所任。"④

就技术层面而言，又包括诸多内容，如法官品行、审判科学技术的运用、法官知识等，其中一个重要的方面就是法官知识。而且，从上述学者的论述中可以看出，主要是强调法律知识。为更清楚地认识知识之于审判权独立运行的作用，笔者用图示予以说明（见图1）。

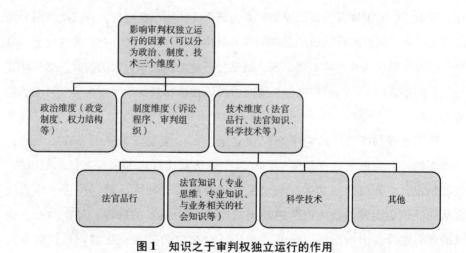

图1　知识之于审判权独立运行的作用

---

① 苏力：《法治及其本土资源》（修订版），中国政法大学出版社，2004，第146页。

② 梁慧星：《民法解释学》，中国政法大学出版社，1995，再版序言。梁慧星：《裁判的方法》，法律出版社，2003，自序。

③ 孔祥俊：《司法理念与裁判方法》（修订版），法律出版社，2005，自序。

④ 陈金钊、谢晖：《法律方法》，山东人民出版社，总序。

二　内在价值：知识之于法律自主性

法律自主性是审判权独立运行的一种内在保障机制。这种自主性支撑审判权独立运行的理论基础既有社会学的解释，也有心理学的解释。知识对于审判独立运行的首要意义就在于知识有助于建构法律自主性，进而促成审判权独立运行。

（一）理论基础

1. 法社会学的观点

从法社会学的视角来看，社会是一个不断发展的过程，社会的不断发展必然要求社会行业的专业化，而专业化的发展必然带来某个行业一定的独立性，这种独立性来自对专业知识的系统实践。"法律越来越多地体现为一种专门的技术知识，法律和法律活动就会越来越少直接受到社会生活的波动而激烈变化，而会受到法律团体内的话语实践的制约……这样的法律运行会显示出相当程度的稳定性和自主性。这种稳定性和自主性会使法律日益显得中立……"①。"职业人员的专业化水平的普遍提高……必然会伴随着法律机构特别是司法机构的活动在社会生活中的相对独立……法律职业活动已经形成了其所独有的或专有的知识或技术，没有经过一定的专门训练的人们完全无法涉猎……"②。在其他社会行业领域也同样如此，诸如医师、教师、拍卖、保险、会计等领域，都会形成其独特的知识和实践系统，产生一定程度的独立。

2. 心理学的观点

心理学认为，人的行为受到思想的支配，有什么样的思想，就有什么样的行为。有独立的法律人格，会促进审判权的独立行使。"司法人员的心理状况如何，直接影响到司法实践活动的质量和效率"③。"法治社会的实现，不仅是一种治国方略和制度规则的转变，而且意味着主体人格精神世界的必要变革乃至重建"④。卡

---

① 苏力：《法治及其本土资源》（修订版），中国政法大学出版社，2004，第148页。
② 苏力：《法治及其本土资源》（修订版），中国政法大学出版社，2004，第145~146页。
③ 罗大为：《司法心理学》，人民教育出版社，1998，第67页。
④ 谢晖：《法律信仰的理念与基础》，山东人民出版社，1997，第311页。

多佐也指出："除了法官的人格外，没有其他东西可以保证实现正义。"① 还有学者具体分析了法官人格对于司法公正的作用②：法官高尚的人格是实现司法公正的力量源泉；可在一定程度上弥补制度的不足；可以提高法律的威信和力量，减少司法中的阻力；可以使他排除来自各方面的压力和干扰。其中，很重要的作用就是法官人格对于司法独立的保障。

法官心理和人格对于司法独立的意义巨大，而知识与人格的关系也早为学者所描述。"知识的作用就是保护个体的生存，并促进个体对外部世界进行理解。"③ 伽达默尔说过："人文科学的真理是人性的体现和升华。"加氏的这句话强调的是人文科学知识区别于自然科学知识的特性，本文所论之知识（法官所需要所接触所掌握的知识）基本上属于人文科学的范畴，这句话道出知识与人性之本质关联。此外，莎士比亚说过："书籍，世界的营养品。"高尔基曾经说过："书籍是青年人不可分离的生命伴侣和导师。"在我国的传统文化里，《大学》开宗明义说："大学之道，在明明德，在亲民，在止于至善。"这里说的就是知识与人格和修养的关系。"腹有诗书气自华"讲的也是同样的道理。这些话语从不同角度论述了知识和人格、修养的关系。

（二）实践表现

从实践层面看，知识之于法律的自主性分为个体自主性和集体自主性。法官个体自主性是审判权独立运行的原初力量，集体法律人精神是这种原初力量得以聚集和整合的载体。

1. 知识之于个体法官人格

王泽鉴先生曾说："法律人常自负地认为，大者能经国济世，小者能保障人权，将正义带给平民。法律人为什么有此理想，有此自信？……因为一个人经由法律学习，通常可以获得以下能力：（1）法律知识：明了现行法制的体系、基本法律的内容……（2）法律思维：依循法律逻辑，以价值取向的思考、合理的

---

① 〔美〕本杰明·卡多佐：《司法过程的性质》，苏力译，商务印书馆，1998，第 2 页。
② 陈可：《现实制约：法官人格是实现司法公正的关键》，载《中共济南市委党校学报》1999 年第 3 期。
③ 张国清：《他者的权利问题：知识——权力论的哲学批判》，载《南京社会科学》2001 年第 10期，第 16 页。

论证，解释适用法律……"① 法律人的理想和自信来自其所掌握的独特知识。全国优秀法官宋鱼水也说过："做一名优秀青年，一方面需要掌握专业技能；另一方面，还需要完成人格塑造。"② 这里面就指出了一种知识与法官人格塑造的关联。而且，宋鱼水法官用其自身实践展现了一名人民法官的优秀品质与自身知识修养之间的关系。

2. 知识之于集体法律人

集体法官人格的一个层面体现为法律人精神和信仰，法律人是具有共同法律价值理念的法律职业统一体。法律人在探索法治、促进正义的道路上有着共同的旨趣和追求，他们"对秩序和规范有着本能的热爱"。③ 这种本能的热爱来自专业系统的知识训练。专业系统的知识训练使得法律共同体成为一个自治的共同体，一个分享共同的知识、信念和意义的想象共同体。④ 司法实践中发展起来的一套精致的法律技术，使得法律共同体有能力捍卫现代法律的自主性。

集体法官人格的另一个层面体现为法院这样一个法治载体的属性。与法院有点类似的医院因为其专业性而具有很高的知识权威性。前些年贺卫方教授发文对法院和医院进行比较，⑤ 批判了为什么不能用对待医院的思维方式对待法院。大家理所当然地认同医院的专业性，却没有理所当然地认同法院的专业性，其原因当然很多，但是有一点，那就是没有对法院的知识特性进行强调，法院并没有注重专业知识的养成。如果法院的知识训练非常到位，法院的气质和形象就会得到改变，会因其专业化的提升而得到尊重。

常年接触法律实务的法官是怎么看待这一问题的呢？在"法官知识对于形成独立自主的法官品质、信仰，进而促进独立审判的重要性"的问卷调查中，选择很重要和重要的有120人，占全部调查对象的60%，并且其中选择非常重要的占到45%，选择没有关系和不好说的44人，占22%。这样的一个问卷调查充分说明了知识对于法官品质、信仰，进而对于审判独立运行的巨大意义（见图2）。

---

① 王泽鉴：《法律思维与民法实例》，中国政法大学出版社，2001，第1页。
② 宋鱼水：《学习，使我不断地飞跃》，载2005年4月25日《光明日报》。
③ 博西格诺：《法律之门：法律过程导论》，华夏出版社，2002，第390页。
④ 强世功：《法律共同体宣言》，载中评网，于2010年5月12日访问。
⑤ 贺卫方：《复转军人进法院》，载2005年8月23日《南方周末》。

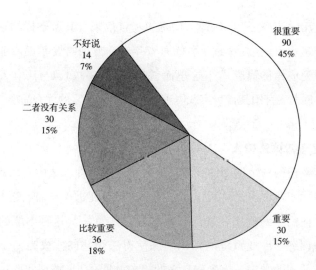

图2　法官知识对形成法官品质、信仰，
进而促进独立审判的重要性

三　外在价值：知识之于独立审判环境

知识的外在价值体现在它可以消除诸多的外部干扰，具体表现为法官可以通过知识沟通把信息准确而令人信服地传达给可能干扰审判权独立行使的相关主体，并争取让对方接受法官的意见，从而形成良好的独立的审判环境。

（一）理论基础

1. 知识学的角度

知识学中有一个很重要的研究领域就是知识与权力的关系，知识可以影响权力，权力也影响知识。从知识对权力的影响而言，"如果一个人能精确地再现其情景及其工作所产生的效果，那么他就能更轻易地获得或更有效地适用某种权力。知道事物是什么样子的以及它们如何运作，就能够为操纵和控制创造机会；如果不知道，就会误导或阻碍对事物的介入。"① 现代权力观认为，权力不只是

_____

① 〔美〕约瑟夫·劳斯：《知识与权力——走向科学的政治哲学》，盛晓明等译，北京大学出版社，2004，第12页。

赤裸裸的依靠国家机器进行政治斗争的权力，还应当包括遍及社会生活各个方面、渗透社会结构各个领域的微观权力；既是一种压迫性力量，也是一种生产性和创造性力量。权力和知识不是相互对立的，而是相互蕴含的；知识和权力的相互关联性，不是外在的，而是内在的。审判知识和审判权也有着这样的内在与互动关系。审判知识对于审判的独立运行有着很好的保障作用，如果法官精确地掌握了审判知识，就能更加有效地使用审判权力。

2. 信息经济学的角度

信息经济学是近四五十年发展起来的经济学的一个分支，几乎涉及经济学的方方面面，也正在对其他社会科学产生影响。[1] 对于法官的审判权与法官知识照样可以用信息经济学的原理来解释。美国的维克里教授和英国的米尔利斯教授针对不对称信息的博弈场域，发展出委托—代理理论。他们把掌握信息多的一方称为代理方，另一方称为委托方。在这场博弈中，代理方因为信息优势而掌握了博弈的主动权。如国有企业中，国家与国企经理、国企经理与雇员、国企所有者与注册会计师、公司股东与经理、选民与官员、医生与病人、债权人与债务人之间都是这种委托—代理关系。从某种角度而言，法官与领导、法官与审委会等之间也是一种委托—代理关系。法官由于掌握着案件的第一手资料，具有信息上的优势，居于代理方的位置，掌握了博弈的主动权，也就是掌握审判权行使的主动权。法官掌握的审判信息（知识）越多，就越能独立地行使审判权。[2] 在苏力经常喜欢提起的"炕上开庭"案件中[3]，陕北村里的主任之所以能在信用社、法官、警察和债务人之间担当起调停人的角色并顺利实现其目的，主要的原因就是这位村主任拥有信息"知识"优势，苏力所说的"权力的空间流变"其实是权力的信息流变。

（二）实践表现

从实践层面看，知识消减干扰因素进而促进审判独立运行具体表现为知识对

---

① 〔美〕斯蒂格利茨：《信息经济学：基本原理（上）》，纪沫等译，中国金融出版社，2009，序言。

② 当然，为了使这种代理行为的独立行使不至于产生消极因素，需要其他激励和约束机制，但这属于另外的话题，不属于本文审判权独立行使的问题。

③ 苏力：《送法下乡——中国基层司法制度研究》，中国政法大学出版社，2000，"炕上开庭"等相关章节；强世功：《乡村社会的司法实践：知识、技术和权力——一起乡村民事调解案》，载《北京大学研究生学志》1997年第3期。

于审委会、案件审批、案件请示，以及外部媒体、领导和群众干预等消极影响的化解。

1. 知识消减内部压力

知识之于减少内部压力的作用主要体现为通过审理报告的送呈表述自己的独立意见，争取相关领导和机构的认同与理解，从而确保按自己的意愿独立行使审判权。

审委会和案件审批制度被批判的主要问题就是"审而不判，判而不审"。其实，熟悉审委会运作规则和法院内部案件审批程序的人都知道，审委会委员和领导的判断依据主要是审理报告，如果法官审理报告写得太简单，当然会存在"判而不审"的问题，但如果审理报告写得非常详细，法律分析透彻，法官意见基本上会得到尊重。据笔者访谈的一位刑事法官说："在高院 7 年半时间里所审结的 230 余件案件，从合议庭到审委会，基本上是一次过关。"其中的重要原因就是，他每次的审理报告都有充分的解释说明和论证。前些年关于审委会存废改革之争大多集中于政治和制度的层面，而个人知识努力与审委会之关系等技术层面的问题基本上被忽视。而实际上，法官知识这种技术问题倒是可以切实推进和倒逼审委会相关制度改革的，值得进一步探究。

案件请示问题与此类似，如果遇到疑难的案件不是首先想到请示上级法院，而是法官通过自己丰富的知识尽最大努力进行解释、分析和论证，这样就会减少对上级法院的依赖，上级法院也不去改变下级法院有理有据的判决。另一方面，上级法院的充分论证和说明，会给下级法院传递一种信息，在一定区域内法律适用尺度会得到统一，同时也会减少下级法院的请示案件次数。调查问卷中有一道题目"你有因为审理报告说理充分而说服领导（包括审委会、院庭领导等）的经历吗？"回答经常有和比较常见的占到了 35%，也就是 70 人。考虑到需要经过院庭领导和审委会的案件不是很多，这个数据显示，法律知识对于审判独立的意义已经非常重要（见图 3）。

2. 知识消减外部压力

"正确性的观念是接受之前提"，① 外部压力的消减与人们对于判决书的接受

---

① 〔德〕考夫曼、哈斯默尔主编《当代法哲学和法律理论导论》，郑永流译，法律出版社，2002，第 508 页。

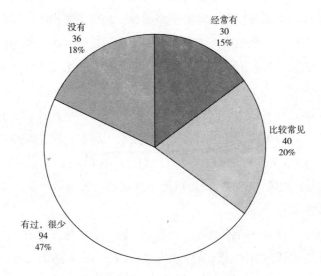

图3　因审理报告说理充分而说服领导的经历

紧密联系。知识能减少外部压力关键在于判决书说理的充分有效性。英国有句著名的法律格言："正义不但要实现，而且要以人们看得见的方式实现。"判决书是审判权的载体，充分有力的法律论证和说理有助于判决书赢得社会的广泛支持。最高人民法院前副院长祝铭山在《关于〈人民法院五年改革纲要〉的说明》中，强调判决要有"透彻的说理"，肖扬也曾要求"不讲理的裁判文书，理由不充分的裁判文书，无理搅三分的裁判文书，统统要撤掉。"足见判决书说理的重要性和必要性，判决书说理之必要性和重要性的背后是与知识消减外部压力紧密相连的。①

媒体干预审判是近些年来被社会广泛关注的一个问题。媒体对案件不负责任的报道给审判造成被动局面的案例不在少数。特别是网络媒体治理还处于初级阶段，网络言论对于审判权的干扰更是明显。法律理论和实务界对此进行了诸多探索，最高法院专门制定了《关于人民法院接受新闻媒体舆论监督的若干规定》

---

① 知识在判决书和审理报告中的微观运行还存在一些细微区别。在现有体制下，判决书向社会公开，而审理报告则只向法院内部公开。审理报告的设计样式和要求与判决书不同。审理报告面对的是专业人士，判决书面对的很大一部分人是社会普通大众。在判决书中论证法律问题的时候，适当地运用人情常理知识，可能更有利于判决书的效果，而在审理报告中，则最好使用专业人士最熟悉的话语和表述。

来制止和预防媒体对法院审判工作的不当干预。这项重要举措可以起到制约媒体干扰审判工作的作用。但也有人不赞同媒体干预司法的说法，认为媒体不一定全面掌握事实，它们报道的不一定完全符合事实。对此，法院不应该去争辩，要做的仅是拿出一份更符合事实的判决。①

与此相关的还有群众信访问题。近几年，涉诉信访案件日趋增多，极大地影响了法院工作。部分无理上访不仅在一定程度上干预了司法，并给其带来了巨大压力。其实，涉诉信访的部分案件是因为判决存在问题不能为民众所接受造成的。② 说理充分、论证严密的判决可以疏导群众的不满情绪，使当事人和公众信服，从而减少涉诉信访量。

领导干预审判权独立行使也是一个重大问题。不久前，中国政法大学副校长马怀德教授在一次研讨会上建议领导在重视信访工作的同时减少批示，③ 将各类争议逐步引导到法治的主渠道上来。随即，媒体上各种声音扑面而来。④ 笔者认为，虽然网上的批评之声有失偏颇，但其中也包含着一些理性思考。比如对法治的强调，对法官公正判案的强调，对法官的知识和素质的强调，都是不无道理的。面对领导的干预和批示，法官运用自己掌握的知识对案件进行缜密、充分的释法说理，让领导明白裁判的合法合理性后，绝大多数领导是不会强行干预案件依法审理的。

对于这些外部压力和干预，实践中法官或多或少地会运用知识来进行消减。在"你有因为判决书说理充分而顶住外部压力的经历（外部领导批示、媒体干预、当事人威胁等）吗？"的问卷调查中，回答有的共160人，也就是80%的人有过这样的经历，而且有32人也就是16%的人认为这样的情况比较常见，有26人也就是13%的人是经常有（见图4）。这些情况就说明个人知识和素养对于抵御外部压力有多么重要。

此外，在问及"你认为法官的知识对于消减内外部压力（包括法院内外部

---

① 《最高法院向"干预司法"宣战》，载《南方周末》2009年04月30日。
② 参见河南省高级人民法院课题组：《河南省高院关于涉诉信访问题的调研报告》，载2010年2月25日《人民法院报》。该报告对涉诉信访的成因分析中就指出"事实认定或法律适用错误的案件仍然较多"是涉诉信访的一个重要原因。
③ 《政法大学副校长：领导少批示有利减少上访》，载2010年3月28日《广州日报》。
④ 盛大林：《减少上访不能指望"领导少批示"》，载2010年03月29日《检察日报》；陈一舟：《"领导少批示减少上访"的吊诡》，载中国网2010年3月29日，等等。

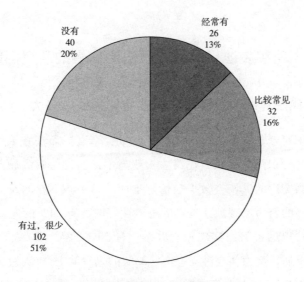

图4 因判决书说理充分而顶住外部压力

的压力，媒体、当事人、亲朋好友的影响等），进而促进审判权独立行使有多重
要"时，选择重要和非常重要的有98人，占全部调查对象的49%，选择没有关
系和不好说的有68人，占34%（见图5）。

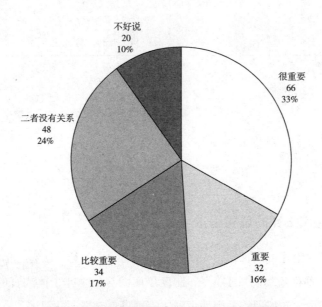

图5 法官的知识对于削减外部压力的重要性

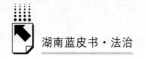

四　现实启迪：知识之于法治前景的几个问题

（一）当代法官的职业梦想和职业空间到底有多大

法官的知识对于审判独立运行具有如此重大意义，而法官是可以通过自身努力获得丰富的知识的。那么，在司法实践当中，当代法官的职业梦想和职业空间应当是相当宽广的。调查数据也恰好证明了这一点。在问及"现有制度环境下，通过自己的努力实现独立判案的可能性"时，有24%的人（48人）认为绝大部分案件可以通过努力实现独立办案，有20%的人（40人）认为50%～70%的案件可以通过努力实现独立办案，23%的人（46人）认为50%左右的案件可以通过努力实现独立办案。对于独立判案持不乐观态度的仅占22%（44人）（见图6）。

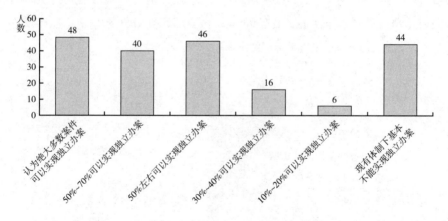

图6　法官实现独立办案的可能性

（二）当代法官的现实追求应当是什么

通过本文的论述可以得知，为确保审判权的独立运行，法官有诸多的路径可选择。政治层面的努力非一言能尽，制度层面的努力也非个体法官的主要途径。但是知识即力量，知识训练是当下中国法官可以自己把握的领域。技术层面的知识努力是中国法官对于当下法治的可能贡献。从这个角度而言，个体法官对于法治的追求也就可以通过一种比较轻松的途径来进行，从技术维度来看，只要从眼前做起，从每一个案件做起，写好每一份审理报告，写好每一份判决书，对于审判技术精益求精，照样可以在转型期的中国作出特殊的贡献。

（三）法官职业化建设的作用和意义

法官职业化建设是前些年提出来的一项远景规划。[①] 司法是一项高度精密、高度专业化的社会活动。法官职业化建设意味着法官具有独特的职业属性，独特的知识、技能和法律思维。法官职业化有利于全面提高法官的素质、实现法官职权的真正回归，也有利于保障法官中立和独立的审判地位。因此，当下提出的司法大众化不能抵消法官职业化，只是在司法专门化和职业化的过程中，应当注意到大众心理对于司法的接受程度和现实需要。法官职业化是法治发展的趋势，不能削弱而只能加强。

（四）司法考试的作用和意义

司法考试制度作为法律职业的统一准入制度，与法律从业人员的职业化、同业化和精英化紧密关联，有利于提高法律从业人员的专业素质。这也促使法官成为具有共同法律知识水准、共同法律信仰的法律职业队伍。深远而言，司法考试制度还可以从知识的微观层面推动我国司法改革。遗憾的是，近年来，因"两院"法官、检察官断层，多方的压力和呼吁迫使司法部门降低了司法考试的难度，但司法考试通过率的大幅度提高与司法职业化的目标和司法考试的本来意愿相违背。故应当进一步健全司法考试制度，加深考试难度，提升司法考试资格在职业场域的作用和价值。

以此类推，诸多的法治问题都可以在知识视角下得到进一步的解说和梳理。当然，虽然知识的作用是如此巨大，但也不是万能的。知识效能的发挥离不开法官个人品质和制度的约束。在当前法治还不够健全、对法官的监督控制还不够到位的情况下，知识的运用是一把双刃剑，既可以为审判权独立行使创造条件，也可以为审判权的滥用提供便利。因此，对于知识作用的认同绝不等于对于知识作

---

① 2002 年 7 月，最高人民法院院长肖扬在全国法院队伍建设工作会议上首次提出要培养和造就职业化的法官队伍。随后，最高法院发布了《关于加强法院队伍职业化建设的若干意见》。

用的盲从，法治建设中还有诸多其他问题需要去解决、去探究。本文仅仅是告诉法官要重视专业知识，但绝不是说不要重视其他方面的建设。

结　　语

在当前诸多的法治问题中，有些离我们太遥远，是目前力所不能及的；有些是我们可以关注的；有些是可以实行的，但是需要诸多坏境和条件的支撑；有些是可以关注可以实行的，也是个体的法官可以操作的。对于可以把握的现实问题，法官必须有鲜明的态度，作出应有的贡献，尽到一个法官的职责。从知识层面出发，从微观的细节做起，是我们所能做到的，也是必须实践和努力的。本文，也算是这样一个努力，希望这种努力对当前法治理论的完善和法治实践的推进有所裨益。

知识产权行政调解机制的发展与创新

何炼红[*]

一 知识产权行政调解的功能优势

知识产权行政调解是知识产权行政管理部门为化解社会矛盾、维护社会稳定，依法居间协调处理公民、法人或者其他组织之间知识产权民事纠纷的一种活动。行政调解是知识产权多元化纠纷解决机制中不可或缺的环节，在司法调解和民间调解之间处于承上启下的地位，同时，它也被赋予了公共服务的色彩，是知识产权行政管理部门管理社会公共事务、及时化解矛盾和纠纷的一种行政手段。行政调解在知识产权保护体系中有着极大的发展空间和应用价值，具有以下几方面的功能优势。

1. 有利于社会转型期矛盾的化解

行政调解机制的基本功能是促使当事人在合意的基础上以相对平和的方式解决纠纷。纠纷解决机制所能发挥的功能，应根据社会的实际情况而有所区别。一般而言，在社会平稳发展的条件下，社会可以适当鼓励当事人积极提起各种诉求、主张权利，同时适当强化司法审判功能。而在社会矛盾多发的社会转型期，应慎重对待和及时妥善处理各种纠纷和诉求，充分利用协商调解机制化解矛盾。近年来我国知识产权民事案件的数量一直保持着高速增长的势头。[①] 而我国现阶段尚处于社会转轨的关键时期，维持社会稳定与和谐

---

[*] 何炼红，中南大学法学院。

[①] 2009 年全国地方法院共新收和审结知识产权民事一审案件 30626 件和 30509 件，分别比上年增长 25.5% 和 29.7%。其中，新收专利案件 4422 件，比上年增长 8.5%；商标案件 6906 件，比上年增长 10.8%；著作权案件 15302 件，比上年增长 39.7%；其他知识产权案件比上年增长 46.8%。全年共审结涉外知识产权民事一审案件 1361 件，比上年增长 19.5%；审结涉港澳台知识产权民事一审案件 353 件，比上年增长 56.9%。以上数据来源于国家知识产权局网站。

是衡量纠纷解决机制有效性的最重要的价值标准，因此，知识产权纠纷的解决不能仅仅依靠法院，应当充分发挥诉讼和各种非诉讼解决方式的优势、特点，构建科学、系统的调处机制。充分发挥行政调解的功能，既可以减少知识产权纠纷带来的社会风险和成本，防止对秩序造成过大的冲击，也可以减轻当事人的诉累，节省大量的司法资源，缓解巨大的审判压力，有着鲜明的时代特色。

2. 彰显服务型政府理念

行政调解机制是应当代社会的需求而出现和发展的，它反映了行政权的扩大以及行政功能和社会治理方式的转变。[1] 这种变化不应简单被理解为国家管理权的扩张，它彰显了政府的行政服务理念。知识产权纠纷具有专业性强、类型新、难度大、数量多等特点，本身适宜以调解来解决，而政府参与调解更具有合法性、权威性以及专业上的优势。在知识产权领域，知识产权行政管理部门拥有最先发现矛盾、及时解决问题的便利条件，对于涉及人数较多、影响较大、可能影响社会稳定的纠纷，主动进行调解，事实证明收效很大。通过行政调解，知识产权行政管理部门既合理地解决了知识产权纠纷，又有效地履行了自己的职责，实现了行政管理方式由权威行政到民主行政的转变，是践行政府服务理念的具体举措。由此可见，知识产权行政调解不仅当为而且可为。

3. 实现对社会的有效治理

社会出于对纠纷解决的快速化、简易化和专门化的要求，对知识产权行政保护机制寄予了很大的期待。在开展知识产权执法工作时，不仅要求知识产权行政机关严格执法，而且要求其积极参与知识产权纠纷的解决。由于行政调解的主体是知识产权行政主管部门，纠纷解决的落脚点是维护社会秩序的稳定和消除纠纷发生的根源，并不局限于对个别事实问题的处理，而是着眼于对整体性、持续性关系的维持，这有利于达成社会的和谐和纠纷解决机制之间的平衡。因此，行政权的行使不仅是国家自上而下的管理活动，也是一种以服务社会为宗旨的社会治理方式。行政调解不仅关注纠纷发生后的救济，而且注重预防和减少纠纷、维护公共道德，注重对社会关系进行调整，具有社会治理功能，符合当今社会所倡导和追求的善治理念。

---

[1] 范愉：《纠纷解决的理论与实践》，清华大学出版社，2007，第 260 页。

总之，我国当前的知识产权行政执法，既面临来自国际社会的巨大压力，也出于我国社会发展和治理的现实需要，国家在知识产权领域的直接和积极介入仍会加强。自2010年以来开展的"全国打击侵犯知识产权和制售假冒伪劣商品专项行动"，就是党中央、国务院在知识产权领域所作出的重大工作部署。行政调解作为一种知识产权行政保护措施，不仅可以解决纠纷、应对诉累，而且被赋予了公共服务的性质和色彩，是多种功能的合成，具有促进社会可持续发展的重要功能。

二　知识产权行政调解机制面临的障碍

在当今社会，行政调解是一种不可或缺的柔性治理手段。然而，相对于人民调解和司法调解而言，行政调解在我国现阶段并没能得到充分的重视。在行政调解领域，其整体发展状况也并不平衡，除了公安、交通、工商、民政等行政部门比较注重行政调解以外，在知识产权领域，行政调解的功能没有得到有效的开发和培育。尽管我国知识产权行政调解的资源极为丰富，但是调解协议效力不确定、与诉讼机制之间缺乏必要的衔接等原因，直接制约了行政调解功能的发挥。

1. 行政调解协议效力不确定

衡量一种纠纷解决机制处理和解决纠纷的能力，除了要考虑纠纷解决机构的权威性、可利用的便利因素之外，纠纷解决的效力，即处理结果对于当事人双方的约束力和强制性也是一个重要的评价标准。如果当事人能够自觉地履行处理结果，或者如果不履行的话有相应的机制来保证强制执行，则纠纷解决的效力就高；反之，如果当事人可以随意反悔或者违背这种处理结果，并且得不到任何制约或者制裁，则不但达不到息讼的目的，反而会造成缠诉的结果。[①]

现行知识产权法对于行政调解的效力没有明确的规定，即使是在国家知识产权局2010年12月刚修订并颁布的《专利行政执法办法》中，在行政调解一章中，对于调解协议的效力问题也只字未提。这样的规定与人民调解等其他类型的调解在近年来效力不断强化的新趋势不相符合，甚至还会产生行政调解效力不及

---

① 范愉、李浩：《纠纷解决——理论、制度与技能》，清华大学出版社，2010，第45页。

人民调解效力的误解。如果双方当事人达成的知识产权行政调解协议不具有约束力，当事人不履行协议可以不负任何法律责任，那么这种纠纷解决的方式，不仅不利于维护行政机关的权威，而且会造成行政资源的浪费，会抑制行政机关调解纠纷的积极性。因此，解决如何强化知识产权行政调解效力的问题，是挖掘行政调解潜能的一个重要突破口。

2. 行政调解与司法程序之间缺乏必要的衔接

社会调整历来就需要一个由性质、功能、程序和形式不同的纠纷解决方式共同构成的系统，其中每一种机制既有其独立的运行空间，相互之间又能形成功能互补，以满足社会和当事人的多元化选择需要。行政调解功能的发挥不是一个孤立的过程，需要和其赖以存在的社会条件以及其他纠纷解决机制尤其是诉讼机制形成相互呼应和共振的效应，如此才能为自身的发展创造新的契机。

在知识产权行政处理领域，行政裁决作为一种具体的行政行为与行政诉讼程序之间有着必要的衔接，以便通过司法审查对其构成有效的监督和制约。然而，作为一种相对行政行为，行政调解如何实现其与司法程序之间的对接，如何使其功能得到拓展？目前不论是实务部门还是理论界对此都还缺乏足够的重视和关注。在知识产权领域，还没有发现充足的实证材料。

总之，行政调解在知识产权纠纷行政处理中的地位和作用越来越重要，一些知识产权纠纷的解决直接关系到企业的市场生存和发展，处理不当甚至将严重影响社会秩序的稳定。然而，知识产权纠纷行政调解的功能远远没有得到发挥。由此将导致行政资源和时间的浪费，影响行政机关处理纠纷的积极性，最终导致公民对行政调解不信任，从而转向以诉讼解决问题。在这一客观背景下，强化行政调解的效力，形成司法处理和行政处理之间的良性互补关系显得尤为必要，这不仅是纠纷当事人的要求，也是社会发展的内在需求。

三 知识产权行政调解机制的发展路径

如何完善和发展知识产权行政调解机制是一个极具时代特色的命题。2006年10月，《中共中央关于构建社会主义和谐社会若干重大问题的决定》提出，要统筹协调各方面的利益关系，妥善处理社会矛盾。要适应我国社会结构和利益格局的发展变化，形成科学有效的利益协调机制、诉求表达机制、矛盾调处机制、权益保障机制。2010 年 10 月 10 日，国务院发布的《关于加强法治政府建设的意见》强调，要健全社会矛盾纠纷调解机制。要把行政调解作为地方各级人民政府和有关部门的重要职责，建立由地方各级人民政府负总责、政府法制机构牵头、各职能部门为主体的行政调解工作体制，充分发挥行政机关在化解行政争议和民事纠纷中的作用。2009 年 7 月 24 日，最高人民法院印发了《关于建立健全诉讼与非诉讼相衔接的矛盾纠纷解决机制的若干意见》（以下简称《若干意见》）的通知，明确了建立健全诉讼与非诉讼相衔接的矛盾纠纷解决机制的主要目标和任务，并对非诉讼纠纷解决方式与诉讼的衔接方式和非诉调解的确认程序作了具体规定。上述动向表明，决策层对于纠纷解决机制越来越重视，这为知识产权纠纷行政调解工作带来了新的发展机遇，也为知识产权行政调解机制的健全和创新提供了最强有力的支持和政治基础。行政调解本质上属于公益性纠纷解决机制，政策的支持，将促进政府加大对行政调解机制的财政支持和公共资源投入，最终为社会公众带来实惠。

目前国内的知识产权行政管理部门并没有足够重视行政调解的突出功能，如何创新知识产权行政调解机制并实现其与司法程序的有机衔接，这方面尚无实践的先例。这一现状，与人民调解以及其他类型的非诉调解已经与诉讼机制形成良性互动局面极不相称。在湖南，知识产权行政管理部门若能结合本省的实际情况，率先在全国启动知识产权行政调解与司法程序的对接试点工作，积极探索行政调解与司法资源的优化配置路径，并立足于"四化两型"社会的建设大胆进行制度创新，必将在全国起到示范效应。本文认为，知识产权行政调解要充分发挥其功能优势，实现与司法程序的有效对接，应当从以下几个方面入手。

1. 明确知识产权行政调解的效力

知识产权行政主管部门调解知识产权纠纷，应当遵循自愿、合法的原则，在查明事实、分清是非的基础上，促使当事人相互谅解，达成协议。调解协议具有民事合同性质。通过明确行政调解协议的民事合同性质，改变以往行政调解效力不明确的状况。一方当事人不履行调解协议，另一方当事人可以追究其相应的违约责任。

此外，对经行政机关对民事纠纷进行调解后达成的具有给付内容的协议，当事人可以按照《公证法》的规定，申请公证机关依法赋予其强制执行效力。债务人不履行或不适当履行具有强制执行效力的公证文书的，债权人可以依法向有管辖权的人民法院申请执行。

对于具有合同效力和给付内容的调解协议，债权人还可以根据《民事诉讼法》和相关司法解释的规定，向有管辖权的基层人民法院申请支付令。当然，在具有给付内容的调解协议中，当事人应就金钱债务的偿付达成协议。

2. 健全行政调解协议司法确认机制

行政调解司法确认机制，是指人民法院对当事人由行政机关主持调解达成的具有民事合同性质的调解协议是否合法有效加以确认，并决定是否赋予该调解协议强制执行效力的工作机制。在知识产权纠纷的行政处理过程中，经知识产权行政机关调解达成的知识产权纠纷调解协议，经调解机关和调解员签字盖章后，当事人可以申请有管辖权的人民法院确认其效力。人民法院审查后，确认调解协议效力的决定送达双方当事人后发生法律效力，一方当事人拒绝履行的，另一方当事人可以依法申请人民法院强制执行。

由此可见，通过对行政调解协议进行司法确认，赋予其生效判决的效力，从而给予了行政调解实质上的支持。这一措施不仅是社会对正义公平价值的保障，也是提高司法效率、节约司法资源的要求。本来，在行政机关具有足够公信力的前提下，行政调解的结果往往会得到当事人的欢迎和社会的认同，各种功能和价值优势亦能得到充分发挥。然而，在行政权威不够、调解人员素质较低、司法机关和行政机关未能形成合理协调的情况下，行政调解结果可能得不到当事人和社会的认可，甚至被法院推翻，由此容易导致资源和时间的浪费，这会极大地削弱行政调解机制的作用，也会影响到行政机关处理纠纷的积极性。对此，需要权衡制度设计的合理性与可能出现的问题，以充分发挥行政调解的作用，并通过合理的保障机制使其扬长避短。

非诉调解司法确认机制是 2009 年最高人民法院所倡导的一项制度创新。这一机制既是对人民法院司法确认实践经验的总结，也是对最高人民法院《关于人民法院民事调解工作若干问题的规定》所提出的确认程序的完善。它从根本上解决了非诉调解协议缺乏法律强制力的问题，实现了非诉讼调解与司法程序的有效衔接，具有灵活、简便、快捷等显著优势。尤其值得关注的是，2010 年 8 月 28 日第十一届全国人民代表大会常务委员会通过的《人民调解法》对非诉调解的司法确认机制作了明确的规定。① 这充分说明，非诉调解的司法确认机制在立法层面已经正式获得了认可。

目前，在实践层面，甘肃省定西市人民法院、广东省东莞市人民法院、廊坊市中级人民法院等地方法院在人民调解领域已经试行了非诉调解协议司法确认机制，取得了显著的社会成效。在知识产权领域，多元纠纷解决机制的协调互动工作，也引起了大家的关注并已经开始在一些法院试点。例如，北京市朝阳法院和北京市高级人民法院先后与中国互联网协会签署合作协议，委托中国互联网协会调解中心调解北京法院受理的网络知识产权纠纷案件，共建互联网调解网络。但是，这一机制显然还没有得到应有的重视。不仅适用范围窄，仅仅局限于法院和某些行业协会的合作，而且对接方式也非常有限，多局限于非诉调解和司法调解的衔接，非诉调解协议的司法确认工作还没有有效地开展起来。

行政调解本身是解决知识产权纠纷的一种有效方式，通过将非诉调解司法确认机制引入行政调解领域，赋予行政调解协议以法律强制执行效力，能使更多的社会主体和当事人能及时、便捷、经济、和平地解决纠纷，从而扩大了法律的作业范围；而由于法院承担了对行政调解协议的制约功能，实际上也导致了司法功能的扩大。② 通过创新行政调解司法确认这一机制，也使得我们对于法院在纠纷解决中的功能定位有了进一步的认识：我们"不能把法院在解决纠纷中所作的贡献完全等同于根据判决来解决纠纷。法院的主要贡献是为了私人的、公共场所中所产生的交涉和秩序，提供规范和程序的背景"。③

3. 实现行政调解和司法调解的有机衔接

行政调解和司法调解的衔接方式主要有两种：其一，诉前委派行政调解。对属于人民法院受理民事诉讼范围和受诉人民法院管辖的案件，在正式立案前，依

---

① 《中华人民共和国人民调解法》第33条：经人民调解委员会调解达成调解协议后，双方当事人认为有必要的，可以自调解协议生效之日起三十日内共同向人民法院申请司法确认，人民法院应当及时对调解协议进行审查，依法确认调解协议的效力。人民法院依法确认调解协议有效，一方当事人拒绝履行或者未全部履行的，对方当事人可以向人民法院申请强制执行。人民法院依法确认调解协议无效，当事人可以通过人民调解方式变更原调解协议或者达成新的调解协议，也可以向人民法院提起诉讼。

② 范愉：《多元化纠纷解决机制》，厦门大学出版社，2005，第776页。

③ 〔意〕莫诺·卡佩莱蒂：《福利国家与接近正义》，刘俊祥等译，法律出版社，2000，第125～136页。

照职权或经当事人申请后，可以委派行政机关进行调解。其二，诉后委托行政调解。经双方当事人同意或人民法院认为确有必要的，人民法院可以在立案后将民事案件委托行政机关协助进行调解。当事人可以协商选定有关行政机关，也可商请由人民法院确定。法院和行政机关应加强行政调解和诉讼调解之间的互动，行政机关应指定工作人员协助法院调解知识产权纠纷案件；当行政机关对知识产权纠纷作出调解协议时，法院应引导调解双方当事人申请司法确认，赋予调解协议强制执行力。

4. 完善司法审查和救济机制

如果当事人之间对于行政调解协议的内容和履行等问题存在争议，比如当事人请求履行调解协议、请求变更、撤销调解协议或者请求确认调解协议无效的，可以向人民法院提起诉讼。当事人一方或者双方均有权向法院提起宣告无效或撤销之诉，申请人应当承担相应的举证责任。法院通过司法审查，对行政调解协议存在的瑕疵和错误进行救济。司法审查不是重新对权利和义务进行审理判定，而是对行政调解的过程和结果的合法性的一种审查。对于已经发生法律效力的确认决定书，当事人或者案外人提出证据证明确认决定确有错误的，也可以向作出确认决定的人民法院申请重新审查。确认决定书确有错误的，人民法院应当作出新决定，撤销原决定。为了避免当事人对此权利的滥用，一般要求当事人在法定期限内提起司法审查。

结　　语

在知识产权纠纷解决体系中，知识产权行政调解程序尽管属于选择性、非强制性程序，但是具有成本费用低廉、便利性和专业性等优势。高素质的调解人员、合理的程序设计以及圆满的调解效果使其具有较高的公信力和权威性。而司法机关对行政调解的鼓励和支持，可以对当事人和社会公众起到积极的引导作用。本文旨在引起大家对知识产权行政调解的共同关注，使这一卓有成效的纠纷解决机制，为法治湖南的建设发挥积极的作用。

B.41
规范性文件审查实践的困境与出路

——以湖南省规范性文件审查制度为样本

吕 宁*

规范性文件的制定与审查是依法行政的重要组成部分，是进一步落实依法治国方略、建设法治政府的重要内容之一，对推进我国社会主义法治建设具有基础性作用。制定规范性文件是我国行政机关实现社会管理职能的重要抓手。提高规范性文件的制定质量、杜绝违法规范性文件的出台是规范性文件审查的直接目的。因此，规范性文件具有哪些价值，我国现有规范性文件审查制度存在哪些问题，如何完善规范性文件审查制度等，成为当前依法行政的热点问题，对这些问题的回答具有重大理论与现实意义。

一 规范性文件的内涵及其审查价值

明确规范性文件的概念是研究规范性文件审查的前提。对于规范性文件的界定有最广义、广义和狭义说三种。最广义说认为规范性文件主要指一切国家机关制定的具有普遍约束力的规范[①]，是各级国家立法机关制定的法律、法规和规章的总称[②]。但是根据宪法和立法法的相关规定，行政法规和规章在法律体系中的位阶高于规范性文件，这些法律还明确了其制定要件和严格的制定程序。因此，若将行政法规和规章也纳入规范性文件的范围中来，显然并不恰当。而狭义说则认为规范性文件是指没有行政法规和行政规章制定权的国家行政机关为实施法

---

* 吕宁，湖南师范大学法学院。

① 罗豪才等：《行政法学》，中央广播电视大学出版社，2010，第167页。

② 李步云主编《立法法研究》，湖南人民出版社，1998，第208页。

律、法规和规章而制定的具有普遍约束力的决定、命令、措施等。① 然而，根据宪法第 89 条和第 107 条的规定，国务院及县级以上地方各级人民政府都有权依据宪法、法律的规定，制定和发布决定和命令。如采取狭义说，即将有行政法规和规章制定权的国家行政机关制定的相关决定、命令、措施等排除在规范性文件的范围之外，这无疑缩小了规范性文件审查的范围，弱化了规范性文件审查制度的功能，更不利于依法行政的有效落实。

相对而言，广义说较为合理，它认为规范性文件是指各类国家行政机关制定的除行政法规和行政规章之外的具有普遍约束力的决定、命令、措施等。湖南在立法实践中就主要采取广义说，在 2009 年公布并实施的《湖南省规范性文件管理办法》第 2 条明确规定"本办法所称规范性文件，是指除政府规章外，行政机关和法律、法规授权的组织制定的，涉及公民、法人或者其他组织权利义务，在一定时期内反复适用，具有普遍约束力的行政公文。"

在法律体系中，规范性文件的法律位阶相对较低，为法制统一之目的须对其进行审查。理论上，审查的价值主要包括基本价值、目的价值和形式价值三方面内容。规范性文件的基本价值主要体现为正义、秩序和效率等，这是所有法律规范最基本的价值。其目的价值主要包括两方面：一是直接目的价值，即规范行政权的运行。早在 1748 年孟德斯鸠就在其著作《论法的精神》中提出不受约束的权力必然腐败的思想，而如何防止国家权力不被滥用也成为当代民主法治国家所面临的共同问题之一。规范性文件审查关注的不仅是对任何形式国家意志的有效传达，而且还包括对实践这种意志所作的规范。对于行政权的规范，也经历了由单纯的限权向控权的转变，使行政权有效运行成为规范性文件的直接目的。二是终极目的价值，即人权保障。规范性文件审查的直接目的指向终极目的。"如果一个公共行政制度只注重结果而不关注人权，那么它就有可能导致独裁和压迫。"② 也就是说，让行政权在不侵犯公民权利的范围内高效运行，其最终目的还是为了更好地保障人权，这也是规范性文件审查的核心价值。规范性文件审查的形式价值主要是指规范性文件在形式上所应当具有的优良品质，它包含许多具

---

① 应松年主编《行政行为法》，人民出版社，1993，第 307 页。
② 〔美〕E. 博登海默著《法理学——法律哲学与法律方法》，邓正来译，中国政法大学出版社，1999，第 385 页。

体内容，如公开性、可操作性、明确性、灵活性等。

规范性文件的审查亦具有实践价值。"行政乃是为实现某个私人目的或公共目的而在具体情形中对权力的行使。"① 现代法治国家要求国家意志以法的形式表达，权力的行使需要以法的强制力进行规范。然而，一方面，宪法、法律、行政法规甚至规章在制定过程中不可避免地具有条文的概括性和滞后性等特点；另一方面，行政本身具有复杂性特点，处于快速转型时期的中国社会现实在加深行政复杂性的同时，又对法律规范体系提出了更高的要求。而规范性文件的灵活性和及时性等特点使其具有平衡法律的滞后性和行政的复杂性的功能，起着对法律规范体系拾遗补阙的作用。规范性文件是对上位法的适当细化和对现实生活需求的及时响应，对其进行审查既能提高行政执法水平，又能协调各方利益冲突，还能避免因缺乏法律依据导致的行政权行使的混乱状况，为行政机关的行政行为提供明确的法律依据，增强了可操作性和指示性，极大提高了行政工作的效率。这些都是规范性文件审查的实践价值所在。

然而，无论是规范性文件审查的一般价值还是实践价值，并非当某一规范性文件被制定初始，就能真正实现其所有应然价值的。早在古希腊时期，亚里士多德就已提出法治的含义不仅包括"公民恪守业已颁定的法律"，还包括"公民们所遵从的法律是制定得优良得体的法律"②，"依法治国实质上是良法治国"③。可见，只有当某一规范性文件是一部良好的制定法，并通过立法、执法、司法和守法等各环节和过程得以有效运行时，该规范性文件的价值才能真正体现。而对规范性文件的审查正是确保其符合"良法"标准的有效方式，是实现规范性文件价值的有力保证。

二　湖南省规范性文件的审查实践及经验

规范性文件的审查是依法行政的基础性工作，是保证规范性文件价值实现的重要方式。目前我国的规范性文件审查制度主要包括对规范性文件合法性的审查

① 〔美〕E. 博登海默著《法理学——法律哲学与法律方法》，邓正来译，中国政法大学出版社，2004，第 378 页。

② 亚里士多德：《政治学》，中国人民大学出版社，2002，第 138～139 页。

③ 李龙：《良法论》，武汉大学出版社，2001，第 3 页。

和"四级政府，三级备案"的规范性文件备案审查两方面内容。随着法治实践的不断深化，全省各地方相关职能部门通过审查实践总结了许多宝贵的经验，①对规范性文件审查制度的完善也有很多创新之处，规范性文件审查制度也不断得到丰富完善。总体来说，湖南规范性文件审查实践中形成的较为成熟的经验突出体现在以下几个方面。

1. 确立了规范性文件"三统一"制度

2008 年湖南省政府出台的《湖南省行政程序规定》是我国第一部系统规范行政程序的地方政府规章，其第 49 条明确了规范性文件的"三统一"制度，即对县级以上人民政府及其工作部门制定的规范性文件，实行统一登记、统一编号、统一公布②，使形式审查与内容审查实现了有机统一，创新了规范性文件的审查模式。2009 年出台的《湖南省规范性文件管理办法》第 16 条进一步强调未经统一登记、统一编号、统一公布的规范性文件一律无效，不得作为行政管理的依据。据统计，自实施《湖南省行政程序规定》以来，全省规范性文件管理更加严格，清理规范性文件 7.7 万件，废止 1.1 万件，宣布失效 2.5 万件，行政效能和政务公开、政务服务水平不断提高。③

2. 明确被动审查程序规则

无论是合法性审查、"三统一"制度的形式审查还是备案审查，都属于行政相关部门的主动审查，而由公民、法人或其他组织所启动的被动审查往往成为被忽视的部分，但被动审查恰是对规范性文件进行事后监督的有效方式。对此，《湖南省行政程序规定》和《湖南省规范性文件管理办法》都明确规定了公民、法人或者其他组织认为规范性文件违法可以申请相关法制部门进行审查，并对受理和审查的主体、时限及通知方式等程序问题作了细化规定，这无疑是规范性文件审查的实践创新。

---

① 如省法制办通过审查，认为湖南省公安厅、交通厅联合制定的《湖南省机动车驾驶人培训考试管理暂行规定》（以下简称《暂行规定》）所确立的"驾考合一"模式——即公民申领驾照只能通过驾校报考，必须参加驾校培训——与《机动车驾驶证申领和使用规定》（公安部令第91 号）的相抵触，同时，违背了上位法《中华人民共和国行政许可法》的规定，最终撤销了《暂行规定》，促使"驾考合一"走向"驾考分离"。

② 参见《建设法治政府的"湖南样本"》，2010 年 9 月 27 日《人民日报》第 1 版。

③ 参见《2010 年湖南省人民政府工作报告》，http://www.gov.cn/test/2010 - 02/02/content_1525926.htm，最后访问时间 2011 年 3 月 20 日。

3. 建立审查前置机制

一方面，在文件请示阶段或者发文阶段，由政府法制机构提出合法性审查意见，作为领导决策时的重要参考依据。对于重要的或复杂的规范性文件甚至应由政府法制机构介入，配合相关部门进行起草，以保障整个决策设计的合法性。另一方面，对于专业性强、争议大或涉及公民、法人切身利益的文件，由政府法制办会同起草单位充分沟通协商，邀请专家进行论证，召开听证会，广泛征求公众意见，提高规范性文件审查的质量和可操作性。对此，《湖南省行政程序规定》确立了重大行政决策听证制度，而2010年5月18日长沙市政府就《长沙市城市管理条例（草案）》举行的自长沙市有立法权以来首次以市政府为主体的立法听证会更是起到了表率作用。

4. 确立有效期制度，完善清理制度

《湖南省行政程序规定》确立了规范性文件有效期制度，规范性文件有效期被确定为5年，标注"暂行"、"试行"的有效期为2年，有效期满，文件自动失效，打破红头文件"终身制"。《湖南省规范性文件管理办法》则进一步强调实行规范性文件定期清理与即时清理相结合的制度。尤其是长沙市还启动了规范性文件数据库与检索系统建设，初步搭建系统平台，为清理工作提供技术支持，改善规范性文件公布滞后、不全等状况，这不仅有利于政府机构对规范性文件的管理，还便于公民、法人或其他组织查询相关信息。

三 规范性文件审查的实践困境

尽管规范性文件审查工作在不断深化，审查制度在不断完善，但是对于规范性文件的审查仍处于探索过程中，实践中难免会产生许多困惑。在规范性文件审查实践中具有普遍性的问题主要表现在以下几个方面。

1. 规范性文件审查范围模糊

目前，我国对于规范性文件并未形成一个为学界和实务部门所普遍接受的名称，有的直接称之为"规范性文件"①，也有的称之为"其他行政规范性文件"②、

---

① 马怀德主编《行政法与行政诉讼法》，中国法制出版社，2000，第208页。
② 姜明安：《行政法与行政诉讼法》，北京大学出版社、高等教育出版社，2007，第211页。

"其他规范性文件"①、"行政规范"②或"行政规定"③，还有的称之为"非立法性行政规范"④。尽管许多地方规范性文件管理办法中都明确定义了规范性文件的概念，但是称谓的不统一、制定主体的多元化，导致各地方在实践操作中对于规范性文件缺乏统一认识。有的地方以明确列举规范性文件形式的方式确定范围，有的地方则并未作进一步规定，造成审查范围界定模糊。这不仅会导致对于规范性文件的重复制定，还会出现漏报、未报甚至规避审查等现象，极大削弱规范性文件审查的效果，阻碍依法行政的深入开展。

2. 规范性文件审查规避现象普遍

在规范性文件审查实践中，规避审查的现象较为普遍。造成规避现象的因素多种多样，包括行政机关相关工作人员法律素质不高、规范性文件审查程序的缺位等，其中规范性文件审查范围的模糊是规避现象的主要成因。由于各地对规范性文件界定的模糊，规避的形式也多种多样。有的以内部文件的名义发布实质上应当属于规范性文件范畴的文件，有些地方存在漏报、瞒报现象等。而较多的是以党委和政府联合发文的形式进行规避。在现有规范性文件审查机制下，众多文件不仅难以被纳入政府审查范围，地方人大也难以启动审查监督机制。这些为规避审查所制发的文件不仅游离于审查之外，还与上位法相冲突，甚至违背法治精神，对依法行政造成阻碍。

3. 规范性文件审查标准单一

对于规范性文件的审查，大多数相关行政部门主要采取合法性审查，有些地方也辅之以合理性或者必要性审查。但是在审查实践中也常产生种种困惑。其一，对规范性文件的文字与内容审查的关系难以处理。有些规范性文件大量照搬上位法内容，条文冗长烦琐，并无制发必要，但就文字上看却符合审查标准；而有些规范性文件就实质内容而言确有制发必要，但是起草的文字水平较低，用语不准确、条文模糊有歧义等。若将文字审查也纳入审查范围，无疑会极大增加审查部门的工作量，降低审查效率；若将其排除在审查标准之外，又不太恰当。其二，在我国法治建设过程中，由于法律体系并不完备，有些规范性文件虽是现实

---

① 应松年：《行政法学新论》，中国方正出版社，2004，第 228 页。
② 叶必丰、周佑勇著《行政规范研究》，法律出版社，2002，第 33 ~ 34 页。
③ 朱芒：《论行政规定的性质》，《中国法学》2003 年第 1 期。
④ 陈丽芳著《非立法性行政规范研究》，中共中央党校出版社，2007，第 19 页。

所迫切需要的，却找不到上位法的依据而难以制定，导致出现规范性文件缺位的现象。

4. 规范性文件审查程序不全

对于规范性文件审查程序，各地方都或多或少地作了相关规定，但是并未达成一致意见，规范性文件的起草、审查、公布及监督等机制都不够完备。首先，根据《规章制定程序条例》的规定，依法不具有规章制定权的县级以上地方人民政府制定规范性文件应参照《规章制定程序条例》规定的程序执行，但其他规范性文件的制定主体被排除在外，可以参照，也可以不参照，没有强制性规定。其次，对于公众参与机制并未形成统一的程序规定，公众难以真正参与到涉及自身利益的规范性文件的制定过程中来。再次，在政府内部职能部门的相互协调上，欠缺相关明确的程序性规定，规范性文件审查方面的职权划分不够明确，这也成为阻碍政府法制部门的规范性文件审查工作顺利进行的原因之一。另外，有些地方对于报送备案、审查以及审查的延长时限等规定并不统一，欠缺可操作性。

5. 规范性文件的审查效力不明确

对于规范性文件进行审查的效力问题，尚没有形成统一认识，问题主要集中在当规范性文件未通过审查时，政府法制机构出具的书面审查意见究竟具有怎样的效力。大多数地方的规范性文件管理办法都只赋予审查机关提出建议和意见的权力，但是对该意见是否被采纳，还缺乏刚性规定。当送审部门与审查机关对于审查意见有异议时，大多数地方规定送审部门可以提出异议，说明理由，提请本级人民政府协调解决。规范性文件审查效力的不明确容易导致审查流于形式，难以真正起到规范行政权的作用，更无法真正保障规范性文件价值的实现。

另外，除了上述问题，领导的重视程度、工作人员的法律素养及规范性文件审查机构的单独设立、资金配备、人员组成等问题都是目前我国规范性文件审查工作需要进一步完善的内容。

四 完善规范性文件审查制度的若干建议

针对规范性文件审查实践中存在的问题，结合长沙市的审查经验，主要有以下几点完善建议。

1. 明确规范性文件的审查范围，严格控制规避审查

首先，国务院应当统一规范性文件的称谓，对规范性文件的概念作出明确界定，便于统一实践操作。其次，应当采取形式与内容相结合的形式明确规范性文件的审查范围。由于制定主体的多元化以及行政的复杂性，单纯以列举规范性文件形式的方式确认审查范围难以满足实践需求。因而，一方面可以参照《国家行政机关公文处理办法》，明确规范性文件的主要表现形式有命令（令）、决定、公告、通告、通知、通报、议案、报告、请示、批复、意见、函和会议纪要十三种形式。另一方面，地方政府和部门可以在此基础上，结合统一的规范性文件的概念作出明确的补充规定。再次，由于内部规范性文件也大多涉及公民、法人或者其他组织的权利义务，且在一定时期内反复适用，具有普遍约束力，它同样也是行政公文的一种，因此，可以考虑将内部规范性文件纳入审查范围，避免出现规避审查的现象。在具体操作上可以建立对内和对外两套规范性文件审查机制。最后，应当考虑将党委和政府联合发布的文件纳入规范性文件的审查范围。一般而言，党委与政府联合发文多与行政事务有关，且由行政部门贯彻执行，只要涉及公民、法人或其他组织的权利、义务关系，具有普遍约束力，与规范行政管理事务有关，就应该纳入审查范围。但要注意其与其他规范性文件的区别，若发现不符合审查标准的情形，应当向党委汇报，提出纠正建议。

2. 完善规范性文件审查标准，明确审查效力

其一，应当在进一步坚持合法性审查的基础上，将形式审查与内容审查相结合。不仅要审查文件是否符合"三统一"的要求，还要审查其是否符合规范性文件的制定主体、权限、程序、内容等合法标准。其二，应当将合法性审查与合理性、协调性以及"不违法性"审查相结合。一方面，在对规范性文件进行合法性审查时，还应审查该规范性文件是否具有形式合理性和实质合理性，是否具有可操作性，是否适应现实生活的需要等。同时还应当注意该规范性文件与已有的规范性文件的协调性问题，在审查过程中避免出现规范性文件之间相互冲突的情况。另一方面，当该规范性文件具有合理性，但是找不到上位法依据时，可以考虑作"不违法"审查，或者以上位规范性文件作为依据。其三，应当将文字审查与内容审查相结合。部门法制机构应当和办文机构相互协调配合，分工合作对规范性文件的内容和文字进行审查。其四，应当明确审查的效力。可以考虑制定刚性条款，对于不符合审查要求的规范性文件宣布无效，不得将其作为行政管理的依据。

3. 建立规范性文件多元立体审查模式

建立规范性文件多元立体审查模式，是指不仅要完善规范性文件的审查机制，还应建立部门法制机构预审查机制、部门协调审查机制、后评价机制以及被动审查机制相结合的审查模式，使对规范性文件的审查贯穿规范性文件制定和实施的整个过程，以确保其价值的真正实现。第一，预审查机制主要是指在规范性文件制定过程中，部门法制机构应当对其合法性、合理性及协调性等予以审查，协助指导文件起草，在必要情况下召开公众听证会和专家论证会，避免出现事后再救济的情形，也更利于行政相对人权利的保障。第二，部门协调机制主要是指在进行规范性文件审查过程中，各相关行政部门应当相互合作、明确分工、协调运行，保障审查的畅通性。如由专门机构负责规范性文件的文字审查及合理性审查之后，再统一交送法制部门作合法性审查，以此解决由于有些规范性文件起草水平不高，进而加大审查部门的工作强度、降低审查效率的问题。第三，后评价机制主要是指对已制定施行的规范性文件作定期评估和清理，一方面对已经不再符合现实需要的规范性文件作清理，另一方面对在规范性文件审查过程中未发现的与上位法有冲突的规范性文件及时作出调整，并建立相关问责制度，以保证规范性文件的有效实施。第四，被动审查机制主要是指将公民、法人或其他组织申请合法性审查纳入审查制度中来，弥补以前只能在行政复议中结合具体行政行为提起审查的缺陷，扩大公众参与，加强审查监督。

4. 完善公众参与机制

公众参与是现代法治社会民主参与的主要实现形式。"现代民主国家均设立法规听证制度，以公共和理性的沟通途径来化解冲突，尤其赋予利害关系人参与表示意见之机会，使人民能直接参与决策机制，实现人民直接民主。"① 在规范性文件审查过程中，公众参与程度并不高，但是有很多规范性文件直接涉及公民切身重大利益，而规范性文件的有效施行、行政权的有效运行、法律权威的树立都离不开公众的认同。因此，完善规范性文件审查制度，应当出台相关措施，拓宽公众参与渠道。其中，在规范性文件制定过程中召开听证会和专家咨询会、论

---

① 罗传贤著《行政程序法基础理论》，五南图书出版公司，1993，第 189 页。

证会是实现公众参与的主要形式。此外，在规范性文件起草过程中，可以将草案在公共网络平台公布，广泛征求公众意见；在规范性文件后评估时，也可广泛征求公众对该规范性文件施行情况的意见，及时调整，避免规范性文件与公众意志相冲突的情况出现。

5. 细化规范性文件审查程序规则

良好的审查制度离不开具有可操作性的程序规则。一方面，应当进一步补充细化审查的程序，对于立项、起草、审查、决定和公布、解释与备案等各方面作详细的规定，明确审查的主体、时限、范围、标准，明确相关职能部门的职责和权限，通过程序规定增强可操作性，遏制规避规范性文件审查的现象。另一方面，还应当补充完善公众参与的程序性规定，避免出现公众有权参与但无法参与的状况。这不仅包括被动审查机制的具体程序，还包括听证会、论证会的程序。

B . 42

社会转型背景下人民陪审员
制度二元构造论

——兼谈司法大众化与职业化的冲突与融合

刘方勇*

"我国实行人民陪审员制度,是人民群众在司法领域依法管理国家事务的一种最重要、最直接的形式",① 虽然决策层抱着美好的愿望,意图"通过陪审这座桥梁,动员和组织人民群众以陪审员的身份参与案件审判活动,让普通群众协助司法、见证司法、掌理司法,充分体现司法的民主功能,可以更集中地通达民情,反映民意,凝聚民智,在更大程度上实现人民民主",② 但从目前的发展趋势来看,人民陪审员制度的改革,似乎与司法领域甚至是其他领域的改革一样,逐渐演变为一个纯粹中国式的问题。虽然我们努力建构陪审制度的中国话语体系,但是在过于关注制度独特性的同时,也逐渐偏离了制度的普适价值轨道,出现了制度运行所涉各方"用脚投票"的现象,一些异化和另类的做法尤其值得深思。据闻,河南法院系统已经开始在现有陪审体系之外尝试建立"人民陪审团"制度,③ 还有

---

* 刘方勇,湖南省高级人民法院。

① 杨维汉、郑良:《让普通群众协助司法、见证司法、掌理司法——最高人民法院常务副院长沈德咏谈人民陪审员制度》,载 http://www.gov.cn/jrzg/2010-05/14/content_1606276.htm,于2010年8月3日访问。

② 杨维汉、郑良:《让普通群众协助司法、见证司法、掌理司法——最高人民法院常务副院长沈德咏谈人民陪审员制度》,载 http://www.gov.cn/jrzg/2010-05/14/content_1606276.htm,于2010年8月3日访问。

③ 河南省法院系统全省推广"人民陪审团"制度,河南高院院长张立勇在接受记者采访时,坦言"现行的人民陪审员制度由于制度设计以及客观条件制约,'陪而不审'、'审而不议'现象普遍存在",是河南法院推行"人民陪审团"制度的主要动因,载于 http://cpc.people.com.cn/GB/64093/64387/11492280.html。

其他的高院院长也呼吁建立人民陪审团制度。① 与此相呼应的是，学界主张废除现行陪审制的声音不绝于耳，主张转而采用英美陪审团制的大有人在。陪审制度的中国价值与坐标到底何在？着实有必要对其进行梳理和反思。

一 现实之惑：似乎只是看上去很美

陪审制度的普适价值不言而喻，尽管依然受到质疑和诟病，但现代陪审制度仍然是我国保障现代司法民主化及公民行使司法审判权的重要制度。客观而言，自全国人大常委会发布的《关于完善人民陪审员制度的决定》实施以来，我国人民陪审制度在一定程度上体现了自身价值。但整体而言，依然是争议多于共识，问题多于成效，实际作用与预期价值相比，还有较大落差。

1. 陪审员选任高学历化，陪审员代表性明显不足

尽管陪审"是保持司法制度人民性的重要内容，是司法大众化的一种重要制度安排"，② 但令人尴尬的是，本是"司法大众化的重要制度安排"的陪审制度面临着"非大众化"的问题。据最高法院统计，目前全国仅有7.7万余名陪审员，③ 与全国总人口相比微乎其微。陪审权仅由公民中的极少数人行使，与"通过司法的大众化使司法走近人民、贴近社会，增强社会对司法裁判的认可度"④ 的价值取向明显是相违背的。陪审的"非大众化"与陪审员的选任条件和程序有关。根据现有法律规定，公民担任人民陪审员，一般应当具有大学专科以上文化程度。只有在执行该规定确有困难的地方及对年龄较大、威信较高的公

---

① 全国人大代表、陕西省高级人民法院院长安东在两会上直言：当前的人民陪审员制度流于形式，建议建立人民陪审团制度，让更多的公民有机会直接参与审判，载于http://news. cnwest. com/content/2010 - 03/05/content_ 2848518. htm。

② 杨维汉、郑良：《让普通群众协助司法、见证司法、掌理司法——最高人民法院常务副院长沈德咏谈人民陪审员制度》，载http：//www. gov. cn/jrzg/2010 - 05/14/content_ 1606276. htm，于2010年8月3日访问。

③ 杨维汉、郑良：《让普通群众协助司法、见证司法、掌理司法——最高人民法院常务副院长沈德咏谈人民陪审员制度》，载http：//www. gov. cn/jrzg/2010 - 05/14/content_ 1606276. htm，于2010年8月3日访问。

④ 杨维汉、郑良：《让普通群众协助司法、见证司法、掌理司法——最高人民法院常务副院长沈德咏谈人民陪审员制度》，载http：//www. gov. cn/jrzg/2010 - 05/14/content_ 1606276. htm，于2010年8月3日访问。

民，才可经批准予以适当放宽。过高的选任条件将陪审员的选任限制在较窄的范围内，甚至在事实上排除了特定群体。据了解，绝大多数省（区、市）大专以上学历的陪审员比例都在80%以上，海南甚至达97%，广东为95.9%，安徽为94%①（见表1）。

表1　部分省（区、市）人民陪审员学历结构

地　区	人民陪审员总数	研究生以上学历	本科学历	大专学历	大专及以上学历所占比例（%）
山　西	2004	20	553	1147	85.8
青　海	331	4	149	121	82.8
浙　江	3922	86	1388	1835	84.4
重　庆	1592	53（含11名博士）	562	711	83.3
广　西	1616		567	726	80
吉　林	2105		961	975	92
安　徽	1682		860	729	95
贵　州	1202		339	553	74.2
江　西	2540		918	1169	82.2
河　南	5828		2353	2774	88
湖　北	2443		1101	1109	90.5
内蒙古	1901		789	894	88.5
广　东	3283	181	2967		95.9
海　南	232		225		97
四　川	3985		3188		80
西　藏	877		535		61
山　东	5873		4558		77.6
湖　南	3952		3402		86.1
辽　宁	2557		2386		93.3

与此相对照的是，农民陪审员所占比例过低的现象同样普遍存在。如广东全省3283名陪审员中，仅有174名农民，仅占5.3%；安徽全省1682名陪审

① 本文所引用的各省（区、市）的实证数据如无特别标注，均来源于最高法院政治部编《全国法院人民陪审工作会议经验交流材料》（一）。

员中，仅有82名农民，仅占5%；吉林全省2105名陪审员中，仅有85名农民，仅占4%（见表2）。不仅如此，陪审制运行中存在的一些不合理现象使得陪审员的代表性还要层层递减。由于选任条件较高，各地在选任陪审员过程中过于依赖单位推荐的方式，因此各地法院普遍存在陪审员中公务员比例过高等问题。如西藏人民陪审员中高达75%的来自党政机关，内蒙古达到57.2%，湖北达到52%（见表2）。由于法官与公务员同是公权力的行使者，过高的公务员比例显然稀释掉了"大众"的成分，实际上等于间接大幅度损减了陪审制的代表性。

表2　部分省（区、市）人民陪审员来源结构

地　区	人民陪审员总数	党政机关干部		企事业单位（含高校、科研院所）		农　民	
		人数	比例（%）	人数	比例（%）	人数	比例（%）
内蒙古	1901	1088	57.2	509	26.8	47	2.5
河　南	5828	2355	40.4	1926	33.1	631	10.8
安　徽	1682	810	48	614	36.5	82	5
吉　林	2105	853	40.5	556	26.4	85	4
广　东	3283					174	5.3
浙　江	3922	1451	37	832	21.2	820（含村居干部）	20.9
重　庆	1592	634	40	425	26.7	343（基层自治组织）	21.6
四　川	3985	1993	50	1195	30	797（含城市居民）	20
福　建	1971	918	46.6	550	27.9		
贵　州	1202	574	47.8	272	22.6		
江　西	2540	534	21	736	29		
西　藏	877	658	75	105	12		
湖　北	2443	1270	52	586	24		
湖　南	3952	2249	56.9	1047	26.5		
青　海	331	160	48.3	114	34.4		
广　西	1616	682	42.2	343	21.2		

2. 陪审员职权行使两极化，陪审功能虚置现象严重

陪审员职权行使模式迥异，下面几种极端现象值得关注。一是无正当理由长

期不履行职责。在有限的陪审员中，又有相当一部分陪审员几乎从不履行陪审职责，陪审权实际上集中由7.7万名陪审员的一部分人行使，更进一步损减了陪审员的代表性。如2005年以来，天津从未参加过案件陪审的多达650人，占人民陪审员总数的32.4%（见表3）。山东省共免除了150余名无正当理由长期不履职的陪审员的职务，西藏免职208人，黑龙江免职192人。二是怠于行使陪审权。在参与案件审判的陪审员中，还有为数不少的陪审员"陪而不审、审而不议"，甘当陪衬，消极履行陪审职责，不仅使得陪审员的代表性进一步损减，也使陪审功能难以发挥。从目前的信息来看，"陪而不审"现象还在很大程度上存在。其在司法实践中的具体表现有：法庭审判结束审判长让陪审员在法庭笔录上签字、在空白合议笔录上签字，根本没有合议的过程；有的案子虽然有合议，但审判长会先发表意见定调子，大多数陪审员则会顺从（特别"较真"的除外）。①

表3 部分省（区、市）人民陪审员参审情况统计

地 区	2005年以来陪审员参审案件数所占比例	陪审员人均参审数	陪审员个人最多参审案件数	从未参加案件陪审人数
陕 西	15.64%			216人（占9.1%）
天 津	16.74%		600件（五年数）	650人（占32.4%）
江 西		907人平均11件以上，1255人平均在1～10件之间		356人（占14%）
广 东	69.5%	42.7件（其中947人年平均100件以上）		
广 西	12.34%/2007年 12.73%/2008年 20.81%/2009年		437件/2007年 519件/2008年 453件/2009年	
四 川		21件		
贵 州			425件	
甘 肃			273件	
北 京			300件	
浙 江		23.45件	720件	
福 建	28.3%	10.1件		

① 李玉华：《"陪而不审"之我见——法学教授陪审员的视角》，载《法律适用》2010年第7期。

三是过于积极地行使陪审权。出现了所谓"陪审专业户"或"陪审员固定配置"等令人忧虑而又难以消除的现象。有的地方法院主要将陪审员作为审判力量的补充，把陪审员当"编外法官"使用，往往以组成合议庭为最基本的诉求。由于随机抽取选择陪审员不仅面很窄，程序麻烦，被选者往往还难以到位，影响工作。基于方便、实用的考虑，要么高频率地使用熟悉的陪审员，要么为合议庭配置固定的陪审员。尤其在基层人民法庭这一现象十分常见。对于有些陪审员来说，本身因为退休或没有工作，闲着也是闲着，而参与案件审理，一天虽说只有几十块钱的补助，但积少成多，陪审多了，也有一笔不小的收入。尤其在一些经济不发达地区，这笔收入甚至是可观的。也因为此，个别地方法院甚至将选任陪审员作为安置干部未就业家属的一种途径。据了解，山西省5年来陪审案件最多的一名陪审员共陪审案件600余件，2009年浙江省陪审案件最多的达720件，四川为425件，广西为453件。

3. 陪审员管理趋向"职业化"，陪审的独立价值渐趋模糊

在法官职业化改革迟滞不前，法官职业"大众化"弊端尚未消除之时，以体现司法"大众化"为导向的陪审制度改革却出现了陪审员"专职化"或"职业化"的倾向，无论是陪审员选任、参审，还是培训、管理都越来越与法官选任、培训模式趋同。这体现在以下几个方面：一是在参审上出现了前文所述的固定设置或专职化现象。陪审员有被职业化的倾向。二是在培训上往往比照法官培训模式，着重提高"职业"能力。培训往往是专业性很强的业务培训，目的是要提高陪审员的履职能力，包括司法审判技巧甚至是庭审驾驭能力。不仅要进行岗前培训①，还要进行日常任职培训②。虽然在广度和深度上不如职业法官，但就培训的形式、目的和课程设置等方面来看，与职业法官培训几无二致。三是在管理上具有越来越明显的"职业化"倾向。对陪审员强化管理和考核，是陪

---

① 最高人民法院《关于进一步加强和推进人民陪审工作的若干意见》第27条规定的培训内容为：学习"社会主义法治理念、法官职业道德、中国司法制度、审判纪律、司法礼仪、廉政规定以及法律基础知识、审判工作基本规则等"。

② 最高人民法院《关于进一步加强和推进人民陪审工作的若干意见》第29条规定："有计划、有组织地对任职期间地人民陪审员进行政治理论和新颁法律法规、司法解释的培训。除了采取集中授课培训外，还可以采取有针对性的庭审观摩、案例教学、模拟演示、电化教学、巡回教学等方法，以及组织人民陪审员对热点、难点、重点问题案件进行专题研讨。任职培训不得少于20个学时"。

审制度改革的一个新的发展动向。① 在考核之外，还要追责，不再是"同职同权"，而是"同职同权同责"。② 有的地方甚至提出要比照对法官的要求，对陪审员进行错案追究。这样的规定恐有其现实原因，目的是防止出现道德风险和法律风险，但问题在于以民主的名义由普通民众作出的判断能够被追究吗？

二 冲突之源：理想与现实之间的距离有多远

人民陪审员制度在我国实际发挥的作用远未达到预期效果，这与制度设计本身密不可分。尤其是过于理想的"同职同权"的职权配置模式非但难以实现，反而成为问题的根源。

1. 现行陪审制度架构与转型社会的现实有所脱节

一项以民主名义推行的制度必然要适应民主之下的社会结构与基础，如此才有可能获得广泛的社会认同。我国城市社会正在趋向精英社会，法治思想已经觉醒，规则意识不断强化，合理利用与规避规则的行为趋向较为清晰，程序正义与实体正义受到双重重视。而广大农村仍然还属于乡土社会、熟人社会、礼俗社会，人们渴求官方救济与民间自治救济并行，追求个案的实体正义，期望裁判基于客观真实，并兼顾道德、习惯与情理。以"同职同权"职权配置模式为核心建构的一元化陪审制度与这一社会现实明显是脱节的。确切地说，现行陪审制度似乎是为"城市社会"或者"精英社会"量身打造的。因为只有城市精英们才可能有能力做到与法官平起平坐。无论是陪审员的选任条件，还是要求陪审员具备一定的履职能力，甚至要求陪审员具备承担责任的基础条件，这些制度性规定

---

① 最高人民法院《关于进一步加强和推进人民陪审工作的若干意见》第31条规定："基层人民法院应当对人民陪审员进行动态考核，建立健全考核管理制度，建立陪审工作绩效档案，着重就陪审案件的数量、出庭率、陪审能力、审判纪律、审判作风等内容进行考核，人民陪审员的廉洁自律、公正司法情况，纳入所在基层人民法院廉政监督工作范围。"考核结果不仅要通知本人及其所在单位（或户籍所在地、经常居住地的基层组织），还要报送当地同级人大内务司法委员会和司法行政机关。

② 最高人民法院《关于进一步加强和推进人民陪审工作的若干意见》第33条规定："人民陪审员与参加合议庭的法官享有同等的权利，同时也应当履行同等的义务。人民陪审员在履行陪审职责期间，如出现滥用职权、玩忽职守、徇私舞弊等情形，人民法院应当视其情节对其进行批评教育，情节严重的，依照法定程序免除其人民陪审员职务，建议所在单位或基层组织对其进行处理，构成犯罪的，依法追究刑事责任。"

事实上排除了农村社会的有效参与，这可以从前文所描述的农民陪审员比例过低的现象中一窥全貌。但在我国城乡二元结构的社会特征十分明显的情况下，以民主名义设计的陪审制度如果得不到广大农民的积极参与和广泛认同，其民主的制度内涵必然要大打折扣。现行的陪审制度未必不愿顾及这样一个庞大的群体，但如以同职同权同责为制度设计的核心内容，则即便想顾及也是心有余而力不足。事实上，城乡二元社会结构下，农民要符合现行陪审员选任的基本条件，是相当困难的，而要使农民陪审员与法官一样履其职、享其权、担其责，恐怕更是难上加难。这种以"精英化"为导向的陪审制度与二元社会结构难以契合，也就难免出现南橘北枳的局面了。

2. 实用与功利主义价值取向左右陪审制度运行

陪审制度在法官、陪审员与当事人（公诉人）三方关系互动的过程中运行。而在这三方关系的互动中，始终充满着实用与功利主义的考量。从法官的角度而言，虽然在实践中确实存在陪审员与法官知识互补，陪审制度的功能在一定程度得到发挥并为法官所认可，但从整体上来考察，似乎还不具有指标性的观察意义。更多的情况下，陪审员往往被作为司法民主的点缀以及解决审判力量不足的工具。[①] 在这样的认识之下，少部分陪审员被高频率使用以致"专职化"或配置到合议庭固定使用的现象就不难理解了。从陪审员的角度而言，陪审员不行使、怠于、消极行使陪审职责，表明即便陪审员自己对陪审制度的认同度都还要打上一个问号。换言之，以"同职同权同责"为主轴设计的陪审制度，不仅难以容纳农村社会群体，在事实上也并没有得到城市精英或高学历人群的广泛认同。各地陪审员的选任过于依赖单位推荐方式的现象可为实证。如浙江陪审员中单位推荐的达到73.6%，宁夏甚至达到95%（见表4）。普通民众自愿申请成为陪审员的比例缘何较低？表面上的原因似乎是工审矛盾。客观上而言，在陪审员数量有限的前提下，对于那些有职有业的城市精英来说，陪审确实要占用大量时间精力，经常性的缺席纯属无奈。但笔者以为，更深层次的原因是陪审员的自我价值认同本身就是一个问题。陪审员虽说是有职有权，但"陪审员由于本身法律知识的限制不能把握法律精神的实质，又由于对案件事实的不确切认定，使陪审员在法官面前会表现不同程度的拘谨，对于法官权威的专业知识有一种敬畏心理，

---

① 李玉华：《"陪而不审"之我见——法学教授陪审员的视角》，载《法律适用》2010年第7期。

并且自然产生一种权威趋从心态，所以在谈论裁判时，只能听凭法官决定"。①
即便是高学历的城市精英在专业与精深的法律问题面前，仍然抱有"小学生"
心态，要求他们尽职尽责确实有些勉为其难。根据统计，2005 年 5 月至 2010 年
3 月，人民陪审员共参与全国法院审理案件近 200 万件，占基层法院普通程序案
件总数的 19.5%。② 其中，包括了大量法院单方决定或法定陪审的案件，当事人
主动申请适用陪审机制的案件比例应该并不算高。一个事实是，一些地方由于陪
审制度的利用率普遍不高，以致不得不动用考核指标加以强力推动。值得关注的
是，在司法实践中，出现了律师以功利目的游说当事人采用陪审制的现象，直指
陪审制缺乏道德与法律风险防范措施的制度漏洞，尤其值得警惕③。

表4　部分省区人民陪审员产生方式分析

单位：%

地　区	单位推荐方式	自荐方式
浙　江	73.6	26.4
宁　夏	95	5
黑龙江	55.8	44.2
江　西	绝大多数	极少数

3. 价值目标实现受到与陪审制度相关的周边制度的强力制约

　　一项被赋予民主意义的制度在实际运行中民主的价值与功能却难以彰显，这
除与社会基础与制度运行本身有关外，还与周边相关制度的强力制约密切相关。
陪审制度说到底是一个法律移植的问题，如果制度建构和衔接不当，不但使陪审
制度的所谓司法民主象征性符号的意义远大于其实际意义，还极易诱发道德风险
和法律风险。域外经验表明，陪审制度之所以能深入人心，发挥特定的作用，源
于其根植于一国特定的法律文化土壤，与一国特定的诉讼模式一脉相承，与周边
制度几乎完全融为一体。而我国陪审制度之所以出现种种问题，与周边制度的衔

---

① 左卫民、周云帆：《国外陪审制的比较与评析》，载《法学评论》1995 年第 3 期。
② 郑良、杨维汉：《5 年来人民陪审员参与全国法院审理案件近 200 万件》，中央政府门户网站。
③ 由于陪审员随机抽取机制形同虚设，相对固定设置的陪审员成了律师"公关"的对象，"搞
　　定"陪审员往往比"搞定"法官容易得多，成本也低得多。律师当然乐意由已经"熟悉"的
　　陪审员审理案件。

接、契合不够，是其中一个重要的原因。

——职权主义诉讼模式的负面影响。总体上看，我国法庭审判模式属于职权主义，它以审判官为中心，强调法官的主导地位而不提倡当事人在诉讼中的积极性。而职权主义的审判模式对陪审制度的运作存在负面影响。[①] 这主要体现在法官的绝对主导地位和庭审功能的相对弱化。在司法实践中，法官绝对主导案件审理，对案件审理的深入程度、判断能力往往要高出陪审员一大截。这种参与能力与判断能力的差别，使陪审员虽然名义上拥有与法官同样的职权，但也仅止于名义而很难真正实现。陪审员往往在开庭时才介入案件，与职业法官相比，只是部分地参与了案件处理过程，这使陪审员对案件的判断能力因参与过程的有限性而弱于法官。[②] 而在开庭时，由于提前接触案件并具有专业知识和司法经验，职业法官对案件的性质在开庭前或开庭中已形成一定的判断，这往往早于陪审员，从而使得职业法官可能利用审判控制权加速审理过程或者对自己已清楚的事实和证据予以略过，重点审理自己认为尚未弄清的问题。这往往令陪审员感到力不从心，难以真正发挥作用。[③]

——合议庭组成方式的天然缺陷。合议庭作为人民法院的基本审判组织，合议制作为人民法院的基本审判方式，在发挥合议庭成员集体智慧，防止个人专断，实现审判资源有效配置，发扬司法民主，确保诉讼程序和裁判结果公正等方面具有重要作用。[④] 根据现有法律规定，尽管合议庭组成人员在具体分工上有所差别，但审判长与合议庭组成人员的表决权是完全平等的，客观上要求合议庭组成人员具有类似或较为接近的知识结构、判断能力、执业经验，如此才可能对类似问题作出类似判断，以维护判决的统一性。如果认知、能力、经验相差较大，所谓合议就容易演变成随意让渡自己的权力、简单附和他人意见的游戏，让合议

---

① 左卫民、尹摇山：《中国陪审制度：比较、反思与前瞻》，载《社会科学研究》2010 年第 2期。

② 左卫民、尹摇山：《中国陪审制度：比较、反思与前瞻》，载《社会科学研究》2010 年第 2期。

③ 左卫民、尹摇山：《中国陪审制度：比较、反思与前瞻》，载《社会科学研究》2010 年第 2期。

④ 参见：《建立公正高效的审判运行机制——访最高人民法院司改领导小组办公室主任卫彦明》，载 http://www. court. gov. cn/xwzx/jdjd/sdjd/201002/t20100225_ 1969. htm，于 2010 年 7 月 28日访问。

成为合而不议或附议。虽然陪审员选任的基础条件较高，但往往他们并不拥有与法官相近的专业能力，这是再怎么加强培训也不容易形成的。合议功能虚化的问题一直困扰司法实践，"礼让"行为即便在完全由职业法官组成的合议庭中也并不鲜见，更不要说在由陪审员组成的合议庭中，因为陪审员一般而言更不具备与法官同堂议案的专业能力和经验。事实上，由合议庭审理的案件，往往又是事实较为复杂、证据较为庞杂、争议较大的案件，常识与情理判断或者生活经验，往往派不上用场。从另一个角度而言，如果陪审员与法官的角色同化，陪审员的角色定位反而会在同化中丧失，难以发挥其作为普通人矫正专家视角偏差的作用。还有一点值得注意的是，对于由多少个陪审员与法官组成合议庭，现有法律没有规定。一般情况下，"1＋2"、"2＋1"是常态，但其中也是有差别的。如果由1个陪审员与2个法官组成合议庭，笔者以为象征性意义可能更强，此种情况下，陪审员即便能够提出不同意见，也难以左右判决。

——上诉审查制度的消极作用。有陪审员参与审理的案件，裁决从形式上说是以民主的名义作出的，其中已经蕴含着由陪审员所代表的公众的意愿。不论结果如何，是否还可以由职业法官组成合议庭以上诉审程序来对之前的裁决进行审查和更改？在美国，由于陪审团只对事实部分作出判断，且对事实部分的判决不允许上诉，这使得由陪审团作出的裁决具有很强的确定性。而我国由陪审员参审案件的判决显然是不确定的。这是陪审员职权配置的必然逻辑结果。既然陪审员与法官"同职同权同责"，法官以一审程序审理的案件可以上诉，陪审员参审的案件为什么不可以呢？此外，职权主义诉讼模式常常与成文法传统紧密联系在一起，由非职业的普通民众作出的司法判决，往往可能逾越成文法的规定。如果不赋予当事人救济权，有可能会破坏法制的统一，损害当事人的合法权益。问题在于，如果赋予当事人救济权，司法民主的效应又会因为司法权的干涉或否定而大为减损。此外，如果有陪审员参与的案件与法官审理的案件同样具有不确定性，那么民众选择陪审员参审的理由在哪呢？此外，如果陪审结果是不确定的，陪审制度的独立价值又如何去体现，尤其是既以司法民主的旗号推行陪审制度，"民主"如能简单被上诉审法官否定或更改的话，"民主"的意义又在哪呢？这未免有些本末倒置。与之同理，法院内部存在的一些正式与非正式的审查机制也在左右陪审结果的确定性。如审委会制度、庭长院长案件审批制都可能使陪审判决的确定性大打折扣。

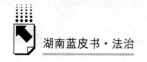
三　融合之道：传统与现代的二元对接

1. 恰似春风化雨时：陪审制度应予重视的现世价值

人民陪审员制度改革中暴露出的一些弊端，应该说是原生性、结构性的。一些学者因而认为陪审制度是"鸡肋"、"天使的面孔、魔鬼的身材"，主张废除陪审制度。但是在司法改革的背景下审视司法，陪审制是否真的毫无价值呢？倒也不尽然。笔者认为，在司法公信力饱受质疑的情况下，尽可能引入民众参与审判，不仅让他们感知司法程序运作，也让他们独立行使司法判断权，无疑是一个让民众信任司法并保持司法透明度的较为现实的路径。关键的问题是，在以司法民主名义赋权给陪审员的同时，必须保障陪审员解决纠纷的独立价值，使以陪审方式化解社会纷争具有独立的、替代性的效应。尤其是在司法面临"申诉难"、"执行难"等困境下，具有相对独立性、定分止争作用的陪审制度的引入，不仅可以有效终结诉争，制止毫无节制的权利主张行为，而且有助于消除民众对司法的不信任感，树立司法机关的权威。笔者以为，可以吸收美国陪审团制度中的一些合理构造元素。如美国陪审团对事实进行裁决的职权认定，当事人对陪审员有平等的选定权，裁决结果具有终局性。这样的制度设计主要能保障陪审制具有相对独立的价值功能，也使陪审结果具有较高的确定性，有利于纠纷的解决。不仅如此，尽可能让民众广泛地参与司法过程，也是迅速提高全民法律素质的有效途径。此外，从我国司法的现实状况来看，在法官职业化改革迟滞不前、法官职业对法律精英整体上还缺乏吸引力、法官职业化程度不高的局面短时期内难以根本扭转的情况下，陪审制度还可能是吸纳社会法律精英参与司法审判的一条捷径。从宏观的视野而论，围绕陪审制度改革，一个为民众所喜闻乐见、广泛认同的陪审制度必然能深刻地引起诉讼模式、诉讼理念以及诉讼制度变革。因而，由陪审制度带来的变革，恰是我国法治进程中期盼已久的春风细雨。

2. 似是故人来：传统文化中可以萃取的陪审基因

我们常把陪审视为外来的法律文化，其出现在我国最早恐怕要追溯到革命战争年代。但如果仔细审视，我们也可以在自己久远的传统文化中找到与此相近的基因。无论是大陆法系的参审制度还是英美法系的陪审团制度，都赋予了陪审员对事实进行认定的权力。这项传统的权力来源于作为现代陪审团雏形的"邻人审判"，即由知情人士（实际上是证人）组成陪审团，协助法官裁决当事人之间的纠纷。后来知情陪审团消失了，但陪审员对事实进行认定的权力保留了下来，因为即使没有亲身经历案件，普通人也能凭借智力、理性和良心来判断事实的是与非。① 尽管大陆法系与英美法系基于诉讼理念、诉讼模式的差别赋予陪审员不同的职权，但认定事实的传统权力仍是构筑陪审制度的基础。而这种朴素的以良心判断、情理判断、常识判断为基础的纠纷解决方式与传统文化或思维中的某些现象或基因有相似之处。在长江三角洲一带，以前人们常把那些有威望、讲公道的年长者称作"老娘舅"，在发生纠纷时，请有威望的"老娘舅"依据情理、事理来解决的"老娘舅"文化盛行至今。在传统思维里，在与他人发生纠纷的现场，请周边知情的路人"评评理"，又是一个多么自然的思维习惯。这与"邻人审判"是不是有异曲同工之妙呢？如此，这种深深浸透我们思维习惯的文化基因恐怕是陪审制度成功运作的思想基石。

3. 为有源头活水来：平民陪审与精英陪审并行的二元构造

从前文的分析可知，陪审制度要在我国落地生根，必须要与我国现实的司法环境和社会环境相融合，也必须与我国基本法律制度体系相融合，只有消融事实上存在的或潜在的对立和冲突，陪审制度才可能迎来春天。核心的要点是，必须适应城乡二元结构的社会情境，建立全体公民均可参与、均可分享成果的机制，提高制度的可接受性。必须正视国民整体素质的现状和民众的普遍思维习惯、认识能力，抓住陪审制度最核心的赋权基础，回归到常识判断、情理判断和良心判断的制度构建基轴上来。如此，则有必要建立平民化陪审员与精英化陪审员相结合的陪审机制，以平民化陪审员拓宽司法大众化路径，扩大陪审制度的社会基础；以精英化陪审员回应城市精英的客观需求，弥补法官职业化的不足。

——以平民陪审推动司法大众化。基于陪审的普适价值，我国陪审制度应以平民陪审为主体来建构。具体设想如下：（1）平民陪审资格与产生方式。凡是具有选民资格，未被剥夺政治权利的公民均是陪审员候任人选。平民陪审员通过随机抽取产生。（2）平民陪审主要适用范围与运作平台。主要适用于农村社会，包括乡镇、以农村社会为主体的县域行政区，但应不限于此范围。城市社会如有需求亦可推行。主要以解决农村社会的民间纠纷为主，因而主要适用民事审判程

---

① 吴丹红：《中国式陪审制度的省察》，载《法商研究》2007 年第 3 期。

序。由于只有人民法庭如此紧密地与农村社会融合在一起，最合适的运作平台当属农村人民法庭。（3）平民陪审的职权配置模式。平民陪审员应以常识判断、情理判断作为其权力行使的基础。平民陪审员具有独立的事实判断权。（4）平民陪审裁决的效力。依前文分析，陪审制度必须解决陪审结果确定性的问题。由于我国是成文法国家，又采用职权主义诉讼模式，缺乏英美陪审制赖以发挥作用的直接原则、言词原则、不间断原则、庭审集中主义以及证据排除规则等配套制度的有力支撑，英美陪审团法官与陪审员分别对法律和事实问题进行判决的模式难以照搬过来，只能在现有的本土资源中寻找契合点。（5）平民陪审的运作程序与平民陪审的"调解化"、"仲裁化"。笔者以为，可以充分利用现有诉讼机制中调解平台这一本土资源，将平民陪审程序与诉讼调解程序勾连起来，使平民陪审过程"调解化"，既可以发挥平民陪审员解决纠纷的优势，又能有效消除阻碍陪审制有效运作的制度源冲突。同时赋予陪审司法仲裁的效力，将陪审"仲裁化"，解决调解不成后如何终结程序的问题。平民陪审的调解可以视为预审程序或庭前准备程序，由1名法官负责指导调解，双方当事人可以选定3名以上平民陪审员参与调解，以充分发挥集体智慧和平民智慧。调解完全由陪审员独立运作，法官的角色应是超脱的。如调解不成，则直接转入陪审仲裁程序。在仲裁过程中，主持仲裁的法官与陪审员具有同等的表决权，但应消极动用表决权。只能在陪审员意见相持、无法形成简单多数意见的情况下才能动用表决权，在陪审员可以形成多数意见的情况下不得使用表决权。陪审仲裁结果具有一裁终局性，但允许当事人向上一级法院申请进行司法审查。（6）平民陪审的激励机制。为吸引民众利用平民陪审机制，可以规定由陪审员调处的案件免收诉讼费。这与陪审员工作的义务性质是相匹配的。而为吸引普通民众参与陪审，应以自愿为宜，可以采取一些激励措施，如足额保障补助发放，对于调解成功或仲裁的案件可以适当给予奖励，采取合理方式给予荣誉等。

——以精英陪审弥补法官职业化的不足。相对于平民陪审，精英陪审主要在高度发达、人才密集、生活节奏较快的城市社会适用，但不限于此，有条件的其他地方也可以推行。精英陪审原则上适用刑事案件、行政案件审理，但不限于此，选择权由当事人决定。推行精英陪审的考量因素之一是效率、成本等经济性因素，这与现行参审制是一致的。推行精英陪审的另一重要考量因素是能尽可能吸纳社会法律精英和其他各个领域的专业人才参与审判，在弥补法官职业化缺失的同时，可提高司法判案的准确度和公正度。关键的问题是必须大幅度提高陪审员选任标准，应比照法官的标准来选任。在与职业法官素质相同和任职条件相同的基础上，其与法官"同职同权同责"就属应当，因此精英陪审基本上可以以现有参审制的运行模式为蓝本。

——建立平民陪审与精英陪审沟通联结机制。平民陪审和精英陪审可以并行不悖，但案件当事人只能选择一种陪审程序。为解决适用哪种陪审机制的问题，应完全赋予当事人对陪审机制的选择权，由当事人合意作出。精英陪审员从平民陪审员中选任，同样可以参加平民陪审。

结　语

在社会转型的背景下，以参审制或陪审制为单一主轴建构的陪审制度难以回应社会整体需求，也难以实现陪审的价值目标。陪审制度改革的美好愿景能否实现，关键在于我们是否真真切切地了解社会与司法的现状，找到与城乡二元社会相适应的契合点，形成适合陪审制度扎根和成长的土壤，营造陪审制在我国发展的制度空间。

B.43

用智慧敲响法槌

——论行政诉讼中其他规范性文件的选择适用

周福元*

其他规范性文件的选择适用是行政诉讼领域特有的命题,① 它体现了法院在法律适用中的角色和地位,在很大程度上反映了我国行政诉讼制度的现状及存在的问题。最高人民法院发布的《解释》、《纪要》、《意见》、《规定》等系列文件,对其他规范性文件的适用作出了原则性规定。由于这些规定高度抽象,其在适用时依然存在不少问题。现作简要探讨,以求教于方家。

一 聚焦个案：审查与适用中的尴尬与困惑

案例一 权威与公信就这样被反复削弱

某医院对其他医院医生介绍病人到本医院做"CT"检查的,给付 30 元"介绍费",并按医院财务制度入账。某县工商局以国家工商行政管理局"关于医院给付医生 CT 介绍费等是否构成不正当竞争行为的答复"(以下简称"答复")②为依据,认定该医院的行为构成不正当竞争,并给予行政处罚。该医院不服,诉至法院。一审法院以"答复"为依据判决维持行政处罚决定。该医院不服,提

---

* 周福元,湖南省衡阳市中级人民法院。

① 人民法院审理刑事案件以刑事法律(包括刑事诉讼法)为依据,审理民事案件以法律和行政法规为依据。只有审理行政案件除以法律、行政法规为依据外,还要参照规章,选择适用其他规范性文件。

② 1997 年 10 月 28 日"国家工商行政管理局关于医院给付医生 CT 介绍费等是否构成不正当竞争行为的答复"(工商公字〔1997〕第 257 号)规定:医院以给付"介绍费"、"处方费"等各种名目的费用为手段,诱使其他医院医生介绍病人到本院做 CT 检查或其他检查的行为,构成《反不正当竞争法》第八条和国家工商行政管理总局《关于禁止商业贿赂的暂行规定》所禁止的不正当竞争行为,应当依法查处。

出上诉。二审法院认为，某医院对给付的介绍费已按财务制度入账，其行为不符合《反不正当竞争法》第八条第一款和国家工商行政管理总局《关于禁止商业贿赂的暂行规定》第五条"账外暗中给予"的规定。"答复"未对"账外暗中给予"与"明示和入账"作区分，认定其为商业贿赂没有依据。遂判决撤销一审判决和行政处罚决定。工商局不服，申请再审。再审认为，应以"答复"为依据，判决撤销二审判决，维持原一审判决。医院又以"答复"不能作依据为由，再次申请再审。法院又撤销原再审判决，维持原二审判决。

这是笔者供职法院的真实案例。国家工商行政管理局的"答复"属于行政解释，属其他规范性文件范畴。在"答复"能否作行政审判依据的问题上一审和二审、再审和"再再审"存在原则分歧。尤其是二审、再审、再再审均是同一中级人民法院，在反复作出不同判决的同时，司法权威和公信亦被反复削弱！

案例二　"尚方宝剑"也不放光华

某县交通局以本省的《交通运输管理条例》为依据，暂扣李某的运输车辆。李某不服，诉至法院。一审法院认为，本省的《交通运输管理条例》与《公路法》不一致，《公路法》未授权暂扣，交通局越权行政，以"立法法""公路法"和"司法解释性文件"——2001年2月1日最高人民法院给广西壮族自治区高级人民法院作出的《关于对人民法院审理公路交通行政案件如何适用法律问题的答复》（简称《答复》）① 为依据，判决撤销交通局的暂扣决定。交通局不服，提出上诉，并立即报告市、省人大。省人大马上指令市人大与中院交涉，并给中院发函称：省人大的条例是地方法规，人民法院必须执行，无权审查。省、市人大有关人员多次口头指示中院办案人员：最高人民法院的《答复》无效。市交通局系统的人大代表则放言：如中院维持原判，就启动对中院主管副院长和庭长的罢免程序。省高院也建议中院维护省人大权威。中院无奈撤销原判，维持县交通局的暂扣决定。

这也是笔者任某中院行政庭庭长时亲身经历的案件。最高人民法院的《答

---

① 该《答复》内容：人民法院审理公路交通行政案件涉及地方性法规对交通部门暂扣运输车辆的规定与《中华人民共和国公路法》有关规定不一致的，应当适用《中华人民共和国公路法》的有关规定。

复》，对下级法院来说，无疑是"尚方宝剑"——在面临不正常干预和压力时。但《答复》所持的审查立场未得到地方权力机关的认可，"尚方宝剑"放不出应有的光华。一审判决后，空前的压力迫使中院放弃适用最高人民法院的《答复》。

案例三　"小官司"引出"大问题"

甘肃省酒泉地区中级人民法院在审理某二审行政案件时，审查认为被诉的具体行政行为适用该省的某地方性法规与国家法律相抵触，判决撤销一审判决和被诉具体行政行为。甘肃省人大主任会议认为，判决"严重侵犯了宪法和地方组织法赋予地方人大及常委会的立法权，超越审判权限，违法判决，直接损害了地方法规的严肃性"，"是一起全国罕见的审判机关在审判中的严重违法司法事件"，责成甘肃省高级人民法院提审并撤销上述判决，在全省法院系统中公开批评酒泉中院和追究有关负责人及责任人的违法责任。①

在行政审判实践中，法院对被诉具体行政行为所依据的"抽象行政行为"进行审查并确认其合法，或许不被制定机关计较，但并不意味着他们承认法院的审查权。但如果确认其违法，"小官司"引出"大问题"后，则备受责难。如洛阳"种子案"等。判决这些案件的基础依据——"想象中"的"有限司法审查权"无一例外地被现实碾碎！

二　演进考察：从"可以引用"到"审查认定"

其他规范性文件具有特定的含义，是不包括法律渊源在内的所有抽象行政行为的集合概念，指国家行政机关为实施法律和执行政策，在法定权限内制定发布的除行政法规和规章以外的具有普遍约束力的规定、决定、命令、通知、通告、纪要、行政解释、答复等的总称。它属于抽象行政行为，但不是法律规范，不属于行政法规、规章的组成部分，"位阶"② 在规章以下（不包括规章）。包括国务院各部门的规定，县级以上地方各级人民政府及其工作部门的规定、乡镇人民政

---

① 傅思明：《中国司法审查制度》，中国民主法制出版社，2002，第 136～137 页。
② "位阶"通常是法律范畴内法律规范之间的效力排位，其他规范性文件本没有"位阶待遇"。但如果进行行政规范的效力排位（也是为了便于讨论），其他规范性文件的"位阶"在规章之下。

府的规定。由于其他规范性文件制定发布的主体层级多、效力交叉复杂、内容浩繁、名称众多、规范性不一，法院在行政诉讼中能否审查、如何适用，理论界众说纷纭，实务做法各一，最高司法机关的立场也经历了一个不断变化反复的过程。

（一）《解释》：承认效力为主导

《解释》第六十二条第二款规定："人民法院审理行政案件，可以在裁判文书中引用合法有效的规章及其他规范性文件。"《解释》的起草者认为："从《若干解释》规定的精神来看，不管何种法律渊源和规范性文件，只要其合法有效就应当成为人民法院审理行政案件的依据，人民法院就无权或不应当拒绝适用。如果规范性文件不具有合法有效性，人民法院应当拒绝适用。当事人或者人民法院对某一个法律渊源或规范性文件的合法性有异议，应当通过法定程序送请有权机关作出解释、确认或者裁决。这一方面克服了以往人民法院仅仅从形式上来确定人民法院审理行政案件的依据的机械做法，另一方面也解决了人民法院适用法律规范的实际问题，应当说更具有科学性和可操作性。"[1] 从以上说明可以看出：（1）《解释》将"合法有效"作为其他规范性文件的判断标准；（2）法律渊源与其他规范性文件名称上的差异；（3）各级各部门的其他规范性文件"待遇同等"，只要内容"合法有效"，就应当与法律渊源一样，成为人民法院审理行政案件的依据；（4）对合法性有异议的规范性文件的处理，起草者态度谨慎。[2]

（二）《纪要》：效力的动摇

《纪要》在"行政案件的审判依据"中规定："……人民法院经审查认为被诉具体行政行为依据的具体应用解释和其他规范性文件合法、有效并合理、适当的，在认定被诉具体行政行为合法性时应承认其效力；人民法院可以在裁判理由中对具体应用解释和其他规范性文件是否合法、有效、合理或适当进行评述。"《纪要》之所以对其他规范性文件的法律地位作大段论述，是因为"审判实践对它的地位和作用有较大分歧"。《纪要》明确：（1）各级法院对部分抽象行政

---

[1] 江必新：《中国行政诉讼制度之发展——行政诉讼司法解释解读》，金城出版社，2001，第230页。

[2] 此态度在一定程度上直接反映了人民法院的社会地位和行政诉讼现状。

为——其他规范性文件拥有司法审查权，首次以"司法解释性文件"① 的形式明确了其他规范性文件的"合法、有效、合理、适当"的审查适用原则。（2）将《解释》确定的其他规范性文件的"合法有效"的选择判断标准修正为"合法、有效并合理、适当"。（3）乡镇人民政府的其他规范性文件被排除在外，不享有"同等待遇"。② （4）其他规范性文件作为具体行政行为的直接依据，不是正式的法律渊源，对人民法院不具有法律规范意义上的约束力，不能成为人民法院审理行政案件的依据。

（三）《意见》：承认效力为原则

《意见》规定："在对规范性文件选择适用和对具体行政行为进行审查时，充分考虑行政机关为应对紧急情况而在法律框架内适当采取灵活措施的必要性，既要遵循法律的具体规定，又要善于运用法律的原则和精神解决个案的法律适用问题。"《意见》在其他规范性文件和具体行政行为并列时，对前者使用了"选择适用"一词，对后者一贯性地使用"审查"。似乎改变了对其他规范性文件的"审查"立场，谨慎地采取了"选择适用"的态度。

（四）《规定》：不承认效力与审查范围回归

《规定》第六条规定，对其他规范性文件"经审查认定合法有效的，可以作为裁判说理的依据"。这说明《规定》不承认其他规范性文件的当然效力，须经人民法院审查认定"合法有效"的，方可引用，即使"合法有效"，也只能作为裁判说理的依据。③《规定》修正了《纪要》确定的"合法有效、合理适当"的审查范围，重新回归《解释》确定的"合法有效"的审查范围内。

---

① 笔者注：像这类非司法解释文件，严格地说属于最高人民法院的业务指导性文件，不属于"法律渊源"性质的司法解释，但《解读最高人民法院司法解释》中将其定位为"司法解释性文件"。发布《纪要》时，明确要求各级法院"参照执行"。参见黄松有主编《解读最高人民法院司法解释》（2004 年卷），人民法院出版社 2005 年版，第 7 页。

② 根据宪法和组织法规定，乡镇人民政府可以制定、发布其他规范性文件。《行政复议法》第七条明确将乡镇人民政府发布的规范性文件列入审查范围。但《纪要》在列举其他规范性文件时将乡镇人民政府发布的规范性文件排除在外。参见黄松有主编《解读最高人民法院司法解释》（2004 年卷），人民法院出版社，2005，第 349 ~ 427 页。

③ 人民法院出版社法规编辑中心编《解读最高人民法院司法解释》（2009 年卷），人民法院出版社，2010，第 192 页。

（五）司法行动中的探索：向审查靠拢

完善司法审查，实现对抽象行政行为——包括地方性法规、规章、其他规范性文件的合法性进行审查，一直是我国大多数行政法学者提倡和支持的。上述的演进考察表明，最高人民法院一直试图通过司法解释、"司法解释性文件"等方式推动对抽象行政行为的审查。司法实践中，基于审理案件的实际需要，有不少法官勇敢地向审查靠拢，甚至以"飞蛾扑火"的方式行使"审查权"。但遗憾的是无一成功案例。

三　变革透视：立场选择中隐藏的价值

（一）法律地位的厘清：否定法律拘束力

行政机关在法定职责范围内对社会、经济、文化和其他行政事务行使行政管理职权。它进行行政执法的依据通常表现为两部分，一部分为法律、行政法规、规章，一部分为其他规范性文件。从数量上看，后者比前者多得多。据笔者随机统计，2009年9月1日至30日一个月内国务院各部门正式发布的部门规范性文件就多达532件。[①] 下级服从上级的行政原则决定了行政执法必须要遵循和依据大量的上级机关或者本机关制定的规范性文件，如规定、决定、命令、各类技术规范和标准、通知和座谈会纪要，甚至是会议精神等。从审判实践看，其他规范性文件主要表现为两部分：一部分是国家政策或技术性比较强的规范性文件，如工资福利待遇、养老保险、房改政策、招商引资奖励、建筑技术规范、机械设备技术规范等，行政机关作出具体行政行为的依据只有其他规范性文件，没有引用法律、行政法规或规章，有的也没有相应的法律、行政法规或规章可资引用；一部分是为实施法律、行政法规和规章而作出的具体应用性规定，如实施细则、实施办法等。这些其他规范性文件的制定和发布往往都是行政机关行使行政职权的重要形式。行政机关的多层级和行政管理的宽领域，导致其他规范性文件种类庞杂，数量众多。明确人民法院在行

---

① 　资料统计来源：中国法律审判应用支持系统（软件），《中国法律法规规章司法解释全库》。

政诉讼中如何确定其法律地位，无论对行政管理还是行政诉讼，均有重大的现实意义。

其他规范性文件"本质上是一种行政措施，或者是行政政策。它不属于法的范畴，因为它是法律、行政法规和部门规章之下的执行行为，它以后者为依据，并不得与之相抵触，也不能以它改变部委规章的规定。它既可以部委名义作出，也可以部委下属的司局工作机构名义对外。其作用范围主要限于行政机关内部，对其隶属的组织和人员有拘束力。"①

为什么法官在审理行政案件时不受其他规范性文件的约束？（1）其他规范性文件作为人民法院的审判依据，不符合行政诉讼法的立法目的。行政诉讼法的立法目的是保护公民、法人和其他组织的合法权益，维护和监督行政机关依法行使行政职权。在行政诉讼中，如果解决争议的尺度（审判依据）是行政机关规定的，那么，实质上就是自己审理自己的案件，这是违反法律的公正原则的。把行政机关自己制定的一般规范性文件作为法院审理行政案件的依据，既不利于保护公民、法人和其他组织的合法权益，也不利于监督行政机关依法行使职权。因为监督的武器是被监督者自己制造的，这已失去监督的基本含义和意义。（2）其他规范性文件作为人民法院的审判依据，不符合审判机关只向权力机关负责的原则。审判机关向权力机关负责的一个重要方面就是依照权力机关制定的法律、法规进行审判。如果把其他规范性文件作为审判依据，就意味着人民法院审理案件必须把其他规范性文件具有的行政管理上的效力延伸到审判活动中，这不符合行政机关和审判机关之间的合理分工。（3）其他规范性文件除存在制定主体级别参差不齐的问题外，还存在程序随意、有时甚至只是行政长官的个人意志的问题；将国家利益和公共利益"部门化"、"地方化"现象较为严重，有时自我授权，与法律法规、行政规章相抵触；在规范性要求和效力范围方面远不及规章等问题。

（二）"想象"中的司法权扩张：以"参照"为平台建立对其他规范性文件的司法审查权

目前，比较流行的观点认为，《行政诉讼法》第五十三条关于人民法院审理

① 乔晓阳：《中华人民共和国立法法讲话》，中国民主法制出版社，2008，第272页。

行政案件"参照规章"的规定，就是人民法院对规章、其他规范性文件等抽象行政行为拥有"有限司法审查权"的法律依据。由于法院不能对法律和法规进行审查，也有人干脆称之为"半司法审查"模式。① 此观点也确实在部分"努力开创行政审判工作新局面"的法院和法官的实践中体现。但笔者认为，此观点在理论上难以自圆其说。

1. 其他规范性文件不是人民法院审理行政案件的"参照"依据

"参照规章"是"出于解决规章不能作为法院的审判依据，脱离规章有不好审理案件的难题"而选择的一种解决方式，"很有灵活性、创造性和妥协性"。从法律技术角度而言，"参照"一词表示的是一种准用，参照规章实质上就是准予适用规章的意思。②

这也得到最高院领导和法官的认同，"参照规章本来的含意是：人民法院对合法有效的规章必须适用，对不合法的规章有权拒绝适用"。③ "'参照'一词具有法律约束力的意义，而这种法律约束力是法律规范意义上的约束力。"④ 其他规范性文件不是法律渊源的性质，决定了它不能作为法院的审判依据，也决定了它不具有被"参照"的效力。

2. 对其他规范性文件进行"审查、评述"没有法律依据

百度词典中，"审查"的释义为审核、调查，或者说是对某项事情、情况的核实、核查。"评述"的释义为评论和叙述。《现代汉语词典》中"审查"的释义：检查、核对是否正确、妥当。综合词典的释义和司法实践中的具体操作，"审查和评述"的实际含义就是，不承认其他规范性文件有当然效力，法院应对其合法性作出评判，但这恰恰缺乏法律明确授权依据。

如前所述，《行政诉讼法》第五十三条之所以规定"参照规章"，是一种妥协或者说是无奈之举。妥协的背景与国情中的糟粕因素如"官本位"、"唯上是从"等密不可分。"参照"是特例，即认为"参照"里面有可以"审查"的内容，审查的对象也只能局限于"规章"，不具有普遍的法律意义。

因"参照"而取得了对规章和其他规范性文件的"有限司法审查权"或

---

① 傅思明：《中国司法审查制度》，中国民主法制出版社，2002，第259页。
② 黄松有主编《解读最高人民法院司法解释》（2004年卷），人民法院出版社，2005，第365页。
③ 江必新：《行政诉讼问题研究》，中国人民公安大学出版社，1989，第275页。
④ 黄松有主编《解读最高人民法院司法解释》（2004年卷），人民法院出版社，2005，第374页。

"半司法审查权"的观点，除了表明其对中国法制发展的良好期望外（其实，从法治发展趋势和行政审判的实践需要看，"完全司法审查权"也许更令人期望），是没有任何法律依据的。应该说，司法实践中对法规、规章和其他规范性文件进行审查并作出合法或违法的评价，确属"超越审判权限"，是典型的"司法权的扩张"。

（三）过程重于结果：排除行政审判阻力，改造司法环境的艰辛努力

人民法院在审判过程中，发现具体行政行为所依据的抽象行政行为与上位的法律法规、规章、其他规范性文件相抵触时，直接适用上位抽象行政行为，这是法治原则所要求的，也是行政审判实践的必然要求。笔者从事行政审判十多年，对最高人民法院通过司法解释或司法解释性文件的方式，赋予法院对其他规范性文件的司法审查权，一直心存敬意，最高人民法院自我授权的初衷和出发点是排除行政审判阻力，改造司法环境——不仅仅如此，也是为了满足行政审判的实践需要。司法实践中，也确有不少法官勇敢地行使司法审查权——尽管大多以悲壮结局。法院是执法工具的传统定论，确定了我国法院的现实地位，主流意识从未认可法院拥有所谓的"有限司法审查权"。司法实践中也没有成功行使"抽象行政行为有限司法审查权"的典型案件。"越权判决"虽勇气可嘉，但"小官司"引出"大问题"后，则无法自善其身。没有法律依据和现实法治背景支撑的勇敢，终究是徒劳。但"勇敢"的意义不在结果，在过程本身，在将来！在英、美叫"司法审查"的一种制度，为什么在我国叫"行政诉讼"？仔细思考一下名称的差异，或许会对我国行政诉讼制度有某种深刻的体会。

四 现实路径：解释适用的合理性及技术规则

（一）正当与特有的职责：法官解释的合理性

法院面对的是浩如烟海、多层级、多领域的其他规范性文件，这些文件对行政管理十分重要，是具体行政行为的依据。当事人在法庭上对其合法性提出异议时，法院必须给一个说法。拒绝说明理由，不符合裁判的基本要求。如果因

"隐情"而不言，也许可以服己，但不能服人。在真正法律意义上的司法审查没有法律依据支撑的现实法治背景下，换一种说法，也许能体现司法智慧——通过解释而选择适用其他规范性文件，也许是唯一可行的路径。

没有人否定法院对法律规范的解释权。法院裁判案件的过程，就是将抽象的法律条文适用具体案件的过程，其中，必须说明法律是什么？它为什么适用本案？说明的过程就是一种解释法律的过程。这是司法的逻辑过程中必然内含的。

有时候法院的解释结果可能会引起对不同位阶法律规范的判断、选择适用，但并不意味着法院拥有对相关法律规范的审查权。《立法法》第 79 ~ 83 条所规定的法律适用规则赋予了法院对法律规范的选择适用权，但没有赋予法院司法审查权。

解释权与对规范的审查权是两个不同的概念，前者指执法者在个案中对规范内容进行澄清和辩明，其任务在于"清除可能的规范矛盾，回答规范竞合及不同之规定竞合的问题，更一般地，它要决定每项规定的效力范围，如有必要，必须划定其彼此间的界限。"而对规范的审查权则不仅意味着法院有权对该规范进行诠释，而且有权宣布该规范与上位阶规范或根本法相冲突，从而直接或间接使其无效。前者就目前我国法律解释体制来看，有解释权并非意味着有审查权，如全国人民代表大会常委会享有对宪法和基本法律的解释权，但不享有对宪法和基本法律的审查权。再如依 1981 年全国人民代表大会常务委员会《关于加强法律解释工作的决议》的规定，最高人民法院和最高人民检察院在法律具体适用中享有对法律的解释权，但不能认定"两院"享有对法律的审查权。

同时，法院在案件中对法律的解释并不是要求抛开应作为审理依据的规范，而要求法院根据案件的事实对相关规范进行选择、甄别，使规范变得明确和精确并就案件事实作出判决。法院法律解释的最终效力以个案为基础，只具个案的效力，本质上区别于立法规范的普遍性。①

（二）尊重与自律：解释的原则

对其他规范性文件的解释，是为了确定该文件的内容意义、适用范围、构成要件、法律效果等。从行政管理的现实要求出发，笔者认为：（1）要按照法

---

① 应松年主编《当代中国行政法》下卷，中国方正出版社，2005，第 1807 ~ 1808 页。

律解释规则，尽可能作出相一致或者互不抵触的解释。因为各级各类行政机关不管级别高低，其制定、发布其他规范性文件都是依法履行行政管理职责的行为，在其管辖区域内有拘束力。这也是行政自由裁量行为。为维护行政机关的正常的管理秩序，确保行政管理的效率和相对稳定性，人民法院应尽量尊重并适用之。（2）解释时应恪守自律原则。存在异议的其他规范性文件经解释后，若不能适用，不能在裁判文书中"评述"其与法律、法规、合法有效的规章、上级的其他规范性文件等相抵触，更"不能直接宣布其违法或无效"①，应直接引用相关的法律、法规、合法有效的规章、上级的其他规范性文件对被诉的具体行政行为作出判决。这也是解释权和审查权的界限所在。（3）解释后是否适用的标准是《解释》规定的"合法、有效"。

（三）不抵触与优先适用：解释的具体规则

1. 按"位阶"决定是否适用

与宪法、法律、法规、合法有效的规章、上级的其他规范性文件不抵触，是适用其他规范性文件的前提和根本标准。关于不同位阶的法律规范相抵触的情形，《纪要》根据审判实践作了详细的总结描述。法院在解释其他规范性文件时，可从权利主体范围、职权范围、法定职责期限、义务主体的范围、性质或者条件、强制措施的适用范围、种类和方式等方面解释其是否与相应的法律、法规、规章和上位的其他规范性文件相抵触，在不抵触的前提下，按"位阶"高低决定是否适用之。

2. "位阶"相同的其他规范性文件之间的冲突问题

如国务院各部门与省级人民政府、国务院各部门的司局与省级政府的各厅、局和市级人民政府等发布的其他规范性文件的冲突问题，可参照《纪要》对规章冲突的选择适用规则解释解决。

3. 在解释其他规范性文件是否合法有效的同时，还要对其内容作具体区分：是受益性还是负担性、是否关系公共利益等

对于涉及负担性内容的，也就是有不利于被管理者的内容的其他规范性文

---

① 江必新：《中国行政诉讼制度之发展——行政诉讼司法解释解读》，金城出版社，2001，第269页。

件，如涉及行政处罚、行政强制、行政执行、行政征收、行政征用、行政许可等，必须要有法律、法规、规章作依据，其他规范性文件不能自己规定上述内容。否则，就是与"上位"法相抵触，是违法无效的。对于涉及受益性内容的其他规范性文件，不要求必须有法律法规规章作为依据，其他规范性文件可以根据国家政策、权限范围和辖区的情况作出规定。如调整工资、提高行政级别、增加福利待遇、设立奖励政策、减免某些费用等。人民法院在解释此类其他规范性文件时，一般应作合法、有效解释并适用。这也是为了保持行政管理秩序和效率。

在一般情况下，可采取上述"二分法"来解释判断一个其他规范性文件是否合法、有效。但在有些情况下，尽管内容为负担性的，也不宜解释为违法、无效。这主要包括两类情况：一是一般情况下作的一些特殊规定。如某市为保障城市交通秩序，防止堵塞，发布将某街道划为"单行道"或限制某类车行驶的规定。又如某市政府从规范行业管理出发，决定某街区只能经营某行业产品以及城市建设用地规划、投资规模等。二是紧急情况下采取的灵活措施。如为应对地震、洪灾等紧急情况采取的行政措施，可能损害了一部分人的利益。虽没有明确的法律依据，但并不与法律原则（我国的法律体现的就是大多数人利益）相抵触。对于这种明显出于公共利益的规定，一般宜解释为合法、有效并引用。但必须严格掌握"公共利益"的范围，只有在显而易见且一般人能正常接受的情况下才能认定其为"公共利益"。①

4. 对一些政策意义极强和纯技术性、专业性的其他规范性文件，应解释为合法、有效并引用

行政管理领域是广泛的，"其他规范性文件"在不同的行政管理领域往往有不同的地位和意义。例如，在其具有政策或者国家政策意义时，可以作为政策对待，承认其政策效力，甚至可以作为审理案件的政策依据。例如，我国现行民事法律尚未规定不动产的占有时效制度，但现实生活中已有大量的占有时效的现象。为解决此类纠纷，原国家土地管理局《关于确定土地所有权和使用权的若干规定》第二十一条规定："农民集体使用其他农民集体所有的土地，凡连续使

---

① 参见李杰《其他规范性文件在司法审查中的地位及效力探析》，载《行政法学研究》2004 年第 4 期，第 47 页。

用已满 20 年的，应视为现使用者所有；连续使用不满 20 年，或者虽满 20 年但在 20 年期满之前原所有者曾向现使用者或有关部门提出异议要求归还的，由县级人民政府根据具体使用情况确定土地所有权。"这可以作为土地确权的国家政策，它实际上已作为法院审理案件的参考依据而被法院所接受。①

行政管理领域有一些技术性、专业性的国家标准或地方标准，如压力容器的级别划分、电器的性能故障标准、城市居住区规划设计规范等。各省、市也可能根据这些标准，再发布具体的实施办法。标准有强制性和指导性等类型划分。这些标准不是规章，属于其他规范性文件的范畴，但这些标准专业性极强、权威性极高，尤其是强制性标准，相应的行业、企业等都以此为标准进行研究、生产、组织销售等，对社会产生了很强的"普遍约束力"，人民法院应予充分尊重，将之解释为合法有效并可引用。

5. 其他规范性文件的生效时间和效力期限是解释适用时首先应注意的问题

一般情况下，其他规范性文件未规定效力期限。有些规范性文件的时间效力是固定的，如市、县人民政府关于"基准地价"、征地补偿标准等的规定，每两年调整一次。特别值得一提的《湖南省行政程序规定》是中国行政法史上第一次对其他规范性文件的生效时间和效力期限作出统一规定的地方规章。该规章第五十条规定"规范性文件应当自公布之日起 30 日后实施"，第五十一条规定"其他规范性文件有效期为 5 年。标注'暂行'、'试行'的，有效期为 2 年。有效期满的，规范性文件自动失效。"对湖南省三级法院行政审判来说，这是解释适用湖南省各级行政机关制定发布的其他规范性文件时须特别关注的。

---

① 黄松有主编《解读最高人民法院司法解释》（2004 年卷），人民法院出版社，2005，第 376 页。

依法行政　推进城市管理法治化

长沙市政府法制办

近年来，长沙市政府法制工作立足职能职责，结合本市实际，深入贯彻落实《全面推进依法行政实施纲要》，紧紧围绕"全面推进依法行政，努力建设法治政府"的目标，真抓实干，积极探索，不断创新，通过依法行政及建设法治政府各项工作的强有力推进，在探索长沙城市管理法治化方面取得了显著成效。

一　有益探索

（一）强保障之基，优化了政府法制工作环境

事业兴衰，关键在人。近年来，长沙市从全面推进依法行政、加快建设法治政府的高度，不断提高认识，将加强法制办的机构和队伍建设摆上重要议事日程，切实为城市管理法治化建设创造了良好的工作条件。

1. 强化组织领导，构建工作格局

长沙市对依法行政工作高度重视，成立了以市长为组长的推进依法行政工作领导小组，该领导小组负责全市法治政府建设的统一部署、统一推进。明确全市各级各部门的行政首长为法治政府建设的第一责任人，分管领导人为具体负责人。各单位均成立了由主要领导负责的推进依法行政工作领导小组，通过明确各项工作由专人负责，落实工作经费，做到了"总体有方案、年度有计划、实施有步骤、工作有标准"，形成了"一级抓一级、层层抓落实"的工作格局。

2. 强化机构建设，明确主导地位

在机构设置上，确立了政府法制办在推进依法行政工作中的主导地位。在2010年的机构改革中，法制办由部门管理机构升格为政府工作部门，明确由一名政府副秘书长任法制办党组书记，增设一名党组副书记和配齐了纪检组长，还

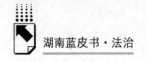

特别增设和从内部产生了一线副主任，极大地加强了基层政府法制办特别是区法制办的机构建设、领导班子建设。

3. 强化各项保障，优化工作条件

从人、财、物的供给上对法制办予以倾斜、保障，配强了市法制办工作人员，配齐了电脑等办公设备，优先安排法制工作经费，市长张剑飞表示：法制办的工作经费上不封顶。强有力的保障为打开全市政府法制工作局面奠定了坚实的基础，创造了良好的条件。

（二）固规范之本，提高了行政执法整体水平

城市管理法治化需要高效的行政执法作支撑，而"规范"是行政执法永恒的主题，是行政执法部门及其行政执法人员应具备的最基本的素质，也是优化法治环境、推进依法行政、建设法治政府、实现城市管理法治化最基础、最本质的要求。长沙市坚持多管齐下，在抓规范上狠下工夫。

1. 抓规范性文件管理，促源头规范

规范性文件是政府和部门行政管理的依据，是行政机关实施法律、法规、规章，履行行政管理职能的重要方式。加强对规范性文件的管理，是从源头上预防腐败、违法行政，保障公民、法人和其他组织合法权益的重要途径。为促进规范性文件管理的规范化、科学化、法制化，近年来长沙市创建了邀请专家论证审查、法制机构提前介入等审查新模式。全面落实了规范性文件的"四级政府，三级备案"制度，大力推进了规范性文件"三统一"进程，被国务院法制办指定为"规范性文件管理示范单位"。做好了规范性文件清理工作，认真落实《湖南省行政程序规定》确立的规范性文件有效期制度，打破了红头文件"终身制"。近三年，市本级共计有319件政府各类文件经市政府法制办审查把关，无一例因合法性问题被上级部门撤销或者纠正。

2. 抓执法队伍建设，促主体规范

健全了行政执法主体资格和行政执法人员持证上岗制度，全面实施持证上岗、亮证执法制度，动态管理并向社会公告行政执法主体和行政执法人员资格，三年来共计培训行政执法人员4031人次，发放执法证件3818本。就《湖南省行政程序规定》和《湖南省规范行政裁量权办法》等法律法规，对自市领导到基层行政执法工作人员进行了逐级培训。各级领导和执法人员的业务素质和执法水

平有了明显提高。

3. 抓行政执法监督，促行为规范

率先推行行政问责制，加强了对重大行政管理事项的监督；认真实施《长沙市行政执法监督条例》，加强了对行政执法行为的监督；强化审计、监察等部门的监督职能，加强了对行政管理行为的专门监督；主动接受人大、政协的监督，积极接受媒体监督；在全市绩效考核中，逐步加大依法行政考核内容的比重，逐步形成了决策、执行、监督相协调的政府运行机制；切实做好了行政应诉工作，全面提升行政复议工作效率，积极探索提高行政复议工作质量的新方式。2007～2009年，全市共收到复议申请783件，依法受理712件，决定不予受理71件。执法监督各项举措多管齐下，在维护群众合法权益、促进行政机关依法行政、化解人民内部矛盾、维护全市社会稳定等方面发挥了积极作用。

（三）拓创新之路，铸造了长沙依法行政品牌

创新是发展的不竭动力。近年来，长沙市主动适应客观形势的新变化，顺应人民群众的新期待，全面准确把握自身规律，努力推进制度创新、机制创新，努力使依法行政工作体现时代性、把握规律性、富于创造性，打造了政府法制专家库、立法听证、政府常务会现场直播等一批特色鲜明的品牌，2010年长沙市又进一步推陈出新。

1. 大力推行司法互动，添加化解行政纷争的"润滑剂"

市政府、市中级法院大胆创新，出台和实施了《关于加强行政司法互动有效化解行政纷争的指导意见》，建立了信息通报、法律学习研讨、咨询论证、案件协调、司法建议、行政机关负责人参与行政庭审程序、行政司法联席会议和联络人员、行政法制宣传等八项制度。行政司法互动机制的强力推行，有效地促进了行政与司法的和谐互动，在加强行政司法互动、有效化解行政纷争、依法维护相对人合法权益等方面起到了积极作用，较好地实现了法律效果与社会效果的有机统一。目前，双方已就行政执法中有关城市房屋拆迁的法律适用进行了首次互动，效果较好。

2. 扎实开展案卷评查，竖立行政执法的"衣冠镜"

进一步完善了行政执法评议考核办法，构筑执法责任制与评议考核的制度框架体系，全面开展行政处罚案卷和行政许可案卷评查工作，定期对执法质量进行

评议考核。2010 年，长沙市政府法制办分单位自查、集中交叉评查、政府法制机构抽查三个阶段，组织对市直 45 个行政执法单位 2008 年 10 月 1 日至 2009 年 10 月 1 日按一般程序办结的行政许可案卷和行政处罚案卷开展了评查，共抽查行政许可案卷 136 宗、行政处罚案卷 102 宗，对案卷认定事实是否清楚、基本证据是否充分、使用法律依据是否正确、处罚程序是否合法、权利告知是否明确、文书制作是否规范等进行了全面细致的检查，对评查过程中发现的问题进行了归纳汇总，并逐单位列出了清单。案卷评查的推行犹如在全市行政执法领域竖立了一面镜子，让各执法部门直面执法过程中存在的问题，并举一反三、触类旁通，准确地找到解决问题的方法，从而规范了执法行为、提升了政府形象。

3. 首创法制"白皮书"，绘制法制建设"自画像"

《长沙市政府法制建设报告（2007 ～ 2009 年度)》突出"全面准确地运用大量的数据材料，以事实说话，以数据说理；既总结成功的工作经验，更多的是公布问题、剖析案例；形成固定格式，以后定期发布"等三个特点，通过案例分析、数据对比、图表汇总等方式，对近年来全市法制建设工作进行全面梳理总结，直观反映了长沙市在法制机构建设、政府立法工作、规范性文件管理、行政执法监督和行政复议应诉等方面存在的问题，深刻剖析了政府法制建设过程中的不足，希望借此敲响警钟，引以为戒。"白皮书"即是长沙市政府法制建设的一幅"自画像"，客观地反映了全市依法行政工作，它被以内部资料的形式下发至全市各级行政机关，为各单位进一步提高行政执法水平提供了范例依据、借鉴平台。

（四）务发展之实，构建法治政府建设框架

近年来，面对严峻的国内国际经济形势，长沙市委、市政府超前谋划、科学决策，保持了全市经济逆势增长的良好态势。政府法制工作秉持优化环境、服务发展的理念，紧紧围绕全市中心工作，立足本职职能，狠抓根本性制度建设，以实际行动为推动全市经济社会的又好又快发展作出了积极贡献。

1. 制定整体规划，着眼长远发展

长沙市在谋划依法行政时既考虑当前又着眼长远。针对全市依法行政工作现状，结合全市经济社会发展形势，市法制办等相关部门广泛调研、反复论证，制定了《长沙市人民政府关于进一步加快法治政府建设的决定》。该决定明确：要

加快推进政府职能转变，转变政府管理理念和方式；要坚持完善政府科学决策机制，建立和完善重大行政决策法律审查制度、专家咨询论证制度和公众参与制度；要大力加强行政行为监督，完善监督机制，突出监督重点，确保监督实效；要努力创新政府法制工作，加快形成"两型社会"建设的法律支撑、法治政府评价的综合体系和政府法制工作的促进机制；要全面加强法治政府建设的组织保障，加强组织领导和队伍建设，形成工作合力。该决定构建和确立了长沙市今后一段时期法治政府建设的整体框架和工作目标。

2. 完善制度体系，确保健康发展

依法行政工作要保持不偏不倚的发展方向，需要一系列制度来保障。长沙市在推进依法行政、建设法治政府的进程中，全面贯彻国务院《全面推进依法行政实施纲要》和《关于加强市县政府依法行政的决定》，认真落实《湖南省行政程序规定》和《湖南省规范行政裁量权办法》，市本级制定了《长沙市人民政府关于进一步加快法治政府建设的决定》、《长沙市推进依法行政工作领导小组工作规则》、《长沙市推进依法行政工作领导小组办公室工作规则》以及《关于加强行政司法互动有效化解行政纷争的指导意见》等一系列制度规范，扎实推行了案卷评查、立法听证、司法互动等一系列举措，从组织上、机制上、操作上保障了依法行政工作的健康发展。

3. 优化地方立法，推进科学发展

不断优化完善政府立法程序，制定、起草了一批促进全市经济发展、改善人民生活、完善保障体系、推进社会和谐与进步的规章和法规草案。创新了立法工作机制，实行政府法制工作专家参与制度。2009年3月组建市政府法制专家库以来，法律专家学者共参加论证会、咨询会130人次，发挥了外脑智囊作用；探索开展立法听证，2010年5月18日，市政府在首次举行的《长沙市城市管理条例》立法听证会上广泛听取民意，得到了群众的好评。近三年，共计立、改、废规章和提出地方性法规议案19件，其中能源环境3件，土地资源管理5件，城市交通4件，民生保障4件。在征地拆迁工作中，长沙市制定了《长沙市征地补偿安置条例》和《长沙市征地补偿实施办法》，改变了原来的"两安模式"，确立了"两改变一纳入"的征地补偿安置制度，有效解决了征地后形成"城中村"的问题。立法工作服务全市，围绕大局，对促进全市经济平稳快速增长、优化市场经济环境发挥了巨大作用。

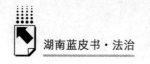

二 当前存在的问题

1. 法规体系有待完善

长沙市重视城市管理方面的法制建设，先后制定了一系列地方性法规，包括《城市管理条例》、《长沙市户外广告设置管理办法》、《长沙市城市规划管理办法》、《长沙市养犬管理规定》等。但是立法总体上仍难以适应城市快速发展的要求，有些法规、规章规定得较为原则性，可操作性不强；有些已不能适应城市快速发展的要求，需要修改完善；有些管理手段单一，不足以有效制止违法行为。

2. 管理体制有待健全

首先是对城市管理方面的法治建设重视不够，对以人为本的管理理念没能全面坚持。其次是管理中协作不够，主要表现为多头管理、职能交叉，常出现"都管又都不管"的局面。再次是管理中存在职责不清问题。城市管理手段和评价标准也有待提高，执行、保障、监督等系统还不够健全。

3. 市民素质有待提高

客观上说，长沙市城市管理行政执法人员中还存在少数人不能文明执法以及有法不依、执法不严、执法不公、以罚代管和暴力执法等现象。城市居民特别是外来人口的素质也有待提高。城市交通、环境污染、违章建设等问题的发生，与居民素质水平有很大关系。

三 关于城市管理法治化的对策

1. 强化组织领导，提供有力的组织保障

城市管理法治化必须要由强有力的组织领导来推动。一是加强组织领导。要进一步强化城市管理法治化的组织领导，充分发挥领导机构的政治优势、组织优势去推动城市管理法治化工作的开展。二是理顺执法体制。目前长沙市城市管理中，一定程度上仍然存在着多头执法、职权交叉重复和行政执法机构膨胀等问题，这影响了行政执法效率和政府形象。要通过政府行政机构改革，积极按照城市管理综合执法的路子，调整、设置行政执法机构，依法集中和归并相关的行政

处罚权，整合力量，形成合力，依法有效管理城市，造福人民。三是推进精细化管理。实施精细化管理是提高城市管理效能的重要举措，是改善城市生产、生活环境，提升城市品位的有效途径。因此，要将精细化管理的精髓渗透至城市管理法治化进程中，精心制定精细化管理标准，夯实城市精细化管理工作基础，健全工作制度，建立城市精细化管理的长效机制。

2. 立足长沙实际，建立特色法规体系

推进城市管理法治化需要构建一个与国家法律、法规相配套的，完备的、有特色的城市法规体系，使人感到法律无处不在、无时不在、无事不在，保证城市管理在法律的框架下有序发展。在政府法制工作层面，需要进一步加强地方立法工作，提高立法质量，在立法工作中，坚持好"五化"：一是立法依据严谨化。地方立法要以国家宪法为纲，坚持法制统一原则，在"不抵触、不矛盾、可操作"的原则下，符合长沙实际，并与国家法律、法规相配套，从而确保国家的各项法律、法规、政府规章在地方得到有效的贯彻实施。二是立法理念民本化。城市立法要充分体现以人为本，贯彻科学发展观，牢固树立政治理念、国家理念、群众理念，坚持立法为民、为民服务。三是立法程序公开化。坚持开门立法、民主立法，提高立法透明度，扩大公众参与度。对立法项目的合理性、可操作性等方面要进行充分论证，继续深化立法听证举措，采取论证会、座谈会等多种形式广泛听取意见。四是立法形式多样化。充分发挥人大代表、立法工作者和专家学者等多方面的作用，避免部门利益法制化、扩大化倾向，通过多样化的立法起草方式，提高地方性法规质量。五是立法内容特色化。要根据长沙当前建设"两型社会"、打造"创业之都、宜居城市、幸福家园"等具体情况，选择立法内容，既要坚持统筹兼顾，又要突出立法重点，更要彰显长沙特色。

3. 健全监督体制，规范行政执法

在推进城市管理法治化的过程中，充分运用法律监督、行政监督、群众监督、舆论监督、民主监督及党内监督等各种监督手段，运用考评杠杆，构建全方位的监督网络，健全制度，完善机制，规范程序，创新形式，保障效果。一是进一步强化内部监督。建立和完善有效的监督体系，一方面人民代表大会及其常委会要强化依法履行监督职能，加大对政府依法行政、司法机关司法行为的监督力度，开展执法监督检查；另一方面政府要进一步加强行政执法监督、行政复议监督和审计、监察等专项监督，实行严格的决策责任追究制度，确保各级行政部门依法严格履行职责。此外，司法机关要强化司法监督职能，加大对政府行政行为合法性的司法审查力度，依法公正裁判，依法保障行政审批相对人的合法权利。二是进一步强化社会监督。进一步强化社会公众监督，扩大公众监督范围。完善群众举报投诉制度，制订举报投诉处理办法，依法保障人民群众监督行政行为的权利。高度重视新闻舆论监督，建立健全新闻媒体反映问题应对和处理机制。三是进一步强化考评职能。考评是促进城市管理法治化，保证各项措施顺利实施的重要手段，要合理设置考评体系和科学组织考评活动。考评体系的设计应充分考虑城市管理法治化的目标体系和指标。将城市管理法治化纳入各级政府、领导干部和各职能部门的绩效考核，将其作为衡量政绩的一个重要方面，从而增强各级领导干部和职能部门抓城市管理法治化的责任感。

4. 加强宣传教育，提高市民的法律素质

推进城市管理法治化进程中，增强、提高市民的法律意识和法律素质显得尤为重要和紧迫。必须进一步加强法制宣传教育工作，不断增强普法教育的针对性和实效性，广泛深入持久地开展以宪法为核心的全民普法教育，增强广大市民、政府机关工作人员特别是行政执法人员的社会主义法治理念，提高全体市民的法律素质。在全社会形成崇尚宪法和法律权威、严格依法办事的社会环境和舆论氛围。以提高市民的法律素质为基础，以推进城市管理法治化为契机，进一步促进市民法治观念的树立与法治行为的养成。

整体推进　创建"法治郴州"

郴州市委政法委

自 2009 年以来，郴州市按照全国普法办《关于开展法治城市、法治县（市、区）创建活动的意见》的精神和要求，坚持高目标定位、高起点谋划、高标准实施，大力开展"法治郴州"创建活动，狠抓各项工作的落实，不断完善制度建设，规范行政、执（司）法行为，强化监督管理，为郴州经济社会又好又快发展营造了良好的法治环境。

一　加强领导，形成合力，全面启动
"法治郴州"创建工作

1. 高位启动"法治郴州"创建工作

市委、市政府主要领导高度重视"法治郴州"创建工作。2009 年 11 月 25 日，市依法治市领导小组召开全体成员会议，会议充分肯定了全市"五五"普法工作取得的成绩，提出了创建"法治郴州"的重大举措。市委书记戴道晋同志在会上强调，开展"法治郴州"创建活动很有必要，他指示要结合郴州实际，制定一个实施意见，加强组织领导，确保创建活动取得实效。市委副书记、市长向力力专门作了"相关问题和建议，请组织市依法治市领导小组专题研究一次"的重要批示。12 月 30 日，本市召开创建"法治郴州"电视电话会议，市委常委、市委政法委书记王碧元作了动员报告，对"法治郴州"创建工作进行了全面部署和安排，标志着"法治郴州"创建工作正式启动，郴州成为湖南首批全面启动法治城市建设的市州之一。

2. 制定创建工作方案

在广泛调研和充分论证的基础上，郴州市印发了《中共郴州市委关于开展"法治郴州"创建活动的意见》（郴发 [2009] 17 号）（以下简称《意见》），对创建活动的总体目标、主要任务、工作措施、实施步骤、组织保障等做了明确的要求。同时，市"法治郴州"创建领导小组办公室结合实际，制定了《2010年"法治郴州"创建工作要点》。各县（市、区）、乡镇（街道）、市直各单位、各部门等根据《意见》的要求，结合自身实际，制定了"法治县（市、区）、法治乡镇（街道）、法治机关、法治学校、法治企业"等实施工作方案，为"法治郴州"的创建奠定了坚实的基础。

3. 广泛进行宣传动员

层层召开"法治郴州"创建动员大会，进行部署和安排。同时，在郴州电视台、《郴州日报》、郴州法治网等新闻媒体设立了专栏，充分发挥电视、报刊和网络等新闻媒体的作用，加大"法治郴州"创建工作宣传力度，争取广大人民群众的支持，激发群众的积极性和创造性，引导人民群众参与和监督，努力营造"人人关心创建、人人参与创建"的良好社会环境和舆论氛围，为全面实施创建活动打下了舆论基础。

4. 加强经费保障

市委、市政府将"法治郴州"创建工作经费列入了市财政预算，并实行专款专用，有力地保障了创建工作的顺利进行。

二 强化措施，狠抓落实，全面推进 "法治郴州"创建工作

1. 建立领导班子和领导干部年度述法制度

市委办、市政府办制定下发了《关于在全市领导干部年度述职述廉时增加述法内容的通知》，即各县市区及市直各单位领导班子及成员在年终述职述廉时要增加述法内容，形成了"决策先学法、行政必依法、年终必述法、提拔任前必考法"的领导干部学法用法"一先三必"机制。桂阳县制定出台了《关于在全县领导干部中开展述法的工作方案》，以文件形式明确了述法的内容、程序，要求领导干部分别从学法用法、依法决策、依法行政、司法为民、遵纪守法等方面进行述法，并将考核结果与年度述职述廉相结合，有力地促进了各级领导干部和各级各部门依法决策、依法行政和公正执法。2010年，桂阳县实现重大决策零违法，规范性文件零撤销，行政复议、行政诉讼案件和信访总量大幅下降。

2. 大力推进法治政府建设

全市各级政府严格按照《国务院关于全面推进依法行政实施纲要》的要求，制定工作规划，落实具体方案，把依法行政、建设法治政府落实到每一个部门、每一个环节。市政府率先垂范，努力打造法治政府，先后制定了《关于转变政府职能规范行政行为提高行政效率的规定》、《关于建设亲民务实法治政府的意见》、《关于进一步优化经济环境的若干规定》、《郴州市政务公开工作考核和责任追究实施办法》、《郴州市人民政府行政问责暂行办法》等规范性文件，全面推行行政审批制度改革，规范行政审批和行政执法行为。进一步完善了政府法律顾问工作机制，市、县两级都组建了政府法律顾问团，协助政府审查出台规范性文件，参与政府决策过程，提高了政府依法决策的水平。2010来政府法律顾问团列席市、县两级全体会议及常务会议、专题会议等32次，完成政府交办的法律事务504件，出具咨询建议书216件。

3. 深化行政和司法体制改革

紧紧围绕转变政府职能提高行政效能，规范公务员行政行为，大力推行审批制度改革，落实了"两集中、两到位"措施，简化办事程序，全面推行"一站式"审批、一个窗口服务，2010年进驻市政务中心集中审批和服务的事项610项，审批时限缩减50%以上。全面实行政务公开，使公开、公平、公正的原则在行政管理和服务工作中得以具体落实。全市司法机关紧紧围绕"公正和效率"积极推进司法体制改革，实行了审务、检务、警务和狱（所）务公开，不断完善法律服务体系，规范法律服务行为，严格依法、依程序办案，努力维护公平正义。同时，认真开展执法质量考核评议工作，市中级人民法院、市检察院、市公安局、市司法局不断完善和落实执法监督措施，加强执法质量考评，先后出台了《执法质量考核评议实施细则》等内部规章制度，推动了全市政法机关执法质量的全面提升。

4. 加大落实执法责任制的力度

全市行政执法部门和司法部门全面建立和实行了部门执法责任制、执法过错和错案责任追究制，将具体的执法责任、范围和权限，逐项分解落实到部门、岗位。市纪委、市监察局加大了对行政机关效能建设的监督检查，严肃查处行政不作为、慢作为、乱作为行为，开展优化经济发展环境监测、社会测评以及政务环境监测工作，建立问责机制，2010年全市查处影响机关效能和破坏经济发展环境的案件 170 件、责任追究 423 人，政府执行力得到明显提升，政府绩效位居全省前列。

5. 深入推进基层民主法治建设

广泛开展"民主法治示范村（社区）"、"依法治校示范校"和"诚信守法企业"等创建活动。资兴市按照"三下三上"的程序和措施，对村（居）民自治章程、公私企业管理章程和学校规范化管理制度等依法进行了全面清理和修订，删除了违法违规收费、罚款、乱摊派等条款和内容，形成依法管理、照章办事的工作机制，推进了基层民主法治建设。

三　务求实效，服务发展，"法治郴州"
创建工作不断深入

1. 大力维护社会安定和谐

认真落实社会治安综合治理各项措施，大力开展平安创建活动，依法打击黑恶势力和各类犯罪活动，推进矿业整顿整合，安全生产形势稳定好转；重拳整治公路超限超载，车辆超限超载率从 86.5% 降到 0.36%；加强和改进信访工作，解决了一批信访突出问题，提高了群众的安全感和满意度。

2. 及时化解矛盾纠纷

在法治建设中，针对社会矛盾高发态势，既重视运用经济、行政手段进行化解，更突出运用法律，积极探索预防、调处和化解矛盾纠纷的新体制、新机制。全面加强县（市区）、乡镇（街道）、村（社区）、组四级矛盾纠纷调处网络建设，在人力、物力、财力上给予充分保障。不断完善人民调解、行政调解和司法调解"三调联动"机制，最大限度地发挥大调解机制的作用。扎实抓好矛盾纠纷排查化解，坚持抓早抓小，定期排查梳理矛盾纠纷，特别是对重大矛盾纠纷、群体性事件，做到信息灵敏、措施得当、处置迅速，将矛盾纠纷解决在基层，维护了社会稳定，促进了社会和谐。

3. 加强法制宣传教育

坚持以宪法和国家基本法律法规为重点内容，突出以领导干部、公务员、青少年、企业经营人员和农民为重点对象，认真落实干部年度学法考试和领导干部任前法律知识考试考核制度，深入开展法律进机关、进乡村、进社区、进企业、进学校、进单位等"法律六进"活动和"12·4"全国法制宣传日、"3·15"消费者权益保护日、"6·26"国际禁毒日、青少年法制宣传周、农村法制宣传月等大型主题法制宣传活动，依托电视、网络等现代传媒，广泛开展法制宣传教育，广大干部群众法律素质明显提高。

4. 强化监督机制

对政府和行政执法、司法机关的执法监督，除正常的群众监督、舆论监督、行政监察机关监督、党的监督外，重点强化了人大监督和依法治市督查，主要是对执法部门进行专题视察，对专项活动进行审议，对任命的"一府两院"组成单位和人员进行评议考核，有效地保证了法律的正确实施。深入落实领导干部述法考评制，形成了"德、能、勤、绩、廉、法"六位一体的考评体系。

四　整体推进，注重实效，彰显"法治郴州"
创建工作的成果

1. 市民的法律素质和文明素质明显提高

全市广大公民认真学习宪法和法律，进一步提高了学法、用法、守法的自觉性和积极性，形成了遵守宪法和法律、积极行使合法权利、自觉履行法律义务、运用法律维权的良好习惯，民主意识和监督意识明显提高，涌现了一大批遵纪守法、爱岗敬业、创业创新的文明市民先进典型，进一步激发了全市人民干事创业热情。

2. 领导干部和国家公务员依法办事、依法行政能力明显提高

通过加强国家公务员学法用法的制度化、规范化建设，各类干部依法决策、依法行政、依法管理、依法办事的自觉性和能力不断增强。政府法制机构建设进一步加强，政府出台各项文件，均由法制部门审核把关。行政执法责任制、政务公开等一系列监督制约机制全面建立健全。目前，全市行政执法责任制实行率已达98%以上，公示制、承诺制推行率达到100%，行政执法人员持证上岗率达到100%。

3. 促进了全市经济又好又快发展和社会和谐稳定

2010年全市生产总值达1081.8亿元，增长15.2%；规模工业总产值达1432亿元，增长51.9%；金融机构存款余额近1000亿元，增长18.7%；财政总收入达107.8亿元，一般预算收入62.7亿元，分别增长31.1%和35.5%，增幅居全省前列。通过全市干部群众的不懈努力，社会大局保持和谐稳定，人民群众安全感和满意度持续提高。2010年公众安全感和满意度测评、社会治安综合治理工作、打黑除恶工作、群体性事件考评均位列全省第二位，反腐倡廉、涉法涉诉、案件质量考评等多项工作跻身全省先进行列。

"法治郴州"创建工作在本市还刚刚起步，任重而道远。从目前的情况来看，与"法治郴州"创建的目标任务相比，与党委政府的要求和人民群众的期望相比，还存在不少差距，主要表现在：一些地区和部门的领导对法治建设的重视程度有待提高；创建领导小组办公室与市依法治市领导小组办公室为两块牌子、一套人员，合署办公，工作人员严重不足；法治建设基层基础相对薄弱；创建工作量化考核欠缺有效办法；工作创新不够；等等。这些问题，都要在深入推进"法治郴州"创建工作中，采取有效措施，逐步加以解决。

深入开展法制宣传教育
扎实推进法治湘乡建设

李　望*

五年来，湘乡市深入开展法制宣传教育，扎实推进依法治理工作，始终坚持普法工作与经济建设相结合，以领导干部、公务员、青少年等学法用法为龙头，以法律"六进"为载体，以"月、周、日"法制宣传活动为平台，突出重点，开拓创新，取得了较好成效。广大公民法律意识明显增强，依法治理工作深入推进，各项事业的法治化管理水平逐步提高，为全力"建设工业强市，打造魅力龙城，共创和谐湘乡"营造了良好法治环境。

一　完善工作体系，健全"三项机制"，
提升普法治理保障力

湘乡市将"五五"普法工作作为一项重要的基础性工作，纳入经济社会发展总体规划，从组织领导、普法目标、普法保障等方面确保了"五五"普法工作及时、高效启动和全面推进。

1. 健全组织领导机制

为更好地组织开展"五五"普法工作，湘乡市调整充实了市依法治市领导小组。领导小组下设办公室负责处理日常事务，并配备了专门的工作人员。建立了湘乡市依法治市领导小组例会制度，定期研究决定普法依法治理工作的重大问题，从组织上确保了"五五"普法工作的顺利推进。为推进普法工作，召开了全市性的"五五"普法动员大会，对"五五"普法工作进行全面部署。市委常

---

* 李望，湘乡市司法局。

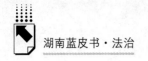

委会、市政府常务会多次专题研究"五五"普法工作，检查工作进度，有力地推动了普法工作的深入开展。

2. 完善普法目标机制

根据上级的"五五"普法规划要求，湘乡市组织力量，深入基层，广泛开展调查研究，在认真听取全市各方面意见的基础上，出台了《关于在全市公民中开展法制宣传教育的第五个五年规划》，同时，市人大常委会通过了《关于进一步加强法制宣传教育的决议》。各乡镇、各部门根据市"五五"普法规划，都相应制定了符合本地本部门实际的"五五"普法规划，为"五五"普法工作的全面开展奠定了基础。

3. 强化普法保障机制

一是强化经费保障。将普法依法治理经费列入了市乡两级财政预算，市财政每年列支普法专项经费 9 万元，如遇重要工作，年终再追加经费，为顺利开展"五五"普法工作提供了必要的经费保障。二是强化人员保障。市、乡镇办事处组建了普法讲师团、司法助理员、法制副校长、村（社区）法制宣传员、普法宣传志愿者等 5 支近 10000 人的普法队伍，通过整合各类社会资源，形成普法合力。三是强化制度保障。自 2008 年将普法依法治理工作纳入全市社会治安综合治理考核内容，2010 年又将其纳入全市科级领导班子绩效考核内容以来，市依法治市督查团坚持明察与暗访相结合，平时检查与年终考评相结合，全面检查与专项督查相结合，检查督查普法依法治理，促进普法工作扎实开展。

二 强化管理措施，突出"四个重点"，扩大普法对象覆盖面

按照"五五"普法规划确定的工作任务和要求，湘乡市紧紧围绕提升整体法律素养这个目标，突出"四个重点"，拓宽宣传领域，丰富宣传形式。

1. 以干部为重点，认真组织学习考试

进一步健全完善党委（组）中心组专题学法制度，坚持每季度开展一次集中学习，做到学前有准备、学中有记录、学后有检查，保证人员、时间、内容、效果"四落实"，把讲课材料、学习记录作为年终检查考核的重要内容，逐步使中心组学法用法工作进一步规范化、制度化。着力建设一支高素质依法行政队

伍，集中举办了《公务员法》、《物权法》、《侵权责任法》、《湖南省行政程序规定》、《湖南省规范行政裁量权办法》等专题法制讲座，不断提高领导干部的法律素质，进一步增强了各级领导依法行政的自觉性。各行政执法主体做到了程序与实体并重、法律效果与社会效果有机统一，提高了执法质量和执法水平。进一步健全领导干部法律素质考察制度、任前法律知识考试制度，市人大常委会坚持对领导干部进行任职法律知识考试，把领导干部学法用法情况与德、能、勤、绩全面考察相结合。五年来，全市参考者达 10 万人次，参考率为 100%，所有成绩均已登记造册，受到了湘乡市依法治市办的充分肯定。同时，着力构建领导干部教育和惩处并重的防治惩罚新体系，在全国范围内率先实行市级领导"网上晒房"。市人民检察院坚持实行一般预防与专项预防相结合的方式，宣传职务犯罪的危害，堵塞职务犯罪的漏洞，有效防止了职务犯罪的发生。

2. 以青少年为重点，认真开展法制教育活动

湘乡市坚持学校、家庭、社会"三位一体"的青少年法制教育体系，全面落实《中小学法制教育指导纲要》，将法制教育纳入中小学生的日常教学计划，切实增强广大青少年的法制意识。同时，狠抓青少年法制宣传，以青少年法制宣传教育周活动为契机，围绕教育周宣传活动主题，组织法制副校长深入各个学校上法制课 400 多场次，举办"让青年与使命同行"、"珍爱青春，远离网吧"等主题报告会 320 多场次。同时，各基层司法所开展法制咨询活动，发放法制宣传资料 3 万份，解答法律咨询 900 余人次，配合学校开展法律知识竞赛 30 多场次。各个学校采取寓教于乐的方式，积极开展宣传活动，通过举办主题班会、法律知识竞赛、演讲比赛等，培养了青少年遵法守法的意识。

3. 以农村农民为重点，认真开展普法知识宣传培训活动

2006 以来，湘乡市认真组织开展农村法制宣传教育月活动，共发放法制宣传资料 4.8 万份，解答群众法律咨询 870 余人次，张贴法制宣传标语 600 多条，悬挂宣传横幅 40 多条。2008 年，开展了"百·千·万"工程（即走百村、进千户、送万册书活动），各成员单位联合编印了《农村法制宣传教育读本》1 万册，免费发送给农户，取得了良好的宣传效果。2010 年，突出加强对农村"两委"干部、留守青少年儿童、返乡农民工的法制宣传教育，维护了农村社会的稳定。

4. 以企业经营管理人员为重点，认真推进法制平台建设

立足于提升企业经营管理人员依法经营、依法管理能力，本市紧扣经济热点，深入开展法律进企业活动，推动企业建立一个集调解、普法、法律服务和法律援助于一体的工作平台。在加大依法维权宣传的同时，积极疏通维权渠道，简化申请手续，实行"先受理后审查、先调解后起诉、先办好案件再协助执行"的措施，提供无障碍法律援助。

三　彰显湘乡特色，构建宣传平台，普法形式多样化

自"五五"普法工作实施以来，本市结合实际情况，不断创新形式，丰富载体，构建了多层次、宽领域、全方位的法制宣传平台。

1. 丰富普法载体

针对信息时代的新特点，湘乡市充分发挥多媒体和网络传播的作用。一是开通"法治湘乡网"，开辟了普法园地、法律援助等多个栏目，并在"湘乡之窗"网站开设了普法网页，以方便市民查阅相关法律法规，解答法律咨询，申请法律援助；二是在电视台开设了《聚焦政法》、《社会治安大防控》、《蓝盾在行动》等栏目，向广大群众传播法律知识；三是编印"五五"普法系列读物。市依法治市办编印了《农村法制宣传教育2008读本》1万册、《湘乡市司法行政工作手册》1万册、《耕耘和谐—司法行政办案实例汇编》2万册、《法律进社区》5000册以及《怎样打官司》等各类宣传资料、宣传传单10万余份，征订《农民普法简明读本》18万册、《城镇居民简明读本》2万册、《"五五"普法读本》3万多册及一些单行法律读本5000余册。同时，要求各单位将当家法汇编成法制宣传资料，发放到广大干部群众手中。

2. 拓宽普法领域

一是聘请法律参谋。为26所医院聘请了法制副院长、52个村聘请了法制村主任、108家企业聘请了法制副经理。二是坚持送法入校。全市共聘请了158名法制副校长，每名法制副校长每学期上一场以上法制辅导课，组织学校开庭审案和庭审旁听，遴选学生模拟开庭，让学生受到直观教育。三是推进法制图书室建设。依托"村文化室"，全市共建设法律书屋110个。

3. 创新普法模式

一是开展法制宣传周、宣传月活动。每年农村法制宣传月、青少年法制宣传

周和"12·4"全国法制宣传日暨全省社区法制宣传日，全市各单位均组织开展了法律"六进"（进机关、进学校、进乡村、进社区、进企业、进单位）活动，组织基层法律服务工作者服务经济发展、服务社会稳定、服务依法决策、服务基层群众，将法制宣传渗透到了社会各个层面。五年来，各部门单位共举办大型法律宣传活动 280 多场次。二是举办各类普法培训班。五年来，共举办培训班 12 场次，就《公务员法》、《湖南省行政程序规定》、《物权法》、《侵权责任法》、《湖南省规范行政裁量权办法》等 20 多部法律法规安排了专题讲座。三是组织法制宣传小分队，在集贸市场等人流密集场所对有关法律进行宣传讲解。五年来，共计组织开展集市法制宣传 280 多场次，解答各类法律咨询 1000 多人次，发放宣传资料 10 多万份（册）。

四　服务湘乡发展，抓好"四大工程"，增强法治建设时代感

湘乡市始终坚持围绕中心、服务大局这一主线，强化管理措施，抓好"四大工程"，紧跟全市经济社会发展步伐。

1. 紧贴经济建设，融普法于"创业服务工程"

近年来，湘乡市把普法工作与重点工程建设紧密联系起来，及时出台了《法律服务牵手十大重点工程实施方案》。一是为重点工程项目指挥部配备法律顾问，在企业设立法律顾问室，法律顾问深入企业开展法律讲座，进行"法律体检"。二是为重点企业培训民事调解员，专门解决涉企矛盾纠纷，协调企地关系。三是举办流动"法律超市"。市依法治市办组织律师、公证员、法官、检察官、公安干警和法律工作者，深入工地、厂区，采取送普法读物、解答法律咨询、出具法律意见等多种方式，满足服务对象对法律的不同需求。

2. 化解矛盾纠纷，寓普法于"金钥匙工程"

湘乡市司法局编印了《耕耘和谐—司法行政办案实例汇编》。湘乡市人民法院发挥审判职能，通过就地开庭、就地审判、发动群众评议等方式进行普法。各乡镇、办事处司法所坚持每半月进行一次矛盾纠纷排查，及时化解矛盾纠纷。在化解矛盾的同时，结合个案对群众开展法律法规的宣传教育工作，通过个案普法，疏导了群众情绪，从而提高了矛盾纠纷调解成功率。多年来，湘乡市的矛盾

纠纷调解成功率始终保持在98%以上。其他调解组织也在调处纠纷的同时大力开展法制宣传活动，有力维护了社会的和谐稳定。

3. 关怀特殊人群，化普法为"爱心工程"

湘乡市把法律援助列为"为民办实事"的十件实事之一。市法律援助中心及其法律援助工作站针对经济困难群体开展普法活动，编印了法律援助宣传资料1万多册，向农民工、残疾人和下岗工人免费发放，免费提供法律咨询，免费提供非诉讼和诉讼法律服务，并在全市发放"法律援助爱心卡"1万张。组织律师参与信访接待，为信访人释疑解惑，引导依法表达利益诉求，帮扶刑释解教人员和社区矫正服刑人员，令其深刻认识违法犯罪的危害，痛改前非，重新融入社会，过正常人的生活。

4. 创"法治湘乡"，助推省级文明城市创建工程

出台了《法治湘乡创建实施方案》，推动法治湘乡创建活动深入开展。湘乡市地税局、审计局荣获湘潭市"依法决策示范领导班子"称号，市劳动监察大队、市国税局稽查局成为"省依法办事示范窗口单位"，东郊新村、新塘村、龙洞中朝村以及新湘路壕塘社区、月山龙冲村、棋梓镇余庄村、望春门办事处东风社区、昆仑桥办事处南正街社区成为"全省民主法治示范村（社区）"。2007年，东郊新村成为"全国民主法治示范村"。同时，湘乡市结合实际，突出依法治访、依法治毒、依法治污、依法治校、依法治理社会治安环境等五个重点。市司法局在化解矛盾纠纷的过程中，运用"三调联动法、引导诉讼法、法律援助法、困难救助法、说服教育法"化解非正常上访，并在全省作经验推广。深入开展学校周边环境专项整治、"平安校园"创建、网吧专项整治活动，取得了良好的社会效果。对"6·26"禁毒宣传教育活动常抓不懈，开展禁毒知识大赛、集中定点宣传、毒情大排查等活动。在2009年湘潭市禁毒法律知识竞赛上，湘乡市依法治市办获组织奖。按照建设"两型社会"的要求，全市不间断地组织开展了环境专项治理，整治关停高能耗、高排放、高污染的小造纸、小制革企业、小采矿企业。针对本市公众测评满意度在全省的排名处于低位徘徊的现状，全面启动了社会治安大防控"红袖章"工程，加强人防物防技防建设，全力压缩违法犯罪的活动空间，人民群众的安全感提升，对社会治安的满意度提升。在2010年的湖南民意调查中，湘乡市的公众测评满意度的排名上升了45个名次。

B.47

在预防矛盾隐患上下工夫
在长效机制建设上见实效

江华瑶族自治县委政法委员会

江华瑶族自治县地处湖南省最南端，位于湘、粤、桂三省（区）接合部，全县辖22个乡镇、1个国有林场，总面积3248.72平方公里，总人口48万，其中瑶族人口28.7万，是全国瑶族人口最多、湖南省唯一的瑶族自治县，被誉为"神州瑶都"、"中国瑶族第一县"。近年来，江华县委、县政府始终坚持把预防矛盾隐患放在维护全县社会稳定工作的首位，突出矛盾纠纷化解工作长效机制建设，连续5年荣获湖南省"平安县"称号，6次被评为全省社会治安综合治理先进县。

一 预防工作走在前，矛盾隐患早消除

凡事预则立，不预则废。维护社会稳定工作也是如此，把预防工作放在首位来抓，对矛盾隐患就能真正做到发现在萌芽期，消除在苗头阶段，这样，维护社会稳定工作就能收到事半功倍的效果。

1. 在决策时抓预防，堵住矛盾隐患的政策性源头

近年来，江华县委、县政府根据江华实际，制定了"民营理念谋划工业，工业理念谋划农业，经营理念谋划城镇，项目理念谋划发展，人本理念谋划民生"的发展战略。在调研拟定这一发展战略时，县委、县政府就对这一决策可能带来的一些问题进行了充分的研究，在制定了相应的预防措施之后，才在全县推行。从推行的结果来看，江华近几年工业大进步，农业大发展，城镇大改观，发展大跃进，民生大实惠，矛盾隐患的产生亦在预料之中，应对早有措施，化解沉着进行。这种经济健康发展、社会和谐稳定的局面，就得益于决策时抓预防，

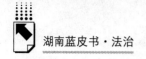
堵住了矛盾隐患的政策性源头。

2. 在项目实施前抓预防，堵住矛盾隐患的风险性源头

经济发展、项目带动，这是江华县发展战略中的关键环节，而从维护社会稳定的角度来看，这又是最容易产生矛盾隐患的环节。江华县委、县政府把维稳风险评估引入项目可行性研究之中，在项目实施前就进行维稳风险评估。县委县政府规定，凡是未进行维稳风险评估的项目一律不能实施，通不过维稳风险评估的一律不能实施。正是有了这一预防措施，江华近几年引进的项目才都能顺利地落户实施。特别值得一提的是江华工业园项目建设，目前征地5600余亩，涉及征地拆迁户1300户，未出现一起到市赴省进京上访事件，园区建设如火如荼，人民群众安居乐业，这完全得益于引入维稳风险评估机制。

3. 大力促进边界和谐，堵住边界矛盾纠纷的源头

江华县地处湘粤桂三省（区）交界处，省（区）际边界线达千余里，20世纪90年代初，江华的省际边界纠纷时有发生，边界群众生产生活不得安宁。进入21世纪后，江华县委、县政府将大力促进边界和谐放到重要位置，着力使边界群众从寸土必争转到和睦相处、共同发展上来。县、乡（镇）、村各级党委政府在这种共识的引导下，定期召开边界联谊会，互相走访交流，共商联防联调对策，共谋边界发展大计。同时，加大边界乡（镇）、村基础设施建设力度，大力发展边界贸易，并积极搭建边界群众交流平台，边界群众在共同致富和文化交流的过程中建立友谊，增进团结。这些举措使得政府成为群众的贴心人，群众与政府同心同德，"平安边界"建设成为群众的自觉行动，千里边界实现了安宁和谐。《广西日报》报道的湖广村"同饮一口井，同住一山坳，同读一所校，同行一条道"的和谐平安景象，就是这一工作成果的体现。

4. 全力改善民生，消解民众失衡心理、对抗情绪

天下之重，民生为重；天下之大，民生为大；天下要稳，民生为本。近几年，江华县委、县政府全力落实"人本理念，谋划民生"的发展战略，坚持把群众呼声作为第一信号，把群众满意作为第一追求，把平安和谐作为第一责任，把富民强县作为第一要务。实行可用财力往民生倾斜，引进项目惠民在先，出台政策不能伤民，让民众理解县委政府的决策，明了政府的做法。把落实县委政府的政策措施，变成民众的自觉行动，从心理上、情感上、情绪上化解民众的对立、对抗和失衡情绪。

二　建立健全长效机制，矛盾纠纷化解见实效

1. 构建矛盾纠纷化解联动机制

全县成立了县委书记负总责的矛盾纠纷化解工作领导小组，由其全面统领全县矛盾纠纷化解工作。领导小组下设办公室，由政法委书记兼任办公室主任，办公室设专职人员 8 名，公安、信访、法制、安监、司法、民政、综治等 28 个职能部门参与，每个职能部门确定 3～5 名兼职干部专抓矛盾纠纷化解。全县对矛盾纠纷实行一月一排查化解。各乡镇成立"矛盾纠纷化解"中心，主任由乡镇党委书记担任，整合综治、信访、国土、司法、警务等力量，实行半月一排查化解。各村（社区）在警务室设立调解室，由村（社区）主任担任调解室主任，同社区民警一道开展工作，实行一周一排查化解。村组层面，村民小组长任矛盾纠纷化解调解员，实行一日一排查化解。

在上下四级联动的基础上，以人民调解为依托，人民调解、司法调解、行政调解相配合，形成部门相互协作的三调联动的工作格局。做到"五个统一"，即县乡两级矛盾纠纷化解实行统一受理、统一分流、统一协调、统一督办、统一归档。同时做到"三个坚持"，坚持对矛盾纠纷化解实行分级管理，组、村居、乡镇、县四级负责制；坚持归口管理，不同性质的矛盾纠纷交办相关部门限期负责调处化解；坚持协同作战，对复杂的或跨部门、跨地域的矛盾纠纷由办公室组织协调，相关职能部门共同参与，集中力量调处化解。

2. 建立健全矛盾纠纷化解例会机制

乡镇、县直各单位党政"一把手"坚持每月亲自召开一次矛盾纠纷排查化解工作例会，总结前段辖区（单位）内的矛盾纠纷化解情况，专题分析研究辖区（单位）内的矛盾纠纷隐患，对隐患的化解作出安排部署，并将责任分解，让矛盾纠纷化解工作人员有责任、有压力、有事干、能干事。实践证明，全县矛盾纠纷排查化解工作实现了由被动变主动，由"单兵作战"向"集体作战"的转变，取得了"小的矛盾不出村，大的矛盾不出乡（镇）"的理想效果。据统计，仅 2010 年，全县排查各类矛盾纠纷 2238 起，成功调处化解 2236 起，调处化解成功率接近 100%。

3. 建立健全信访代理服务机制

为切实化解矛盾纠纷，解决群众初信初访问题，本县实行了"信访代理制"。主要做法是：在乡镇设立信访代理服务中心，村（社区）设信访代理服务站。各村（社区）选配专职信访代理员，建立了信访人——信访代理员——信访代理中心（站）——归口责任单位的四方协调信访代理服务机制。基层群众有信访问题，可以委托村居社区、乡镇、县直责任单位信访代理员到有关部门代为解决信访问题。对已经发生的矛盾纠纷，信访人提出信访事项后，村级信访代理人直接受理调处，尽量做到就地化解矛盾。对村级调处不成功或信访委托人对代理人调处不服的，由村级信访代理人向乡镇信访办公室提出书面请求，由乡镇信访办公室指派专人进行调处，并在规定的时间内上报调处情况。对于乡村职权范围内无法解决的，由乡镇信访代理员受理信访事项，并上报有关部门协调处理，最后将调处结果限时回访通报给信访委托人。变群众上访为信访代理员"代访"，解决了群众无序上访的问题，既疏通了信访渠道，又减少了群众非正常上访、越级上访、重复上访事件的发生，有效地化解了基层矛盾纠纷。自2010年探索推行信访代理服务制以来，全县通过全权委托代理，或协助委托代理，或邀请下访代理等形式，解决当事人的信访问题83人次，代理办结率为96.5%。

4. 建立健全矛盾纠纷化解调度机制

为切实抓好跨单位、跨部门矛盾纠纷的排查化解，全县每季季末分别在林区片和农区片召开乡镇分管政法领导、政法专干、"两所一庭"负责人及相关部门分管领导参加的矛盾纠纷化解工作调度会。一方面分析、研判、安排全县矛盾纠纷化解工作，另一方面抓好个案的分析调度。针对各乡镇（单位）上报的在本辖区内难以解决的矛盾纠纷，如山林权属、涉诉上访、河道采砂等群体、复杂疑难案件，县矛盾纠纷化解办公室组织案件涉及的单位如国土、农业、水利、法制、矿整、公安、法院等相关部门的负责人对案情进行分析，精心制订案件调处化解方案，指派案件责任人和责任单位，限期化解矛盾。如东田镇茶园村蒋家组和谢家组的沙场纠纷矛盾一案，谢家因不服市中级人民法院判决，三年来一直缠访不断。2009年4月，此案由办公室交办，限期相关单位一个月结案，督办延期一个月仍未能结案。在当季全县调度会上，与会人员对此案进行解剖会诊，找到了问题的症结，并成立了由分管国土的副县长挂帅，国土部门牵头承办，林业、水利、司法、东田镇等单位参与协办的专案组，对此案进行重新调查取证，最后调解结案。

5. 建立健全基层维稳骨干培训机制

为提高基层维稳骨干化解矛盾纠纷、做好维护社会稳定工作的能力和水平，本县建立了维稳骨干培训机制。县综治维稳部门以县委党校为平台，每年举办 3 ~ 4 期维稳骨干培训班，重点对县直部门和乡镇维稳分管领导进行培训。乡镇则以维稳例会为平台，每月对村级维稳骨干进行培训。县培训班以维稳专题讲座、经验交流为主要内容，乡镇培训班则以经验交流和调纠处突技巧为主要内容。通过培训，维稳骨干的素质普遍得到了提高，特别是基层维稳骨干在调纠处突方面的意识、能力和方法等有了显著的进步和提升，为做好维稳工作起到了非常显著的促进作用。如白芒营镇自从 2008 年开始实行以维稳例会为平台的培训机制以来，镇、村维稳骨干素质显著提高，去年镇、村自行化解各类矛盾纠纷 600 余起，被评为全县综治维稳先进乡镇。

6. 建立健全矛盾纠纷化解管理机制

为保证基层矛盾纠纷能够得到及时的调处和化解，牢筑基层稳定防线，本县建立了矛盾纠纷排查化解考核奖惩保障机制。首先，始终把矛盾纠纷化解作为全县政法综治维稳工作的重要内容来抓，并纳入考核体系。每年初都下发县委三号文件，安排部署全年的综治维稳及矛盾纠纷化解工作，明确各乡镇场和县直各单位"一把手"为本部门本单位抓政法综治维稳工作尤其是化解矛盾纠纷的第一责任人，全县层层签订目标管理责任书，年终考评奖惩兑现，并将考核得分按 14% 的分值折入县委县政府对各乡镇部门单位的全年绩效考核。三年来，除奖励先进单位 42 个和先进个人 200 余名外，还对工作不主动、责任不落实、矛盾纠纷化解不力的 6 个单位的主要领导进行党纪政纪追究或诫勉谈话。其次，实行定期督查与随时督办相结合。县矛盾纠纷化解工作领导小组定期召开工作例会，分析当前社会形势，研究解决影响稳定的实际问题，督促落实具体措施和工作任务。每年的重大节假日、特别防护期，均对矛盾纠纷化解情况进行督查监控。同时，对涉及面广、影响较大的矛盾纠纷个案，在发函交办之后进行跟踪督办，促使其限期结案。再次，各级财政将矛盾纠纷化解工作经费纳入本级、本单位、本部门财政预算，并不断加大投入。通过财政投入建立相对稳定的专职调解队伍，保障矛盾纠纷化解工作的顺利开展，以确保矛盾纠纷化解及时、高效。

图书在版编目（CIP）数据

2011 年湖南法治发展报告/梁志峰主编. —北京：社会科学
文献出版社，2011.6
（湖南蓝皮书）
ISBN 978 - 7 - 5097 - 2388 - 3

Ⅰ.① 2…　Ⅱ.①梁…　Ⅲ.①社会主义法制 - 研究报告 -
湖南省 - 2011　Ⅳ.①D927.64

中国版本图书馆 CIP 数据核字（2011）第 096676 号

湖南蓝皮书
2011 年湖南法治发展报告

主　　编／梁志峰
副 主 编／唐宇文

出 版 人／谢寿光
总 编 辑／邹东涛
出 版 者／社会科学文献出版社
地　　址／北京市西城区北三环中路甲 29 号院 3 号楼华龙大厦
邮政编码／100029

责任部门／皮书出版中心（010）59367127　　　责任编辑／桂　芳
电子信箱／pishubu@ ssap. cn　　　　　　　　责任校对／贺拥军　颜　哲　刘佳雨
项目统筹／邓泳红　桂　芳　　　　　　　　　责任印制／董　然
总 经 销／社会科学文献出版社发行部（010）59367081　59367089
读者服务／读者服务中心（010）59367028

印　　装／三河市尚艺印装有限公司
开　　本／787mm×1092mm　1/16　　印　张／27.5
版　　次／2011 年 6 月第 1 版　　　　　字　数／468 千字
印　　次／2011 年 6 月第 1 次印刷
书　　号／ISBN 978 - 7 - 5097 - 2388 - 3
定　　价／69.00 元

盘点年度资讯 预测时代前程

从"盘阅读"到全程在线阅读
皮书数据库完美升级

·产品更多样

　　从纸书到电子书，再到全程在线阅读，皮书系列产品更加多样化。从2010年开始，皮书系列随书附赠产品由原先的电子光盘改为更具价值的皮书数据库阅读卡。纸书的购买者凭借附赠的阅读卡将获得皮书数据库高价值的免费阅读服务。

·内容更丰富

　　皮书数据库以皮书系列为基础，整合国内外其他相关资讯构建而成，内容包括建社以来的700余种皮书、20000多篇文章，并且每年以近140种皮书、5000篇文章的数量增加，可以为读者提供更加广泛的资讯服务。皮书数据库开创便捷的检索系统，可以实现精确查找与模糊匹配，为读者提供更加准确的资讯服务。

·流程更简便

　　登录皮书数据库网站www.pishu.com.cn，注册、登录、充值后，即可实现下载阅读。购买本书赠送您100元充值卡，请按以下方法进行充值。

充值卡使用步骤：

第一步

· 刮开下面密码涂层
· 登录 www.pishu.com.cn
　点击"注册"进行用户注册

 社会科学文献出版社
SOCIAL SCIENCES ACADEMIC PRESS (CHINA)　皮书系列

卡号：8868588922156103

密码：

（本卡为图书内容的一部分，不购书刮卡，视为盗书）

第二步

登录后点击"会员中心"
进入会员中心。

SSDB
社科文献资源库
SOCIAL SCIENCE
DATABASE

第三步

· 点击"在线充值"的"充值卡充值"，
· 输入正确的"卡号"和"密码"，即
　可使用。

如果您还有疑问，可以点击网站的"使用帮助"或电话垂询010-59367227。